CHRONIQUES D'UNE MUSULMANE INDIGNÉE

Asmaa Ibnouzahir

CHRONIQUES D'UNE MUSULMANE INDIGNÉE

FIDES

Mise en pages: Marie-Josée Robidoux
Conception de la couverture: Gianni Caccia
Photo auteure: © Asmaa Ibnouzahir

Catalogage avant publication de Bibliothèque et Archives nationales du Québec et Bibliothèque et Archives Canada

Ibnouzahir, Asmaa

Chroniques d'une musulmane indignée

ISBN 978-2-7621-3925-9 [édition imprimée]
ISBN 978-2-7621-3926-6 [édition numérique PDF]
ISBN 978-2-7621-3927-3 [édition numérique ePub]

1. Femmes dans l'Islam. 2. Féminisme - Aspect religieux - Islam. 3. Diversité culturelle - Québec (Province). 4. Islam et laïcité - Québec (Province). 5. Ibnouzahir, Asmaa, 1980- . I. Titre.

BP173.4.I262 2015   297.082   C2015-941338-9

Dépôt légal: 3ᵉ trimestre 2015
Bibliothèque et Archives nationales du Québec
© Groupe Fides inc., 2015

La maison d'édition reconnaît l'aide financière du Gouvernement du Canada par l'entremise du Fonds du livre du Canada pour ses activités d'édition. La maison d'édition remercie de leur soutien financier le Conseil des Arts du Canada et la Société de développement des entreprises culturelles du Québec (SODEC). La maison d'édition bénéficie du Programme de crédit d'impôt pour l'édition de livres du Gouvernement du Québec, géré par la SODEC.

IMPRIMÉ AU CANADA EN SEPTEMBRE 2015

*À mes parents, pour leur affection
et leurs sacrifices*

*À mon époux, Farid (alias Zohir),
pour son amour et son soutien continu*

*À mes neveux, Rayan, Zakarya et Adam,
première génération de la famille née au Québec.
Je leur souhaite d'être parmi les bâtisseurs
les plus éthiques du Québec de demain.*

REMERCIEMENTS

Cette première expérience d'essai n'aurait pas été possible sans le soutien et l'accompagnement de diverses personnes, parmi mes proches et amis-es. Je remercie tout d'abord Zohir, mon mari, pour sa patience devant tous les changements d'état d'âme que l'écriture me faisait vivre. Son soutien et sa confiance ont été forts et constants tout au long du processus. J'exprime également ma grande gratitude envers toutes celles et tous ceux qui m'ont généreusement offert de leur temps, soit pour lire, commenter et corriger une ou des parties du livre, soit pour me conseiller sur d'autres aspects de ce projet d'écriture : Frédéric Castel, Fred Reed, Nadia Touhami, Leila Bdeir, Aziz Djaout, Leïla Benhadjouja, Naila El-Jaouhari, Bochra Manaï, Francine Pelletier, Sonia Djelidi et Myriam Jean. Leurs contributions ont certainement fait évoluer ma réflexion vers des voies plus nuancées. L'aide du cheikh Khaled Bakar a aussi été très appréciée pour retrouver certaines références dans les ouvrages religieux classiques. Enfin, merci aux éditions Fides pour avoir démontré beaucoup d'enthousiasme envers mon projet d'essai et pour lui avoir permis de prendre vie. Je tiens à souligner que les opinions exprimées dans ce livre n'engagent que moi et les personnes citées ci-dessus ne peuvent en être tenues responsables.

D'UN OCÉAN À L'AUTRE

J'ai passé dix ans de ma vie à me percevoir comme appartenant à deux « mondes » incompatibles l'un avec l'autre. Un monde pour le privé et un autre pour le public. L'un dans ma famille, et l'autre dans la société. L'islam d'un côté, et la culture québécoise de l'autre. Je dirais même que mon visage public empiétait davantage sur le privé, plutôt que l'inverse. Mais un esprit tiraillé de la sorte finit par s'épuiser. Fallait-il que je choisisse entre les deux ?

Pendant des années, j'ai souvent écrit et réécrit les mêmes mots. Les mêmes promesses. Les mêmes engagements. Ce que je voudrais être. Ce que je n'aimerais plus faire. Ce que je souhaitais accomplir. Les pages se suivaient et se reconnaissaient dans leur contenu. Quête de sens ? Malaise identitaire ? Recherche d'un état d'âme utopique ? Peut-être un peu de tout. Et si c'était ma perception de l'incompatibilité de ces deux « mondes » qui était la source de tant de malaise ?

Une première plongée intellectuelle dans chacun de ces océans s'imposait alors. Et là, dans les profondeurs de ces eaux, je découvre depuis, avec autant de curiosité que de gratitude, des espaces de rencontre et de convergence. Des concepts appris lors de cette exploration me permettent aussi de naviguer d'un océan à l'autre à la recherche de liens qui contribuent à construire encore plus d'espaces communs.

Cette immersion dans les eaux autant musulmanes que québécoises[1], jumelée à des aventures dans des champs de connaissances et d'expériences diversifiés, a forgé progressivement la Québécoise

---

1. Cette expression ne cherche aucunement à opposer les deux sphères « musulmane » et « québécoise », mais simplement à exprimer les univers de référence différents sur lesquels je tentais d'apprendre.

d'origine marocaine et africaine, musulmane, féministe et indignée que je suis aujourd'hui.

Cependant, cette aventure n'est pas toujours aisée. Des malaises s'estompent et d'autres naissent. Plus les plongées se multiplient, plus je découvre que, au-delà des initiatives de rapprochement, il y a tant de courants et d'obstacles qui privilégient plutôt la haine, l'exclusion, et l'oppression, ici et ailleurs. Ainsi, pour les uns-es[2], je serais l'islamiste qui infiltre «leurs» institutions. Pour les autres, l'hérétique qui corromprait «leur» islam. Ces forces émergent de sources en apparence très opposées, mais dont l'approche est commune: accuser, refuser d'écouter et d'accepter la divergence, et condamner. Leur but est d'ériger les différences en problèmes, de perpétuer la division, et de justifier ainsi l'imposition d'*une* vision unique et universelle de la vie en société.

* * *

Diverses causes liées à l'injustice dans le monde m'ont intéressée depuis de nombreuses années. Mais plus mon implication sociale et intellectuelle évoluait au Québec, plus j'étais interpelée précisément par les questions de discrimination et de racisme, de conflits et de manipulations politiques, et d'oppression des femmes. Évidemment, d'autres causes m'intéressent tout autant, et je me suis souvent heurtée à une profonde frustration à chaque article que je lisais ou à chaque nouvelle que j'entendais les concernant. Il est dur de choisir *ses* batailles lorsqu'il y a tant d'injustice et de déséquilibre qui nous entourent. Je me rassure donc en faisant confiance à celles et ceux qui ont inscrit *leurs* luttes dans d'autres chapitres que les miens.

Ce que je pense aujourd'hui est également l'image de toutes ces pages qui ont été noircies par ce dont j'ai été témoin pendant mes voyages à travers le monde. J'ai eu l'occasion, entre autres par le biais de mon travail, de visiter une vingtaine de pays, des États-Unis à la Corée du Nord en passant par l'Ouganda, le Pakistan et le Yémen. Ces pérégrinations ont été pour moi une source intarissable de

---

2. Si la méthode de féminisation du texte que j'ai choisie peut sembler lourde à la lecture, c'est que nous avons été trop longtemps habitués-es à l'invisibilisation des femmes dans les écrits et à leur assimilation au genre masculin, en attribuant à ce dernier la neutralité. L'approche grammaticale que j'utilise dans cet essai est donc également un choix politique.

réflexions et autant d'opportunités de pouvoir comparer pour relativiser ; puis, d'être confrontée à des différences qui me renvoient à l'espace que j'occupe sur cette terre. Cet espace qui, noyé dans la mer globale, s'avère soudain bien plus petit qu'il ne m'apparaît dans mes soucis quotidiens. Découvrir des réalités dérangeantes. Rechercher des réponses… et sur cette voie, se trouver plongée dans un puits de complexité. C'est inconfortable. On peut tenter de fuir ces malaises pour vivre « l'esprit tranquille ». Mais de ces profondeurs peuvent alors surgir des évènements qui nous affectent, de près ou de loin.

* * *

Lorsque je réfléchis à ma vie, elle me semble avoir été écrite jusqu'ici en cinq tomes, de différentes longueurs et d'intensité plutôt variée. Quatre périodes initiées ou couronnées par des évènements tantôt positifs, tantôt déchirants, mais qui contribuèrent toutes néanmoins au scénario du tome actuel.

Évidemment, mon passé peut sembler, pour certains-es, plus court que mes possibles jours à venir. Mais, au-delà du fait que rien n'est moins garanti que cela, j'ai aujourd'hui, plus que jamais, envie de partager et de dire ce qui m'a volé le sommeil durant de longues nuits. Écrire de façon informelle dans les réseaux sociaux ou encore présenter quelques paroles dans des évènements publics ne me suffit plus. Il n'est de plus grande frustration que celle où l'on sent que la course de son cerveau se heurte à une limite de 140 caractères ou de 15 minutes. J'ai enfin choisi les pages blanches. Un espace de liberté absolue. J'ai envie d'y laisser parler mon cœur et ma raison, tout en y invitant, de temps à autre, certains-es de celles et ceux qui ont inspiré mes réflexions jusqu'à présent.

* * *

Dans les pages qui suivent, je voudrais m'adresser à diverses personnes, d'âges et d'origines variés. J'aimerais que des adolescents-es nés-es ailleurs (ou dont les parents sont nés ailleurs) réfléchissent à leur identité et aux soucis de leurs parents en lisant leur histoire à travers la mienne. Je souhaite également que ces derniers reconnaissent les questionnements et les déchirements que traversent leurs adolescents-es et les accompagnent avec bonté et compassion. Les histoires sur les difficultés de l'immigration ne concernent évidemment pas seulement les immigrants-es, mais bien la société en général. J'invite alors celles et ceux qui contribuent à l'écriture de l'histoire du Québec, peu importe leurs origines, à se décentrer de leur position afin de considérer l'existence de perspectives variées quant à certaines réalités.

Avec cette prise de parole, je voudrais aussi partager mon analyse de quelques questions sociales et politiques, par exemple, en ce qui a trait à la situation des femmes et à l'islam. Alors que des frontières se dessinaient et des murs s'érigeaient entre les pays tout au long des siècles, les discriminations sexistes à l'égard des femmes ont pu, quant à elles, résister et constituer des points de rencontre entre plusieurs cultures. Certes, leurs mécanismes d'expression peuvent différer, mais les systèmes patriarcaux qui les nourrissent s'entendent tous sur une même prémisse : le pouvoir doit être aux hommes, puisque « LA Femme est le sexe faible ». Mais voilà que des femmes se mobilisent et leurs luttes transcendent également les barrières géographiques et culturelles. Toutes ces résistances ne trouvent pas leur voie jusqu'à nos écrans de télévision ou jusqu'à nos postes de radio. Mais ce fait ne rend leur existence ni moins réelle ni moins légitime. Puisque je fais partie de ce « deuxième sexe », comme le nommait Simone de Beauvoir, j'ai dû moi aussi jongler avec des situations où il me fallait comprendre ce qui motivait certains traitements différentiels, dans ma famille, mon milieu de travail, ou autre. Avec le temps, on en devient même un peu paranoïaque, et on interprète parfois tout traitement inadéquat comme étant nécessairement misogyne ou sexiste ; mais il est difficile de faire autrement quand le phénomène est si répandu. C'est cette même dynamique que l'on trouve lorsque des discriminations racistes se répandent dans un milieu. Notre lecture peut alors parfois être teintée par cette sensibilité, et le risque de repli s'accroît.

* * *

Par ailleurs, depuis ces quinze dernières années, il n'est de jour qui passe sans que l'actualité ne nous rapporte un évènement impliquant des musulmans-es, ici ou ailleurs dans le monde. Le plus souvent, ces évènements ne sont ni joyeux ni tellement inspirants, faut-il préciser. Pour plusieurs observateurs-trices, l'islam semble être le fil reliant toutes ces atrocités et ces incohérences. Mais qu'en est-il vraiment ? Peut-on toujours continuer, comme le font plusieurs musulmans-es, à tenir un discours idéaliste sur l'islam en faisant fi des réalités des sociétés majoritairement musulmanes ? D'autre part, est-il légitime de dénigrer une spiritualité qui a inspiré tant de grandes personnalités scientifiques, politiques et sociales, à travers les quinze siècles de son existence, en raison d'une minorité violente se réclamant religieuse ?

L'islam a fait partie de ma vie de façon timide d'abord, pour ensuite s'y inscrire de manière davantage assumée. Continuer de s'y identifier dans une société aux prises avec des problèmes identitaires culturels et religieux devient un défi en soi. Dès lors que l'on refuse de vivre dans l'indifférence, la paix spirituelle tend à céder sa place à des discours et à des débats pour défendre son droit d'exister, en tant que citoyenne québécoise de foi « différente ». À la lutte contre le traditionalisme patriarcal à l'intérieur des sphères musulmanes s'ajoute alors la résistance face à des courants politiques ou sociaux qui cherchent l'assimilation de la différence plutôt que sa reconnaissance et son intégration, et qui voudraient universaliser LE modèle d'émancipation de « LA Femme » tel qu'ils l'ont défini.

*　*　*

À travers ma navigation dans les eaux autant musulmanes que québécoises, l'esprit critique a été pour moi une puissance salvatrice. Remettre en question certaines « évidences » perçues comme islamiques, tout en posant un regard critique sur des réalités sociales québécoises, ou plus généralement occidentales. J'appelle donc celles et ceux qui s'identifient comme appartenant à un seul de ces océans à oser se remettre en question, écouter, échanger… sans condamner, ni juger l'Autre. Certes, chacun-e pense et agit selon *sa* vérité. Le vivre-ensemble ne consiste pas à s'entendre sur *une* seule vérité, mais bien à trouver, au sein de nos univers de référence, des espaces de convergence citoyens — qu'ils soient intellectuels, spirituels, culturels ou autres — qui contribueraient à dessiner un projet de société juste, généreux, inclusif et constructif.

PREMIÈRE PARTIE

Depuis la terre de mémoire
(1980 – 1993)

Racines

C'était en février 1980, dans le quartier Beauséjour de Casablanca, quartier ni huppé ni populaire. Un dimanche soir, alors que l'émission préférée de mon père, *Au théâtre ce soir*, venait à peine de commencer, j'ai sonné la cloche pour signifier à ma mère que j'étais prête à entrer dans le monde extérieur. Quelques heures plus tard, à la clinique Qadi, une clinique privée, je rejoignais officiellement la petite famille. Pour mes parents, le fait d'avoir opté pour une clinique privée n'était ni un hasard ni un luxe. Au Maroc, on ne fréquente pas le système de santé public par choix. On y va plutôt lorsqu'on a épuisé tous les moyens qui permettraient de se payer les soins au privé. Selon mes parents, il était donc tout à fait normal et nécessaire que je naisse dans de bonnes conditions; donc, loin des hôpitaux et des cliniques publics.

Pour préparer mon arrivée imminente et puisqu'ils avaient déjà accueilli mon frère comme premier enfant de la famille dix-huit mois auparavant, mes parents avaient acheté un appartement, style condo, dans le quartier Maârif, où nous allions déménager quarante jours après ma naissance. C'était un autre quartier de la classe moyenne. Son positionnement géographique semblait correspondre à sa place sur le continuum socio-économique de la ville, puisqu'il était situé entre le quartier très populaire de Derb Ghallef et celui plutôt privilégié de Anfa.

Notre appartement était ce qui équivaudrait au Québec à un grand cinq et demie. Il avait également cette caractéristique que l'on observe dans plusieurs appartements québécois, à savoir un long couloir au bout duquel on trouvait la cuisine et la salle de bain. Situé au deuxième étage d'un immeuble qui en comptait huit, à environ une heure de marche de l'océan Atlantique, notre appartement offrait à travers ses balcons et fenêtres le spectacle étourdissant de la circulation à Casablanca. Comme dans plusieurs pays en Afrique ou en Asie, on ne conduit pas une voiture au Maroc sans utiliser son klaxon comme porte-voix pour exprimer toutes sortes d'émotions et d'intentions au volant. Nous avions alors droit pendant plusieurs heures de la journée à cette cacophonie klaxonienne à laquelle s'ajoutaient les cris des marchands de tout-ce-qui-pouvait-être-vendu-ou-collecté-pour-se-sortir-de-la-misère : fruits, légumes, eau de Javel, vieux vêtements ou meubles, aiguisage de couteaux, et autres.

* * *

Depuis leur mariage, la vie de mes parents était ponctuée de quelques séjours en France, où mon père, ingénieur en informatique, y était envoyé par son ancien employeur, Honeywell Bull, pour diverses formations. Il emmenait alors toute la petite famille pour des périodes d'un à six mois. Un an ou deux après ma naissance, c'est à Marseille que nous l'avions accompagné. Faute d'avoir pu trouver un appartement, nous avions alors campé en bord de mer pendant un mois. Seuls quelques traces imprimées et des souvenirs racontés par ma mère en témoignent. Celle-ci, dynamique et débrouillarde, réussissait à nous offrir de bons petits plats et à nous occuper toute la journée sur la plage, malgré la rareté des moyens, en attendant le retour de mon père chaque soir.

Bien qu'il fût originaire de l'est du Maroc, mon père était né en Algérie où il avait vécu avec sa famille quelque temps, avant de rentrer à Casablanca, dans l'ouest du Maroc. Il était quatrième d'une famille de sept enfants, dont une seule fille. Presque tous avaient vécu une partie de leur vie en Europe ou en Russie, et certains y sont encore. Mon père, lui, avait voyagé, à partir de l'âge de 17 ans, en France et en Angleterre, où il avait poursuivi ses études universitaires, et par la suite en Russie, avant de retourner auprès de sa famille au Maroc. C'était un temps où les frontières entre le « Nord » et le « Sud » étaient beaucoup plus poreuses qu'elles ne le sont aujourd'hui.

Ma mère est également issue d'une famille originaire de l'est du Maroc, mais ayant beaucoup moins de liens avec l'Europe que celle de mon père. Elle était aussi quatrième d'une famille de sept enfants, dont deux garçons.

Ces deux familles, un jour voisines, ont alors uni leur sort par le mariage de ceux qui allaient sacrifier une partie de leur vie pour me permettre d'avoir une vie digne.

Le mirage canadien

Le Maroc fait partie de ces pays que l'Occident peine tant à nommer : « tiers-monde », « sous-développés », « pays du Sud », « en développement » ou, pour certains chanceux, « émergents ». Bref, le Maroc est un pays qui évolue certes, mais au rythme permis par ses dirigeants et leurs alliés étrangers. Durant les dernières décennies du IIe millénaire, impatients devant cette « lenteur » économique et avides d'entrer dans l'univers des « Lumières », plusieurs jeunes caressaient le rêve de traverser mer ou océan, pour arriver sur ces terres où la vie semblait trouver son sens.

Certains, comme mon père, avaient eu l'occasion de faire ces traversées quelques fois, avant que la terre d'origine ne les rappelle quand le moment était venu de fonder une famille, ou encore pour tenter de nouveau de prospérer parmi les leurs. Cependant, peu de temps après, le rêve de cet Ailleurs toujours plus vert et plus « éclairé » renaissait. Et c'est ainsi qu'en 1983, après un premier voyage « exploratoire » d'un mois à Ottawa, mes parents ont décidé d'émigrer au Canada, plus précisément à Hull (aujourd'hui Gatineau), accompagnés de mon frère aîné et moi.

L'expérience n'a pas duré un an. Leur réseau social était essentiellement composé d'un cousin de ma mère, installé au pays depuis déjà plusieurs années et professeur à l'université, et d'un de ses amis, également d'origine marocaine, chauffeur de taxi.

Mon père passait ses journées à chercher du travail. Mon frère allait à la garderie. Ma mère et moi restions ensemble dans notre quatre et demie ; elle, pleurant sa mère restée au Maroc, et moi, l'accompagnant de mes larmes. Elle n'avait pas encore trente ans, était sans expérience de travail, et son niveau de français l'empêchait d'avoir une vie sociale l'attachant à son nouveau pays. Elle ne parvenait nullement à s'habituer à cette terre qu'elle sentait hostile par son hiver et qu'elle jugeait coupable de l'avoir séparée de sa maman.

Malgré les petites visites à la bibliothèque et aux musées, ou encore les sorties au restaurant de temps en temps, l'isolement, le chômage et l'hiver ont fini par avoir raison de la patience de mes parents. Cette douce oasis nord-américaine se révélait un mirage. Un retour au Maroc s'imposait !

Un cocon aigre-doux

Pendant les huit années qui ont suivi notre retour au pays d'origine, nous avons mené une vie plutôt bien, économiquement parlant, sans pour autant compter parmi la classe privilégiée du pays. Nous avions de quoi satisfaire largement nos besoins essentiels, et même un peu plus. Mon frère, ma sœur (née quelques années après notre retour) et moi-même fréquentions une école primaire privée, afin de nous donner des bonnes assises, notamment en français. Tout comme pour la santé, les écoles primaires publiques constituaient au Maroc le dernier recours. Par contre, le secondaire était différent. Les collèges privés étaient moins nombreux et beaucoup plus coûteux. Après ma sixième année primaire, j'ai donc rejoint le système public, où la réussite semblait dépendre davantage de l'effort fourni par l'élève plutôt que de la qualité de l'enseignement — ce qui n'était pas toujours le cas dans les écoles primaires.

* * *

Une fois rentré au Maroc, mon père était retourné sur le marché du travail pendant quelques années, avant de lancer sa propre firme de consultation en informatique. Celle-ci avait connu ce qui me semble avoir été un succès raisonnable, puisqu'elle comptait plusieurs employés-es et concluait des contrats avec diverses grandes entreprises du pays. Quant à moi, mis à part la fierté de voir mon papa travailler dans ces grands immeubles du centre-ville de Casablanca, j'étais trop jeune ou trop détachée pour comprendre ce que tout ceci pouvait représenter dans ma vie. Toutefois, un des changements que je ne pouvais ignorer était que mon père passait de très longues heures au travail, de jour comme de nuit, et qu'il s'absentait également à l'occasion pendant plusieurs jours, parti en voyage d'affaires dans d'autres villes du Maroc.

Ma mère, quant à elle, était toujours présente, prête comme une scoute, à chaque son de cloche au primaire pour nous raccompagner à la maison ou nous conduire à nos cours de natation. Elle personnifiait cette stabilité et cette chaleur qui faisaient de notre simple appartement un vrai foyer. Plus tard, égoïstement, je continuais à rechercher à chaque retour d'école sa présence à la maison. J'avais besoin d'elle à son poste de maman au foyer. Au Maroc, elle avait évidemment une vie sociale beaucoup plus active que ses longues journées en solitaire à Hull. Entre sa famille qui n'habitait pas loin et ses amies, elle arrivait à bien occuper le temps libre que l'encadrement de ses trois enfants lui permettait d'avoir. De plus, comme c'était courant dans plusieurs familles marocaines de classe moyenne, ma mère accueillait depuis quelques années une jeune fille pour l'assister dans ses tâches ménagères. Avec le temps, celle-ci est devenue un membre de la famille, ma grande sœur.

* * *

Au sein de ce même foyer, j'avais mon propre cocon. Plus que ma chambre, c'était l'écriture. Au fait, à chaque phase de ma vie, les mots me servaient à libérer mes pensées de leur prison cérébrale ou encore à tracer mes émotions sur papier afin d'essayer de mieux les comprendre. J'aimais beaucoup écrire des poèmes sur des questions « sociales », ou encore « philosophiques », abordées selon la perspective d'une préadolescente de 10 ou 12 ans. Mais il y a l'âge chronologique et l'âge historique. Ce dernier avance au rythme du nombre et de l'intensité des évènements qui forment l'histoire individuelle de chaque personne. Des décès, de la violence, des séparations. Tout arrive parfois à un âge où des questions existentielles peuvent voler une partie de notre enfance. J'avais sept ans quand mon oncle paternel, que j'aimais beaucoup, est décédé d'un cancer ; et neuf ou dix ans quand ma grand-mère paternelle nous a quittés un soir, dans notre salon. Fallait-il que j'attende que la vie m'explique ses intentions ? J'avais également une voisine qui, quelques fois par année, se faisait battre par son mari ; tous deux étaient d'origine européenne. Nous l'accueillions alors chez nous avec ses deux filles, le temps que se calme le mari. Elle décidait ensuite de retourner chez elle, puisqu'il lui promettait de ne plus recommencer... jusqu'à la prochaine tempête. La résignation devant la saisonnalité de cette violence ne trouvait aucun sens dans mon esprit d'enfant. Et le tout rendait mon monde cérébral complexe.

Seulement deux titres de poèmes que j'avais rédigés ont réussi à trouver refuge dans ma mémoire jusqu'à présent : *La vie* et *Le pauvre*. Ce qui avait inspiré le choix de ces sujets n'est pas tout à fait clair. Un besoin de comprendre ce que la vie était pour la mort, ou vice versa, m'avait peut-être poussée à coucher mes petites réflexions en rimes. Je préférais cela au fait d'aller chercher des réponses toutes prêtes auprès des adultes. Par la suite, ce fut au tour de la pauvreté, ou plutôt de ceux qui la subissent, d'être soumise à mon analyse d'aspirante philosophe. Bien que je n'arrive pas à retracer l'évènement ou la scène exacte à l'origine du choix de la pauvreté comme thème, lorsque l'on vit au Maroc, on n'est pas bien loin de cette réalité qui flotte sur le paysage.

Par ailleurs, lorsque l'inspiration se faisait désirer, je cherchais à traduire un livre de chimie, jauni par le temps, de l'anglais vers le français, alors que je ne comprenais ni la chimie ni l'anglais ! Ou encore, à écrire une histoire qui ressemblait étrangement au film que je venais de visionner quelques minutes plus tôt. Enfin, il fallait bien écrire quelque chose !

En passant du temps à écrire de la sorte, je ne semblais pas trop compliquer la vie de mes parents. Ils n'avaient besoin ni de me supplier d'étudier, ni de m'envoyer dans ma chambre quand on avait des invités. Même si j'aimais recevoir les gens, je préférais m'enfermer dans mon petit espace lorsqu'ils étaient chez nous. Et même si j'attendais les vacances scolaires, comme tous les enfants, avec impatience, la fébrilité m'envahissait chaque mois de septembre ou après chaque période de congé. Paradoxes qui m'aidaient à trouver un certain équilibre.

L'aller simple

Plus ses enfants cheminaient dans leurs études, plus l'appel de l'outre-mer se faisait criant pour mon père. Lui, qui avait effectué toutes ses études universitaires en Europe, ne pouvait concevoir pour nous une éducation dans les universités marocaines, à la suite de laquelle une recherche d'emploi pouvait se révéler longue, infructueuse et surtout frustrante. Il voulait nous offrir la qualité d'études qu'il avait reçue, mais sans nous envoyer étudier seuls à l'étranger. Trop de liberté à un jeune âge risquait de mener ses enfants dans des voies qu'il n'aimait pas trop : fréquentations à risque, drogue, alcool, etc. Il y a certainement d'autres raisons qui ont poussé mes parents à rouvrir le chapitre de la migration. Décider de quitter sa terre natale et sa famille est un processus si complexe qu'on ne peut le concevoir que comme étant multifactoriel. Bien entendu, certaines raisons peuvent peser plus que d'autres dans la balance, mais c'est l'accumulation de plusieurs facteurs qui, un jour, fait miroiter l'Ailleurs, souvent occidental, comme la voie ultime pour un avenir meilleur. Quand ce n'est pas pour fuir la guerre ou la pauvreté qui minent certains pays, on émigre pour ses enfants, pour améliorer son statut socio-économique, pour accéder à de nouvelles opportunités de carrière ou même, parfois, pour créer une certaine distance « saine » avec sa famille élargie.

Dans le cas de mes parents, l'addition de quelques-uns de ces facteurs a sûrement imposé avec plus de force l'idée d'un éventuel retour vers le Canada. Toutefois, pour nous éviter un laisser-aller dans nos études en attendant notre re-migration, mon père ne cessait de nous répéter cette sage formule : « Pensez au Canada comme si vous y alliez demain, et pensez au Maroc comme si vous y resteriez à jamais[3]. »

En 1992, il a fermé son entreprise et a quitté le Maroc, seul. Après un détour de quelques mois par la France, il a rejoint Montréal et a relancé les démarches d'immigration pour le reste de la famille. Difficile décision, mais nécessaire. Cette fois-ci, le Canada serait peut-être plus accueillant, espérait-il. Après tout, il avait huit ans d'expérience professionnelle de plus, ses enfants étaient plus âgés, et vivre en français au Québec serait sûrement plus simple pour tous.

Mon frère, ma sœur et moi étions restés avec ma grande sœur et ma mère, qui n'avait pas d'emploi, mais qui essayait tant bien que mal de nous offrir une vie digne avec ses économies personnelles et l'argent que mon père pouvait lui envoyer de temps à autre. Il ne fallait surtout pas nous faire sentir qu'il y avait un changement dans nos habitudes ou notre statut social. La stabilité de notre foyer était nécessaire à notre réussite scolaire. Notre mère continuait quand même de nous acheter de nouveaux vêtements pendant les fêtes, de célébrer nos anniversaires ou encore de nous emmener en voyage pour visiter la famille dans d'autres villes du Maroc.

Pendant ses deux années d'absence, mon père était revenu une ou deux fois pour nous visiter, mais ce fut très bref et mes souvenirs en sont limités. J'ai retrouvé, il y a quelque temps, des lettres que nous nous étions écrites et dans lesquelles je lui donnais simplement quelques nouvelles de la famille, et lui me répondait par des conseils ou des messages à transmettre à ma mère. Notre relation n'était pas simple. Mon attachement plus grand à ma mère et l'absence fréquente de mon père due à son travail, entre autres raisons, avaient créé une certaine distance entre lui et moi. Lorsqu'il était présent, nous ne prenions donc pas beaucoup de temps pour discuter, nous connaître, et vivre pleinement une relation père-fille normale, comme dans d'autres familles marocaines. Il constituait pour moi principalement une figure d'autorité, même si je voyais qu'il en allait

---

3. En arabe, cette phrase rime et c'est ce qui faisait son originalité. Pour les arabophones, la voici, translittérée en caractères latins, puis écrite en arabe : « I'mal li Canada ka annaka sa tadhabou radâ, wa'mal lil Maghreb ka annaka sa tabqa abadâ. »

اعمل لكندا كأنك ستذهب غدا واعمل للمغرب كأنك ستبقى أبدا

différemment avec ma petite sœur, par exemple. Ainsi, les lettres me permettaient peut-être de lui exprimer avec de l'encre ce que je n'osais lui dire verbalement... par fierté ou par malaise.

DEUXIÈME PARTIE

Au-delà de l'accueil (1994 – 2000)

Intégration à deux vitesses

Il y a de ces jours qui feignent la normalité avant de vous assommer d'une nouvelle qui dévie le cours de votre vie, comme ce jour où ma mère nous a annoncé que nos « papiers » d'immigration étaient enfin prêts. C'était en 1994. Nous devions quitter le Maroc, mon frère et moi d'abord, pendant l'été. Ma mère allait nous rejoindre plus tard avec ma petite sœur, une fois que le dossier d'immigration de cette dernière aurait été traité, puisqu'elle n'était pas encore née au moment de notre première expérience au Canada. Ma grande sœur, quant à elle, ne pouvait malheureusement pas nous accompagner puisque, bien qu'ayant vécu avec nous depuis que ma mère l'avait accueillie plusieurs années auparavant, elle ne faisait « légalement » pas partie de notre famille. Elle ne pouvait donc pas être parrainée par mon père pour l'immigration. Elle allait habiter tantôt chez la famille de celui-ci, tantôt chez une tante maternelle, avant de se marier une dizaine d'années plus tard.

Pendant les mois qu'ont duré les préparatifs, j'appréhendais la séparation d'avec ma mère et mes amies, et le fait d'être coupée du seul univers que j'avais réellement connu jusque-là. Comment quitter mon foyer qui témoignait de toute mon enfance, et laisser, pendant des mois, une mère qui avait tant sacrifié pour nous ? Partir vers un monde dont je gardais principalement des souvenirs de froid et de déprime ? Vivre avec mon père que j'estimais ne pas trop connaître ? Le jour du départ n'a malheureusement pas attendu la réponse à ces questions, et je me suis envolée, avec mon frère, vers l'aéroport de Mirabel... non sans avoir arrosé de larmes les heures et les nuits précédentes.

* * *

L'arrivée au pays fut l'une des expériences les plus angoissantes de mon adolescence. De l'agent des douanes à la dame du bureau de l'immigration, en passant par les files d'attente, la recherche des bagages et tout le labyrinthe aéroportuaire. Quoi dire ? À qui faire confiance ? Mon frère étant trop excité par l'arrivée au Canada, son pays de rêve, j'avais pris l'initiative de remplir moi-même les déclarations aux douanes. Même déclarer la menthe que ma mère nous avait mise dans nos bagages pour un éventuel thé marocain devenait une source d'anxiété majeure dans les files d'attente à la douane. La pression de la situation était telle qu'elle me faisait paraître suspecte, ne serait-ce que par mon air anxieux. Comment répondre à l'agente de l'immigration sans avoir peur de donner une « mauvaise réponse » ? Pourtant, nous avions bel et bien notre IMM1000[1] et notre passeport. Notre arrivée était tout à fait légale, mais l'inconnu était tout sauf un espace sécuritaire pour moi. Pouvais-je faire confiance à cette agente ? De la rencontre avec celle-ci, je ne retiens que les battements affolés de mon cœur. Enfin, nos réponses ne semblèrent susciter aucune anomalie.

* * *

Les retrouvailles avec mon père ont eu lieu quelques jours plus tard puisque, à notre arrivée, il était en voyage aux États-Unis. Deux de ses amis nous attendaient à la sortie de l'aéroport. À son retour, j'étais soulagée de le voir, mais encore trop blessée par la séparation d'avec ma mère. Elle devait nous rejoindre cinq mois plus tard. L'attente s'annonçait difficile et longue.

Pendant ces mois, j'ai réappris à vivre avec mon père. La misère dans laquelle il vivait me troublait. Il en semblait déjà profondément atteint. Il avait perdu du poids, il paraissait épuisé, ses vêtements ne ressemblaient en rien au style *businessman* qu'il avait au Maroc. Il ne travaillait pas. En fait, il n'avait pas travaillé depuis son arrivée au pays. Il cherchait... et il avait repris les études à l'Université de Montréal, histoire de posséder un diplôme québécois, et non « juste » européen. Ses chances se trouveraient peut-être ainsi augmentées. Mais notre arrivée lui avait certainement ajouté de la pression, et il ressentait encore plus l'urgence de trouver une source de revenus digne.

---

1. Preuve du droit d'établissement au Canada.

Situé sur la rue Galt à Ville-Émard, un quartier qui, d'un point de vue culturel, s'avérait plutôt homogène à l'époque, notre appartement contenait l'essentiel. Mon père l'avait entretenu autant qu'il avait pu, jusqu'à notre arrivée. Il comptait alors sur mon frère et moi, et peut-être un peu plus sur moi, pour l'aider ou prendre le relais pour les tâches ménagères et la cuisine. De mon côté, à 14 ans, la « chose domestique » ne m'était ni naturellement ni particulièrement attirante. Cet univers qui, au Maroc, était totalement féminin, ne m'avait jamais intéressée. J'y résistais, d'autant plus qu'il semblait si exigeant et, pourtant, dénué de présence masculine. Je refusais alors de me sentir plus concernée par les tâches ménagères que mon frère ne l'était. Au Québec, il fallait évidemment s'entraider, mais mon pli semblait déjà trop défini. À l'exception de ces rares occasions où une énergie soudaine me poussait à prendre le contrôle des lieux pour nettoyer, je flottais plus souvent à l'intersection entre le minimum nécessaire pour assurer l'entraide et ce qu'on attendait de moi.

* * *

Vers la fin de l'été, j'ai commencé l'école, en quatrième secondaire, ce qui était en continuité avec mon cheminement scolaire du Maroc, mais qui constituait tout un défi sur le plan de l'intégration sociale. La polyvalente que je fréquentais était loin d'être « colorée ». Je le ressentais, et on me le faisait bien remarquer jusque dans mes cours ou, bien sûr, dans la cour de l'école. J'avais droit à des commentaires condescendants de la part d'un enseignant de mathématiques, ou encore à des « Ta gueule ! » lancés par un élève, lesquels répondaient à toute tentative de questions que je faisais dans ce même cours. Ce n'était pas simple non plus lorsque l'on dévoilait les résultats d'un examen et que mes notes semblaient un peu « trop » bonnes. Je devais alors essuyer des regards méprisants et des insultes en guise de félicitations de la part de mes camarades de classe. Je ne comprenais pas l'origine de ce qui me paraissait être une haine gratuite. Je semblais être coupable d'être celle que j'étais. Coupable de me trouver là et de « déranger » le paysage. Un organe greffé à un corps, mais aussitôt rejeté par le système immunitaire qui ne le reconnaissait pas, ou qui n'en voulait pas ! Peut-être était-ce de la simple intimidation d'adolescence ? Je ne pouvais le savoir. Mon frère et moi étions probablement les seuls Arabes de l'école, et le nombre d'ethnies « autres » était tout aussi restreint : une élève haïtienne par-ci, quelques autres d'origine asiatique ou latino-américaine par-là. Personne ne m'avait avertie de l'accueil qui me serait réservé... ou encore de l'attitude à avoir face à ce rejet. Je devais trouver mon propre moyen de survivre et, avec un peu de chance, de disparaître dans la foule.

Sur le plan académique, j'ai été grandement surprise par la facilité des études, notamment en mathématiques. Le système d'éducation marocain, étant calqué sur le modèle français —, héritage colonial oblige ! —, avait certes de grandes carences, mais il avait des forces dont je n'avais constaté l'étendue que lorsque j'ai connu les mathématiques de la quatrième secondaire au Québec. Par ailleurs, l'exercice de dictée en français devenait toute une expérience linguistique, en raison de l'accent québécois. Puisqu'il fallait uniquement se fier aux sons, la prononciation de mon enseignante remettait en question toutes mes petites certitudes en français, notamment quand les « en » étaient prononcées un peu entre les « en » et les « ain ».

Cette première année au secondaire n'était toutefois pas que chocs et rejets. Quelques alliés-es se manifestaient heureusement pour alléger l'épreuve. Des enseignants-es qui valorisaient mon travail, ou encore des élèves, évidemment parmi les moins populaires de l'école, qui acceptaient ma compagnie. Ces petites marques de confiance m'ont néanmoins aidée à survivre à ma quatrième secondaire. C'est peut-être aussi avec cette catégorie d'élèves qu'on vit finalement les expériences les plus intéressantes sur le plan du contenu.

Mon groupe d'amis-es m'avait par exemple initiée au club d'Amnistie internationale de l'école. Ainsi, j'ai participé à l'envoi d'une lettre au président d'un pays africain pour demander la libération d'un prisonnier politique. J'aimais bien cette idée de contribuer à accomplir des gestes qui me semblaient si importants, visant des grandes causes, mais en utilisant des moyens simples et à petite échelle. Si notre action n'a probablement eu aucun impact réel dans la vie du malheureux prisonnier, elle nous aidait au moins à renforcer notre confiance en nous et nous apprenait le sens de la justice et de l'engagement politique. C'était là mon initiation au bénévolat, réalité que je n'avais jamais connue auparavant. Au Maroc, cela n'était pas présent dans mon entourage immédiat, et l'idée de travailler gratuitement n'aurait pu être prise au sérieux par bien des gens que je côtoyais.

* * *

À la maison, l'arrivée de ma mère et de ma sœur, en janvier de l'année suivante, rendait mon quotidien un peu plus supportable. Mais cet hiver-là me semble avoir été l'un des plus froids que j'ai eu à vivre à ce jour, puisque la température ressentie chutait en deçà des -40 degrés par moments. Comment les gens supportent-ils de vivre année après année dans un climat pareil ? me demandais-je. Le comble était lorsque j'entendais certains-es dire qu'il « faisait beau » en plein mois de janvier ou février. Décidément, nous n'avions pas la même définition du « beau temps ». La mienne impliquait le confort de la chaleur, non juste la présence d'un soleil qui « ne fonctionnait pas », pour reprendre l'expression entendue d'un enfant japonais.

À l'été, nous avons déménagé dans un appartement tout aussi modeste que le premier, mais un peu plus grand. Nous y avons même accueilli, pour quelques semaines, une autre famille marocaine qui venait d'arriver au Québec. Ils étaient également cinq, mais leur situation s'avérait bien différente de la nôtre. Le père était un ancien collègue de mon père au Maroc, et son employeur l'avait muté vers leur filiale montréalaise. Ils ont alors séjourné chez nous seulement le temps de trouver un bel appartement plus confortable.

Notre situation financière quant à elle ne s'améliorait pas, et cela n'aidait guère mon père à retrouver sa bonne humeur. Cette fois-ci, il n'était pas question pour lui de retourner au Maroc. Il fallait endurer, essayer encore… et encore, frapper à plus de portes, et essuyer des silences lourds et ô combien dévalorisants. Il n'était également pas question pour lui de travailler à l'épicerie du coin ou d'occuper un emploi qui n'aurait tiré parti de tout son potentiel, encore moins de travailler au noir. Il y avait une limite qu'il ne pouvait franchir. Il parlait couramment le français et l'anglais. Il détenait des diplômes d'études supérieures européens… mais surtout, il avait trois enfants à qui il voulait donner l'exemple d'une réelle réussite professionnelle, et qu'il voulait convaincre de la nécessité des études. Il allait donc continuer ainsi pendant quatre ou cinq ans à chercher celle ou celui qui lui permettrait de personnifier cette réussite, qui lui donnerait cette « chance » pour laquelle il avait quitté son confort d'origine. Il avait fait le choix d'immigrer pour nous offrir un avenir meilleur. Et ce ne pouvait être un mauvais choix.

Choc culturel intrafamilial

Pendant que mon père vivait sa souffrance en silence, ma mère essayait à son tour de se trouver une place dans sa nouvelle société. Contrairement à ce qu'elle avait connu lors de sa première expérience canadienne, cette fois-ci, elle était bien décidée à se doter des outils nécessaires pour ne plus vivre l'isolement qui consumerait ses énergies. Elle s'était alors inscrite à des cours de francisation, durant lesquels elle avait rencontré des personnes de toutes origines, et qui lui avaient même permis de se faire des amies. Elle avait également commencé à servir bénévolement des déjeuners pour enfants défavorisés dans un organisme communautaire, pendant l'année scolaire, histoire d'acquérir une expérience de travail locale.

Pour ma part, j'entamais ma cinquième année d'études secondaires. Celle-ci fut très différente de la précédente, car plusieurs facteurs avaient aidé à « normaliser » partiellement ma présence à l'école. J'avais rencontré quelques élèves qui étaient également nées ailleurs, et avec qui je partageais certaines réalités ; et un nouvel arrivant, cette fois du Bangladesh, avait, grâce à ses performances scolaires exceptionnelles, détourné un peu l'attention sur lui. C'était aussi pendant cette même année que j'avais, à la suite d'un défi lancé par mon père, participé à un défilé de mode à l'école. J'avais été sélectionnée avec d'autres élèves pour préparer un spectacle qui jumelait défilé et chorégraphies afin d'en faire une activité de financement du bal des finissants. Mon étiquette de *nerd* avait alors quelque peu été bousculée dans l'imaginaire de certains-es élèves. De plus, je m'étais inscrite à un club de natation et mon emploi du temps devenait une série d'acrobaties pour conjuguer études, entraînements de natation, répétitions pour le défilé de mode, et préparation, avec d'autres élèves, pour un concours national de mathématiques.

Mes absences, de plus en plus fréquente de la maison, même si c'était pour des raisons légitimes, inquiétaient mes parents. Ce n'était pas dans leurs habitudes culturelles. Comme pour plusieurs parents immigrants, il y avait chez eux la peur que leur enfant ne « se perde » dans la société d'accueil et ne leur « échappe » ; ce qui allait pour longtemps causer bien des conflits et des solitudes dans notre foyer. Cette réalité vécue dans ma famille d'origine marocaine était une source de complicité avec une amie d'origine vietnamienne et une autre d'origine salvadorienne. Trois cultures différentes. Trois religions différentes. Une seule crainte parentale : voir leur fille glisser dans des mœurs perçues comme étrangères aux leurs, et pas nécessairement souhaitables. Qu'arriverait-il si leur adolescente se laissait séduire par un jeune homme, ou même un adulte, lui faisant miroiter les plaisirs du « trop de liberté » pour peut-être finalement profiter d'elle ? Je crois que c'était là leur principale crainte. Pour ces parents, de pareils scénarios, confirmés par des statistiques et les nouvelles rapportées dans les médias, prennent une ampleur telle que la seule solution envisageable est, selon eux, d'augmenter la surveillance et le contrôle des sorties et des fréquentations de leurs filles ; ce qui crée invariablement un traitement inégalitaire puisque les fils, eux, jouissent souvent d'une plus grande liberté de mouvement.

* * *

Le contrôle des jeunes filles dans les familles ne partageant pas la culture « dominante » dans notre société est une problématique très complexe, car elle se trouve à l'intersection de plusieurs dimensions autant psychologiques que sociologiques.

Sur le plan psychologique, les jeunes filles adolescentes d'origines diverses, qu'elles soient nées au Québec ou ailleurs, ne sont pas toutes épargnées par les soubresauts de l'adolescence. Pour plusieurs d'entre elles, cette période est traversée par un désir de définir soi-même ses propres limites, qu'elles soient liées aux habitudes de vie, à l'habillement, à la sexualité, aux relations sociales ou encore aux sorties. Comme bien d'autres adolescentes dans la société, des jeunes Québécoises issues des minorités ethnoculturelles se placent ainsi dans des postures d'opposition envers leurs parents et leurs exigences.

Dans le cas des familles immigrantes, la période de l'adolescence est exacerbée par d'autres facteurs tels les défis posés par l'ajustement aux différences culturelles, la vulnérabilité économique due au chômage des parents, ou encore des troubles post-traumatiques chez certains-es immigrants-es ou réfugiés-es.

Concernant la dimension culturelle, deux éléments sont à considérer. Premièrement, les rapports des enfants avec leurs parents peuvent être très différents selon les cultures, les régions d'un même pays, les milieux socio-économiques, ou encore le type de milieu — urbain ou rural. Dans certaines familles marocaines, par exemple, la définition valorisée des rapports entre les enfants et leurs parents est basée en grande partie sur le respect et l'autorité. Le respect, dans ces contextes, a une acception très vaste. On ne parle pas n'importe comment, on ne dit pas n'importe quoi, on ne s'affiche pas n'importe comment, et on ne fait pas n'importe quoi devant ses parents, et surtout devant son père. Les parents ont un statut qui impose des limites à ne pas dépasser, sans que cela n'empêche les manifestations d'affection et d'amour entre eux et leurs enfants. Loin d'être une caution pour l'austérité, les limites que pose le respect sont l'expression d'une reconnaissance et d'une gratitude envers les parents. En islam, cette attitude devient même un principe primordial, puisque la notion du *ihsan* envers les parents, qui comporte autant la dimension de l'amour que celles de la bonté et de la compassion, est mentionnée dans le Coran tout de suite après l'appel à croire en un Dieu unique et universel. Leur statut ne donne toutefois aucunement aux parents le droit d'user de violence, ni verbale ni physique, à l'égard de leurs enfants — principe qui n'est malheureusement pas toujours respecté.

S'ajoutent à cela les questions de la conception et de l'expression de la sexualité qui diffèrent elles aussi de façon importante d'une société à l'autre, et d'un milieu à l'autre au sein des mêmes sociétés, et qui sont influencées dans les sociétés à majorité musulmane autant par la religion, la culture et les traditions ancestrales préislamiques, que par les courants de «libération sexuelle» provenant de certains pays occidentaux par le biais des médias, entre autres. Il y a là un point très important à clarifier. En islam, la sexualité n'est pas taboue: elle relève de l'intimité. La nuance est de taille. La modestie et le respect n'empêchaient pas les premiers-ères musulmans-es, au 7e siècle, de parler ouvertement de sexualité afin de comprendre ce qu'il était convenable d'observer en termes de comportement pour rester fidèles aux prescriptions de leur foi. Aussi, le Prophète Muhammad lui-même « a été le premier à insister sur l'éducation sexuelle[2] ». Cependant, selon la pratique musulmane, l'expression « comportementale » de la sexualité se vit dans l'intimité du couple, dans le cadre du mariage.

Concernant les sociétés arabo-musulmanes, il est difficile d'affirmer de façon générale que la sexualité y est taboue, puisque cela dépend grandement de notre définition du concept du « tabou » et des critères utilisés dans cette catégorisation. Un observateur qui conceptualise les modes et les espaces d'expression sexuelle selon un schéma normatif prédéfini dans la culture québécoise, par exemple, pourrait conclure que la sexualité est un sujet tabou au Maroc. En d'autres mots, la sexualité dans ces deux sociétés n'est pas nécessairement abordée selon les mêmes codes ni dans les mêmes espaces. Elle pourrait être discutée de façon pédagogique dans les cours d'éducation islamique à l'école ou encore dans des émissions à la radio, et de façon très ouverte entre les femmes mariées, mais plus rarement entre parents et enfants[3].

Dans ce dernier cas, on préfère souvent ignorer le sujet et espérer que son enfant n'en entende pas parler ailleurs, puis déterminer les limites du convenable et le justifier par une réponse vague et générale comme : « … parce que dans notre culture (ou notre religion), c'est comme ça ! » D'ailleurs, dans une société culturellement différente, cette phrase n'a même plus besoin d'être répétée lorsque chaque limite est rappelée, parce que les enfants ou les adolescents-es finissent par comprendre que tout règlement parental tend à être justifié par la culture familiale d'origine.

Dans le cas des familles marocaines de classe moyenne, comme la mienne par exemple, la question de la sexualité tourne principalement autour de la protection. Protéger leurs filles d'hommes qui risquent de vouloir profiter d'elles, et protéger la réputation de celles-ci de ce que la famille élargie ou les amis-es pourraient dire,

---

2. N. Kadir, K. Mchichi Alami et S. Berrada, « La sexualité au Maroc : points de vue de sexologues femmes », *Sexologies*, (2010) 19, 53-57.
3. Évidemment, je parle ici de façon générale, et on trouve des familles où les mères en discutent ouvertement avec leurs filles.

surtout si la jeune fille tombe enceinte. Il y a également l'interdit religieux relié à la pratique sexuelle hors du cadre du mariage, et cela pour les deux sexes ; mais celui-ci semble moins important puisqu'il est perçu comme étant « moins grave » culturellement dans le cas des garçons chez plusieurs familles. Ce qui porte à croire que dans ces dernières, les limites sont déterminées davantage par des normes culturelles que par les prescriptions de la foi. Dans la plupart des cas, ces restrictions sont imposées certes à travers l'autorité parentale et des règlements familiaux internes, mais dans certains milieux, ici ou ailleurs, la violence est malheureusement utilisée comme le moyen de pression ultime[4].

Par conséquent, les jeunes filles se retrouvent souvent dans un piège où elles se voient soit menacées dans leur intégrité physique ou psychologique (pression des pairs, harcèlement ou agressions à caractère sexuel), soit contrôlées par leur famille, pour éviter une atteinte à cette même intégrité. Des tensions se créent alors dans les familles, et trouver une issue à cette situation n'est pas une mince affaire. D'ailleurs, autant chez les jeunes que chez les adultes, les tentatives d'enfermer une personne dans un cadre trop réglementé et contraignant risquent souvent de faire voler en éclats les limites une fois cet espace quitté. Plusieurs perdent le sens de la mesure, et la liberté se cristallise autour d'un désir intense de vivre le moment présent — tout autre calcul devenant une chaîne contraignante qui les attacherait à un futur incertain.

* * *

Cette tension, je l'ai vécue longtemps. Dans ma famille, il n'y avait pas de violence physique, mais il était difficile de trouver un équilibre sain entre le souci de mes parents de m'inculquer les valeurs et les habitudes auxquelles ils croyaient, et mon désir de garder mon autonomie quant aux actions ou aux comportements que je voulais adopter.

Par ailleurs, dès que la porte de l'adolescence fut franchie, que mes pensées devinrent plus intimes et que je m'isolai davantage au sein de ma famille, je voulus écrire sans être lue. J'ai alors ressenti

---

4. Cette problématique est analysée en détail dans le chapitre « Ces crimes "d'Ailleurs" ».

le vif besoin de m'inventer un langage personnel, un alphabet qui découragerait les curieux qui auraient osé fouiller dans mes tiroirs. Ce code me permit d'écrire ce que je voulais, comme je le voulais. Sans gêne ni censure. L'écriture restait mon espace de liberté totale.

* * *

Entre une recherche d'emploi stérile et une fille adolescente «difficile» à encadrer, mon père apprit un jour que son propre père était décédé, au Maroc. Cela faisait presque quatre ans qu'il ne l'avait pas vu, faute de moyens pour s'acheter un billet d'avion. Vivre la mort d'un de ses parents à distance est le cauchemar de tout-e immigrant-e. Comment concilier la vie dans sa nouvelle société, tous ses défis autant économiques que culturels, et le lien avec sa terre d'origine incarné par les parents? On quitte son pays natal, mais tant que ces derniers y résident, il reste invariablement un point de retour. Cependant, tout le monde ne peut se permettre les visites annuelles. Plusieurs immigrants-es vivent donc entre la culpabilité d'avoir «abandonné» leurs vieux parents, et l'angoisse du jour où ils recevront le fameux coup de fil.

Le jour où mon père a appris qu'il était devenu doublement orphelin, son visage s'est assombri davantage. Le temps semblait tout d'un coup lui avoir injecté plusieurs années de plus. Je crois qu'il était officiellement en dépression, mais il n'était pas dans ses habitudes culturelles de reconnaître cet état comme une maladie nécessitant de l'aide. Au Québec, on fait encore aujourd'hui des campagnes de sensibilisation sur les maladies liées à la santé mentale. Chacun-e n'en reconnaît pas les symptômes, et on peine encore à convaincre celles et ceux qui en souffrent que chercher de l'aide n'est pas un signe de faiblesse. Mon père, venant d'une culture où la dépression était mal connue, et où les psychologues n'étaient pas très populaires à l'époque, ne voulait pas céder devant ce qu'il percevait peut-être plutôt comme un état d'âme passager, attribuable aux circonstances. Tout irait mieux dès qu'il aurait trouvé un emploi, et qu'il aurait senti que son existence avait un sens dans cette société.

* * *

De mon côté, le rythme d'activité adopté à la fin du secondaire s'était accentué au cégep et était devenu dès lors la norme dans ma vie quotidienne, où je cherchais à concilier études, travail, sport, engagement associatif et intellectuel… sans oublier la famille et les amis! Après une année au baccalauréat international au cégep André-Laurendeau, les frais de scolarité plus élevés et d'autres facteurs m'ont convaincue de retourner au programme régulier en sciences de la santé. J'ai ainsi pu continuer à m'entraîner en natation, à travailler (comme serveuse ou vendeuse) pour payer mes études, à suivre des cours de sauvetage et à chercher différentes occasions de m'impliquer socialement. Au collège, je m'étais jointe au club de secouristes; et pendant toute la période estivale, j'ai été accompagnatrice bénévole à temps plein dans un camp de jour. À travers toutes ces activités et mon cercle d'amis-es, mon attachement envers ma société croissait, au grand dam de ces inconnus qui, un jour dans la rue, ont pu me lancer un «Retourne chez vous!». J'étais loin de me sentir étrangère au Québec. Et c'était tant pis pour eux!

Puisque je visais à poursuivre mes études à l'Université McGill, j'ai également postulé pour un stage d'immersion pour apprendre l'anglais, dans le cadre du programme canadien ancêtre de l'actuel *Explore*. Et j'ai été envoyée à Sherbrooke! Peu importe. La bonne nouvelle était que j'allais passer cinq semaines avec plusieurs jeunes provenant de partout au Québec. Enfin des vacances! L'expérience n'était pas tant intéressante sur le plan de l'apprentissage de la langue, vu que c'était à Sherbrooke et que le français y dominait, que sur celui de la vie avec des jeunes aux profils très différents.

* * *

Un an plus tard, j'étais admise à l'université. Enfant, j'avais longtemps rêvé d'étudier en microbiologie pour pouvoir réaliser plein de découvertes. Après avoir lu un livre sur Marie Curie lors de ma préadolescence, j'avais été fascinée par son génie. À 18 ans, je pensais plutôt à la médecine ou encore à la physiothérapie. L'abondance de choix me donnait le tournis, et l'idée de faire *un* choix une fois pour toutes, pour le reste de mes jours — car c'était ainsi que je percevais la situation à l'époque — m'angoissait. En 1998, j'ai donc opté pour la physiologie à McGill. J'aimais les sciences de la santé, et je pouvais gagner quelques mois de plus avant de faire LE choix définitif. Celui-ci s'est finalement arrêté, quelques mois plus tard, sur la kinésiologie. Ce domaine semblait être un mariage parfait entre mes deux grands intérêts : la santé et le sport. Je comptais alors obtenir un baccalauréat, pour ensuite poursuivre à la maîtrise, et au doctorat, afin de faire de la recherche en biomécanique ou en physiologie du sport. Je me suis même demandé alors si je n'allais pas faire mes études supérieures à l'étranger. L'Australie, par exemple, était une des destinations dont je parlais souvent avec mon amie d'origine vietnamienne. Je rêvais, je calculais et je me fixais un objectif. Réaliste ? Au moins, j'essaierais, me disais-je.

Montagnes russes

En 1999, ma famille et moi avons enfin eu le droit de vivre ce que mon père attendait depuis son départ du Maroc et ce que nous attendions tous depuis cinq ans. Quelqu'un avait daigné considérer une énième demande d'emploi envoyée par mon père. Celui-ci reçut alors une offre de CGI, une grande entreprise spécialisée en technologie de l'information, pour un poste qui semblait correspondre à ses aspirations et lui assurait un salaire et des conditions de travail pouvant lui rendre son sentiment de dignité. Enfin! Après tant de CV envoyés. Après tant de visites au centre local d'emploi. Après tant d'années d'anxiété et de déprime. L'agente de recrutement qui l'avait contacté lui avait même dit ne pas comprendre la raison pour laquelle, depuis toutes ces années, personne n'avait répondu positivement à ses demandes, considérant ses compétences. Pourtant, la réponse commençait à nous paraître claire. Mon père s'appelait Abdelkader Ibnouzahir, un nom qui, pour bien des employeurs, n'était pas très convaincant sur un CV.

Cette nouvelle situation nous a permis d'acheter une maison et de déménager à Laval. Il s'agissait de notre quatrième déménagement en cinq ans. Cette fois, nous devions amorcer un style de vie stable, en banlieue — typique d'une famille de la classe moyenne qui aspirait à une vie tranquille. Ma mère avait également trouvé un emploi dans une garderie du quartier.

* * *

Pour ma part, je continuais mes études à McGill, m'entraînais au water-polo et travaillais comme sauveteure, entraîneure de natation et de conditionnement physique et serveuse dans un restaurant. Je ne voulais pas reposer entièrement sur l'aide financière de l'État, après quoi le fardeau de la dette pèserait sur ma conscience et mon compte bancaire pendant de nombreuses années. Cumuler trois emplois était donc la solution pour laquelle j'avais opté.

* * *

Ni le travail de mon père ni mes activités de plus en plus extra-familiales n'amélioraient cependant notre relation. Mes parents sentaient qu'ils me perdaient et que je me révoltais. De mon côté, je percevais chez eux un manque de confiance et une incompréhension qui m'attristaient grandement. Et lorsque j'évoquais l'idée, dans mes moments de ras-le-bol, de partir vivre en appartement, mes propos semblaient dépasser l'entendement. Aucun de nous ne savait comment dénouer la situation. Deux cultures différentes essayaient de survivre dans le même foyer, mais sans saine communication. Fidèle à mes habitudes d'enfance, je passais beaucoup de temps dans ma chambre. Les espaces d'échange n'étaient alors pas très vastes.

Le souvenir général que je conserve de cette époque est certes celui d'une période difficile, mais ma mémoire garde tout de même quelques moments de partage, de discussion et de rires vécus en famille. Je me souviens même d'une fois où j'avais rejoint mon père à son travail, à l'heure du lunch, pour aller manger avec lui au restaurant. Ce fut la première fois... et la seule.

* * *

Quelques mois après son nouvel emploi et notre déménagement, mon père commença à avoir des problèmes de santé. Après un certain nombre de visites à l'hôpital, on lui annonça qu'il avait un problème de vésicule biliaire et qu'il devait se faire opérer. Quiconque connaît le système de santé québécois sait bien qu'entre le diagnostic et le jour de l'opération peut s'écouler une longue période durant laquelle le corps peut être affligé de bien d'autres maux. Cependant, même après l'opération de mon père, les symptômes ne diminuaient pas et semblaient, au contraire, s'aggraver.

Retour dans les couloirs de l'hôpital. Et le diagnostic final : un cancer au cardia[5] ! La nouvelle était glaçante. Non ! Pas dans ma famille. Pas après tant de misère. Pas après tant d'efforts pour

---

5. Jonction entre l'œsophage et l'estomac.

obtenir une vie digne. Pas à mon père! La maladie arrivait bien trop tôt dans le nouveau scénario, à moins que ce ne soit l'emploi qui fût arrivé trop tard dans l'ancien.

Pendant cette période, on pouvait supposer que tout ce que je souhaitais, vu les tensions que je vivais avec ma famille, était de vivre seule et libre. Mais lorsque la perspective de la mort de mon père me sembla se rapprocher, bien des rêves me parurent coupables. Comment avais-je pu passer tant d'heures et de jours à souhaiter que nous soyons séparés, mon père et moi, sans avoir censuré mon imagination quant aux moyens de cette séparation? Toutes ces années de conflits me conduisaient à des moments de désespoir durant lesquels je souhaitais profondément disparaître. Mais, comme je répétais souvent à mon médecin de famille lorsqu'elle me posait la question, à savoir si je pensais m'enlever la vie: « Je ne peux pas. Je suis croyante, et ma religion m'interdit le suicide. » Ce fut une des rares fois où j'invoquai la religion dans ma vie, à cette époque.

Il était devenu si difficile de supporter tant de culpabilité, tant d'incompréhensions. La vie était donc ainsi? Misère. Moment de répit sur fond trouble. Et ensuite, reprise de misère. À la suite du nouveau diagnostic, mon père avait dû attendre encore quelque temps — sûrement faute de médecins, faute de place dans les salles d'opération, bref faute de ce pour quoi nous payons des impôts — avant de se faire opérer. Y avait-il de l'espoir? « Peut-être », nous disaient les médecins. Après l'opération, ces derniers nous ont toutefois appris qu'ils n'avaient pas pu retirer la tumeur et que le cancer s'était propagé au foie, au pancréas et aux ganglions. Mon père ne savait rien de tout cela lorsqu'il a ouvert les yeux dans sa chambre d'hôpital. Il croyait que tout était résolu et qu'il était guéri. Il nous souriait et cherchait à refréner nos larmes en nous assurant que tout irait bien dorénavant. Je n'oublierai jamais ce moment; cet espoir dans ses yeux, alors que les nôtres criaient de peine.

L'année qui a suivi fut le théâtre d'une succession étourdissante d'évènements. Chimiothérapie. Rémission. Rechute et... phase terminale! Pendant toute l'année, nous avons accompagné mon père à ses traitements et avons vécu avec lui tous les symptômes qui en résultaient. Compte tenu des jours passés avec lui à l'hôpital, y compris la veille de mes examens, je ne sais par quel miracle j'ai pu réussir mes cours cette année-là.

Après des mois de traitement, les médecins nous ont surpris en nous annonçant qu'ils ne voyaient plus de tumeurs. Cette nouvelle coïncidait avec l'été, et tout semblait tout à coup prendre des airs d'espoir. Mon père était guéri. La maladie nous avait rapprochés ; et moi, j'avais besoin de vacances. J'en avais alors profité pour faire un voyage au Maroc avec une amie. Un premier retour, six ans après avoir quitté le pays en larmes d'adolescente séparée de sa maman chérie.

Visiter la famille et vivre en touriste sur ma terre natale me plaisaient. Retourner à notre appartement du quartier Maârif de Casablanca, après toutes ces années, m'a enveloppée de réconfort. Tout y semblait plus petit que dans mes souvenirs. Chaque coin, chaque pièce ravivaient tant d'images d'enfance dans ma mémoire. J'étais là, à vingt ans, et j'aimais le sentiment d'enracinement que je ressentais dans cet appartement où j'avais vécu mes premiers jours dans ce monde. Mon amie et moi nous laissions gâter par mes tantes. Que de mets succulents. Que de siestes paresseuses. Que de paysages apaisants. Un mois d'oubli et de plaisir.

Cependant, de retour au Québec, à l'automne, le plaisir prit fin. Le cauchemar de la maladie hantait de nouveau ma famille. Les symptômes, les séjours à l'hôpital. Et une fois de plus, un diagnostic terrifiant : le cancer était revenu. Cette fois-ci, c'était la phase terminale.

C'était en septembre 2000. Je commençais ma troisième année à l'université, ma deuxième en kinésiologie. Et mon père avait pris sa décision ultime. Il devait et voulait retourner au Maroc, sa terre d'origine et celle où il voulait finir ses jours. Un jour ou l'autre, plusieurs immigrants-es sont placés-es devant le choix quant à la terre susceptible d'accueillir leur corps une fois que leur âme aura passé cette porte qu'on appelle la mort. Être enterré-e au Québec, pour rester proche de sa famille immédiate et réduire le fardeau du transport de la dépouille vers le pays d'origine — tout en prenant le risque qu'un jour, on devienne cet inconnu-e que plus personne ne visitera au cimetière, parce que les enfants ou les parents auront quitté le pays ? Ou faire un dernier voyage vers sa terre natale pour y être enterré-e parmi ses proches, mais loin de ses enfants si ceux-ci décident de rester au Québec ? Mon père avait eu le « luxe » de *choisir* de vivre ses derniers jours dans son ancien appartement de

Casablanca. C'était son retour final au Maroc. Et il nous avait également demandé (à ses trois enfants) si nous voulions rester au Québec pour continuer nos études, ou l'accompagner pour une période indéterminée au Maroc. Les médecins prédisaient qu'il lui restait quelques mois, mais son cas pouvait bien en être un qui échappait aux statistiques. Que faire? L'idée de rester ici attendre LE coup de fil m'était insupportable. En famille, nous avons alors quitté le Québec, en octobre, à ses côtés.

Cette fois-ci, contrairement à six ans plus tôt, le retour au Maroc rimait avec inconnu, angoisse et incertitude. Combien de temps allions-nous y rester avant de rentrer chez nous? Chez nous. Oui, c'était bien comme ça que je situais le Québec par rapport au Maroc. Mon pays d'origine était bien dans ma mémoire. Un passé que j'aimais visiter. Une terre qui abritait encore une grande partie de ma famille. Mais je sentais que mon présent et mon avenir prenaient et prendraient forme au Québec. D'ailleurs, ma famille au Maroc s'en était bien rendu compte. Malgré que certaines valeurs et traditions marocaines me parussent intéressantes et importantes, tels l'hospitalité, la générosité ou encore le respect des personnes âgées, il y avait par ailleurs d'autres coutumes et des façons d'être auxquelles je ne m'identifiais pas, ou plus — notamment certaines règles de pudeur[6] qui, en raison de mes années de travail et d'entraînement dans les piscines québécoises, m'avaient paru bien étrangères.

Le mois qui avait suivi notre arrivée au Maroc avait vu la santé de mon père se détériorer à un rythme accéléré. Alors que des oncles et des tantes insistaient pour qu'il consulte d'autres médecins dans des cliniques privées, histoire d'obtenir un autre avis médical, il semblait de plus en plus évident que l'on ne pouvait plus que chercher à soulager sa souffrance. De plus, dans un système à deux vitesses comme celui du Maroc, la santé devient monnayable. Bien des patients-es mourants-es ne sont gardés-es en clinique privée, sur l'avis du médecin, que pour engraisser la facture. On sacrifie ainsi l'éthique au profit de quelques gains pécuniaires.

---

6. Celles-ci étaient souvent reliées aux choix vestimentaires (vêtements trop courts, etc.), bien que, paradoxalement, il fût très habituel de voir des gens en maillot de bain aux plages et aux piscines marocaines.

L'état de mon père exigeait une surveillance constante. Avec quelques cousines et cousins, nous nous relayions pour assurer une présence à ses côtés, 24 heures sur 24. De toute façon, le jour comme le soir, nous avions souvent des visiteurs-euses : de la famille ou des amis-es de longue date. Ces gens venaient visiter celui qu'ils ou elles n'avaient pas vu depuis au moins huit ans, et repartaient choqués-es. Mon père avait été jadis de haute taille, sans être ni gros ni mince. Les gens lui reconnaissaient cette stature fière qu'ont ces hommes confiants et ayant réussi professionnellement. Mais l'image qu'ils voyaient de lui en ce mois d'octobre les renvoyait à leur propre faiblesse, en tant qu'êtres humains, et aux coups que la vie pouvait assener à chacun-e, aussi fier-ère, aussi fort-e qu'il ou elle puisse être.

Il y avait des moments où mon père ne semblait plus être de notre monde. Nous nous rassemblions alors autour de lui, et attendions. De temps en temps, il rouvrait les yeux pour nous dire que c'était la fin. Une de ces fois, il avait trouvé quelque énergie pour nous adresser ses derniers conseils, dont : « Asmaa, tu es celle sur qui je peux compter. Prends soin de la famille ! »

Cette phrase me plonge encore aujourd'hui dans des larmes de culpabilité, de fierté, d'étonnement et de peur. Moi qui pensais pendant toutes ces années qu'il me faisait si peu confiance ? Moi qui avais vécu tant de moments à souhaiter qu'il ne reconnaisse ne serait-ce que mon esprit de débrouillardise et ma capacité d'assumer mes propres responsabilités ? Pourquoi avions-nous si peu communiqué pendant notre vie commune ? Pourquoi étions-nous si fiers, trop fiers, pour aller l'un vers l'autre ? S'excuser. Se dire que nous nous aimions malgré nos différences. S'avouer que des parents pouvaient avoir des intentions nobles, par exemple protéger leurs enfants, mais qu'ils ne savaient pas toujours comment y arriver ou quels mots utiliser. S'avouer que des enfants, que des adolescents-es pouvaient aimer leurs parents, mais être trop arrogants-es pour le leur dire, pensant toujours avoir compris ce que leurs « vieux » ne semblaient pas trop saisir. Hélas, durant toutes ces années, le temps m'avait si faussement semblé m'appartenir. La vie m'avait paru comme un aller simple. Bien que la mort eût déjà pris quelques personnes de ma famille, tout au long de mon enfance et de ma jeunesse, elle m'avait semblé bien loin de mon petit cocon familial.

Ce jour-là, assise tout près de mon père, toutes ces questions me sont apparues décalées. Je ne me rappelle même pas avoir eu le courage et l'humilité de lui dire que je l'aimais à ce moment-là. Après quelques jours, mon père perdit la parole et ne semblait plus voir, ni peut-être même entendre. Il était alors encore plus difficile de communiquer avec lui, et trop tard pour lui avouer quoi que ce soit.

Le 19 novembre, avant que je ne sois « prête », avant que je ne sache comment vivre ou accepter ce qui m'arrivait, mon père nous a quittés. J'ai lâché prise et laissé les larmes et le deuil m'envahir.

Guérit-on jamais de la perte d'un proche ? Je ne pense pas. Il y a toutes sortes d'émotions, d'images et d'odeurs qui nous relient à nos proches. Elles sont là en veilleuse et reviennent, de temps à autre, dans notre vie pour nous rappeler la souffrance de la disparition.

Les jours qui ont suivi ont vu défiler des dizaines de personnes dans notre appartement. Pendant au moins trois jours, famille et amis-es ont afflué continuellement vers nous. Ensuite, une autre journée de deuil fut marquée quarante jours après le décès, comme le voulait la coutume marocaine.

Ma période de deuil au Maroc s'est vécue ensuite parmi un tourbillon de procédures administratives dans lesquelles j'ai accompagné ma mère. La bureaucratie étatique marocaine est l'antithèse même de ce qui pourrait ramener un peu de paix après une épreuve si difficile. Le pire pour des personnes endeuillées est de devoir se heurter à des obstacles administratifs, à l'incompréhension, ou encore à l'indifférence de certains-es fonctionnaires.

Pendant les trois mois qui ont suivi le décès de mon père, j'ai également pu me rapprocher d'une femme que j'admirais beaucoup pour son authenticité, sa douceur et sa générosité. Michèle, une Belge — qui a également été emportée par un cancer il y a quelques années maintenant —, était l'épouse de mon oncle paternel. À travers elle, je gardais peut-être un contact avec cet Occident que j'avais quitté depuis plusieurs semaines. Elle m'a suggéré certaines lectures spirituelles, sans nécessairement faire référence à quelque religion que ce soit. Simplement pour faire vaguer mon esprit dans des sentiers de sagesse et de paix.

* * *

TROISIÈME PARTIE

Nouveaux départs
(2001 – 2004)

Teranga[1]

En février 2001, ma famille et moi sommes rentrés chez nous, à Laval. Notre maison nous attendait autant dans la joie des retrouvailles que dans la lourdeur de douloureux souvenirs. Bien que l'on puisse se forcer à n'accorder que très peu d'importance aux questions matérielles, il est des cas où des objets semblent porter en eux une mémoire lestée de paroles, d'actes, de visages…

De retour au Québec, je me suis occupée de nouveau des procédures reliées à la succession de mon père. Cette fois, la flexibilité et la légèreté des procédures administratives furent de véritables baumes ! J'ai pu alors reprendre le travail et mes entraînements de water-polo, mais pour ce qui est de mes études, je devais encore attendre.

La Asmaa qui avait quitté le Québec cinq mois plus tôt me semblait différente de celle que j'étais devenue. Désormais, je faisais du respect du temps une obsession. Le caractère brusque de la maladie et la rapidité avec laquelle la vie de mon père avait pu basculer, avaient radicalisé ma conception du temps. Tout s'inscrivait désormais dans l'urgence. Le temps était pressé et n'attendait point. Et cette obsession allait marquer le début d'une longue période de stress et d'anxiété.

Le décès de mon père m'avait également désillusionnée quant au fait de se fixer des objectifs précis dans la vie. Même si j'avais passé beaucoup de temps à rêver et à planifier, tout à coup, je me trouvais égarée devant un avenir qui n'était qu'incertitude. Il n'était plus question pour moi de partir à l'aventure en Australie pour étudier. Non seulement je n'avais pas fini mon baccalauréat à McGill à la

---

1. *Teranga* signifie « hospitalité » en wolof (langue sénégalaise).

date préalablement fixée, mais je ne pouvais quitter ma famille en ce moment difficile. À quoi bon alors, pensais-je, passer son temps à se donner des objectifs que les aléas de la vie pouvaient réduire à l'état de vieux rêves passagers? En revanche, je décidai de choisir des grandes directions ou orientations plutôt que des lignes d'arrivée bien précises. Lorsque l'on choisit une orientation, me répétais-je, on marche sur une voie large et on fait plus attention à nos pas qu'au fil d'arrivée. Si quelque évènement que ce soit survenait et faisait trembler mon parcours, il me faudrait alors reconsidérer l'orientation initialement choisie et voir si le chemin avait été coupé ou si je pouvais toujours continuer d'avancer. Évidemment, cette attitude entraînait le paradoxe que, en évitant de se fixer des objectifs, c'est le choix d'une direction quelconque qui devenait en soi l'objectif. Mais, à cette époque, je préférais tout de même miser sur cette conception de la vie afin d'éviter de nouvelles déceptions, frustrations et blessures. Je ne sais toutefois pas combien de temps a duré chez moi cette nouvelle vision de la vie, puisque je me suis surprise, plus tard, à tenter de nouveau de me fixer des lignes d'arrivée.

Après mon retour du Maroc et pendant plusieurs mois, le deuil me consumait et le sport ne me suffisait plus comme échappatoire. J'ai décidé alors de consulter mon médecin de famille qui, à en juger par le médicament qu'elle m'a prescrit, a déterminé que j'étais en dépression.

Partir pour grandir

Au cours de cette même année, deux conversations, dont l'une avec mon amie Marie-Ève Beauséjour, allaient changer mon cheminement social et professionnel. Celle-ci m'a fait découvrir la possibilité de vivre une expérience en coopération internationale, à travers le programme Québec sans frontières (QSF). Ce fut l'une des circonstances où je me suis sentie vraiment ravie de faire partie d'une société qui offrait autant d'opportunités de favoriser l'épanouissement des jeunes. Outre cette réalité, il y avait là surtout l'occasion de redonner un sens à ma vie.

Après avoir réussi les étapes de recrutement, j'ai été admise à un projet au Sénégal avec l'organisme Carrefour canadien international[2]. Le départ était prévu pour l'été 2002. En attendant, j'avais repris mes études en kinésiologie, continué à travailler dans les piscines, quitté le water-polo pour joindre la toute première équipe féminine de football contact, le Blitz de Montréal, tout en participant à diverses formations en vue de mon futur stage international.

Ces dernières visaient à me préparer autant que possible, ainsi que les autres stagiaires du voyage, à l'expérience unique que nous nous apprêtions à vivre pendant 75 jours. Les activités portaient sur divers aspects dont la langue wolof, le choc culturel, la communication interculturelle ou encore la dynamique de groupe. Elles me permettaient déjà de saisir quelques notions reliées aux préjugés, aux incompréhensions face à des phénomènes inconnus ou non familiers, et au malaise qu'ils pouvaient susciter chez chacun-e, à divers degrés.

Bien que ce programme prenne en charge les stagiaires à plusieurs niveaux, il fallait tout de même recueillir des fonds ; ce qui fut tout un défi puisque mon réseau familial était très restreint, et mon nom « étranger » ne semblait pas spécialement inspirer confiance à certains-es. Après des dizaines de lettres envoyées à divers organismes et institutions et un article paru dans le journal du quartier, je n'avais réussi à ramasser qu'environ quinze pour cent de la somme. Je me suis alors résignée à emprunter le reste. Il n'était pas question pour moi de laisser tomber cette expérience ; je n'aurais qu'à travailler plus fort à mon retour pour rembourser ma dette.

En me préparant pour ce voyage, j'essayais aussi de « ne pas avoir d'attentes ». Je ne devais m'attendre à trouver l'expérience ni facile ni difficile. Et pas plus m'imprégner de la culture locale ni m'y sentir complètement étrangère, ni même en être seulement observatrice. Il fallait simplement partir avec un carnet émotionnel presque vierge et vivre chaque découverte le moment venu. Réaliste ? Non, mais c'est bien le type de phrase qu'on aime répéter lorsqu'on veut réduire son anxiété et prévenir d'éventuels chocs ou déceptions.

---

2. Devenu aujourd'hui Carrefour International.

Dakar, entre amertume et espoir

Mai 2002. Le jour du départ, fébrilité, joie, anxiété, tristesse et angoisse étaient au rendez-vous. Laisser sa famille et son monde connu pour partir vers une terre inconnue, un peuple inconnu, et une culture qui semblait l'être tout autant. Le scénario m'en rappelait un ancien. Mes collègues et moi devions rester à Dakar, la capitale, pendant une semaine, afin de nous acclimater, de rencontrer le partenaire du projet, et de réduire les effets du décalage horaire et culturel.

* * *

Dakar était une grande ville qui, comme d'autres métropoles d'Afrique, ne cessait de voir sa démographie exploser, principalement en raison d'un exode rural de plus en plus important. Cependant, les ressources économiques et les infrastructures étant limitées, la ville connaissait une pauvreté urbaine croissante. Bien qu'elle n'occupe qu'une petite partie de la superficie nationale, la capitale abritait néanmoins la moitié de la population du pays, et les habitats irréguliers s'y multipliaient. Hormis les bidonvilles, on pouvait voir, par exemple, des mères et leurs enfants sous des abris de fortune, installés sur les mêmes trottoirs où des immeubles de quelques étages accueillaient confortablement des gens de la classe moyenne.

Pendant cette semaine, nous avons aussi visité Gorée. Située à deux kilomètres en mer de Dakar, cette île porte encore aujourd'hui la mémoire de la traite négrière, et symbolise le passage de femmes, d'hommes et d'enfants vers l'Amérique — jadis terre de misère… aujourd'hui, terre de rêve pour bien des Africains-es. La Maison des esclaves, datant de 1776, était sans doute le lieu le plus touchant de l'île. On y estimait la valeur des esclaves par leurs seins et leur virginité, pour les femmes ; par leur musculature et leur force, pour les hommes. J'y ai vu des cellules de 2,60 mètres par 2,60 mètres, où on entassait entre quinze et vingt hommes. Les femmes et les enfants étaient placés-es dans d'autres pièces tout aussi étroites. Et tous attendaient leur passage à travers cette petite porte, donnant directement sur l'océan, nommée la « porte du voyage sans retour ».

Cette Maison ainsi que d'autres endroits de l'île ont remué au plus profond de moi des sentiments d'indignation face à la cruauté dont est capable l'être humain. L'arrogance et le racisme incitent ainsi un groupe de personnes à considérer les contours qu'il a tracés autour de son identité comme étant la Norme, le Vrai, le Bon ; et à dénier aux autres, ne cadrant pas à l'intérieur de *son* schéma identitaire, le droit de vivre dans la dignité. Sans compter les enjeux économiques qui allaient de pair avec les considérations idéologiques, la traite des esclaves ayant été un commerce très lucratif.

Lors de ce séjour à Dakar, j'ai également eu la chance d'assister à une réunion de groupements féminins, au quartier Guediway. Ceux-ci visaient à contrer les problèmes sociaux et sanitaires nuisant à l'émancipation des femmes dans leurs communautés. Ainsi, les femmes de ces groupements tenaient des séances de sensibilisation sur divers sujets liés à la santé et à la violence envers les femmes, des séances d'alphabétisation, des ateliers de confection, des séances de *set/setal*[3], et collectaient des fonds pour aider les femmes qui n'étaient pas regroupées au sein d'associations.

J'étais fascinée et enchantée par la mobilisation et la solidarité de ces femmes. Face à des problèmes politiques et économiques qui semblaient les dépasser, elles avaient choisi d'agir, et de refuser le fatalisme et l'assistanat. Se mobiliser pour améliorer, à leur niveau, les vies des unes et des autres, plutôt que de capituler devant les injustices économiques présentes dans leur pays et à l'échelle globale.

Une simplicité pas toujours volontaire

Après une semaine dans la capitale, nous sommes enfin arrivés à notre destination finale, Doundodji. C'était un petit village d'environ deux mille habitants-es, situé près de Linguère, en pleine brousse. Le choc culturel auquel j'avais presque échappé en arrivant à Dakar — parce que certains éléments de l'environnement urbain de cette ville me rappelaient Casablanca — m'a rattrapée aussitôt notre minibus immobilisé dans le village.

---

3. *Set* signifie littéralement « nettoyer », et *setal*, « rendre propre ». Il s'agit de séances visant à nettoyer les quartiers des ordures pour aider à maintenir un environnement sain.

Doundodji semblait réellement oublié par la modernité. Il n'y avait ni électricité ni eau courante potable, ni asphalte, ni route, ni commerce, ni même établissement de santé. Les habitations étaient très sommaires et consistaient, majoritairement, en cases de terre battue regroupées dans des concessions[4].

Ma famille d'accueil, comptant déjà seize membres dont onze enfants, m'avait donné le prénom sénégalais Awa pour la durée de mon séjour. Aussi, seulement une adolescente et un adolescent y parlaient un peu français, ce qui, à mon grand bonheur, allait me faciliter encore plus l'apprentissage de la langue locale, le wolof.

Malgré son accueil, sa discrétion, sa souplesse et sa gentillesse, je ressentais grandement la vulnérabilité de « ma » famille. Au moment des repas, on servait trois plats : un à la grand-mère, un autre au chef de la famille et aux garçons plus âgés, et un troisième aux femmes et aux jeunes enfants. Vers ce dernier, jusqu'à huit mains se tendaient pour se partager du riz, une carotte, un quartier de chou, quelques tranches de manioc et de pommes de terre, et un peu de poisson. Lorsque le plat se posait, plusieurs de ces mains, petites ou grandes, se précipitaient tout de même pour m'offrir des morceaux de légumes importants et du poisson. Une telle générosité malgré la rareté des ressources constitue un des points marquants de mon expérience sénégalaise.

Plus tard, les rencontres avec les villageois-es nous apprirent la complexité des défis que ceux-ci devaient affronter, surtout en matière d'infrastructures de base et de santé. D'ailleurs, une nuit, alors que tout le monde semblait dormir, je perçus une activité anormale dans la concession de ma famille; des lampes à huile y circulaient à des heures inhabituelles. M'enquérant auprès de ma sœur d'accueil, Ndeye, elle me répondit, d'un air plutôt détaché, avant de retourner à son sommeil : « Ma mère a eu un bébé ». C'était ainsi ! Une accoucheuse traditionnelle était venue durant la nuit pour accomplir une tâche qui semblait très routinière dans le village. Cordoba, déjà sept fois maman, avait la chance d'être en bonne santé. Toutefois, plusieurs femmes perdaient malheureusement la

---

4. En Afrique, la concession est un terrain entouré d'un mur ou d'une clôture, et sur lequel se trouvent des cases de la même famille. La case est une pièce souvent construite en terre et dont le toit est fabriqué de chaume.

vie en donnant naissance, car diverses maladies entraînaient des complications et aucun moyen de transport n'était disponible pour les évacuer vers le centre de santé le plus proche.

Après avoir entendu et vu tous ces besoins, notre rôle m'apparut tout à coup presque négligeable. En fait, de telles expériences de stage bénéficiaient aux jeunes Québécois-es que nous étions bien plus qu'elles n'apportaient de changements importants dans la réalité des villageois-es.

Malgré cela, avec un budget très modeste, nous avons organisé des formations sur le maraîchage, les ITS/Sida, l'allaitement et le paludisme, et animé des ateliers de théâtre pour les enfants ainsi que quelques cours élémentaires de français pour les femmes. Ces derniers n'ont cependant pas duré longtemps vu les multiples tâches que les femmes devaient accomplir quotidiennement dans les champs et dans leur foyer.

La joie, malgré tout...

Toutefois, Doundodji n'était pas que pauvreté et problèmes d'accès aux soins de santé. Ses habitants-es avaient cette joie de vivre et cette force qui me faisaient beaucoup réfléchir au sens du mot « misère ».

À part les mariages, les fêtes de nouveau-nés, la soirée de *sabar*[5] et la cérémonie de *bao*[6], auxquels j'ai pu assister, j'ai également eu le plaisir de partager avec les Doundodjinois-es la fierté de la victoire de leur équipe nationale de soccer contre celle de la France. Cet été-là était celui de la Coupe du monde de 2002, et ce fut un évènement historique pour le Sénégal. La victoire de l'équipe sénégalaise s'avérait symbolique à plusieurs égards. Pendant longtemps, on allait entendre ou voir le slogan « Sénégal 1 — France 0 : Djerejef 7 ». Le Sénégal, ancienne colonie, pays « pauvre », battait ses ex-colonisateurs si puissants et si riches.

---

5. Le *sabar* est une musique très rythmée, sur laquelle les gens dansent en effectuant de grands sauts et de grands mouvements de bras.

6. Bien que le Sénégal soit un pays qui compte plus de 90 % de musulmans-es, des traditions animistes sont toujours présentes dans plusieurs milieux, peu importe la religion. On y compte, par exemple, le *bao* qui est tenu lorsque les pluies se font attendre. Les femmes se déguisent alors en fermiers et sortent ensemble marcher, dans le village ou en brousse, en chantant.

7. *Djerejef* signifie « merci » en wolof.

La musique occupait aussi une grande place dans la culture sénégalaise, avec le traditionnel *mbalakh*, très rythmé, mais accompagné de mots, contrairement au *sabar*. Toutefois, un jour, au beau milieu d'un mariage, le *mbalakh* fut soudainement arrêté, et la voix de Céline Dion chantant *The Power of Love* retentit dans le village ! Il s'agissait là presque d'une tradition. Le *mbalakh* ne se prêtant pas bien à un *slow* de nouveaux mariés, on empruntait alors quelques rythmes à Céline, le temps d'une danse lente et romantique, avant de retrouver cinq minutes plus tard les percussions sénégalaises.

Après avoir vécu tant de traditions vivantes du village, c'était à notre tour, le 24 juin, de faire vivre aux Doundjodjinois-es la Saint-Jean, considérée comme la fête nationale du Québec. Tout le monde avait hâte et les attentes étaient élevées. Au jour J, nous sommes allés à la Place du village avec nos drapeaux du Québec de diverses tailles et nos vêtements rappelant des nuances de bleu. Mais plus l'après-midi avançait, plus nous constations que nous reproduisions, à quelques différences près, les *partys* de cuisine de chez nous ! Nous avions tiré des bûches (de vraies) et quelques chaises sur lesquelles nous nous étions assis-es, et nous discutions. Les villageois-es venant chercher la fête pour danser étaient plutôt invités-es à siroter des boissons gazeuses et à discuter. Je crois bien que cette fête fut leur petit choc culturel !

Éveil écologique et politique

Malgré toutes les difficultés auxquelles je me suis heurtée au Sénégal, en termes de privation de nourriture, de soins de santé et autres, le retour au Québec a été beaucoup plus complexe que je ne l'imaginais. L'idée de retrouver ma famille à Laval était tout ce qui pouvait me consoler. Voir tous ces étalages d'aliments dans nos supermarchés, apercevoir des voisins arrosant leur trottoir, ou encore entendre certains-es se plaindre de manger « tout le temps la même chose » me choquait plus que jamais. J'étais également incapable de voir le centre-ville de Montréal avec le même œil qu'avant Doundodji. Les signes de dollars me semblaient tout recouvrir, et tant d'abondance me dépassait.

D'autres questions et incompréhensions continuaient à me tourmenter après mon retour du Sénégal. Je ne comprenais pas comment les ressources dans le monde étaient distribuées. Comment pouvait-on d'un côté vivre et ressentir même du plaisir avec presque rien, et de l'autre, demander toujours plus pour le plaisir, et s'enlever la vie, parfois, par désespoir ?

Aujourd'hui, je crois sincèrement que ce type d'expérience internationale pourrait remplacer partout dans les pays occidentaux, et même dans les autres qui peuvent se le permettre, l'ancien service militaire. Si seulement les jeunes, à la fin de leur cégep, pouvaient prendre un recul solidaire, dans des communautés locales ou dans d'autres pays, nous aurions probablement des sociétés qui consommeraient de façon plus responsable et qui contribueraient ainsi à mieux protéger la planète.

Outre ce que j'ai pu observer et vivre au Sénégal par rapport aux questions matérielles, ce séjour fut également une opportunité intéressante pour ma conscientisation politique. À Doundodji, j'ai passé de longs moments à discuter avec un collègue québécois sur des sujets politiques, dont celui de la souveraineté du Québec. Il me vantait les bénéfices de vivre dans un État où l'on refuserait de s'inscrire dans la course capitaliste effrénée. Avec le temps, et en pensant également à la perspective de vivre dans un pays qui n'aurait pas d'armée, et donc, qui ne prétendrait pas instaurer la paix et la démocratie à coup d'attaques militaires, j'étais devenue souverainiste. Après tout, lorsqu'on me demandait si j'étais française, je répondais instinctivement « québécoise », et non « canadienne ».

Du Sénégal, je suis également revenue en ayant pris une décision importante. Je ne pouvais continuer à viser l'amélioration de la performance sportive par la science comme objectif de carrière. J'ai décidé alors de me lancer dans des études de maîtrise en nutrition internationale pour éventuellement retourner sur le terrain.

L'autre voyage

Depuis le décès de mon père, j'avais commencé à mener ma vie comme je le désirais. Les sorties, les amis-es, et tout ce que je souhaitais faire ou être… ou presque. Je m'étais même installée en appartement, à partir de 2003, en colocation avec une amie ; ce qui, à l'époque, était en totale rupture avec la culture marocaine, et avait grandement choqué ma famille. Dans plusieurs sociétés africaines, sud-américaines ou asiatiques, que l'on soit femme ou homme, on quitte rarement le nid familial avant de s'être marié-e, à moins que ce ne soit pour un travail ou des études dans d'autres villes ou pays. Mais je tenais absolument à vivre de façon indépendante et à sentir que je reprenais le « contrôle » sur ma vie. Avec le temps, sans pour autant approuver ma décision, ma mère avait fini par s'y habituer et la tolérer.

Toutefois, quelque chose me manquait, ou plutôt, perturbait cet équilibre que je recherchais désespérément et que je pensais atteindre en multipliant mes activités. Je sentais en moi des contradictions, des tensions intérieures. Une partie de moi semblait bâillonnée, et je ne lui accordais que peu d'importance.

Je tenais depuis longtemps, peut-être inconsciemment, à vivre ma religion, autant que possible, principalement dans le privé — chez moi, à la maison. Peut-être par complexe d'infériorité devant ce que je percevais être la « civilisation occidentale réussie » ; ou encore par peur de sembler trop différente de mes amis-es, de vivre un rejet de la société ou d'attirer des moqueries de toutes sortes. Évidemment, j'avais quand même provoqué quelques-unes de ces réactions, puisque je respectais tout de même certains principes religieux, tels que le fait de ne pas manger de porc ni de boire d'alcool.

J'avais commencé à faire la prière prescrite en islam, dès mon adolescence, parce que j'avais appris que c'était obligatoire pour toute personne musulmane ayant atteint l'âge de puberté. Je n'avais pas cherché à en comprendre le sens profond. Lorsque l'on vit dans une société où l'on est majoritaire culturellement, ethniquement et religieusement, cherche-t-on jamais à comprendre et à analyser les pratiques et les traditions courantes, sauf si l'on est engagé-e dans des milieux de recherche ou de réflexion socio-anthropologique ? Au Maroc, je faisais justement partie de la majorité qui ne remettait pas trop en question ses pratiques culturelles ou religieuses, et l'acceptation non critique de celles-ci m'avait accompagnée pendant mes premiers temps au Québec. En matière de religion, je savais qu'il y avait des comportements à adopter et d'autres à éviter. J'en avais choisi quelques-uns, mais j'étais bien consciente que j'étais loin d'être une pratiquante « modèle ». À vrai dire, je n'avais qu'une maigre compréhension de ce qu'une telle épithète pouvait bien impliquer.

De plus, dans ma famille, la religion prenait un aspect assez technique et était surtout « visible » au moyen de la prière et du jeûne. Il n'y avait ni discussion ni débat autour de sujets religieux ou spirituels. Encore aujourd'hui, je ne pourrais même pas dire quelle était la position de mon père sur la religion dans la sphère publique, ou même sur une pratique « trop » visible de celle-ci. Par contre, je me rappelle cette fois, peu de temps après notre arrivée au Québec, où j'avais trouvé — probablement dans une épicerie iranienne — un calendrier détaillant les horaires de prière. Arrivée à notre appartement, je l'avais accroché sur le mur de ma chambre pour m'y référer au besoin. Mais sa durée de vie fut très brève. Dès que mon père l'aperçut, il devint furieux et m'ordonna de m'en débarrasser sur le champ : « Comment oses-tu mettre la photo de Khomeyni dans la maison !? » m'avait-il lancé. De mon côté, incompréhension totale. Je n'avais aucune idée à cette époque de qui était ce Khomeyni qui avait pu mettre autant mon père en colère. J'avais 14 ans ; et tout ce que je pensais, c'était que mon père paraissait excessivement fâché pour un simple papier sur lequel se trouvait, en arrière-plan, la photo très floue d'un homme barbu (que je n'avais même pas remarqué) que mon père ne semblait pas trop aimer, mais sans m'en dire les raisons. Ce fut la seule fois où nous avons eu un « échange » lié à la religion et la politique !

Bref, pendant mes premières années de postadolescence, j'avais juste assez de conscience religieuse pour ressentir des dissonances dans certains de mes comportements, comme celui de rattraper toutes les prières de ma journée seulement le soir, une fois rentrée d'une sortie entre amis-es. Je n'aimais pas cette façon de faire. Mais comment passer outre ? Le choix qui semblait s'offrir à moi était soit de mettre un terme à ma vie sociale, soit de délaisser ma « pratique » religieuse. Je ne voulais pas m'isoler de la société, mais la deuxième possibilité était tout aussi inconcevable pour moi. La prière était le seul contact que je gardais avec Dieu. Aussi irrégulière fut-elle, elle me permettait, en ces très rares occasions où je pouvais me concentrer en l'accomplissant, de sentir l'écoute divine, et c'était ô combien réconfortant ! En plus, à 13 ans, je m'étais promis de ne jamais arrêter mes prières. C'était l'un des piliers de l'islam auquel je tenais tout autant que le jeûne pendant le mois de ramadan[8].

Ce malaise identitaire créait un réel clivage entre ce que j'étais dans ma vie privée et ma façon d'être dans la société. Parmi les dizaines d'amis-es que j'avais, une seule était musulmane, mais elle était non pratiquante ; ce fait renforçait chez moi l'étanchéité entre le « privé » et le « public ». Je cachais le plus possible mes déceptions, mes tensions et mes frustrations en matière de religion. D'aucuns pouvaient percevoir parfois que je n'étais pas à l'aise dans certaines situations, et ces regards sur mon état intérieur me troublaient.

Soudain, les projecteurs !

En 2001, cette identité musulmane fut tout d'un coup mise à nu à la suite des attentats du 11 septembre à New York. Le matin de ce jour-là, tout en me préparant pour aller à mes cours, je jetais des regards furtifs aux nouvelles télévisées. Soudain, je vis une image défiler à répétition. Un avion avait percuté une tour. Puis un deuxième. Je n'y comprenais rien. Inquiète d'arriver en retard à l'université, je ne pris pas le temps de regarder tous les reportages qui traitaient de ces évènements. Plus tard, dans la matinée, je perçus de la frayeur à la

---

8. L'islam a cinq piliers qui constituent l'essentiel de son culte : l'attestation de foi, les cinq prières quotidiennes, le jeûne du mois de ramadan, l'impôt social purificateur (*zakat*) et le pèlerinage à la Mecque (pour les personnes qui en ont les moyens).

cafétéria, où les mêmes images défilaient sur l'écran d'une petite télé au Curry Gym de McGill. Malgré cela, je n'ai d'abord pas accordé une grande importance à ce qui se passait. Était-ce en raison de mon indifférence envers la question politique à cette époque-là (c'était avant mon départ pour le Sénégal)? Ou encore en raison de mon état d'esprit déjà ravagé par le deuil et qui voulait se protéger de toute autre nouvelle catastrophique? Ou était-ce simplement une naïveté de ma part face à ce qui était en train de se passer et les conséquences qui allaient s'ensuivre tant sur le plan individuel que social et mondial?

Peu de temps après, des mots clés me parvinrent à travers les médias et les discussions diverses : États-Unis, World Trade Center, terrorisme, musulmans, islam, Ben Laden. Le lien entre ces différents éléments me mettait mal à l'aise. Soudainement, mon côté musulman, avec lequel j'essayais d'être en paix d'une façon ou d'une autre, allait se retrouver sous les projecteurs. Et j'allais être associée, par liens de foi, à des crimes planétaires. Je refusais cette association. Tout mon entourage démentait ce supposé lien entre l'islam et la violence. Jamais ma famille, autant la famille proche que la famille élargie, n'a prôné la violence ni n'a encouragé la guerre. Alors, qui étaient ces individus se disant musulmans, qui auraient commis de tels actes en les justifiant au nom de l'islam? De quel droit pouvaient-ils s'approprier une religion pour commettre des crimes d'une telle envergure? Je ne comprenais pas. Mais j'étais sceptique face à ce que j'entendais comme accusations et généralisations, et je les trouvais même blessantes, comme lorsque la responsable d'une piscine où je travaillais me lança un jour : « C'est les musulmans, là, qui mettent le trouble partout ! »

Pourtant, j'avais toujours eu de bonnes relations avec cette dame. Elle ne semblait même pas être consciente que ses paroles s'adressaient à une musulmane — bien qu'elle sût que j'en étais une. Elle pensait sûrement, comme d'autres plus tard, que « moi, je n'étais pas comme les autres musulmans-es ». Tous les musulmans-es seraient donc des fauteurs-trices de trouble, sauf celles et ceux qu'elle connaissait! Choquée par la portée de ses propos, je lui répondis simplement que ce n'était pas vrai, en pensant à tous-tes ces musulmans-es que je connaissais personnellement et qui vivaient leur vie comme n'importe quel-le monsieur et madame-tout-le-monde, même trop détachés-es parfois devant l'actualité, tout comme je l'étais moi-même. Quelle injustice ! pensais-je. Comment peut-on lancer des accusations gratuites envers plus d'un milliard de personnes dans le monde ? Hélas, ce genre de commentaire n'allait pas rester isolé. Et tout ce qui s'ensuivrait allait me forcer à choisir entre le silence et la soumission à des propagandes et à des campagnes de haine d'un côté, et la résistance et l'indignation face à l'injustice de l'autre.

* * *

Il faut dire que l'image de l'islam n'avait déjà rien d'enviable dans le paysage médiatique, et ce, depuis des décennies. Comme l'a démontré Jack Shaheen dans son ouvrage *Reel Bad Arabs : How Hollywood Vilifies a People*[9], le cinéma étatsunien a, depuis l'époque du cinéma silencieux, soigneusement dépeint différents portraits dénigrants et simplistes des Arabes — et par le fait même des musulmans-es, puisque les deux sont régulièrement confondus dans l'imaginaire collectif. Ainsi, les hommes arabes ont souvent été présentés comme terroristes, stupides et superficiels, bédouins et complètement déconnectés de la modernité, ou encore comme arrogants, froids et oppresseurs à l'endroit de leurs femmes. Du côté de celles-ci, l'image variait entre danse du ventre, soumission, silence et passivité. Ces représentations sont loin d'être inoffensives, et prendre conscience de l'idéologie qui les sous-tend aiderait sûrement déjà à changer notre vision autant du cinéma que des personnes arabes ou musulmanes. L'omniprésence de ces images sur les écrans de télévision, au Québec et ailleurs, a contribué à construire un ensemble de stéréotypes tenaces encore présents de nos jours. Ce qui est intéressant dans les travaux de recherche de Jack Shaheen, c'est de constater le rôle que ces films ont joué pour préparer le public à accepter et à justifier les interventions militaires des États-Unis dans les différents pays à majorité musulmane.

---

9. Jack Shaheen, *Reel Bad Arabs : How Hollywood Vilifies a People*, New York, Olive Branch Press, 2001. L'analyse de Jack Shaheen est également disponible sous forme de documentaire portant le même nom.

Vivre la conscience spirituelle

La sensation de lassitude face à l'incohérence identitaire que je ressentais avait coïncidé avec le séjour chez ma mère d'un cousin éloigné, arrivé au Québec en 2002. Il ne portait pas la barbe ni ne gardait le Coran en permanence sous la main, mais il me parlait parfois de religion. Bien qu'il m'arrivait d'être contente d'échanger avec lui, je n'étais pas toujours à l'aise dans ces situations, puisque la religion était un sujet que je connaissais peu et dont on ne parlait pas souvent dans la famille. Un jour, ce cousin m'a recommandé d'écouter une conférence audio d'environ une heure sur Internet. Ce fut probablement la première fois, depuis mes études secondaires au Maroc, où je tentai d'écouter un discours en arabe classique. Durant les dix minutes d'écoute qu'a supportées ma patience, la voix parlait du port du foulard[10] chez les femmes musulmanes d'une façon que je trouvais assez culpabilisante. Mauvais calcul. J'ai arrêté l'audio et vaqué à mes (pré)occupations.

Et puis, en 2004, il y a eu une période difficile où ma vie semblait encore une fois oublier le sens du bonheur. À l'université, les choses se compliquaient et j'ai dû changer deux ou trois fois de type de maîtrise faute de financement. Ensuite, difficultés financières, retour au nid familial, problèmes relationnels. Bref, des montagnes russes émotionnelles qui me comptaient souvent parmi leurs passagères. Là, le cousin est revenu à la rescousse en me proposant une autre conférence audio. Toujours la même voix masculine. J'aurais évidemment pu refuser d'écouter ce discours puisque je n'avais pas aimé le ton du premier. Mais n'avais-je pas lu tant de livres au cégep ou à l'université et écouté tant de personnes dont je ne partageais pas nécessairement toutes les opinions ? De tout ce que j'écoutais ou lisais, j'étais seule à décider ce que je voulais prendre ou laisser. De plus, cette fois, la conférence portait sur la mort, et ne tombait donc pas dans la culpabilisation indue des femmes. J'ai alors décidé d'écouter patiemment jusqu'à la fin et de prendre le temps de méditer sur la réalité de la mort. Je repassais le scénario de ma vie dans ma mémoire et je pensais à mon propre départ éventuel. L'idée

---

10. Lorsque je parle de « foulard », je me réfère à ce que plusieurs nomment dans le langage courant le « voile ». Les raisons pour lesquelles j'utilise le premier terme sont expliquées au chapitre « Le foulard au cœur des débats ».

m'angoissait. J'avais peur. Peur de tout laisser. Peur de partir avant d'être prête. Je constatai combien, malgré toutes les morts survenues dans ma famille, je vivais dans l'inconscience et l'oubli. Souvent. En tant que musulmane, je croyais évidemment en un au-delà, mais mon quotidien effréné lui conférait une allure quasi mythique. Mes prières étaient machinales, et mon jeûne pendant le ramadan, une simple privation de nourriture et de boisson, sans réflexion sur son sens.

J'avais tant besoin de laisser ma raison se connecter à mon cœur. Devenir consciente de mon être et de son lien à Ce qui est plus grand. Revisiter ma foi, et essayer de la comprendre. Me relier à cet élément de mon identité resté jusque-là si timide.

Quelque temps après, un rêve m'a replongée dans une réflexion sur la religion, sur les choix que chacun-e fait de son mode de vie, et sur le concept de la liberté. Dans ce rêve, il était question d'une femme, de conversion à l'islam, et du port du foulard. Même si je n'ai jamais vraiment trop cru aux interprétations des rêves, j'ai tout de même voulu rencontrer une Québécoise d'origine canadienne-française convertie à l'islam. Ce phénomène de conversion m'intriguait réellement. Comment une femme libre, pensais-je, pouvait-elle faire le choix conscient d'une voie comportant autant de restrictions ? Car c'est ainsi que j'ai vu l'islam pendant de nombreuses années. Une série de permissions et d'interdictions. La dimension spirituelle était si absente de mon milieu social, au Maroc comme au Québec, que le cœur n'était appelé que pour croire ; pour tout le reste, on suivait les « consignes » héritées depuis des générations.

* * *

Après quelques mois d'échanges par courriel avec Valérie — une Québécoise musulmane fréquentant la même association étudiante musulmane que mon cousin —, celle-ci m'a invitée à partager un repas chez elle avec d'autres amies. J'anticipais ce rendez-vous avec l'enthousiasme, la curiosité et l'excitation d'une enfant qui allait rencontrer le personnage de son film d'animation préféré. Arrivée chez elle, j'ai fait la connaissance de Geneviève, Catherine, Kathy, Véronique, Stéphanie et Zina. Elles étaient toutes réunies dans un petit appartement du quartier Villeray. Elles étaient musulmanes, comme moi ; pratiquantes, comme celle que j'aspirais à devenir ; et de surcroît, culturellement québécoises, comme une partie de moi. À ce stade de mon cheminement, cette dernière donnée s'avérait très importante à mes yeux. En effet, parmi les craintes que j'avais en réfléchissant aux changements que je voulais apporter à ma vie, il y avait celle de me retrouver tout d'un coup dans des milieux n'ayant pas les mêmes références culturelles que celles auxquelles je m'identifiais depuis ces dernières années. J'étais alors doublement ravie de voir que mes nouvelles amies et moi partagions un langage constitué de tous ces petits codes culturels québécois non écrits renvoyant en partie à une histoire et à un environnement sociétal communs.

Au fur et à mesure que j'apprenais à connaître la *gang* des filles, je découvrais une façon tout autre de vivre l'islam. Un islam de culture nord-américaine et, plus spécifiquement, à la sauce québécoise. J'apprenais de plus en plus à faire la distinction entre les références culturelles et celles religieuses des différentes pratiques que j'avais toutes assimilées à l'islam jusque-là, que ce soit en lien avec certaines croyances populaires liées à la superstition — comme l'utilisation de la main de Fatima ou encore d'amulettes — ou aux rapports femmes-hommes, par exemple. Comme je l'ai écrit, ayant fait partie d'une majorité ethnoculturelle et religieuse au Maroc, je ne me posais pas trop de questions à savoir ce qui distinguait le culturel du religieux. Tout était islam et tout était marocain! Rencontrer alors l'islam à travers des personnes d'origines différentes me faisait remarquer certains particularismes culturels et faisait ainsi mieux ressortir les points communs, lesquels étaient peut-être davantage propres à la religion. J'avais connu une telle distinction, partiellement, au Sénégal, pays dont la population est majoritairement musulmane. Même si les gens priaient, jeûnaient et se référaient à des notions de l'islam dans leurs discussions, certaines pratiques sociales restaient très différentes de ce que je connaissais de laculture musulmane marocaine. Mais, à l'époque, je n'avais pas assez de conscience religieuse pour m'attarder à ce type de phénomène et en analyser le sens.

Ces distinctions entre les cultures musulmanes sont toutefois présentes dans toutes les sociétés majoritairement musulmanes ou encore chez les citoyens-nes musulmans-es vivant en Occident. Chaque culture vit l'islam selon ses propres réalités et traditions.

C'était déjà ainsi à l'époque du prophète Muhammad[11] alors que, même entre les villages de la péninsule arabique, des différences de coutumes étaient observées. Chercher à uniformiser toutes les cultures musulmanes sous une seule et même représentation — perception de l'islam qu'ont certaines personnes peu informées, et objectif de certains courants religieux littéralistes — est aussi irréaliste que contraire à la volonté divine. En effet, le Coran explique, par exemple, que la diversité de langues et de couleurs des êtres humains est un signe divin[12], ou encore que Dieu nous a créés en peuples et tribus pour que nous nous entre-connaissions[13]. La multitude des cultures musulmanes n'apporte donc que plus de richesse à cette religion, sans oublier qu'au sein d'une même culture, d'autres variations s'ajoutent en fonction des paramètres individuels, familiaux et autres (courants de pensée, degrés de connaissance de la religion, niveaux de pratique religieuse, éducation, etc.).

C'est d'ailleurs pour reconnaître cette diversité que j'évite d'utiliser l'expression « monde musulman ». D'un côté, celle-ci contribue à renforcer l'image d'un ensemble uniforme et uni, dont tous les habitants vivraient selon les mêmes traditions liées à une seule vision de l'islam. De l'autre, elle donne l'impression que ce « monde » serait hermétique et se situerait en parallèle au monde « courant ». Le « monde musulman » serait donc un univers à part, avec tout ce que cette caractéristique implique en termes d'étrangeté, de références et de réalités essentiellement et systématiquement différentes de celles prévalant dans les pays occidentaux, par exemple. Je suis tout aussi réticente à utiliser l'expression « pays musulmans » de façon généralisée, puisque cela ne précise aucunement les différences entre ces derniers sur le plan de l'identification ou pas de l'État à la religion musulmane (dans certains pays, l'islam est déclaré religion de l'État — par exemple, au Maroc — alors que, dans d'autres, l'État se déclare laïque — comme en Turquie). De plus, le peuple est composé d'individus qui doivent avoir le droit de s'identifier ou pas à une

---

11. Selon l'islam, Muhammad Ibn Abdillah, vivant au 7e siècle à la Mecque, dans la péninsule arabique, a reçu la révélation divine du Coran à partir de l'an 610. Il fut ainsi chargé de continuer la transmission du message de l'unicité de Dieu entamé par les autres prophètes avant lui, dont Moïse et Jésus.
12. Coran, 30:22.
13. Coran, 49:13.

croyance quelconque. Plus justement, je pense qu'on ne peut parler que de « sociétés à majorité (ou majoritairement) musulmanes » pour désigner ces pays où l'islam constitue la religion majoritaire chez la population.

Le corps, entre le privé et le public

Lorsque j'ai fait la connaissance de mes amies musulmanes, presque toutes se couvraient les cheveux en public; certaines portaient même des *abayas*[14], ces longues robes importées des pays du Golfe. Un jour, comme nous sortions pour une séance de magasinage, elles m'ont proposé d'en porter une, avec un foulard couvrant mes cheveux. Dans la rue, je me sentais très mal à l'aise sous mon « déguisement »; tous les regards me semblaient tournés vers mes amies et moi. J'avais envie de me justifier auprès de chaque paire d'yeux: « Non, je ne suis pas la femme traditionnelle que vous pensez! », « Je peux vous expliquer », « Je ne fais qu'essayer », avais-je envie de dire et de répéter.

Il m'était si difficile de faire abstraction des gens autour et de ce qu'ils pouvaient penser, bien qu'ils fussent de parfaits inconnus. Moi qui avais essayé de camoufler ma religion pendant si longtemps pour éviter tout éventuel rejet social, je ressentais le besoin de justifier constamment mon parcours, mes questionnements et mes choix.

Par ailleurs, je ne me souviens pas d'avoir demandé aux filles pourquoi elles avaient décidé de porter le foulard au moment où je les ai rencontrées. Au Maroc, je n'en voyais pas beaucoup chez mes proches. Je n'y avais jamais entendu parler non plus du lien entre le port du foulard et la religion. En général, les discours sur ce dernier étaient beaucoup moins présents qu'aujourd'hui. Dans ma perception d'alors, des femmes portaient le foulard parce qu'elles devenaient plus pudiques, pour camoufler la perte de cheveux à partir d'un certain âge, ou encore, dans les campagnes, par tradition rurale. Je ne savais pas trop où situer le port du foulard sur l'échiquier entre le culturel et le religieux. De toute façon, la frontière entre les deux demeurait très floue. Le fait que la plupart des filles de

---

14. Les *abayas* ne faisaient pas partie des traditions vestimentaires au Maroc lorsque j'y résidais. Le vêtement traditionnel équivalent était plutôt la *djellaba*. Depuis plus de dix ans maintenant, les *abayas* y sont toutefois présentes de façon beaucoup plus marquée, suivant la mode orientale.

la *gang* le portaient était alors probablement ce qui m'avait convaincue qu'il s'agissait davantage d'un précepte islamique[15]. Le port du foulard me paraissait en quelque sorte comme la «porte d'entrée» vers une pratique religieuse plus consciente et soutenue. Par conséquent, j'avais déjà implicitement accepté l'idée d'une éventuelle modification de mon style vestimentaire — sans pour autant porter une *abaya* — impliquant de me couvrir les cheveux en public.

* * *

Entamer un cheminement spirituel signifiait également pour moi de prendre conscience de certains comportements ou réalités sociales auxquels j'étais confrontée. Je ne voulais plus vivre sur le «pilote automatique». Concernant les normes vestimentaires, je me voyais en présence de deux systèmes très différents. Le premier, auquel j'avais adhéré jusque-là, associait invariablement la modernité et la liberté à la réappropriation de son corps par la femme, se traduisant, sur le plan vestimentaire dans notre société, par le fait de le mettre davantage «en valeur» dans la sphère publique, quitte à le dénuder toujours un peu plus. Des normes, non écrites, voulaient que presque tous les vêtements pour femmes offerts sur les rayons répondent à l'un ou à l'autre — et souvent à quelques-uns ou à plusieurs à la fois — de ces critères: courts, ajustés ou moulants, avec une encolure descendant timidement ou plongeant généreusement, à manches courtes ou n'en ayant pas du tout, ou encore transparents, partiellement ou totalement. C'était ainsi. Les femmes «modernes» avaient autant de choix. Et si on était une femme qui voulait porter des vêtements «comme ceux des hommes», c'est-à-dire un peu plus longs ou non moulants, on pouvait soit se les faire tailler sur mesure, soit se rabattre sur les quelques pièces hors du temps qu'on trouvait çà et là.

Le deuxième système, qui se référait à la tradition musulmane telle que je la percevais à cette époque, voulait que le corps soit davantage inscrit dans la dimension de l'intimité. Il n'était ni une source de honte et de tabou ni un atout à exposer en permanence.

---

15. Il est important de distinguer les termes «islamique» et «islamiste». Le premier est un adjectif qui identifie les croyances, concepts ou pratiques qui se réfèrent à l'islam en tant que religion. Le second est plus complexe, car sa définition ne fait pas consensus. Il se réfère davantage à une posture politique. Voir le chapitre «Du mythe de l'infiltration» à la page 165 pour plus de détails sur ce dernier concept.

Il devait simplement être montré différemment, selon que l'espace était privé ou public, afin de focaliser les interactions sociales sur l'être, au-delà des formes corporelles, ce qui rejoignait d'ailleurs la perspective de certaines spiritualités asiatiques. Le règlement de certains centres de méditation s'inspirant du bouddhisme stipule, par exemple, que dans leur enceinte « les vêtements doivent être simples, discrets et confortables. Les vêtements transparents, évocateurs, moulants ou voyants (pantalons courts, jupes courtes, collants, vêtements décolletés ou sans manches, etc.) ne devraient pas être portés. Les bains de soleil et la nudité partielle ne sont pas autorisés. Une attitude discrète est à garder en tout temps. Cette règle vise à minimiser les distractions[16]. » Que ce soit au sein de la tradition musulmane ou bouddhiste, ce mode vestimentaire ne signifie pas pour autant une négligence à l'égard de son apparence ou du soin porté au choix des vêtements.

Les deux modèles — celui de la société de façon générale et celui inspiré de la tradition musulmane —, perçus comme diamétralement opposés, me paraissaient avoir néanmoins un point commun important, bien que simple en apparence. Dans l'un et l'autre cas, les femmes et les hommes s'habillent différemment ; et ce fait est accepté comme allant de soi. Chacun des sexes a ses propres habitudes et ses propres « normes », qu'elles soient culturelles ou religieuses, et le poids que celles-ci exercent sur la vie individuelle dépend du choix et du degré d'adhésion de la personne à son référentiel culturel ou religieux[17]. On peut approuver ou désapprouver cette distinction entre les sexes quant aux habitudes vestimentaires, mais on ne peut néanmoins pas nier qu'elle est quasi universelle. Hormis peut-être quelques tribus isolées, on ne voit habituellement pas de sociétés où femmes et hommes possèdent exactement la même « garde-robe ».

Pour ma part, plus je repensais ou j'observais les dynamiques sociales entre les deux sexes dans les contextes autant professionnels que médiatiques, moins je voulais continuer à adopter un modèle dans lequel l'apparence, la séduction et la sexualité étaient

---

16. Tiré du Code de discipline du centre de méditation Vipassana du Québec. En ligne : www.suttama.dhamma.org.

17. Dans les quelques pays où des lois régissent les codes vestimentaires, qu'ils soient religieux ou non, la liberté de choix est évidemment très limitée.

omniprésentes. Dans les milieux où j'avais travaillé jusque-là, la tendance était aux blagues à caractère sexuel ou sexiste et aux jeux de séduction. Dans l'univers médiatique, ces questions étaient de vraies obsessions, et encore une fois, un sexisme s'y dégageait de façon tout à fait désinhibée. Je me souviens de ce jour de printemps où, en écoutant une chaîne de radio populaire, j'ai entendu l'animateur parler de « l'indice mini-jupe » pour connaître la météo ambiante. Je me suis sentie profondément heurtée dans mon identité de femme. Pourquoi y avait-il toute cette « pression » voulant que le corps des femmes soit plus visible et plus mis en « valeur » ? Qui décidait de ce qu'on allait montrer ou pas du corps des femmes chaque saison ? Il y avait aussi une émission de téléréalité où on métamorphosait les *looks*. Une participante se soumettait volontairement aux regards des passants-es afin que l'on juge son style. Elle portait des pantalons et un t-shirt à manches courtes, des vêtements amples et confortables, encore une fois, un peu comme ceux des hommes. « Elle n'est pas féminine », ont dit certains-es. « Elle ne met pas son corps en valeur », ont répété d'autres. Les gens auraient ainsi un *droit* quant au fait de voir le corps des femmes mis « en valeur ». Et qu'est-ce donc que la féminité ? Comment peut-on la définir dans le contexte actuel de luttes contre les inégalités entre les sexes ? Mais, surtout, sommes-nous toutes obligées d'être « féminines » selon le même modèle ? Tant de questions auxquelles je n'avais pas de réponses, mais qui ont stimulé ma réflexion sur le sujet au cours de ces dernières années.

Avec toutes ces interrogations en tête, j'ai décidé d'adopter le style vestimentaire qui s'inscrivait davantage dans ma tradition musulmane, en d'autres mots, de porter des vêtements non courts, non moulants et non transparents, et de couvrir mes cheveux en public. J'ai aussi mis un terme à mon travail dans les piscines, pour en choisir un autre où je n'avais pas à me mettre en maillot de bain publiquement. Cette situation était quelque peu stressante puisque je devais abandonner un emploi qui offrait tout de même un bon salaire pour en accepter un autre moins payant. Mais j'avais envie de faire confiance à la nouvelle voie que j'envisageais d'emprunter. Une semaine après ma démission des piscines, j'ai trouvé un emploi au siège social d'une chaîne agroalimentaire, comme agente de saisie des données. Ce n'était certainement pas l'emploi le plus stimulant, mais il me procurait tout de même un revenu suffisant pour vivre.

J'ai également été recrutée comme scrutatrice au moment des élections fédérales.

Le 28 juin 2004, jour d'élections, je me suis présentée au bureau de vote les cheveux couverts. Le geste se voulait d'abord une mise à l'essai. Serais-je capable de porter un foulard dans des contextes où je serais seule et non accompagnée d'amies me « ressemblant »? La journée m'a semblé interminable. Par contre, ce qui m'a davantage agacée que le bout de tissu sur ma tête, ce fut les regards et les hochements de tête réprobateurs auxquels j'eus droit. Encore une fois, j'avais envie d'expliquer à toutes et à tous que plusieurs aspects de la Asmaa d'« avant » n'avaient pas changé. J'adorais encore les Alouettes de Montréal. J'aimais écouter les Cowboys Fringants chanter la *Toune d'automne*. J'étais toujours ravie de manger une bonne poutine, bien que j'eusse un faible pour la gastronomie marocaine. J'aimais le plein air. Et enfin, j'étais même devenue souverainiste, sur le plan politique. Je me sentais donc tout à fait québécoise ; j'avais simplement fait un choix différent quant à ma foi et à certaines pratiques individuelles. Mais tous ces gens qui me dévisageaient semblaient avoir la certitude de me connaître, ou du moins, de connaître « l'univers d'où je venais ».

Le lendemain matin, j'ai décidé de porter de nouveau le foulard pour la première journée à mon nouvel emploi, et d'assumer ce choix. Je n'avais plus envie que mes actions soient dictées principalement par l'approbation sociale. Il y avait des principes vestimentaires auxquels je voulais adhérer — comme celui de décider consciemment des parties de mon corps que les autres pourraient voir — et, après tout, je vivais bien dans un pays libre où chacun-e semblait gérer son apparence en public comme elle ou il le souhaitait (le nudisme mis à part).

Au bureau, on fit d'abord comme si de rien n'était. Au fil des jours, j'eus droit à l'inévitable « T'as pas chaud avec ça ? ». Bien sûr que si. Je n'avais pas de ventilateur intégré sous mon foulard. Il fait chaud quand on se couvre le cou, mais ce n'est pas pour autant une raison pour me découvrir les cheveux, pensais-je. Lorsqu'on a chaud en short, on ne se promène pas dans la rue en sous-vêtements juste pour avoir moins chaud. C'est tout simplement une question de différence des limites que l'on choisit pour l'exposition de son corps en public. Je répondis un « ça va » vague, parce que je n'avais pas envie d'aborder des détails de ma vie et de mon habillement avec des personnes que je connaissais à peine.

Plus tard, lorsque je suis retournée travailler à l'hôpital où j'étais employée auparavant comme assistante de recherche, une superviseure m'avait confié qu'elle trouvait « drôle » ma nouvelle façon de m'habiller : « Tu portes maintenant des vêtements plus longs et plus larges. » Ce jour-là, je portais des pantalons en lin blancs droits, une chemise de couleur pâle, rayée, ni ajustée ni large, juste à ma taille, et qui arrivait à mi-cuisse, et un foulard aussi de couleur pâle. J'achetais la plupart de mes vêtements et plusieurs de mes foulards dans des boutiques « conventionnelles » des différents centres commerciaux de la ville ; ils n'étaient ni ramenés du Maroc ni achetés dans des magasins visant principalement la clientèle musulmane. La remarque m'avait, une fois de plus, fait réfléchir sur les attentes quant à la « norme » pour le vêtement « féminin ».

L'amitié à l'épreuve du changement

Pendant les semaines et les mois qui ont suivi mes changements vestimentaires, j'essayais aussi d'écouter plus de discours spirituels et de participer à des cercles de discussion avec mes amies musulmanes sur des sujets portant surtout sur la religion. Mon rapprochement avec Dieu et la religion m'apaisait grandement. Je sentais certaines tensions intérieures se dénouer et, avec elles, cette culpabilité que j'avais depuis si longtemps de devoir me cacher pour être « musulmane tout simplement[18] ».

* * *

Dans ma famille, la surprise et parfois la déception furent les principales réactions à l'égard de mon changement de style vestimentaire. Surprise à l'idée que j'allais sacrifier ce que j'aimais beaucoup, à savoir le water-polo ; déception liée au fait que je ne porterais peut-être pas une robe blanche décolletée et une grande coiffure lors de mon éventuel mariage, pour lequel du reste je n'avais pas encore trouvé de mari.

---

18. Pour reprendre le titre du premier ouvrage d'Asma Lamrabet, *Musulmane tout simplement*, Paris, Tawhid, 2002.

En effet, j'avais décidé d'arrêter le water-polo depuis quelques semaines, non pas parce qu'il était mauvais en soi, mais parce que je n'avais plus envie de porter un maillot de bain dans un environnement mixte. Quelque temps plus tard, une amie m'a donné les coordonnées d'une école de taekwondo pour femmes, où je pouvais donc m'entraîner sans porter de foulard, et ce sport allait ainsi devenir ma nouvelle passion.

Malgré ces changements, je n'avais aucune envie de vivre isolée, de tourner le dos à la société, ou de vivre dans un monde parallèle. Je voulais me réformer au point de vue individuel, mais garder le contact avec les gens, mes anciens-nes amis-es et connaissances. Certes, nos relations allaient peut-être changer — davantage sur le plan du choix des activités communes —, mais ce n'était pas vraiment un problème pour moi. Malheureusement, les choses ne se sont pas tout à fait passées ainsi, et mes relations ont connu le filtre de l'acceptation mutuelle. Les réactions de mes amis-es variaient entre les larmes d'incompréhension, les questions pour comprendre mon choix et les tentatives de me « ramener à la raison » à l'aide d'un prosélytisme athée.

Ce que je voulais changer dans ma vie n'était ni mon amour pour les bons moments passés entre amis-es, ni mon sens de l'humour, ni mon désir d'être active et de contribuer à des changements sociaux ou mondiaux. Je savais que tout ce que je voulais, c'était d'agir enfin en cohérence avec des principes religieux auxquels je croyais de plus en plus, de bâtir ma vie autour d'une conscience spirituelle quotidienne, et de ne pas tenir mes jours pour acquis. Cela, je ne cherchais à l'imposer à personne. Pourquoi ces aspirations très personnelles et le fait de changer ma façon de me vêtir, m'auraient-ils détournée de mon côté social ? Je n'en voyais ni la nécessité ni l'utilité.

L'amitié impliquait, pour moi, le fait de respecter les états d'esprit de mes amis-es et, même en cas de divergence d'opinions, de pouvoir prêter au moins une oreille attentive à leurs histoires personnelles, de tenter de les comprendre, voire d'interroger et de pousser plus loin la réflexion. Il m'importait de toujours me rappeler ce que mes amis-es et moi avions en commun, et ce qui nous avait rapprochés-es au cours de notre relation. Or il s'est avéré que le sujet de la religion était pour certains-es aussi ennuyeux que menaçant. Ennuyeux, car il était loin d'être le sujet le plus tendance chez les jeunes ; menaçant en raison de la peur que les échanges ne soient une tentative cachée de conversion.

Dans notre société québécoise, j'entendais dire que deux sujets ne se discutaient pas lors des « soupers de famille » : les convictions politiques et les croyances religieuses[19]. J'avoue avoir trouvé cette affirmation plutôt contradictoire à la nature même de ces deux domaines destinés, entre autres, à définir des systèmes de « gestion » des relations entre les gens[20]. Or aborder ces sujets pouvait susciter « trop de chicanes » lors des réunions de famille, me disait-on. Ne pouvait-on pas en débattre intellectuellement et raisonnablement ? Il semblait y avoir une peur du désaccord et de l'incapacité de parler de sa propre perspective tout en respectant celle de l'autre, et surtout une difficulté d'accepter des divergences de visions au sein d'un même groupe perçu comme devant être homogène.

D'un côté, je voyais comment la sexualité et le corps, surtout celui des femmes, étaient représentés en public. De l'autre, j'entendais qu'on ne devait révéler publiquement le parti politique pour lequel on votait, ou encore parler de ses croyances religieuses. Je me suis demandé alors jusqu'à quel point notre société avait tendance parfois à « privatiser » le public et à « publiciser » le privé.

* * *

Au fil du temps, et probablement aussi à cause des aléas de la vie, j'ai perdu quelques relations. Mais aujourd'hui, je suis fière et reconnaissante de constater que des anciens-nes amis-es ont « survécu » à mes choix de vie : Amélie, Magali, Marie-Ève, Alexandre, Mélanie, et d'autres. Je les en remercie. Si notre amitié a duré aussi longtemps, c'est que nous partageons certainement des valeurs qui transcendent les frontières des croyances, à moins que ces valeurs ne soient justement la base commune à toutes les croyances.

---

19. Les choses ont peut-être changé ces dernières années avec la « présence » plus grande de l'islam dans l'actualité.
20. La religion détermine, par exemple, comment se comporter à l'égard des pauvres, des parents, des malades et des gens en général ; la politique établit des lois pour « réguler » les relations sociales, économiques, etc., entre les citoyens-nes.

Entre recherche et action

En effectuant ce retour vers la spiritualité, je voulais également passer plus de temps dans les mosquées, écouter plus de conférences et de discours pour en apprendre davantage sur l'islam et sur sa vision des rapports sociaux, et comprendre le sens de ses actes cultuels (surtout la prière et le jeûne).

Cela faisait onze ans que je priais sans comprendre la spiritualité qui y était rattachée. J'apprenais alors que l'être humain, ayant reçu le Souffle divin, pouvait nourrir son âme au moyen de ce qui la redirigerait vers Son Créateur (prières, invocations, lecture du Coran, etc.). Le corps, quant à lui, provenant de la terre, devait être nourri par les produits de celle-ci. Ainsi, les cinq prières par jour sont autant de moments de repas spirituels où l'on s'arrête pour prendre un recul afin de méditer sur ses actions, de se retourner vers l'Essence divine et, surtout, de mieux situer ses occupations sur l'échelle de sa vie[21]. Cette conception de la prière m'avait aidée à mieux apprécier son importance, et ainsi à respecter davantage son horaire.

Le jeûne pendant le mois de ramadan était également une pratique que j'observais depuis des années, mais sans la vivre spirituellement. Au cours de mes recherches, je découvrais alors comment ce mois était une occasion annuelle pour prendre, encore une fois, du recul et réfléchir à mes habitudes, devenues trop souvent des automatismes, prendre conscience de ce que je possède, et apprendre à mieux gérer mes désirs et pulsions, plutôt que d'y être soumise.

Que ce soit pour la prière ou le jeûne, un élément essentiel m'avait aussi grandement attirée : la « neutralisation » des inégalités sociales.

---

21. Il est à noter que les prières ne durent que quelques minutes, parfois pas plus de cinq, selon, entre autres, la disponibilité de la personne qui les accomplit.

Lors de la prière, riches et pauvres se prosternent, en signe d'humilité devant leur Créateur, au sein des mêmes espaces, sans barrières séparant les classes socio-économiques. Devant Dieu, tous étaient égaux, seule comptait la piété de chacun-e. Pendant le mois de ramadan, la faim et la soif étaient également ressenties indépendamment de la classe sociale; et les gens étaient encouragés à partager leur repas de rupture du jeûne avec les proches et les plus démunis-es.

Une diversité rafraîchissante

Pour en apprendre plus sur l'islam, il fallait que je trouve mon chemin à travers un océan d'informations disponibles autant sur Internet que dans les livres. Tout n'était pas agréable à lire ni intéressant à entendre. Et je refusais l'idée de suivre l'école de pensée religieuse «officiellement» reconnue par l'État marocain[22] simplement parce que c'était mon pays d'origine. Je voulais plutôt faire mes propres recherches et comparer les différentes opinions existantes, pour ainsi choisir celles que je trouvais plus logiques et qui étaient les plus compatibles avec l'esprit de paix et de justice auquel je croyais. C'était d'ailleurs une autre agréable surprise que j'ai eue en redécouvrant l'islam au Québec. Lorsqu'on vit dans un pays où l'islam est déclaré comme la religion de l'État et qu'on n'est pas dans le milieu de la théologie ni, plus généralement, de la réflexion religieuse, on n'a pas toujours accès à la diversité des écoles de pensée musulmane. Il n'est alors pas étonnant que plusieurs croyants-es ne soient même pas au courant de l'existence d'une telle diversité. L'État adopte un courant de pensée religieuse qu'il transmet à travers ses institutions et dans le curriculum des écoles publiques primaires, du collège et du lycée. Les mosquées, également souvent contrôlées par l'État, relaient presque toujours des discours s'inscrivant dans le même courant et approuvés par les pouvoirs en place.

Contrairement au catholicisme, il n'y a pas de clergé en islam, du moins pas dans sa branche sunnite[23]. Il n'y a donc pas d'instance

---

22. Il y a quatre principales écoles de pensée dans la jurisprudence musulmane, chez les sunnites. Au Maroc, l'école officiellement reconnue par l'État et celle adoptée par les institutions religieuses du pays est l'école *malikite*.

23. Les sunnites et les chi'ites constituent deux grands courants chez les musulmans-es. Les chi'ites représentent environ 15 % des musulmans-es dans le

religieuse supranationale, tel le Vatican, qui serait la référence pour tous-tes les musulmans-es du monde, en termes de définition de l'islam. L'Arabie saoudite, même si elle compte sur son territoire la Mecque et la Médine — deux villes où le prophète Muhammad a vécu et a reçu la révélation du Coran —, demeure un pays qui a sa propre interprétation de l'islam, et qu'il ne peut imposer à aucun autre État ni individu dans le reste du monde[24]. Chaque gouvernement de pays où l'islam est la religion majoritaire gère celle-ci comme il l'entend — malheureusement aussi, de la façon qui favorise son maintien au pouvoir —, et les musulmans-es se trouvant en situation minoritaire dans d'autres sociétés vivent leur islam soit comme ils l'ont appris dans leur famille, soit selon ce que leurs propres recherches et lectures leur ont appris.

J'appartenais donc à cette dernière catégorie qui avait tout un champ de connaissances à explorer et qui découvrait avec gratitude la divergence[25] d'opinions existant dans cette religion, ce qui est même considéré comme un signe de miséricorde divine. Ainsi, tout en cherchant sincèrement à se rapprocher de Dieu, en tant que musulman-e, dans une situation donnée, on opte pour l'opinion avec laquelle on se sent le plus en accord, rationnellement et émotionnellement. Parfois, ce choix sera porté sur un avis plus permissif, d'autres fois, sur une opinion plus restrictive. Chaque personne agit selon ses capacités, et Dieu demeure le Seul Juge.

La diversité des courants en islam touche autant à la jurisprudence et à l'exégèse du Coran qu'à la compréhension des paroles

---

monde. La naissance des deux courants remonte principalement à la mort du prophète Muhammad et au mode de sélection de son successeur comme chef politique. Les chi'ites ont souhaité que les successeurs de Muhammad soient parmi sa famille et ses descendants, alors que les sunnites ont voulu que les chefs politiques soient élus par le peuple. Avec le temps, des conflits politiques ont mené à l'instauration de dynasties, chez les sunnites, à travers lesquelles le pouvoir s'est transmis par les liens de sang, et non plus de façon démocratique (ce qui explique la présence encore aujourd'hui de monarchies dans certains pays arabes). Quelques différences sur le plan de la pratique religieuse se sont par la suite ajoutées entre les sunnites et les chi'ites.

24. Cependant, le pouvoir économique que possède ce pays lui permet de diffuser son idéologie bien au-delà de ses frontières, comme je l'expliquerai plus loin.

25. On ne parle pas seulement de multiplicité d'opinions entre les écoles de pensée musulmane, mais bien de divergence, parce que cela reflète mieux le fait qu'en islam, il y a des opinions qui divergent grandement mais qui sont tout aussi légitimes les unes que les autres tant qu'elles n'entraînent pas une injustice.

et des actes associés au prophète Muhammad[26]. D'ailleurs, même au 7ᵉ siècle, le Prophète ne s'était pas opposé aux différentes compréhensions possibles d'un même texte ou d'une même consigne qu'il avait donnée. Ainsi Muhammad avait-il envoyé un groupe de musulmans vers une tribu et leur avait dit : « Vous ne prierez que lorsque vous serez à Bani-Quraïdha[27]. » En chemin, lorsque l'heure de la prière arriva, les uns voulurent prier alors que les autres dirent que la consigne du Prophète était de n'accomplir la prière qu'une fois arrivés à destination. Les premiers avaient considéré la finalité de la parole de Muhammad qui, selon eux, était qu'ils devaient se dépêcher pour arriver à destination avant l'heure de la prière ; les seconds l'avaient pris à la lettre. Lorsqu'ils retournèrent auprès du Prophète pour vérifier lequel des deux groupes avait vu juste, celui-ci se tut, faisant comprendre que tous avaient raison, à partir du moment où l'intention de chacun était bonne.

L'initiation à l'action associative musulmane

Outre les discours spirituels, j'étais aussi très attirée vers ceux qui encourageaient les musulmans-es à adopter une citoyenneté active et créatrice de dynamiques sociales constructives.

J'ai donc traduit un jour, de l'arabe vers le français, un extrait d'un exposé sur le sujet entendu sur Internet, auquel j'ai ajouté des idées personnelles pour en faire un texte de motivation que j'ai présenté à quelques amies musulmanes lors d'une rencontre chez moi. Je voulais d'abord lutter, à petite échelle, contre la passivité sociale qui prévaut dans plusieurs milieux, peu importe les croyances. Ce texte avait réussi à motiver quelques-unes d'entre elles ; et pendant

---

26. Les paroles du prophète Muhammad sont appelées les *hadiths* (bien que le pluriel de *hadith* en arabe soit *ahadith*, on utilise plus souvent *hadiths* en français afin de faciliter la compréhension), mais sa façon de vivre et son comportement au quotidien sont regroupés dans ce qu'on appelle la *sunna*. Ces deux termes, *hadith* et *sunna*, seront utilisés dans la suite du texte pour faire référence à ces aspects de la vie du prophète Muhammad.

27. Rapporté dans le recueil de *hadiths* classique de Bukhari (chercheur en *hadiths*). Bukhari et Muslim, ayant vécu au 9ᵉ siècle, sont considérés comme des références importantes par la grande majorité des juristes religieux musulmans sunnites dans le domaine des sciences du *hadith*. Leur rôle a été de vérifier l'authenticité de plusieurs dizaines de milliers de *hadiths*, selon des critères prédéfinis, afin d'en compiler des milliers dans des recueils utilisés jusqu'à aujourd'hui.

le mois de ramadan qui a suivi, nous avons organisé une collecte de denrées non périssables dans plusieurs épiceries arabes et mosquées pour les distribuer ensuite à des familles musulmanes démunies.

Ces petites actions de solidarité ne suffisaient pas. Je sentais que ma connaissance de la société québécoise pouvait contribuer davantage, et par d'autres moyens, à créer des ponts entre les citoyens-nes de diverses croyances. J'ai alors rejoint l'Association des étudiants musulmans de l'Université de Montréal et des écoles affiliées (AEMUMEA)[28], et cet engagement m'a initiée aux enjeux liés à ce type de dynamique universitaire : la demande d'un local associatif et la question des lieux de prière, par exemple. Contrairement aux associations du même genre dans les autres universités (UQAM, Concordia et McGill), l'AEMUMEA n'avait pas de local à l'Université de Montréal (UdeM), ce qui compliquait l'organisation d'activités ou encore l'accueil et l'intégration des nouveaux étudiants-es musulmans-es. Les négociations avec la direction se terminaient souvent sur l'argument de la non-disponibilité des locaux. Bien que cette raison puisse sembler tout à fait légitime, des solutions consensuelles auraient pu être privilégiées, par exemple l'attribution de locaux partagés entre différents groupes d'intérêt.

Concernant le local de prières, il n'y en avait évidemment pas non plus. Cette question « sensible » était gérée de façon très différente selon les universités. À Concordia, des grands locaux de prière étaient aménagés pour les étudiants-es musulmans-es. La stratégie de cette université semblait donc être de créer une dynamique susceptible d'attirer plus de « clients-es » aux besoins spirituels desquels l'institution tentait de répondre. Du côté des universités francophones, telles que l'École de technologie supérieure (ÉTS) ou encore l'UdeM, la question était souvent abordée sous l'angle de la laïcité ou encore de la non-disponibilité des locaux. Cependant, une telle réponse demeurait contradictoire avec l'existence d'un centre pastoral pour l'UdeM. Ce qui pouvait s'expliquer par l'histoire de cette institution n'était plus adapté à la situation présente. La Commission des droits de la personne et des droits de la jeunesse a dû elle aussi se pencher sur cette question à la suite de la demande des étudiants-es

---

28. L'association a changé de nom depuis et n'inclut plus les écoles affiliées dans sa dénomination. Elle s'appelle maintenant AEMUDM.

musulmans-es de l'ÉTS faite en 2003. Personnellement, je crois que l'existence de salles multiconfessionnelles, comme c'est le cas dans plusieurs aéroports internationaux, incluant celui de Montréal, aurait été une solution raisonnable qui aurait répondu davantage au critère de la laïcité, tout en permettant, en plus, de créer un espace d'échange interreligieux et interculturel intéressant.

Lise Payette et les « voilées »

À l'extérieur de l'université, j'assistais à des groupes de discussion organisés par des femmes dans une mosquée du quartier Ahuntsic. Ces cercles étaient animés par une Québécoise musulmane convertie depuis plusieurs années, et des femmes francophones de toutes origines y étaient présentes. La parole y était libre, et les questionnements encouragés.

Le 27 décembre 2004, le *Journal de Montréal* publiait un article de Lise Payette intitulé « Les femmes voilées de mon quartier ». Le texte commençait ainsi :

> On ne les voit pratiquement jamais l'hiver. Je sais que dès que le printemps sera là, elles vont sortir de l'ombre avec leurs enfants, arpenter les trottoirs en les tenant par la main, les yeux baissés et en silence. Même durant l'été, elles seront couvertes de la tête aux pieds de cette longue robe beige ou noire qui camoufle tout de ce qu'elles sont. Pas d'identité. Rien[29].

La suite de l'article n'était pas moins dramatique. Je ne savais si je devais rire — tellement c'était simpliste et fantasmatique — ou me fâcher devant cette vision complètement déconnectée et essentialiste qui attribuait à toutes les femmes musulmanes la même image d'une ombre sans identité, portant une longue robe beige ou noire et traînant ses enfants, au printemps et en été seulement. Je sortais quelle que soit la saison, je ne portais pas de longue robe beige ou noire et je ne traînais pas d'enfants à ma suite. Dans quelle catégorie madame Payette me classait-elle donc ? Peut-être m'aurait elle dit elle aussi que « moi, je n'étais pas comme les autres ». Ces autres à qui on n'a

---

29. Lise Payette, « Les femmes voilées de mon quartier », *Journal de Montréal*, 27 décembre 2004.

jamais adressé la parole et qui demeurent un bon réceptacle de nos fantasmes.

Quelque temps plus tard, toujours en hiver, des musulmanes, dont quelques-unes appartenant au cercle de discussion auquel je participais, ont écrit à madame Payette pour l'inviter à les rencontrer, puisqu'elle disait, à la fin de son article, qu'elle aimerait bien que ces femmes «opprimées» lui glissent un «bout de papier» la prochaine fois qu'elles la croiseraient pour lui dire où elles pourraient se rencontrer. Bref, encore une fois, une manifestation désolante des répercussions négatives que le film *Jamais sans ma fille* avait eues sur plusieurs Québécois-es. La rencontre a finalement eu lieu dans la mosquée d'Ahuntsic, et nous étions quelques dizaines de femmes, toutes âgées de vingt à quarante ans environ. Des étudiantes, des ingénieures, des médecins, des administratrices, des mamans au foyer. Plusieurs portaient un foulard. Nous n'avions pas changé notre façon de nous habiller en prévision de cette rencontre et les enfants de celles qui en avaient étaient restés avec leur père.

C'était la deuxième fois seulement que j'assistais à un discours aussi chargé de stéréotypes sur l'islam et les femmes musulmanes. La première fois s'était produite quelques mois plus tôt lors d'un évènement tenu dans une librairie auquel participaient, entre autres, le chroniqueur Richard Martineau et l'humoriste Nabila Benyoussef. À la question posée à cette dernière par le modérateur de la conférence, à savoir pourquoi elle se disait encore musulmane malgré toutes ses critiques de l'islam, celle-ci répondit que c'était en raison «des Mille et une nuits, de la nourriture épicée et de l'architecture»... Voilà qui suffisait à me faire douter de la crédibilité de ce type d'«experte» de l'islam[30] !

Cette fois-ci, avec Mme Payette, la rencontre était animée par une intervenante en relation d'aide, ancienne policière, et non musulmane. Tout s'est déroulé dans un grand respect — si on réduit le sens du mot «respect» au seul vocabulaire utilisé lors de la rencontre et

---

30. Malgré son manque flagrant de connaissances de l'islam et des enjeux sociologiques touchant les musulmans-es au Québec ou dans les sociétés à majorité musulmane, Benyoussef a continué à être invitée sur les ondes de radio et sur les plateaux télévisés comme personne-ressource pour commenter certains évènements touchant les Québécois-es musulmans-es. À ce sujet, lire le chapitre «Les musulmanes-alibis».

non à une acception plus large qui inclurait, par exemple, le respect de la différence. Un des moments que j'ai retenus de cette rencontre fut lorsque Mme Payette nous a averties que si nous n'acceptions pas d'enlever notre foulard de plein gré viendrait le jour où la loi nous contraindrait à le faire, parce qu'il y avait des «choses qui se discutaient» au sein de l'Assemblée nationale.

Après cette rencontre, la chroniqueuse a publié un second article dans le même journal, cette fois sous le titre «Des femmes voilées parlent enfin[31]». L'article aurait très bien pu s'intituler «Parlons encore une fois des femmes voilées», puisque l'auteure a plutôt rapporté *sa* perception de notre rencontre, de ces femmes, de leurs paroles et de leurs positions. L'article commençait par: «L'objectif du Coran est de faire des femmes musulmanes des êtres effacés qui n'attirent jamais l'attention des hommes par leur façon de s'habiller», et finissait par: «En les quittant, je me suis dit qu'on n'était pas sortis de l'auberge [...]. Et s'il nous faut trop de temps pour réfléchir, on va manquer de temps.» Entre ces deux affirmations, les sous-sections étaient titrées «Des femmes étonnantes», «Des femmes instruites», «La réaction québécoise», «Sur la défensive» et «Elles nous observent». L'auteure affirmait avoir été surprise par la qualité des échanges, non pas «satisfaite» ni «heureuse», mais «surprise». Elle s'était également étonnée qu'aucune musulmane n'eût exprimé sa réprobation lorsqu'une autre avait expliqué qu'elle attendait un peu avant d'avoir d'autres enfants (ce qui signifiait qu'elle utilisait un moyen contraceptif). À lire ce second article, il semblait que les dés avaient été jetés avant même notre rencontre. Peu importe ce que nous aurions pu y dire: au pire, nous aurions confirmé tous les stéréotypes que Mme Payette entretenait à notre sujet; au mieux, nous avons donné l'image de femmes instruites, pas faciles à manipuler et à contrôler politiquement... et donc de potentielles sources de problèmes pour la société telle que Mme Payette la perçoit.

---

31. Lise Payette, «Des femmes voilées parlent enfin», *Journal de Montréal*, 12 février 2005.

QUATRIÈME PARTIE

Désillusions (2005 – 2008)

« On ne s'improvise pas humanitaire »[1]

Parallèlement à mon cheminement spirituel, j'avais enfin trouvé un sujet de maîtrise qui correspondait à mes intérêts, et pour lequel je suis repartie au Sénégal, au printemps 2005, afin d'y recueillir des données. Après mon retour au Québec, alors que je travaillais avec un groupe de recherche à l'hôpital Sainte-Justine — histoire de continuer à financer mes études —, je reçus un appel de mon directeur de maîtrise qui m'apprenait qu'un organisme humanitaire venait d'établir un nouveau siège à Montréal et cherchait quelqu'un formé en nutrition pour une mission au Niger. Quelques semaines plus tard, je devenais la première expatriée[2] envoyée sur le terrain par l'organisme international Action contre la faim Canada (ACF). Cette expérience ainsi que celle que j'allais vivre l'année suivante au Mali ont marqué mes débuts dans l'humanitaire, mais ont surtout contribué à ma compréhension de la géopolitique internationale, de la manipulation de l'islam et de l'oppression des femmes.

* * *

Au Niger comme au Mali, les crises alimentaires nécessitaient des interventions urgentes à divers niveaux : nutrition, sécurité alimentaire, eau et assainissement, entre autres. Au Niger, c'était la faim. Une partie importante de la population n'avait plus de réserves de nourriture ni de moyens de s'en procurer, et le gouvernement

---

1. Slogan utilisé par l'organisme humanitaire international Action contre la faim sur des affiches dénonçant l'« aide humanitaire » que les armées prétendent apporter.
2. Appellation désignant notamment les travailleurs humanitaires durant leurs missions à l'extérieur de leur pays de résidence habituel.

nigérien n'arrivait plus à répondre à la demande de ses citoyens-nes. Les organismes internationaux humanitaires affluaient alors, notamment d'Europe, et tentaient de réduire autant que faire se peut la mortalité, surtout chez les enfants. Dans ce contexte, mon mandat consistait à conduire des enquêtes nutritionnelles auprès des enfants de moins de cinq ans ainsi que des enquêtes de mortalité sur la population en général. Ensuite, je devais superviser des équipes de traitement de la malnutrition aiguë dans différentes régions du pays. C'était exactement le type d'expérience que je recherchais depuis mon retour de Doundodji, trois ans plus tôt. Cependant, naïvement, j'avais sous-estimé la charge émotionnelle associée à tant de scènes que j'allais vivre ou voir.

Le rythme de travail pendant les urgences humanitaires me rappelait celui de ces courses à pied qui exigent vitesse et endurance à la fois. Je ne pouvais me permettre ni de récupérer du décalage horaire en arrivant ni de prendre un jour de congé pendant la fin de semaine. Tout tournait vite, mais je devais quand même garder mon souffle puisque la course allait durer quatre mois. Après quelques journées de vingt heures de travail, il fallait retourner au rythme « régulier » de douze heures. Et tout cela devait être géré dans un cadre où une dizaine d'expatriés-es de diverses origines se partageaient un même espace de vie et où les longues heures de route en brousse conféraient à toute action une lenteur éprouvante.

L'illusion d'un avenir sans enfants

Au début de chaque mandat, je devais visiter des centres de traitement de la malnutrition infantile. Ceux du Niger étaient bondés d'enfants, des petits corps maigres si souvent aperçus en deux dimensions à la télé ou en photos ; mais là, ils étaient bien réels devant moi et ils prenaient vie. Enfin, ils s'y efforçaient… Des tentes étaient aussi installées sur le terrain du centre pour en accueillir davantage. Chaque jour, à l'extérieur, la file de quelques centaines de mères avec leurs enfants semblait interminable. Celles-ci n'espéraient que faire inscrire leur enfant au centre afin qu'elles puissent, elles aussi, bénéficier d'un peu de nourriture et de repos. Certaines avaient parcouru une vingtaine de kilomètres à pied en portant leurs petits-es qui arrivaient souvent dans un tel état de déshydratation que leur vie était encore plus en danger. Il fallait alors faire vite. Trier rapidement, diagnostiquer rapidement et ensuite agir selon un protocole très prudent, parce qu'on ne traite pas un enfant déshydraté et malnutri en lui donnant simplement eau et nourriture.

Dans les villages, lorsque les enfants n'étaient pas malades, ils travaillaient. Ils semblaient avoir à peine sept ou huit ans et, déjà, ils cultivaient la terre, gardaient les troupeaux et aidaient leurs parents dans leurs tâches. Ils étaient considérés par plusieurs villageois comme une force de travail importante et gratuite, et ceci justifiait en partie le grand nombre d'enfants dans les familles. Il fallait plus de mains pour cultiver et produire; souvent, aux dépens de l'école. Cela dit, l'instruction exigeait des infrastructures adéquates et du personnel qualifié. Si les écoles étaient désertées et abandonnées par le gouvernement, et que le personnel mal payé — ou non payé — refusait de travailler davantage, pouvait-on reprocher aux parents d'inculquer à leurs enfants ce qui allait probablement constituer leur principal gagne-pain plus tard, à savoir l'agriculture et l'élevage? Je suis loin de défendre le travail des enfants, mais je trouve difficile de juger le choix des parents dans ce contexte. Cependant, je peux m'indigner, avec ces populations africaines, entre autres, contre le programme d'ajustement structurel du FMI et de la Banque mondiale, qui a conduit leur pays vers le gouffre.

À quelques reprises, j'ai été confrontée à des situations qui me choquaient profondément. Certains pères de famille, par exemple, refusaient de laisser leur femme accompagner leur enfant gravement malade à l'hôpital, souvent situé à plusieurs kilomètres. Certes, la vie quotidienne était loin d'être simple dans cet environnement. Lorsqu'on connaît la réalité de plusieurs villageois-es, on ne sait plus que penser. Un couple avait parfois une dizaine d'enfants, dont quelques-uns en bas âge. La mère s'occupait à la fois des tâches ménagères, des soins à donner aux enfants et d'une partie des travaux au champ. Certains hommes faisaient alors un calcul qui semblait si loin de mon contexte culturel, et qui était à mes yeux inacceptable. Seul *un* enfant était malade, alors que si la mère quittait le foyer pendant plusieurs semaines, les autres enfants n'auraient plus de soins (allaitement, nourriture, etc.), les travaux au champ seraient ralentis ou interrompus, et l'alimentation de toute la famille s'en trouverait compromise. Par conséquent, et malheureusement, les pertes probables liées au départ de la mère semblaient au père beaucoup plus importantes que celles liées au maintien de l'enfant dans sa famille. Triste calcul. Dure réalité. Toutefois, dans certains cas, la décision du père était simplement un refus de permettre à sa femme de voyager «seule», probablement sous motif «religieux» ou culturel. Il fallait alors négocier longuement en faisant parfois intervenir des notables du village avant de réussir à trouver une solution pour sauver l'enfant malade.

Malgré tous les efforts, la mort guettait et finissait par emporter cruellement plusieurs enfants. Durant la mission au Niger, j'ai un jour été appelée par une de mes équipes sur le terrain, car il y avait trop d'enfants malnutris dans un même village, situé à des heures, en voiture, de l'hôpital. Quand je suis arrivée sur les lieux, une rangée d'environ six mamans m'attendait, le visage abattu par la misère, tenant leur enfant dans leurs bras. Tous les petits étaient dans un état critique. Tous méritaient de survivre. Tous méritaient de monter à bord de mon véhicule pour trouver des soins dans un hôpital équipé pour leur traitement, mais seulement trois pouvaient y accéder vu le nombre limité de places à bord. Il fallait choisir. Abandonner les autres pouvait équivaloir à les condamner à mort. Mais je n'avais pas le temps de trop réfléchir, ni de laisser mes émotions me paralyser! Après quelques questions sur les symptômes de chacun des enfants, j'ai décidé de prendre ceux qui me semblaient les plus vulnérables. La route vers le centre de traitement était longue et cahoteuse, comme le sont la plupart des routes de brousse. Les petits souffraient autant d'hypoglycémie que de déshydratation, et il fallait les garder réveillés pour leur administrer de petites quantités d'eau sucrée pendant le trajet. Environ une heure après le départ, j'aperçus la mère assise au centre de la banquette arrière du véhicule fermer les yeux de son petit. C'était fini. Il n'avait pu supporter le trajet. Le verdict eut l'effet d'une massue sur mon cœur, et mes larmes ne pouvaient être retenues davantage: indignation, tristesse, épuisement, désespoir, culpabilité.

Comment accepter de voir ces enfants souffrir et mourir de problèmes que l'humanité avait les moyens de résoudre? Pourquoi la mort devient-elle presqu'une banalité lorsqu'elle emporte des petits-es Africains-es? Que fait le monde pour ces enfants? Alors que je pleurais sur toutes ces injustices, la mère restait silencieuse et sans expression, à moins que ce ne fut pour elle l'expression de la résignation et de la détresse pour qui n'en est ni à sa première ni à sa dernière perte. Elle a demandé de descendre afin de pouvoir prendre un autre moyen de transport qui la ramènerait là où elle pouvait enterrer son petit.

Un scénario presque identique s'est répété un an plus tard au Mali. Encore un enfant malnutri dans un village lointain, luttant contre la mort depuis plusieurs semaines. J'ai pris le petit à bord de mon véhicule ; mais à notre arrivée à l'hôpital, c'était trop tard. Cette fois encore, la culpabilité et le sentiment d'impuissance m'ont envahie. Le fait que mes supérieures eurent validé les décisions que j'avais prises n'aidait en rien à me rassurer, ni à calmer mon indignation face à ces pertes.

* * *

Comment les pays africains peuvent-ils espérer se développer si tant d'enfants meurent avant d'atteindre l'âge de cinq ans ? Comment s'assurer que, parmi ceux d'entre eux qui ont la chance de franchir l'étape cruciale de leur enfance, plusieurs ne restent pas avec des séquelles permanentes, tant cognitives que physiques, attribuables aux carences nutritionnelles dont ils ont souffert ? Envoyer un peu de nourriture et de médicaments dans ces pays ne suffit pas. On ne règle pas des problèmes structurels par la « charité », surtout lorsque les gouvernements donateurs ciblent les pays selon leurs propres intérêts géostratégiques. On ne peut donner du pain de la main droite et un AK-47 de la gauche.

L'illusion d'un développement sans femmes

Au Niger et au Mali, comme dans d'autres pays, les femmes sont souvent prises au piège des rapports de pouvoir présents autant dans certaines traditions obscurantistes et patriarcales que dans les politiques néolibérales impérialistes. En milieu rural, elles sont perçues comme une force de travail résistante et gratuite, et doivent assurer les travaux ménagers comme agricoles. Bien que les hommes participent également à ces derniers, la charge de travail des femmes demeure bien plus lourde, et non rémunérée. Certains hommes multiplient alors les épouses, sous prétexte que la religion ou la culture le leur permet, ce qui contribue ainsi à accroître leurs « ressources humaines », et des femmes avouent parfois être contentes de bénéficier d'une aide régulière, en l'occurrence, la seconde épouse.

Outre les inégalités en matière économique, j'ai aussi eu vent de certaines traditions qui limitaient grandement l'épanouissement des femmes et visaient même quelquefois leur intégrité physique. Dans certains villages du Niger, par exemple, les nouvelles mariées ne pouvaient sortir de chez elles qu'après avoir eu leur premier enfant. Pour les plus « modernisées », me disait-on, ce temps était réduit à la première semaine suivant leur mariage.

Mais le contrôle ne s'arrêtait pas là. Bien que l'excision ait été déclarée illégale dans plusieurs pays en Afrique et que les grandes institutions religieuses dans le monde s'y soient opposées, elle demeurait malheureusement encore présente dans plusieurs villages. En feuilletant le rapport de l'enquête démographique sur la santé au Niger, j'ai constaté que cette coutume — qui remonte apparemment au temps des pharaons en Égypte — était pratiquée peu importe l'ethnie ou la religion. Animistes, musulmans-es et chrétiens-nes pratiquent l'excision dans certaines régions, à laquelle s'ajoutent d'autres traditions qui touchent les femmes enceintes et présentent de réels dangers tant pour la mère que pour le fœtus.

Même dans les mosquées, les femmes n'étaient pas toujours les bienvenues. À Gao, dans le nord du Mali, j'ai eu l'occasion de visiter le tombeau des Askias, classé patrimoine mondial de l'UNESCO. C'était une construction réalisée par l'ancien empereur de l'empire Songhai, Mohammed Askia, et qui servait, entre autres usages, de mosquée. Du vivant de l'empereur, des rangées de prière étaient réservées aux hommes mais aucune aux femmes. Des siècles après cet empereur, les choses n'avaient pas beaucoup évolué, malgré tous les récits nous rappelant que les femmes et les hommes partageaient les mêmes espaces de prière au temps du prophète Muhammad. Ce dernier avait même clairement appelé à ne pas interdire aux femmes d'aller à la mosquée[3], lieu de recueillement, de prière, mais également de partage du savoir. Hélas, lorsqu'il s'agit de maintenir leur pouvoir sur les institutions et de protéger leurs privilèges, des hommes n'hésitent pas à faire fi du modèle qu'ils sont pourtant censés suivre,

---

3. Bukhari, *Sahih Bukhari*, p. 305 (*hadith* n° 858).

soit celui du Prophète. Après m'avoir autorisée à prier à l'endroit même où le faisait l'imam à la mosquée, le guide du site m'a dit que je pouvais déposer de l'argent dans une petite boîte si j'avais des sacrifices à faire ou des vœux que j'aimerais voir se réaliser. Loin d'adhérer à ce type de croyances où les intérêts pécuniaires et la manipulation de la « bonne foi » des gens ne sont jamais très loin, je l'ai remercié et j'ai quitté les lieux.

* * *

La manipulation de la religion trouve tout son essor dans un environnement où l'analphabétisme est la norme plutôt que l'exception. À Kadji, village malien, des habitants me racontaient que, dans le passé, un marabout puissant et dictateur s'était autoproclamé connaisseur de la *chari'a*, pour mieux les contrôler. Cet homme avait instauré des règles absurdes et liberticides, mais surtout profondément misogynes, pour assouvir ses propres désirs, notamment sexuels, et exercer son pouvoir sur le village. Certains racontaient, par exemple, que les femmes qui se mariaient devaient d'abord passer une nuit ou une semaine (selon d'autres dires) avec lui, avant d'entrer dans la demeure de leur nouvel époux. Toute personne qui dérogeait à cette règle ou à d'autres dictées par le marabout était passible de coups de fouet. De plus, personne ne pouvait accéder à ce village s'il n'adhérait pas à l'école de pensée de ce dictateur. Évidemment, le peu de connaissances religieuses des villageois-es de Kadji ne leur permettaient aucunement de vérifier le fondement de ces règles improvisées ni de contester le marabout. Lorsque ce dernier est décédé, il a laissé derrière lui une population frustrée et une vision confuse de l'islam.

* * *

Toutes ces traditions et anecdotes propres à la culture locale m'apparaissaient si loin des principes de l'islam tel que je l'avais appris au Québec. Comme c'est le cas dans plusieurs sociétés, y compris la nôtre, les discriminations envers les femmes n'ont pas besoin de la religion pour avoir lieu. Au pire, celle-ci sert d'excuse lorsqu'on sait comment la manipuler pour légitimer son action.

La situation des femmes a incontestablement besoin de changer dans les pays africains (comme dans le reste du monde, d'ailleurs), et ce fait est même crucial pour favoriser, entre autres, la décolonisation de l'Afrique et le bien-être de ses populations. Cependant, pour une évolution durable, des réformes et une volonté effective des gouvernements locaux et de nos propres gouvernements sont essentielles dans tous les domaines — social, éducatif, religieux, économique, culturel et politique. Il est également impératif de respecter et de reconnaître le dynamisme des femmes africaines. Que ce soit à travers leurs actions dans le champ social, intellectuel ou politique, les Africaines dans les villages et les villes nous prouvent continuellement qu'elles ne sont pas qu'un « groupe vulnérable à sauver ». Des voix comme celle d'Aminata Traoré, activiste politique et écrivaine malienne, qui s'élèvent pour dénoncer les injustices autant locales qu'internationales sont nécessaires et constructives. Elles représentent l'espoir de ce continent meurtri par tant d'exploitation, de conflits et de pauvreté.

L'illusion d'une paix sans décolonisation

Pendant mon séjour au Niger, j'ai dû passer à travers le mois de ramadan et célébrer seule par la suite Eid el-Fitr, la fête qui marque la fin de ce mois sacré. Loin de ma famille, j'ai passé toute l'après-midi de ce jour férié dans ma chambre à regarder des films — activité qui ne trouvait pas souvent place dans mon emploi du temps, même au Québec.

Il y a des jours où, bien qu'étant d'humeur maussade, plutôt que d'essayer de s'en débarrasser, on choisit de l'arroser davantage de quelques éléments perturbateurs. L'après-midi de la fête de l'Eid était l'un de ces étranges moments. J'ai regardé successivement *Hôtel Rwanda*, *Gandhi* et *Farenheit 9/11* sans autre raison que celle de vouloir apprendre un peu, à travers le cinéma, sur ce qui s'était passé dans le monde. Figée dans mes larmes, je tentais de comprendre comment l'humain pouvait aveugler son cœur et en arriver à ne voir dans le sang de l'autre qu'une source de jouissance et de satisfaction. Toutes ces images se sont gravées dans mon esprit, s'ajoutant à celles que des collègues expatriés-es m'avaient décrites sur ce qu'ils ou elles avaient vu lors de leurs missions précédentes au Rwanda, au Liberia ou encore en République démocratique du Congo. On aimerait tant croire que ces scènes n'ont pas existé ou qu'elles sont le lot d'une époque lointaine… trop loin pour continuer à occuper notre espace imaginaire ou médiatique. Toutefois, ces réalités me rappellent paradoxalement la fragilité de l'être humain. Oui, sa fragilité. Il semble que ce qui sépare l'humain du monstre qui gît en lui ne tient qu'à un discours enflammé ou à une substance absorbée.

Par ailleurs, mis à part les horreurs vues et entendues, j'ai été témoin de certaines scènes qui m'ont fait grandement prendre conscience des manipulations politiques de nos gouvernements et de leurs alliés, au détriment des populations locales.

En 2006, à Kadji, le même village que j'ai évoqué précédemment, un quartier fut complètement plongé dans un obscurantisme «religieux» affligeant. Des villageois me racontaient que des associations en provenance de l'Arabie saoudite emmenaient des jeunes dans ce pays pour leur inculquer une éducation «religieuse» selon la doctrine wahhabite. L'image du quartier en fut transformée. Plusieurs femmes avaient troqué leurs boubous et leurs pagnes traditionnels colorés pour de longues *abayas* noires et des voiles couvrant leur visage. Je ne les ai vues que rarement dans les rues du village, et lorsque j'en croisais, certaines s'arrêtaient et se tournaient le visage, ou ce qui en paraissait, vers le mur. Dans les concessions, il ne nous était pas toujours possible de leur parler. Quelques fois seulement, le superviseur de l'équipe d'enquête pouvait, en présence du chef du quartier, soumettre le questionnaire de l'enquête à l'une d'elles, mais cela s'effectuait toujours derrière une barrière.

De mon côté, je ne pouvais que contenir ma frustration. J'étais là, musulmane québécoise, d'origine marocaine et africaine, et ce que je voyais ne ressemblait en rien ni à la façon dont l'islam était vécu au Maroc ni à celle que j'ai connue au Québec. Les tentacules de la doctrine saoudienne étouffaient ce quartier. Plutôt que de contribuer au développement social et économique de la région, les missionnaires saoudiens y maintenaient l'analphabétisme et créaient des impasses idéologiques qui leur étaient plus faciles à manipuler.

* * *

Mais l'Arabie saoudite n'était pas le seul intrus au Mali. Bien que ce dernier fût généralement calme et sécuritaire à l'époque, même à Gao, région où j'ai travaillé pendant ma mission, on m'avait expliqué que des confrontations avaient lieu parfois plus au nord entre des groupes touaregs et des groupes « salafistes » d'Algérie. Les premiers auraient reçu comme mission, une fois leur rébellion contre le gouvernement malien terminée, de repousser les groupes armés algériens faisant intrusion sur leur territoire. Le conflit se déroulait principalement à Kidal où on trouvait aussi curieusement plusieurs portes d'entrée pour le trafic de cigarettes, de drogues dures et d'alcool. Selon certains témoignages sur place, les touaregs étaient soutenus par les États-Unis et l'Algérie pour mener à bien leur tâche.

D'ailleurs, la présence étatsunienne dans le pays n'était pas discrète. Un jour, alors que je roulais avec des collègues vers la brousse, notre voiture fut arrêtée par des militaires étatsuniens, le temps que leur exercice de parachutisme soit terminé. Cette intervention m'avait outrée et je me demandais ce qui pouvait bien se tramer en coulisses de cette présence militaire. J'avais également vu à quelques reprises, dans des hôpitaux, d'autres militaires étatsuniens administrant aux villageois-es des soins pour les yeux. Une affiche d'ACF arborant un casque de soldat contenant du riz, et qui visait à critiquer les interventions militaires sous couvert « humanitaire », me revint alors à l'esprit: « On ne s'improvise pas humanitaire ». À vrai dire, même l'armée canadienne était présente sur les lieux, à en croire l'unifolié à l'arrière d'une Jeep militaire que j'avais vue entrer dans une caserne.

* * *

Le Mali et le Niger ont basculé depuis les dernières années dans un climat d'insécurité qui menace encore plus l'avenir de leurs enfants. En 2012, les médias ont rapporté que des groupes « djihadistes » avaient comme ambition d'y instaurer un « état islamique » selon une idéologie liberticide et violente. Toutefois, ces deux pays, comme plusieurs autres pays d'Afrique ou d'Asie, possèdent des richesses naturelles qui allèchent certaines puissances occidentales désireuses d'assurer leur approvisionnement pour des décennies à venir. Avec le temps, des invasions militaires menées par divers membres de l'OTAN nous sont alors présentées comme étant des solutions privilégiées pour instaurer la paix et « libérer les femmes » dans ces contrées « en manque de Lumières ». La démocratie et les droits des femmes sont aujourd'hui les prête-noms d'une exploitation coloniale du pétrole, du gaz, de l'uranium et d'autres ressources naturelles en Afghanistan, en Irak, en Lybie, au Mali, et dans bien d'autres pays[4].

L'être humain semble donc vouloir souvent justifier ses pires caprices et ses crimes par ce qui est plus grand que lui. On envahit un pays et tue des civils « au nom de la Démocratie ». On pose des bombes et tue des innocents-es « au nom de Dieu ». Les deux cas de figure sont-ils si différents l'un de l'autre ? Nous avons davantage tendance à « excuser » les premiers ou à croire leurs versions des faits, car ils sont nos élus censés nous représenter. Nous nous identifions à eux parce qu'ils sont censés partager notre culture et notre « idéal démocratique ». Les seconds proviendraient de cet Ailleurs qu'on aime voir comme essentiellement différent et en carence de civilisation. Pour ma part, je condamne également les deux types d'actes meurtriers.

Ainsi, sept ans après mon premier voyage au Mali, la France – ayant pourtant soutenu des régimes corrompus dans ce pays à multiples reprises, comme le rappelle Stéphane Lhomme, directeur de l'Observatoire du nucléaire –, aurait soudainement eu pour les Maliens-nes une « empathie » qui a justifié une intervention militaire urgente dans leur pays[5]. Dans ce contexte, la présence de la compagnie minière française Areva, spécialisée dans l'extraction de l'uranium dans le nord du Mali et au Niger, peut-elle être passée sous silence ? Areva œuvre dans ces régions depuis des décennies, avec la bénédiction de la France, sans que les populations locales ne tirent le moindre bénéfice des richesses de leur sous-sol. Pire encore, elles sont affaiblies par la faim, les maladies et la mortalité infantile.

L'illusion de l'information sans éthique

Entre les images de groupes d'apparence religieuse imposant un régime liberticide dans certaines régions du Mali et celles de villageois-es contents-es de la présence militaire française, je me demandais si les médias québécois allaient nous parler aussi des agents saoudiens endoctrinant les villageois-es à quelques kilomètres seulement de l'endroit où leurs alliés étatsuniens menaient leurs

---

4. Michel Collon, « Comprendre la guerre en Lybie », *Investig'Action*, 8 avril 2011. En ligne : www.michelcollon.info.
5. Stéphane Lhomme, « Guerre au Mali : sécuriser notre approvisionnement en uranium », *L'Obs avec Rue 89*, 15 janvier 2013. En ligne : www.rue89.com.

opérations d'entraînement militaire et de diversion « humanitaire ». Allait-on également donner la parole aux Maliens-nes qui s'opposaient fermement tant à l'invasion militaire française de leur pays qu'aux régimes violents d'apparence religieuse[6] ?

* * *

Les grands médias semblent jouer plus souvent le rôle de courroie de transmission des discours et des versions officielles défendues par leur gouvernement, ou par les gouvernements étrangers non jugés comme ennemis. Lorsque le gouvernement canadien ou étatsunien déclare que c'est tel groupe qui a conduit telle ou telle attaque pour telle raison, on nous sert la même version *ad nauseam* dans les journaux, à la télé et à la radio. Le rôle du journalisme n'est-il pas d'enquêter sur les évènements de façon indépendante et d'investiguer auprès de *tous* les protagonistes qui y sont impliqués ? La neutralité n'est-elle pas d'écouter toutes les parties prenantes ou les différentes versions avant de présenter des faits pour permettre ainsi à la population d'avoir une image plus complète et plus proche de l'objectivité, même si cela signifie qu'elle est complexe ?

Il existe souvent des versions alternatives des faits, d'autres façons de raconter l'Histoire et auxquelles on n'a pas accès si on ne fait pas l'effort de les chercher. Si les médias dans nos pays étaient réellement indépendants et neutres, pourquoi aurait-on besoin de médias alternatifs ? Heureusement, certains-es journalistes ou intellectuels-les, dont Michel Collon, Edward Herman[7] ou autres, cherchent à connaître plus que ce que les gouvernements veulent bien nous révéler, et posent ainsi des questions différentes. Il serait alors intéressant que nos grands médias leur accordent plus d'importance et acceptent de relayer également des analyses différentes et tout aussi crédibles de l'actualité. Je ne suppose pas ici qu'il y a nécessairement et toujours une connivence entre les deux grands pouvoirs que sont le politique et le médiatique. J'interroge simplement le fonctionnement du système médiatique et sa tendance à obéir, entre autres, aux

---

6. Amina Traoré, « Femmes du Mali : Disons "Non !" à la guerre par procuration », *Slate Afrique*, 20 novembre 2012. En ligne : www.slateafrique.com.

7. Voir, par exemple, les sites d'informations alternatifs fondés par Michel Collon (*Investig'Action* : www.michelcollon.info/) et Edward Herman (*Znet* : https://zcomm.org/znet).

exigences du cinquième pouvoir — l'économique — au détriment de certains principes journalistiques éthiques.

Les lecteurs-trices de bulletins de nouvelles et les animateurs-trices de magazines d'actualité ou de culture se multiplient, mais il ne semble pas y avoir de place pour des journalistes d'investigation, des créatures en voie de disparition qui osent remettre en question ce que nos gouvernements veulent nous dire, surtout au sujet de leur politique étrangère. Et ça marche ! Les citoyens-nes ne prennent pas le temps — et peut-être n'en ont-ils ou elles pas non plus l'intérêt — de s'informer auprès de différentes sources. On veut l'information simplement et rapidement, tout comme on veut que son dîner équilibré et délicieux soit prêt en quinze minutes. On a encore moins de temps que cela pour les nouvelles. En cinq minutes, on peut par le biais de quelques clips faire le tour de l'actualité nationale et même internationale. Pas besoin d'aller chercher plus. Loin des yeux, loin du cœur... loin de la tête aussi.

Ceux qui ont intérêt à ce que les versions officielles des faits fassent l'objet d'un consentement populaire, pour reprendre la thèse de Chomsky et Herman[8], ont réussi un pari très important. Une fois leur version officielle transmise par les médias, toute voix qui questionne est d'emblée décrédibilisée et accusée de verser dans la paranoïa et la théorie du complot, ou pire encore, de soutenir — voire justifier — les « islamistes », les « communistes », ou plus généralement, les « méchants ». Cette vision manichéenne réussit à censurer indirectement tout potentiel d'analyse alternative et approfondie des faits dans l'espace médiatique officiel. Le rôle que les pays de l'OTAN et ceux du Golfe jouent, ensemble et en alliance, dans les multiples conflits qui détruisent plusieurs pays en Afrique ou en Asie aujourd'hui, n'est plus du domaine de l'hypothèse. Mais reconnaître cela, en parler ouvertement dans les médias et, surtout, le rappeler comme trame de fond lors de la couverture des divers conflits actuels, ne semble pas très populaire.

Les histoires servies par nos gouvernements s'imbriquent harmonieusement dans notre imaginaire pour former une opinion générale sur le sujet de l'islam et des musulmans-es, par exemple, et

---

8. Noam Chomsky et Edward Herman, *La fabrication du consentement : de la propagande médiatique en démocratie*, Marseille, Agone, 2008.

pour nous permettre ainsi de prendre position, de juger et même de condamner, au grand dam de l'esprit critique. Un casse-tête formé de la sorte crée invariablement une zone de confort et ne se laisse pas facilement désintégrer. C'est ainsi donc que nos sociétés, aussi diverses soient-elles, obéissent inconsciemment, ou consciemment pour certains individus, aux autorités politiques et économiques en place et répondent à cette même logique dogmatique qui a paralysé la pensée musulmane pendant de nombreux siècles. Dans les deux cas, il s'agit du refus de remettre en question les paroles des autorités à qui l'on a, un jour, accordé une légitimité, soit à travers un vote ou à travers le partage d'une même foi.

* * *

Toutes les incohérences observées et entendues au Mali m'ont incitée à prendre une pause de l'humanitaire en 2006. J'avais besoin de réfléchir davantage à la situation en Afrique, continent souvent pris en pitié. Exploité, maltraité, oublié, répète-t-on. En fait, qui veut réellement que l'Afrique subsaharienne soit « sauvée » ? De l'intérieur, malgré l'apparent caractère collectiviste des sociétés, il y a, dans certains cas, un tel individualisme axé sur l'argent et le pouvoir, et qui pousse plusieurs à oublier le sens même de l'éthique. Corruption, fatalisme et tant de pratiques sont à combattre et à corriger ; mais rien ne peut être réussi sans qu'une réforme profonde ne redonne sa place à l'éthique au sein de ces sociétés. Une éthique de la transparence, une éthique de l'intégrité, des valeurs pourtant si importantes en islam, religion pratiquée dans plusieurs sociétés africaines. Mais malheureusement, encore une fois, on n'a pris de l'islam que le côté technique, apparent, relativement simple. On jeûne quand tout le monde jeûne, on prie, on s'habille de telle ou telle façon, on se laisse pousser une barbe, et pour le reste, l'argent et le pouvoir sont des divinités cachées et ô combien adorées. Ainsi, plusieurs luttent pour accroître d'abord leur patrimoine et leur cercle de pouvoir personnels. Les plus riches s'enrichissent, et les pays continuent à se noyer dans les dettes.

Par ces dénonciations, je suis loin de vouloir passer sous silence toutes les belles valeurs qui habitent les sociétés africaines. J'y ai vu tant d'exemples d'ouverture, de générosité, de respect. Pendant mes enquêtes, des personnes inconnues laissaient leurs occupations pour m'accompagner avec mes équipes et nous aider à retrouver notre chemin. Sceptique, il m'est arrivé de penser parfois qu'ils ne faisaient cela que pour avoir quelque chose en retour, peut-être bien un peu d'argent. Mais à la fin, un sourire agrémentait leur soutien pour nous, et chacun continuait sa route. La générosité dans un contexte de privation est porteuse d'espoir.

Un autre exemple que je garde à l'esprit est celui de l'ouverture et de la reconnaissance de la diversité que j'ai notées au Sénégal, entre autres. Malgré que le pays compte plus de 95 % de musulmans-es, on pouvait voir à la télé la prière des musulmans-es le vendredi midi et la messe des chrétiens-nes le dimanche matin. À chacun-e sa foi, et tous-tes avaient leur place dans la société sénégalaise.

Nous avons aussi beaucoup à apprendre de l'Afrique au sujet des valeurs familiales, notamment celle du respect à l'égard des personnes âgées. Celles-ci représentent la mémoire et le lien de la famille avec son passé. Dans les ménages, leurs paroles ont un poids, et les personnes âgées bénéficient d'une place de choix méritée après tant d'années de sacrifices.

Le sentiment de responsabilité envers les enfants est également très différent. Tant que ceux-ci (même adultes) ne sont pas mariés, il est inconcevable, dans les familles africaines, de leur demander de quitter le domicile familial. D'ailleurs, ma famille d'accueil à Doundodji semblait choquée lorsque je lui ai dit que chez nous, au Québec, certains jeunes déménagent en appartement, parfois à la demande de leurs parents, ou que ces derniers leur exigent des pensions en échange du gîte.

* * *

De mes missions, je revenais donc au Québec avec la conclusion que l'Afrique n'est ni seulement une terre de guerre et de famine, ni uniquement un « monde exotique » peuplé de danses et de statuettes. Elle est aussi ces valeurs qui se perdent de plus en plus dans nos sociétés industrialisées. Nous pensons toujours pouvoir exporter « Nos » valeurs ailleurs parce qu'elles seraient les seules à assurer la voie vers le progrès. Pourtant, si seulement nous prenions le temps d'écouter ce que des sociétés africaines ont à nous raconter sur la façon dont elles gèrent les différentes questions sociales, lorsque les puissances coloniales ne sont pas là pour imposer leurs réformes et leurs stratégies.

Présence musulmane Montréal

Vers la fin de ma mission au Niger en décembre 2005, j'eus le double choc d'apprendre qu'une collègue avait perdu ma clé USB — qui contenait mes données de maîtrise collectées au Sénégal — et que mon appartement à Montréal s'était fait cambrioler pendant la même période — donc, mon ordinateur et mes cassettes d'enregistrement sonore contenant ces mêmes données avaient eux aussi disparu. Par conséquent, ma mission a dû être écourtée pour tenter de trouver une solution.

Après une session intensive de cours à l'université à l'hiver et au printemps 2006, j'ai pu finalement terminer la rédaction de ce qui allait être mon travail de maîtrise. Quelques mois plus tard, j'ai souri lorsque j'ai reçu mon diplôme à la maison... avec une erreur dans le nom de mon programme de maîtrise. Décidément!

Durant l'été qui a suivi, j'ai joyeusement erré entre le volley-ball de plage au parc Jeanne-Mance, le taekwondo, et mon implication dans l'association musulmane que j'avais découverte un an plus tôt, à l'époque de ma rencontre avec madame Lise Payette.

* * *

En fait, après mon deuxième voyage au Sénégal au printemps 2005, Présence musulmane Montréal (PMM), organisme dont j'avais vaguement entendu parler, avait tenu un colloque public sous le titre : « Tensions sociales, identités plurielles, et valeurs communes ». En marge des conférences, il avait également organisé des ateliers auprès de mon groupe de discussion à la mosquée d'Ahuntsic. Ce fut là ma première rencontre avec Asma Lamrabet, figure internationale du féminisme islamique francophone. Celle-ci était invitée par PMM et devait présenter notamment ses travaux de recherche sur le statut des femmes dans le Coran. À l'époque, je n'étais familière ni avec le féminisme comme concept théorique, ni avec ses revendications à l'intérieur du cadre musulman. Je me savais sensible depuis longtemps aux injustices commises envers les femmes et les filles ainsi qu'aux inégalités de traitement entre les sexes, mais je ne me rappelle pas m'être déjà identifiée comme féministe auparavant.

Je fus tout à fait enchantée par le discours d'Asma Lamrabet au cours de ces ateliers. Il avait cette fraîcheur qui envahit vos neurones, comme par une belle journée de printemps. Ses paroles, appuyées par plusieurs références théoriques, déconstruisaient nombre de « certitudes » qui avaient semblé jusque-là banales à mes oreilles novices, mais qui se révélaient les fondements de tant d'injustices à l'endroit des femmes. Que ce soit des faits liés à l'origine de l'être humain, des paroles faussement attribuées au prophète Muhammad au sujet des femmes, ou encore certains passages du Coran[9] souvent interprétés en faveur d'un point de vue masculin et qui, une fois relus et replacés dans leur contexte textuel et historique, prenaient un tout autre sens. Les ateliers animés par Asma Lamrabet étaient de ces rencontres qui vous laissent, en tant que femmes, aussi bien avec un sentiment de fierté à l'idée d'appartenir à un groupe qui lutte et résiste depuis des siècles contre son oppression, qu'avec de la colère contre toute cette injustice ayant mené à tant de discriminations sexistes toujours présentes.

Pendant le même colloque, j'ai assisté à des conférences qui creusaient encore plus l'écart entre l'islam que je découvrais et certaines pratiques ou traditions que j'avais connues durant toutes ces années où je me disais musulmane. En fait, j'avais soudain l'impression que, mis à part la foi, j'avais passé une partie de ma vie à vaguer dans

---

9. Il existe des différences importantes entre le Coran et les paroles du Prophète (*hadiths*) en termes d'origine, de sacralité et d'authenticité. Le Coran est considéré par les musulmans-es comme étant la parole sacrée de Dieu révélée au prophète Muhammad – par l'intermédiaire de l'ange Gabriel –, transcrite du vivant du Prophète, et dont le texte (en arabe) est préservé tel quel depuis les quinze derniers siècles. Les *hadiths* sont pour leur part les propres paroles du Prophète transmises oralement à travers les générations avant d'être consignées plusieurs années après sa mort. Leur transcription avait été interdite du temps du Prophète afin d'éviter toute confusion avec le texte du Coran. Il y a donc tout un domaine d'études (les sciences du *hadith*) spécialisé dans l'examen de ces textes afin d'en vérifier l'authenticité selon divers critères.

l'imposture. À me convaincre que j'appartenais à un système de valeurs par le seul lien du sang et par quelques bribes entendues çà et là. Combien sommes-nous à avoir vécu l'islam durant des années comme s'il s'agissait d'une constituante génétique de notre identité ? Ou comme si ce n'était qu'une formule prononcée du bout des lèvres — attestation de l'unicité de Dieu et que Muhammad est son prophète — sans y voir ni la dimension de la profondeur spirituelle, ni celle de l'ensemble des connaissances nécessaires pour se définir consciemment comme musulman-e, ni même celle des valeurs qui constituent les piliers de cette religion ? Cette situation est parallèle à celle d'une femme qui se définit comme une joueuse de hockey parce qu'elle est née dans une famille où on joue au hockey. Elle n'a jamais assisté aux entraînements, ni lu les documents qui définissent ce sport ou ses règlements. Mais elle continue de dire que le hockey est le meilleur sport… parce que tous ses ancêtres y ont joué, et qu'elle y est déjà inscrite[10] !

* * *

Ce colloque sur la question identitaire, ainsi que ma deuxième rencontre avec Asma Lamrabet — qui s'était déroulée quelques mois plus tard au Maroc alors que j'étais en route vers le Niger —, ont davantage attisé en moi l'étincelle du travail sur la gestion de la diversité religieuse dans la société et sur la question des femmes en islam. Par la suite, entre deux missions humanitaires, j'ai décidé de me joindre officiellement à PMM.

L'organisme tirait ses origines d'un mouvement né en France dans les années 1990, sous le même nom. Ce dernier, s'inspirant de la pensée et des travaux du philosophe Tariq Ramadan, avait comme objectif de discuter l'identité musulmane en France et d'encourager les jeunes Français-es de foi musulmane à vivre pleinement leur citoyenneté française tout en étant musulmans-es. Après avoir constaté un certain succès de cette dynamique en Europe, un couple québécois musulman, entre autres, a pris l'initiative, en juillet 2001, de rassembler à Montréal plusieurs associations musulmanes au nom d'un dialogue communautaire, et cela en présence de Tariq Ramadan. Plus d'une douzaine d'organismes provenant de

---

10. L'usage du féminin dans la métaphore n'a d'autre but que d'alléger le texte.

Sherbrooke, de Trois-Rivières, de Québec, de Montréal et d'Ottawa étaient présents. La rencontre avait pour objectif de discuter des défis auxquels faisaient face les musulmans-es au Québec et des points de convergence et de divergence que leur situation pouvait avoir avec celle prévalant en France. La rencontre s'était terminée par la création d'un réseau interassociatif francophone où chaque ville aurait son coordonnateur ou sa coordonnatrice.

Moins d'un an plus tard, le réseau s'était donné comme mandat de « promouvoir une présence musulmane participative dans la société canadienne tout en contribuant à son essor et à celui de l'humanité ». En septembre 2003, le nom du réseau a changé pour Présence musulmane Canada (PMC), mais il s'est trouvé difficile de coordonner une structure dont les membres étaient dispersés-es dans plusieurs villes et ne vivaient pas tous nécessairement les mêmes réalités.

Par conséquent, en février 2005, le groupe présent à Montréal a décidé de se constituer officiellement en Présence musulmane Montréal. Sa raison d'être, formulée au cours d'un atelier de stratégie animé par un consultant professionnel, était: « Promouvoir un meilleur vivre-ensemble en favorisant: les valeurs universelles; la reconnaissance de la présence musulmane; la contribution active, participative et créative à la société ». La mission se traduisait par deux grands champs d'activité: l'éducation et la sensibilisation par le biais de conférences et de formations; et l'initiation, la contribution au dialogue, ainsi que la participation aux discussions publiques[11]. En bref, l'organisme privilégiait une lecture des textes religieux en tenant compte du contexte historique et social dans lequel nous vivions, et s'opposant ainsi au littéralisme qui visait à figer la compréhension des textes sacrés à travers les siècles.

* * *

En 2006, PMM m'a proposé de donner une conférence lors d'un colloque pour les jeunes musulmans-es afin de parler de l'engagement et de la participation citoyenne. C'était ma première conférence publique, et ce fut tout un défi de réussir à ne pas ennuyer autant

---

11. Les énoncés de la raison d'être et de la mission sont tirés des statuts de PMM.

de jeunes parfois si difficiles à motiver. J'ai parlé de mes expériences de bénévolat au Québec, de mes missions sur le terrain en Afrique, tout en faisant référence à des versets coraniques ou à des paroles du Prophète qui incitaient à faire le bien envers tout être humain, sans distinction de foi ni d'origine.

Ce qui m'avait attirée chez PMM, outre sa vision, était la diversité de ses membres (une vingtaine à l'époque). On y trouvait des gens nés ici, et d'autres qui avaient immigré. Les membres étaient d'origine canadienne-française, libanaise, algérienne, marocaine, étatsunienne, voire polonaise; les uns-es souverainistes, les autres fédéralistes. Les générations et les milieux professionnels étaient tout aussi variés. Sur le plan des écoles de pensée, bien qu'il fût en majorité sunnite, l'organisme comptait aussi des membres chi'ites. De plus, le degré de pratique religieuse était loin d'être un critère de sélection des membres. Le seul qui devait nous rassembler toutes et tous était le désir sincère de promouvoir, bénévolement, une vision contextualisée de l'islam et un vivre-ensemble harmonieux.

Lorsque je l'ai rejoint, PMM était coordonné par une femme, Samia. L'association avait des activités qui attiraient des personnes d'origines et de croyances diverses, et entretenait des rapports très enrichissants avec des individus et des centres catholiques, juifs et laïcs. Son esprit d'ouverture et sa diversité constituaient, selon moi, le cachet de l'organisme, qui pouvait avoir une influence positive sur la société en matière de dialogue interculturel et interreligieux. PMM avait une très bonne connaissance autant de la société québécoise dans son ensemble — de ses enjeux, de son histoire et de sa culture — que des défis que traversent plus particulièrement les Québécois-es de foi musulmane. L'organisme pouvait ainsi être l'interlocuteur des uns et des autres, et cette approche traduisait exactement mon état d'esprit depuis mon retour vers la spiritualité et la pratique musulmanes. J'avais un rôle à jouer, à savoir celui de médiation, de rapprochement, presque de «traduction»: expliquer le fait musulman à la société québécoise pour dissiper les appréhensions et les préjugés, et inviter les citoyens-nes musulmans-es à réfléchir à l'histoire québécoise et aux différents enjeux de cette société, et à accroître ainsi leur sentiment d'appartenance à celle-ci.

* * *

En début de 2007, les responsables de PMM m'ont offert le poste de coordonnatrice de l'organisme, toujours à titre bénévole. Je n'avais pas encore trouvé de travail depuis mon retour du Mali. La recherche a duré encore plusieurs mois, lors desquels j'ai envoyé des dizaines de CV à différents organismes communautaires, ONG, ou organismes de santé publique affichant des postes qui semblaient correspondre à mes compétences et à mon expérience. Toutefois, seulement deux entrevues m'ont été accordées, dont l'une à Ottawa. Durant l'autre entretien, on avait cru bon me parler du foulard que je portais. À part un poste d'assistante de recherche à l'université que j'avais occupé pour quelques semaines, j'ai donc passé l'année 2007 entre la recherche d'emploi, PMM, et le taekwondo. Ce n'est qu'en novembre de cette même année que j'ai enfin décroché un emploi intéressant en santé publique au gouvernement.

Bien que j'aie eu le temps nécessaire pour assurer la fonction de coordination au tout début, l'offre m'a quand même à la fois surprise et intimidée. L'organisme possédait une certaine crédibilité autant parmi plusieurs Québécois-es musulmans-es que dans les sphères académiques et autres institutions de la société ; et je me demandais bien si j'avais les compétences pour le maintenir sur la voie de sa mission. Était-ce encore une fois ce syndrome d'imposture qui habite plusieurs femmes dans les milieux professionnels ? Possible. J'ai tout de même fini par accepter l'offre. Cependant, j'avais encore beaucoup à apprendre sur les thèmes dont traitait PMM. Issue du milieu des sciences de la santé, je découvrais avec un appétit inassouvissable tout le champ des sciences sociales, notamment de la sociologie.

Pendant des années, PMM a planifié et tenu, de façon tout à fait autonome, des conférences mensuelles et des colloques annuels. Ces rencontres traitaient surtout des sujets d'actualité : la laïcité et la place du religieux dans l'espace public, les valeurs communes, les défis environnementaux, la diversité culturelle, les conflits internationaux, les femmes et l'islam, ainsi que plusieurs autres thématiques politiques, philosophiques, sociales et spirituelles. Les conférenciers-ères provenaient de tous les horizons, et cela permettait un partage de connaissances très profond. Une des conférences organisée en 2008, par exemple, traitait de la question environnementale selon la perspective autochtone et musulmane. Mme Hélène Boivin, membre de la Première Nation des Pekuakamiulnuatsh (Montagnais du Lac-Saint-Jean) et femme très engagée dans sa communauté sur plusieurs questions sociales, a présenté la philosophie autochtone de l'environnement. Par la suite, Mohammed Taleb, professeur d'écopsychologie et d'éducation relative à l'environnement en Suisse, a parlé de la façon dont l'islam traite la question du rapport à la nature et de la préservation de l'environnement. Il était bien intéressant de constater tout au long de ces deux exposés les convergences entre ces différentes spiritualités, et de pouvoir y trouver un langage commun.

À part les conférences et les colloques, nous organisions également des formations internes destinées aux responsables des associations musulmanes. Il s'agissait de rencontres importantes qui, en plus de viser l'amélioration de la communication entre ces acteurs, tentaient également d'offrir un espace de débat autour des différentes questions d'actualité. La diversité des courants, des idéologies, des cultures et des origines posait, et pose toujours, ce défi majeur à l'intérieur des milieux musulmans, à savoir : comment dépasser toutes ces divergences pour réussir à maintenir une présence effective au sein de la société?

De plus, à travers son mandat d'éducation et de sensibilisation populaires, PMM était souvent sollicité pour offrir des présentations dans divers contextes (scolaire, gouvernemental ou communautaire) et ainsi démystifier certaines questions reliées à l'islam et aux musulmans-es. C'est ainsi que j'avais à quelques reprises été invitée à répondre aux questions sur l'islam dans des écoles, auprès des employés-es de certains ministères ou encore dans les médias, par exemple. Au fait, plus ces derniers parlaient d'islam, plus les gens voulaient comprendre ce qu'était cette religion, tout à coup « trop » visible, et surtout souvent associée médiatiquement à des problèmes ici ou ailleurs.

Depuis mon entrée au poste de coordonnatrice, j'avais représenté l'organisme dans plusieurs organisations et évènements : la Coalition justice et paix pour la Palestine (CJPP) et le collectif Échec à la guerre, au sein desquels j'avais été davantage sensibilisée à la question palestinienne[12] et à l'entreprise militaire canadienne ; les

---

12. C'est au sein de la CJPP, par exemple, que j'ai appris à propos de la fondation Hezeg. Celle-ci a été créée par les Canadiens Gerry Schwartz et Heather

différents colloques et conférences tenus dans les universités et qui pouvaient trouver leur place dans mon emploi du temps ; les ateliers et évènements à l'Institut du Nouveau Monde ; et les groupes de discussion.

Je participais également à un groupe de travail au ministère de l'Immigration du Québec, nommé la « Table du Maghreb ». Cette dernière était une table de réflexion où siégeaient des Québécois-es d'origine maghrébine impliqués-es à différents niveaux (associatif, médiatique, académique, etc.) sur les questions touchant les citoyensnes de la même origine. La question du chômage était souvent à l'ordre du jour. On se réunissait, on en parlait, on débattait, on proposait. Mais les changements se faisaient attendre. Lorsque le gouvernement nous présentait le programme d'accès à l'égalité et qu'on nous disait qu'il y avait des quotas en termes de « minorités visibles », il était bien évident que des entreprises pouvaient remplir ces derniers tout en rejetant quand même les CV de tous les Maghrébins-es qui auraient postulé. Il leur suffisait de recruter plus d'Asiatiques, par exemple. Les 30 % de chômage qui touchaient les Québécois-es d'origine maghrébine demeuraient, et sont toujours, une réalité choquante, mais loin d'être une priorité gouvernementale. Lorsqu'on parle de mesures d'intégration des nouveaux arrivants, on parle souvent de services de francisation. Ceci est certes important, mais reste loin des besoins de celles et ceux qui maîtrisent déjà le français et qui n'ont, en atterrissant ici, simplement pas de réseau social qui leur ouvrirait des portes vers des postes correspondant à leurs compétences. Il est bien connu que, officieusement, plusieurs emplois sont comblés non pas grâce aux affichages publics, mais par le biais de contacts et des réseaux sociaux.

Reisman en 2005, afin d'offrir des bourses à des juifs qui ne sont pas nés en Israël et qui n'ont pas de famille qui y réside, mais qui décident tout de même de se joindre à l'armée israélienne pour combattre — en d'autres termes, des mercenaires. Le comble est que le gouvernement canadien a accordé à cette fondation le statut d'organisme de bienfaisance. Puisque ses fondateurs sont également les actionnaires principaux de Chapters Indigo, cette entreprise a donc été visée pendant des années par la campagne internationale « Boycott, désinvestissement et sanction ».

Le Québec, la France et Tariq Ramadan

Tariq Ramadan, philosophe et islamologue, est celui qui, par son discours sur la citoyenneté participative et le mariage entre les différentes facettes identitaires des musulmans-es en Europe, avait inspiré la naissance du mouvement de Présence musulmane dans le Vieux Continent. Loin d'en être le gourou, il représentait plutôt une référence pour ce mouvement au sujet de l'islam en Occident. Les jeunes et les moins jeunes étaient surtout soulagés-es d'entendre qu'il était tout à fait possible de vivre en étant autant Français-es que musulmans-es, sans complexe, et sans avoir à cacher par honte ou gêne leur identité complète. Les interventions de Tariq Ramadan étaient souvent enregistrées sur bande audio ou vidéo, et c'est d'ailleurs cela qui m'a permis d'apprendre beaucoup sur sa vision quant aux enjeux reliés à l'islam en Occident, mais également sur les femmes, les dictatures dans les pays arabes, ou encore sur les problèmes d'interprétations littéralistes de certains courants musulmans.

Depuis mes débuts à PMM, les invitations de Tariq Ramadan à nos évènements ne passaient toutefois jamais inaperçues. Certains sites Internet de propagande obscurs et islamophobes se faisaient un plaisir d'en faire la publicité, parfois même en payant une page complète dans des quotidiens pour « dénoncer » sa venue[13]. Ce discours était ensuite récupéré par plusieurs médias qui s'empressaient de répéter constamment les trois mêmes « caractéristiques » qui semblaient définir catégoriquement et essentiellement toute la personne de Tariq Ramadan : controversé, petit-fils de Hassan El Banna — fondateur des Frères musulmans —, et accusé de double discours. Cette introduction, précédant chaque reportage, reprenait mot pour mot celle utilisée en France pour les mêmes desseins. Certains médias québécois suivaient donc la même ligne de conduite que leurs cousins français, sans esprit critique, ni autonomie intellectuelle, ni rigueur journalistique.

Durant toutes les années où j'ai travaillé avec Tariq Ramadan, lorsqu'il était de passage ou que j'ai écouté ses discours, j'ai constaté

---

13. Ce fut le cas notamment le 15 avril 2010, lorsque deux organismes, dont Point de bascule, ont payé une publicité en page 2 du *Devoir* pour annoncer une conférence de presse visant à dénoncer la venue de Tariq Ramadan.

qu'il a répondu et déconstruit à maintes reprises toutes les « accusations » portées contre lui, même au niveau judiciaire. Donc, je n'ai aucunement l'intention ici de justifier ce qu'il n'est pas ou ce qu'il est[14].

Cependant, ce qui est intéressant de noter, c'est que le milieu politico-médiatique québécois a un problème avec Tariq Ramadan, principalement parce que les politiciens-es et journalistes français-es ont un problème avec lui. En Angleterre, aux États-Unis ou ailleurs dans le monde, il continue d'être invité très souvent à enseigner dans des grandes universités ou encore à participer à des évènements académiques d'envergure. L'importation des « problèmes » français au Québec dépasse de loin la question de ce philosophe, et nous en aurons d'autres exemples plus tard.

* * *

En France, le problème avec l'homme arabe ou musulman remonte à la période de la colonisation. C'est une tension qui demeure, jusqu'à nos jours, non réglée. L'homme arabe ou musulman était considéré, par l'administration coloniale, évidemment comme un terroriste puisqu'il résistait à l'occupation de son territoire, mais aussi comme un oppresseur pour « ses » femmes, et un indigène rétrograde à civiliser. Les problèmes identitaires de la France avec ses citoyens-nes musulmans-es persistent parce qu'elle semble sentir qu'elle « perd le contrôle », en son sein, sur une catégorie d'individus qui, hier encore, étaient des sujets qu'elle colonisait et dominait, mais qui, aujourd'hui, demandent d'être traités comme citoyens-nes françaises au même titre que les « autres ».

Ce racisme répandu en France se cristallise dans la personne de Tariq Ramadan, tout d'abord parce qu'il est de cette origine et de cette foi, mais aussi et surtout parce qu'il ne cadre pas dans les catégories que la France reconnaît aux hommes de « son ethnie » : soit des immigrés éternellement « invités » en France et qui s'excusent continuellement de qui ils sont ; des radicaux qui s'isolent de la société et expriment leur aversion à l'égard des pays occidentaux bien

---

14. Ses réponses peuvent être trouvées notamment dans ses livres (par exemple, dans *Mon intime conviction*, publié aux Presses du Châtelet), sur son site Internet et dans les vidéos des débats auxquels il a pris part.

qu'ils y vivent; ou encore des béni-oui-oui qui adoptent les discours des oppresseurs à l'égard de leurs coreligionnaires, et tentent même parfois d'effacer autant qu'ils le peuvent leur identité musulmane, pour des miettes de reconnaissance, tout en vénérant les Lumières françaises. Dans les trois cas, on préfère ceux qui ne «jouent» pas dans les mêmes terrains intellectuels, et qui ne bousculent donc pas cette image de hiérarchie «civilisationnelle» si bien établie.

Ainsi, la parole d'une seule femme — en l'occurrence Caroline Fourest, journaliste française, accusant Tariq Ramadan de double discours — a, jusqu'à aujourd'hui, la valeur d'un dogme qu'on n'ose ni vérifier ni remettre en question dans les principaux médias. Tous les autres prétendus «témoignages» sur ce soi-disant double discours tirent leur origine de cette même source. Un philosophe de renom qui dialogue et collabore avec des personnalités aussi reconnues que Karen Armstrong, le Dalaï Lama, Edgar Morin, et plusieurs autres, peut donc si facilement être entouré d'un nuage de doute et de suspicion dès lors qu'il est arabo-musulman et qu'une seule femme de chez «Nous» affirme détenir la «Vérité» sur lui.

* * *

Au Québec, lorsque Ramadan était invité, les foules étaient loin d'être composées de masses de musulmans-es venus-es écouter un «prédicateur», comme le laissaient entendre certains-es chroniqueurs-euses. L'auditoire affichait plutôt une très grande variété autant pour ce qui est des âges, que des origines et des croyances. Tout le monde ne venait pas voir Tariq Ramadan, le musulman; plusieurs venaient écouter le philosophe.

Le grand nombre de jeunes dans la foule était plutôt encourageant. Et ceci est lié à un point essentiel que les détracteurs de cette personnalité, et par le fait même de PMM, omettent sciemment de reconnaître. En fait, en Europe comme au Québec, les jeunes qui écoutent les discours de ce penseur, notamment sur la citoyenneté, et tentent de les mettre en pratique, sont généralement les mêmes qui rejettent catégoriquement les lectures littéralistes et radicales du Coran ainsi que la violence sociale et politique, et promeuvent plutôt une intégration positive dans la société, tout en gardant leur foi. C'était d'ailleurs mon cas. Plus je lisais ses livres, plus je sentais la responsabilité de travailler sur le sentiment d'appartenance des

Québécois-es musulmans-es à la société, pour éviter de créer des communautés fermées sur elles-mêmes.

Par ailleurs, collaborer avec Tariq Ramadan avait évidemment un prix. Dans certains cercles antireligieux et islamophobes de la société, cela m'a valu, tout autant qu'à d'autres collègues de PMM (Leila Bdeir, Samia Bouzourène, etc.), l'étiquette d'islamiste. On tentait ainsi de discréditer notre discours et de nous attribuer ce à quoi nous nous opposions justement avec fermeté depuis des années — soit l'intégrisme, le dogmatisme dans l'interprétation des Textes, etc. Un discrédit nous était paradoxalement aussi jeté par certains groupes musulmans au Québec. Par exemple, une Québécoise musulmane qui cherchait un jour à avoir des informations sur PMM, en vue d'une éventuelle inscription dans le groupe, m'avait posé des questions sur la dynamique de nos réunions, pour savoir plus précisément si celles-ci étaient mixtes (hommes et femmes ensemble). Lorsque je lui avais répondu qu'elles l'étaient et qu'elles se passaient dans le respect et l'ouverture, elle m'avait envoyé un message de «son» imam qui traitait Tariq Ramadan d'hérétique, et qui disait que «le fait que leur [PMM] coordonnatrice portait un *hijab* ne leur donnait pas de crédibilité pour autant».

Malgré toutes ces rumeurs et accusations — et les «conseils» que j'ai reçus, avec d'autres collègues de PMM, de nous distancier de Ramadan afin de gagner plus de crédibilité au Québec —, j'ai continué à collaborer avec lui pour plusieurs raisons. Premièrement et simplement, je ne juge pas une personne à partir de ce que les autres en disent, mais bien selon ses propres paroles, ses écrits et ses actions, surtout lorsque je l'ai connue personnellement. De tous les discours privés (en réunion) ou publics que j'ai entendus de Ramadan à propos de la citoyenneté et de l'islam, rien ne me semblait contraire à l'éthique de justice et d'ouverture que j'essayais d'adopter. Et je n'épargnerais pas quelqu'un qui tiendrait des propos discriminatoires ou violents simplement parce qu'il serait musulman. Deuxièmement, je n'aurais pas accordé autant d'importance à un discours dont l'auteur se serait inscrit dans une démarche exclusiviste. En d'autres mots, je n'écoutais pas Tariq Ramadan comme on écoute un gourou qui cherche à contrôler la pensée critique de ses disciples; cela aurait été incompatible avec ma volonté de garder mon indépendance intellectuelle. Au contraire, la lecture de ses livres ou l'écoute de ses conférences m'ouvraient des horizons sur d'autres auteurs-es (pas nécessairement musulmans-es) tout aussi intéressants-es et diversifiés-es. Donc, c'est justement au nom de cette autonomie intellectuelle que je tenais à décider, moi-même, des personnes avec qui je travaillerais. Les luttes contre les injustices et les incompréhensions sont inhérentes au travail sur le vivre-ensemble. Cautionner la diffamation et une stigmatisation pour « sauver » ma réputation n'était ni cohérent avec mon éthique de travail, ni avec ma foi.

Le luxe de la liberté d'expression

En septembre 2005, un journal danois a publié douze caricatures prétendant représenter le prophète Muhammad à l'aide d'images dénigrantes et stéréotypées, un geste de provocation insignifiant et qui allait être répété quelques fois par *Charlie Hebdo*, à partir de 2006. Tout d'abord, je parle de prétention de représentation du Prophète puisqu'une caricature est censée être dessinée de sorte que les observateurs-trices puissent y reconnaître la personne représentée. Toutefois, en regardant les caricatures vulgaires et de mauvais goût de *Charlie Hebdo* ou d'autres, on ne voit qu'un homme barbu à qui les auteurs ont eux-mêmes décidé d'attribuer l'identité de Muhammad, alors qu'aucune photo ou image de ce dernier n'est disponible aujourd'hui pour nous laisser vraiment croire qu'il s'agissait là de sa représentation déformée par une caricature.

À chaque publication de ce type de dessins, les réactions dans les pays à majorité musulmane ou chez les citoyens-nes occidentaux musulmans-es étaient très variées, malgré les images sensationnalistes montrées dans nos bulletins télévisés. En effet, il semble plus intéressant médiatiquement de montrer une manifestation de centaines d'hommes furieux et brûlant des drapeaux danois, étatsuniens ou autres, que le reste du milliard et demi de musulmans-es dans le monde qui, bien qu'indignés-es par cette histoire de caricatures, vaquaient tout de même à leurs occupations quotidiennes. Au milieu de cette saga, les uns réclamaient leur droit à la liberté d'expression, les autres celui au respect de leurs croyances.

Au Québec, Saïd Jaziri, ancien imam d'une mosquée à Montréal, a organisé une manifestation contre ces caricatures alors que d'autres imams ou responsables d'organismes musulmans ont préféré tenir des journées portes ouvertes ou des conférences afin de mieux expliquer la personnalité du Prophète, et d'exprimer comment mieux lui rendre hommage. Pour ma part, j'ai été invitée par quelques associations musulmanes à modérer une de ces conférences qui avait attiré quelques dizaines de personnes d'origines variées.

* * *

Par ailleurs, je crois qu'au-delà des images dans les médias, nous devons considérer ces actes de provocation sous trois dimensions. En premier lieu, il y a le principe de liberté d'expression qui justifiait, selon les auteurs des caricatures, leur droit à critiquer ce qu'ils voulaient comme ils le voulaient. Cette liberté en est certainement une parmi les plus fondamentales dans un État de droit. Cela dit, tout comme d'autres libertés, elle se trouve tout de même balisée par la loi dans le cas, par exemple, des propos haineux ou incitant à la violence. Mais hormis l'aspect législatif, il y a aussi celui du respect et du vivre-ensemble. Je peux certainement rire de tout, mais est-ce nécessaire, bon et utile de rire de tout, si je sais que mon geste choquera certaines personnes ? Là, c'est simplement le savoir-vivre, l'éthique et le civisme qui entrent en ligne de compte, mais qui ne peuvent être imposés à des adultes supposément rationnels. D'ailleurs, un des humoristes français, Dieudonné, a dû payer de sa réputation et d'une partie de sa carrière pour avoir justement tenu à rire de tout. Il a ri des colons juifs et d'Israël… et ses spectacles ont été interdits en France sous la présidence de Sarkozy, qui pourtant avait tant tenu à exprimer son soutien aux auteurs des caricatures sur le prophète Muhammad, au nom de la liberté d'expression[15]. Deux poids, deux mesures… et une hypocrisie[16].

Après ces caricatures, en voyant les images de manifestations, parfois violentes, dans certains pays à majorité musulmane ou au

---

15. Cet exemple ne signifie cependant pas que j'approuve systématiquement les propos que tient Dieudonné dans tous ses spectacles. Le respect de l'Autre reste pour moi important, même en humour.

16. Ce deux poids, deux mesures est merveilleusement démontré dans une courte vidéo où l'animateur de France 2, Thierry Hardisson, tient des propos totalement contradictoires selon l'histoire dont il traitait : les caricatures sur le prophète Muhammad ou le sketch de Dieudonné. La vidéo peut être trouvée sur YouTube : www.youtube.com/watch?v=bcvVDDa_MRY.

Danemark, je ne savais si je devais être fâchée ou déçue. Avec du recul, j'essayais de comprendre l'origine de ces accès de colère. Tout d'abord, il est bien connu que dans plusieurs pays du monde, dont certains à majorité musulmane, le manque de liberté — d'expression, de presse, de manifestation, et d'autres — crée des tensions intériorisées chez les populations et donc un effet de cocotte-minute. Ensuite vient l'acte de provocation lancé par ce qui est perçu comme étant l'« Occident homogène ». Des personnes, déjà affaiblies par la situation politique et socio-économique de leur pays, se demandent alors pourquoi cet « Occident », pillant leurs ressources naturelles et menant des interventions militaires chez eux, ose en plus insulter leurs croyances. Il serait également intéressant de se poser des questions sur les profils des manifestants. S'agit-il nécessairement des personnes pieuses et pratiquantes, ou encore ayant un esprit critique et une lecture de la géopolitique internationale très élaborés ? Ces manifestations peuvent simplement être l'espace où tout un chacun décide d'exprimer sa colère pour rejoindre le défoulement collectif et l'indignation face à ce qu'il perçoit comme une injustice supplémentaire. Un acte égoïste de liberté d'expression dans le confort d'un salon français ou danois est donc traduit en une insulte et un propos opprimant pour des populations au bord de la révolte. Les gouvernements en place décident alors de permettre les manifestations (qu'ils n'auraient pas tant appréciées si elles avaient été dirigées contre leur propre régime ou si elles avaient mis en question leur légitimité).

Cependant, qu'en est-il du droit de rire du prophète Muhammad et comment était perçue la liberté d'expression par celui-ci ? Évidemment, chez la majorité des musulmans-es, on ne rit ni de Dieu ni du Prophète, pour le respect qu'on leur doit. Toutefois, à l'époque de ce dernier, plusieurs personnes non musulmanes tenaient des propos dénigrants et diffamatoires à son égard, sans que celui-ci n'ait jamais cherché à se venger ni à permettre qu'un de ses compagnons n'attaque les auteurs de ces propos. Une des histoires qui illustre cette réalité est celle d'une chanteuse, non musulmane, qui se faisait payer par les opposants du Prophète, à la Mecque, pour chanter régulièrement des poèmes où elle l'insultait ouvertement et publiquement. Non seulement le prophète Muhammad n'a jamais cherché à l'en empêcher, mais il lui a même versé une aide financière lorsqu'elle est allée le voir parce qu'elle se trouvait dans le besoin[17]. Et qu'en est-il de cet autre récit où un homme a même uriné dans la mosquée du Prophète, sans que celui-ci le réprimande ou permette à ses compagnons de s'en prendre à lui[18]. C'était là une attitude propre à un leader dont le but était de transmettre un message de bonté et de paix, et non de censure et de violence. Ces histoires et bien d'autres expriment malheureusement l'écart qu'il y a entre le comportement du prophète Muhammad d'un côté et, de l'autre, celui de certains-es musulmans-es dans le monde prétendant vouloir le défendre, ou encore l'image que se font plusieurs non musulmans-es de cette personnalité.

Enfin, un des aspects qui me dérangeaient également dans ces histoires de caricatures était tout simplement le non-respect des personnes décédées. On n'est pas obligé d'être musulman pour reconnaître qu'il a bel et bien existé un homme dans l'histoire qui s'appelait Muhammad Ibn Abdillah et qui disait être Prophète. C'est un fait étudié par plusieurs chercheurs et chercheuses, même non musulman-es — dont Karen Armstrong, par exemple; l'instigatrice de la grande campagne internationale pour la compassion. Je me demandais alors pourquoi les caricaturistes ne choisissaient pas de rire des vivants plutôt que des morts, s'ils voulaient absolument ridiculiser l'intégrisme religieux, même si leurs caricatures transpiraient les stéréotypes simplistes, racistes et islamophobes. Au Canada, pourrait-on, par exemple, imaginer des caricaturistes anglophones fédéralistes dessiner une caricature diffamatoire et vulgaire d'une personnalité québécoise très respectée telle que René Lévesque, sans que cela ne crée toute une controverse? Tout le monde aurait-il ri au nom de la liberté d'expression? Évidemment, je me serais également opposée à ce type de publication, toujours au nom du respect, qui ne dépend, selon moi, ni de la religion ni de l'origine de la personnalité visée.

---

17. Il s'agit de Sarah Maoulat Amro qui vivait à la Mecque, tel que cité dans: Al-Waqidi, *Al-maghazi*, p. 860.
18. Muslim, *Sahih Muslim*, p. 156 (hadith n° 285).

La Crise des médias et des accommodements raisonnables

En 2007, le paysage médiatique québécois et, par le fait même, le gouvernement étaient occupés par un autre thème qu'ils associaient invariablement aux immigrants-es. Cela faisait déjà un an qu'une succession d'histoires arrivées ici et là dans la province et qui impliquaient d'une façon ou d'une autre la religion faisaient les manchettes, et poussaient les politiciens-nes à se positionner, et à condamner : des vitres givrées du YMCA aux transfusions sanguines des Témoins de Jéhovah, en passant par le turban sikh d'un employé du Port de Montréal, le menu sans viande d'un CPE, et bien d'autres.

Chari'a et confusion

Le Québec se rappelait encore tout le tapage qu'il y avait eu deux ans plus tôt autour de la question de ce qu'on appelait les « tribunaux islamiques » ou les « tribunaux de la *chari'a* ». En mai 2005, Fatima Houda-Pepin, alors députée libérale, avait déposé une motion à l'Assemblée nationale du Québec contre la création des « tribunaux islamiques ». La motion avait rapidement été adoptée à l'unanimité. Fait plutôt rare dans le Salon bleu ! Y avait-il eu une demande pour de tels tribunaux au Québec ? La confusion régnait en raison de deux articles parus dans deux quotidiens québécois. Salam Elmenyawi, président du Conseil musulman de Montréal (un organisme qui chapeaute quelques associations musulmanes à Montréal), aurait dit dans un journal qu'il était en discussion avec le ministre de la Justice à l'époque concernant une éventuelle instance d'arbitrage[19]. Ensuite, lors d'une entrevue avec La Presse, Elmenyawi s'était défendu de vouloir un tribunal régi par la *chari'a* au Québec[20]. Le droit québécois autorisait-il le recours à l'arbitrage pour des litiges familiaux ? Non (comme le stipule l'article 2639 C.c.Q). Mais mieux valait quand même prévenir ce que la loi ne permettait déjà pas — et surtout viser une minorité religieuse en particulier —, a décidé l'Assemblée nationale sous l'impulsion de Fatima Houda-Pepin.

À mon tour, une journaliste m'avait interrogée après une conférence sur le sujet à l'UQAM, en 2005, pour savoir si j'étais d'accord avec l'instauration de « tribunaux islamiques » au Québec. Je ne l'étais pas. Non pas parce que je croyais que les principes de l'islam étaient mauvais en soi, mais plutôt pour deux raisons principales. La première était que le cadre légal au Québec me semblait déjà compatible avec les valeurs que prônait ma religion. Les problèmes de divorce pouvaient être réglés en cour ; et rien n'empêchait les couples qui avaient besoin de médiation pour régler leurs problèmes conjugaux, avant d'en arriver au divorce, de choisir une personne de leur entourage — ami-e, famille ou imam — pour les aider s'ils le souhaitaient. On n'avait pas besoin d'une structure « officielle » pour cela. Concernant les questions d'héritage, les gens pouvaient également consulter qui ils voulaient avant de rédiger leur testament. Je ne voyais alors aucunement la raison d'avoir en plus du système juridique un autre système parallèle qui serait tout à coup plus « *halal*[21] » juste parce qu'on lui accolerait l'étiquette « islamique ». Deuxièmement, il y a une telle divergence entre les écoles de pensée et les courants en islam, qu'il aurait été peu probable qu'une institution musulmane d'arbitrage puisse garantir une neutralité entre ces divers courants et satisfaire tout le monde. Bien que cette instance n'aurait pas eu de caractère contraignant, elle aurait probablement été tout de même l'objet de méfiance et de critiques par différents courants musulmans selon leur perception de celui qui l'aurait gérée. Si on me posait la question de nouveau aujourd'hui, j'ajouterais

---

19. Mounia Chadi, « Pressions sur Québec en faveur d'une cour islamique », *Le Devoir*, 11 et 12 décembre 2004, p. A1.

20. Émilie Côté, « Le Conseil musulman de Montréal ne veut pas d'un tribunal selon la charia », *La Presse*, 13 décembre 2004, p. A7.

21. *Halal* en arabe signifie « licite ».

qu'une troisième raison de ma réticence est que, après avoir constaté le caractère sexiste de certaines lectures des textes religieux, je serais inquiète de la place que celles-ci occuperaient dans les discours qui pourraient être tenus dans ce genre d'institution.

* * *

Au-delà de ma position sur cette question de « tribunaux islamiques », j'éprouvais tout de même un malaise envers la façon dont la société et les médias traitaient le sujet. Tout d'abord, l'utilisation du terme « tribunaux islamiques » ou « tribunaux de la *chari'a* » me paraissait plus qu'inappropriée.

Le terme *chari'a* a une acception si vaste que l'associer constamment à la contrainte et au châtiment corporel participe grandement à sa dénaturation. La *chari'a*, comme le rappelle Tariq Ramadan dans plusieurs de ses ouvrages, signifie littéralement « le chemin vers la Source ». En d'autres mots, il s'agit de tout ce que la personne musulmane peut faire pour s'approcher de son Créateur. Ceci inclut donc autant les actes cultuels (prière, jeûne, etc.) que le travail, les bonnes actions, la bonne parole, et le respect de l'éthique et des enseignements musulmans. En éducation, dire qu'une personne a étudié en *chari'a*, par exemple, signifie qu'elle a étudié en sciences islamiques. Par contre, en jurisprudence (*fiqh*), les juristes musulmans (*fuqaha*) utilisent ce terme davantage pour nommer l'ensemble des principes qui définissent ce qui est permis ou non en islam, et les conséquences qui en résultent. C'est à ce dernier sens que certains-es font référence lorsqu'ils ou elles utilisent l'expression « appliquer la *chari'a* » ; c'est-à-dire appliquer les « règlements » tels que compris et interprétés selon leur école de jurisprudence. À ce chapitre, bien des abus et des injustices sont malheureusement pratiqués dans certaines régions du monde, où on s'éloigne drastiquement de l'esprit du Coran et des traditions prophétiques pour ne chercher qu'à satisfaire son amour du pouvoir.

Par ailleurs, dans un contexte québécois où on parle de « tribunal de la *chari'a* », d'autres confusions naissent. Un tribunal relève forcément de l'État et rime donc, dans notre imaginaire, avec coercition et punition. Si elles avaient été créées, ces instances de médiation n'auraient pu avoir aucun pouvoir coercitif envers les citoyens-nes puisque la loi de l'État primait. Le rôle des structures judiciaires établies était également de protéger tout-e citoyen-ne qui sentirait une menace ou une injustice de la part d'un-e autre ou d'un groupe. Donc, le système judiciaire restait l'ultime garant de la protection des droits de chaque citoyen-ne dans la société.

En Ontario, une loi sur l'arbitrage adoptée en 1991 permettait une alternative volontaire pour améliorer l'efficacité du système de justice étatique et ainsi éviter de longs délais ou des coûts excessifs. Elle visait principalement les litiges reliés aux questions commerciales ou familiales. Ainsi, des mécanismes religieux, rabbiniques ou ecclésiastiques, comme les nomme Anne Saris, de résolution ou de prévention de conflits, existaient déjà depuis des années[22]. De plus, rappelle la même auteure, « il existe au moins un tribunal rabbinique au Québec (le *beit din* de Montréal) et deux tribunaux ecclésiastiques, l'un à Montréal et l'autre à Québec. » Avons-nous le souvenir qu'un débat ou une controverse lié à ces instances ait eu lieu avant la motion de Fatima Houda-Pepin ?

C'est précisément ce deux poids, deux mesures qui a le plus irrité les associations musulmanes au Québec, plutôt que le fait de ne pas avoir d'instance d'arbitrage religieux. Non seulement les 250 000 Québécois-es musulmans-es de l'époque n'avaient pas fait de demande pour cela (tous les musulmans-es du Québec ne se reconnaissaient pas nécessairement dans la parole — supposée ou avérée — de Salam Elmenyawi, même si son association regroupe d'autres organismes), mais en plus, on leur signalait clairement qu'ils et elles n'avaient pas le même statut que les chrétiens-nes ou les juifs-ves devant la loi. C'était justement là une manifestation importante du manque de neutralité religieuse, et donc de laïcité, de la part de l'État. Percevoir les pratiques des uns-es comme tolérables et plus « proches » de « Notre » histoire, et voir en celles de l'Autre un danger potentiel d'invasion et de régression.

* * *

En cette même année, le Québec semblait également secoué par des déclarations venant de Toronto, émises par un certain Mubin Shaikh, « représentant » autoproclamé de « la communauté musul-

---

22. Anne Saris, *Les tribunaux religieux dans le contexte canadien et québécois*, Montréal, Thémis, 2006.

mane ». Celui-ci multipliait les déclarations médiatiques stipulant, par exemple, qu'un homme musulman avait le droit de « secouer » sa femme, ou encore que la lapidation était une pratique souhaitable. Ces affirmations étaient suffisantes pour aviver les angoisses sociales. Et le spectre d'une possible intrusion d'un système pénal qui menacerait l'égalité entre les femmes et les hommes et imposerait des châtiments corporels semblait tout à coup se poindre à l'horizon, selon certains-es. Cependant, quelque temps plus tard, ce « représentant » musulman s'est avéré être un agent des Services canadiens des renseignements de sécurité (SCRS)[23]. Trop tard. Dans plusieurs médias, il est souvent plus facile — et plus intéressant du point de vue de la cote d'écoute — de répandre des déclarations choquantes plutôt que de corriger le tir et de déconstruire le trop-plein d'émotions qu'on a provoqué auparavant.

Avec l'amertume de cette question de *chari'a* dans la gorge, et la chasse aux histoires religieusement juteuses par certains médias, le Québec a sombré, en 2007, dans un climat de tension insupportable. Les uns — comme à Hérouxville — émettaient des codes de vie qui interdisaient la lapidation des femmes sur la place publique de leur village, les autres montaient aux barricades pour toute demande émise par un-e citoyen-ne musulman-e. J'avais l'impression d'entendre parler de religion, et surtout d'islam, chaque jour à la télé, presque jamais dans des termes positifs. À force d'en parler de la sorte, cela semblait constituer le principal problème au Québec. Pourtant, plus je lisais sur le sujet (recherches, rapports, statistiques), moins je comprenais cette montée de bouclier soudaine. Les musulmans-es représentaient environ 3 % de la population québécoise ; et sur les 32 demandes d'accommodement présentées à la Commission des droits de la personne et des droits de la jeunesse (CDPDJ) entre 2000 et 2006, seulement 9 provenaient des musulmans-es, dont 5 concernaient le port d'un vêtement religieux[24]. En outre, le plus grand nombre de requêtes provenait non pas des musulmans-es, mais des chrétiens-nes. Cependant, les statistiques n'avaient aucun

---

23. Plus de détails sur ce personnage et ses liens avec les SCRS figurent dans l'article de la revue *À bâbord !* En ligne : www.ababord.org/spip.php?article711.

24. Paul Eid, *La ferveur religieuse et les demandes d'accommodement religieux : une comparaison intergroupe*, CDPDJ, décembre 2007.

effet sur l'émotivité qui envahissait plusieurs esprits. Le Québec semblait tout à coup faire la découverte qu'il comptait parmi ses citoyens-nes des musulmans-es qui « voulaient imposer leur religion », et une crise nationale était déclarée pour 1,5 demande d'accommodement par année en moyenne.

Le sport à l'épreuve de la diversité

Un jour, je reçus un appel d'une coéquipière de taekwondo. Elle semblait furieuse au bout du fil. Notre équipe venait de se voir refuser le droit de participer à un tournoi pour lequel les filles s'étaient entraînées depuis des mois. Pendant qu'elles se réchauffaient avant leurs combats, le jour de la compétition, un juge les avait informées que « ça ne passerait pas! », en parlant des foulards qu'elles portaient. Cela faisait déjà quelques années qu'elles participaient à des tournois, à Montréal ou dans les environs, sans problème. J'avais moi-même pris part à l'un d'entre eux, en 2005, en portant un foulard sous mon casque, et ça n'avait causé aucun émoi; à peine quelques regards scrutateurs auxquels je tentais de m'habituer ou que j'essayais d'ignorer. Mon entraîneure, Gaël, qui détenait une longue expérience au taekwondo au Québec et à l'international — et qui n'est pas musulmane — m'encourageait aussi à performer et n'avait jamais évoqué la possibilité que le foulard constitue un obstacle quelconque pour d'éventuels tournois plus importants.

En fait, sur le plan international, il était courant que des athlètes égyptiennes, iraniennes, ou autres participent aux Jeux olympiques ou encore aux championnats du monde, sanctionnés par la Fédération mondiale de taekwondo (WTF), en couvrant leurs cheveux d'un foulard adapté sous leur casque. Personne ne semblait y voir d'inconvénient, sauf ces quelques juges bien gavés d'histoires médiatiques d'accommodements, et qui avaient décidé qu'ils allaient marquer à Longueuil une nouvelle ère pour le taekwondo québécois!

Que ce soit pour ces athlètes internationales ou pour les filles de mon équipe, il était évident que le type de foulard porté durant l'entraînement ou les tournois devait en être un qui soit léger et qui puisse bien tenir sous l'uniforme. On était loin des grands châles ou des grands voiles imaginés par plusieurs lors de ce débat. Ce que les filles portaient ressemblait davantage à un passe-montagne en coton léger qui ne cachait pas le visage.

Cette histoire m'avait personnellement touchée et grandement déçue. Mon cheminement au taekwondo était tout à coup remis en question en raison d'un débat envahi davantage par les émotions que par des arguments rationnels objectifs. Je pensais également au sentiment de rejet et à l'humiliation que ces filles avaient dû ressentir. Je trouvais qu'il y avait là un réel paradoxe entre les efforts que le Québec disait fournir pour promouvoir la pratique de l'activité physique chez les jeunes — j'ai baigné autant lors de mon baccalauréat que pendant ma maîtrise dans ce discours de promotion des saines habitudes de vie, auquel je croyais fermement — et ce geste d'interdiction gratuit qui venait exclure des filles du groupe des «jeunes» qui intéressaient le Québec.

Cette histoire avait donné encore une fois libre cours à toutes sortes de commentaires, tels que: «Si elles ne veulent pas retirer leur foulard le temps d'un tournoi, c'est une preuve qu'elles sont des intégristes», ou encore «Ce n'est pas la Fédération qui les a exclues; elles se sont auto-exclues parce qu'elles refusaient d'enlever leur foulard». Ces commentaires sont très courants lorsqu'il s'agit d'interdiction reliée au foulard, que ce soit dans le domaine du sport ou du travail. Cependant, ce que je souhaite souligner ici, c'est l'aspect de l'empathie et de la compassion qui manque si souvent dans nos débats lorsqu'il s'agit des choix que l'Autre fait dans sa vie.

Lorsqu'on ne vit pas une certaine réalité, on a un détachement qui nous «permet» de statuer facilement sur ce que l'«Autre» devrait faire ou pas, ou encore, sur ce qui est «convenable» et ce qui ne l'est pas. On a alors tendance parfois à décider pour soi les limites de ses propres principes et à évaluer les comportements des autres selon celles-ci. Ainsi, découvrir ses cheveux le temps d'un tournoi peut être perçu par une personne qui n'est pas musulmane, ou qui l'est mais qui n'adhère pas à ce principe, comme étant tout à fait banal et raisonnable comme compromis. Mais qu'en est-il de savoir ce que cela représente pour l'Autre qui, devrait-on le rappeler, est notre égal-e? En d'autres termes, après avoir décidé moi-même d'opter pour une façon d'être en public, et de ne montrer de mon corps que ce que j'en choisis, il n'était pas «banal» de me découvrir pour me plier aux exigences des juges d'une compétition sportive. Je n'avais pas d'objection à le faire lors de situations très particulières et importantes — comme devant un médecin. Cela n'avait rien à voir avec un prétendu désir d'imposer ma religion aux autres. Il s'agissait tout simplement de l'expression du respect de mon intimité et d'une volonté de trouver une façon de m'intégrer dans un sport raisonnablement.

Tous les sports n'ont pas été créés dans des environnements multiculturels ou multireligieux. Ils ont dû, à travers l'histoire, s'adapter aux différentes réalités au fur et à mesure qu'ils s'inscrivaient dans de nouveaux contextes ; et ce processus est continu. D'ailleurs, aux premiers Jeux olympiques, les athlètes performaient nus dans les différentes disciplines. De plus, chaque sport tente d'attirer le plus d'adeptes afin d'être pratiqué au-delà des frontières, et d'ainsi améliorer les possibilités de compétitions internationales — ce qui contribue aussi à la dynamique de rapprochement entre les peuples. C'est dans cet esprit que l'on doit constamment tenter de dialoguer avec celles et ceux qui diffèrent de nous, sur un de leurs aspects personnels, culturels ou religieux, afin de trouver des moyens ensemble de les intégrer sans que cela ne représente ni contrainte ni risque pour les autres participants-es.

Ceci était malheureusement loin d'être le cas pour la Fédération québécoise de taekwondo. En fait, plus j'entendais ses arguments, plus je constatais le caractère improvisé de cette interdiction. Lors des entrevues médiatiques, le responsable de la Fédération affirmait, notamment, que le foulard pouvait empêcher les participantes d'entendre les juges. Devrait-on alors comprendre que toutes les femmes qui portent un foulard au quotidien fonctionnent par un langage des signes ? Pourtant, je n'ai entendu personne mettre en question cet argument illogique. L'autre point invoqué était celui de la sécurité. Un pied risquait de se prendre dans le foulard et d'étrangler celle qui le porte. Or, quiconque est familier-ère avec ce sport savait très bien, d'abord, que les coups à la tête ne sont permis que par les athlètes détenant des ceintures noires (à cette époque, aucune des filles de l'équipe n'était de ce niveau). Ensuite, contrairement au judo ou à d'autres formes de lutte, par exemple, la rapidité des coups de pied au taekwondo rendait difficilement imaginable le fait qu'un pied reste coincé assez longtemps dans un foulard pour étrangler l'athlète — surtout que le type de foulard utilisé ne contenait pas autant de tissu. Aucun incident où une fille aurait été étranglée par son foulard n'avait été rapporté ni au Québec ni ailleurs dans des évènements internationaux de taekwondo.

* * *

La Fédération québécoise se cachait également derrière le règlement de la WTF qui stipulait qu'aucun objet ne pouvait être porté sous le casque. Ce règlement, bien que non respecté par la Fédération mondiale elle-même lors des tournois internationaux, semblait soudainement plus intéressant alors que toute la question de la religion faisait surface dans la société.

Gaël, mon entraîneure, et moi avons alors décidé de lutter contre cette exclusion. Elle croyait fermement à la promotion du sport chez les jeunes et du taekwondo chez les filles en particulier. Elle connaissait bien toutes ses athlètes et leur famille depuis des années et ne pouvait concevoir que l'on puisse les écarter sur des bases religieuses. Après une rencontre infructueuse avec la Fédération québécoise, nos entraîneurs-es ont adressé une lettre à la WTF.

En parallèle, une étudiante en design industriel de l'Université de Montréal, Elham Seyed Javad — également joueuse de soccer —, a décidé de travailler sur la conception d'un produit qui répondrait à tous les critères de sécurité avancés par la Fédération québécoise de taekwondo. Mon équipe et moi avons alors collaboré avec elle afin qu'elle puisse concevoir le ResportOn, un produit qui devait « permettre à ces filles-là de refaire du sport[25] », disait-elle. Le nom faisait également référence à la notion du respect. Le souci principal d'Elham était d'améliorer l'accès des femmes au sport, au-delà des différences religieuses.

Ainsi, en 2009, les filles ont sauté de joie lorsque la WTF a décidé de rajouter dans le règlement international l'exception d'un accessoire religieux. Elles pouvaient porter le ResportOn et continuer à participer aux championnats locaux ou nationaux. Certaines parmi elles étaient particulièrement talentueuses et auraient été fières de se voir un jour porter le drapeau québécois sur un podium.

---

25. « Entrevue avec Elham Seyed Javad, designer et créatrice de ResportOn », *Humanité québécoise*. En ligne : www.humanitequebecoise.com.

Une perspective du terrain

Mon travail avec PMM me permettait heureusement d'être près des milieux d'où provenaient d'autres histoires « d'accommodements ». J'avais par exemple été interrogée au sujet de ce prétendu menu « *halal* » dans un CPE. Encore une fois, je découvrais comment, à force de vouloir « faire une histoire », on était prêt à sacrifier les faits objectifs dans certains cas. Il s'agissait d'un père qui avait demandé à ce que l'on ne serve pas de viande à ses fils dans cette garderie, puisque ceux-ci ne mangeaient pas n'importe quel type de viande. Un père végétarien aurait probablement formulé la même demande sans que cela n'ait dépassé la porte du CPE. Lors des entrevues que j'ai accordées, j'ai répété à maintes reprises qu'il ne s'agissait pas là pour le CPE de servir de la viande *halal*, mais que le père ne voulait simplement pas que ses fils mangent de la viande dans ce CPE[26]. Cependant, un autre discours semblait plus convaincant : « Ces musulmans qui veulent nous imposer leur religion et leur menu *halal* dans nos CPE... » Le mot *halal* sonnait comme un châtiment corporel. Et la direction de l'établissement justifiait sa décision au nom de la neutralité religieuse. Cette neutralité signifierait donc qu'un menu spécifique devrait être la « norme » acceptée par tous les citoyens-nes pour leurs enfants, sans aucune critique ni exception. Était-ce un « fardeau excessif » de demander à l'éducatrice de retirer les morceaux de viande du repas de cet enfant ? Malheureusement, lorsque l'on est dans une logique de confrontation avec l'Autre, toute demande de sa part nous paraît comme une tentative de prise de pouvoir sur « Nos » institutions.

Cette histoire de viande au CPE ainsi que d'autres questions qui émergent ici et là depuis la « crise » de 2007 devraient également nous faire réfléchir, de façon rationnelle et posée, sur le partage de l'éducation des enfants entre l'État et les parents. Quelles sont les limites de chacun ? Et comment celles-ci sont-elles définies dans une société dont la démographie fluctue continuellement sur le plan de la diversité ethnoculturelle ? Peut-on parler des enfants comme « appartenant » à l'État ou à leurs parents ? Ou devrait-on plutôt parler de

---

26. Je ne cautionne pas le ton que le père aurait utilisé pour s'adresser aux éducatrices, selon ce que les médias ont rapporté.

responsabilités de chacun dans l'émancipation des enfants? Autant de questions qui devraient être traitées loin des débats politiques électoralistes et populistes, dans des espaces sociaux ou intellectuels qui intègrent de façon impérative les différentes composantes de notre société.

Que ce soit pour ce type d'enjeux ou pour d'autres, il reste évident que tous les médias ne sont pas nécessairement des terrains propices pour en discuter. Depuis 2007, je constate que certains journalistes créent sciemment des controverses à partir de questions totalement hypothétiques, comme c'était le cas pour le vote en *niqab*[27]. Toute la « controverse » est née non pas d'une femme qui avait demandé de pouvoir voter en ayant le visage couvert, mais plutôt d'une question qu'un journaliste avait posée au Directeur général des élections — à savoir: « Une femme aurait-elle le droit de voter en *niqab*? » Ainsi, dans les médias et les débats sociaux, on a, encore une fois, crié à l'invasion sans même prendre le temps d'écouter attentivement l'origine de l'histoire. J'avais alors expliqué, lors d'une entrevue avec Dominique Poirier à Radio-Canada, que premièrement seulement une infime minorité de musulmanes à Montréal portaient le *niqab*. Et qu'ensuite, rien ne prouvait qu'elles allaient voter; et si c'était le cas, elles se plieraient simplement aux règles d'identification, tout comme elles le faisaient déjà dans les aéroports ou les lieux où la question d'identification est primordiale pour la sécurité.

Ce phénomène de controverses soulevées à partir de questions hypothétiques se poursuit jusqu'à aujourd'hui. Pensons encore une fois à la fameuse question d'une journaliste au député Marc Tanguay du Parti libéral du Québec, en novembre 2013, sur l'éventualité qu'une députée ou une ministre puisse un jour porter un tchador[28].

---

27. Le *niqab* est un voile qui couvre le visage et qui est porté par une très petite minorité de musulmanes au Québec. Dans certains pays du Golfe, il est cependant plus présent, mais davantage par tradition culturelle.

28. Le tchador est un vêtement traditionnel porté en Iran depuis des siècles par certaines ethnies, et qui consiste en un grand voile qui couvre les cheveux et le corps et ne laisse paraître que les mains et le visage. Il est important de noter que, contrairement à ce qu'on voit dans les images des articles et reportages télévisés, toutes les femmes iraniennes ne portent pas le tchador. Bien que la loi iranienne stipule que les femmes doivent couvrir leurs cheveux en public, aujourd'hui, plusieurs Iraniennes portent des foulards sur une partie de leurs cheveux seulement, de façon assez symbolique. Cette réalité mériterait d'être davantage visible dans nos médias.

Personne n'avait vu de femmes portant ce vêtement se présenter aux élections au Québec. Or, pendant des semaines, les quotidiens et les journaux télévisés traitaient la « nouvelle » comme une question urgente, et des voix s'indignaient contre l'« aplaventrisme » du Québec. Devant de telles hystéries, il est important pour notre société de réfléchir posément sur la limite entre la prévention et la paranoïa. Que cache cette obsession politique et médiatique à propos de l'islam et des musulmans-es, sur les autres enjeux (corruption, économie, santé, éducation, environnement, etc.) qui touchent réellement et concrètement le présent et l'avenir du Québec ?

* * *

En 2007, de coordonnatrice, je me suis alors retrouvée à devenir également porte-parole de Présence musulmane Montréal. Mes journées étaient interminables. Je me réveillais très tôt et je retrouvais aussitôt mon poste devant mon ordinateur. Après des heures de recherche d'emploi, je devais ensuite faire le suivi des actions de l'organisme, traiter les diverses demandes qui lui étaient adressées, travailler sur ses communications, planifier mon emploi du temps pour les futures conférences intéressantes, préparer des présentations que j'étais parfois invitée à donner et répondre aux médias. Le lit m'accueillait souvent après les onze coups de l'horloge. En novembre, lorsque j'ai trouvé un emploi au gouvernement, je devais continuer à assumer ces responsabilités pendant mes pauses, avant et après le travail. Je ne pouvais pas vivre dans l'indifférence. Je me devais d'intervenir, d'expliquer et de participer à faire la lumière, de part et d'autre, sur tous ces enjeux qui assombrissaient le climat social.

La commission Bouchard-Taylor

Au beau milieu de toute cette excitation médiatique autour de l'islam, de l'immigration et des « accommodements raisonnables », les travaux de la commission Bouchard-Taylor ont débuté. Mes activités se sont donc intensifiées pour inclure plusieurs rencontres, dont celles organisées par l'Institut du Nouveau Monde (INM). J'avais apprécié particulièrement les forums nationaux et les rendez-vous stratégiques sur la culture québécoise lors desquels des espaces de dialogue étaient disponibles et permettaient d'échanger directement avec des personnes aux avis divergents. J'avais d'ailleurs été approchée par l'INM pour être ambassadrice auprès des jeunes musulmans-es afin de les inviter à participer en grand nombre à l'École d'été.

La mobilisation s'était bien déroulée puisque j'avais accès à quelques-unes de ces jeunes par le biais de rencontres de discussion que j'animais auprès d'adolescentes qui fréquentaient des écoles musulmanes. On y abordait notamment les questions reliées à la différence entre la culture et la religion, aux accommodements raisonnables, à l'estime de soi, aux rapports sociaux dans leur ensemble, ou encore à l'engagement dans la société. Certaines de ces filles se sont alors intéressées à l'École d'été de l'INM et ont grandement apprécié leur expérience.

Lors de cet évènement, les gens pouvaient également observer la diversité des opinions et des écoles de pensée musulmane. Une de ces occasions marquantes était lorsque, dans un des ateliers, un musulman avait pris la parole pour exprimer son désaccord avec le fait que je commençais mes interventions en disant : « Moi, je pense que... ». « En Islam, on ne dit pas "moi, je pense que..." ; Dieu dit et on exécute », avait-il affirmé. Ceci reflétait bien le problème de certains courants ou individus littéralistes qui s'autoproclament porte-paroles de Dieu sur terre, prétendant ainsi être les seuls à comprendre exactement ce qu'Il a signifié par Son Texte. Un manque d'humilité et d'esprit critique désolant et paralysant pour la pensée et l'esprit de l'islam.

Quelques mois plus tard, ma collègue de PMM et amie, Leila Bdeir, et moi-même sommes allées présenter le mémoire de notre organisme devant les commissaires. Nous étions très flattées par les commentaires positifs qu'ils en avaient faits. Nous étions plusieurs à avoir passé des heures de recherche et de rédaction afin de produire un document qui reflétait notre vision autant du débat sur les accommodements raisonnables que sur la question de la diversité religieuse dans son ensemble, tout en y intégrant des références diversifiées (religieuses, sociologiques, politiques, etc.). C'est également à cette occasion que les commissaires ont semblé intéressés par la question du féminisme islamique et nous ont interpelées à ce sujet. Lorsqu'ils sont passés par Laval, j'ai pu aussi présenter en mon propre nom un court témoignage. Celui-ci visait à rappeler l'essence des luttes que les mères et grand-mères de notre société ont menées et le paradoxe de vouloir restreindre encore une fois certaines libertés à une partie des Québécoises — en l'occurrence, celles des musulmanes —, notamment à travers l'imposition d'un choix vestimentaire.

Du côté médiatique, j'ai été invitée à participer, entre autres, à une série de tables rondes à Radio-Canada portant sur le débat des « accommodements raisonnables ». Les échanges se déroulaient généralement bien malgré les questions biaisées de l'animatrice. Parmi toutes les personnes invitées à l'émission, celle-ci m'avait expressément visée pour me demander si j'étais l'égale de mon mari. Je semblais donc, selon elle, être celle qui avait le plus de potentiel d'avoir des problèmes d'inégalité dans son couple. Je lui ai répondu que je n'étais pas mariée, mais que si je l'avais été, oui, j'aurais été son égale. Elle rétorqua :

« Oui, mais est-ce que les autres femmes musulmanes sont les égales de leurs maris ?

— Pouvez-vous garantir qu'au Québec, en général, toutes les femmes sont les égales des hommes ? avais-je alors répondu, exaspérée par l'insistance subjective de l'animatrice.

« En principe, oui, mais il reste encore du travail à faire.

— Eh bien, c'est la même chose. En principe, les femmes musulmanes sont les égales des hommes ; mais dans la pratique, il y a encore du travail à faire. »

* * *

J'ai ensuite ajouté que la commission Bouchard-Taylor avait eu quand même beaucoup de conséquences lourdes sur les citoyens-nes de foi musulmane en raison des commentaires xénophobes, racistes ou islamophobes qu'on avait pu entendre lors des audiences publiques médiatisées. À la sortie des studios, l'animatrice m'a exprimé son désaccord avec cette position, et a ajouté : « C'est vrai que c'était mon pain et mon beurre pendant les derniers mois, mais bon ! » Je ne sais exactement ce que cela devait signifier ; mais une chose est certaine, lorsque l'on porte son attention sur des évènements essentiellement pour en faire « son pain et son beurre », on court bien le risque d'oublier les humains derrière.

Lors des débats entourant les pratiques d'accommodements raisonnables, certaines paroles et attitudes étaient clairement déshumanisantes pour une partie de la population. J'entendais parler de musulmans-es dans les audiences publiques comme s'il s'agissait là d'un troupeau uniforme et homogène, non intégrable, non désirable et étranger à «Nos» valeurs universelles. Une sorte d'escabeau sur le dos duquel l'Action démocratique du Québec (ADQ), supportée par un certain groupe médiatique et quelques chroniqueurs-euses, a pu grimper pour se hisser une place dans le Salon bleu.

Dans le mémoire de PMM, j'ai justement fait référence à une citation de Normand Lester qui parlait d'un type de discours tenu à travers l'Histoire envers d'autres groupes, et qui décrivait bien l'attitude de certains-es:

> C'est une des caractéristiques du discours raciste que de diaboliser le groupe qu'on accable tout en se donnant à soi-même toutes les vertus, de prétendre représenter l'universalisme pendant que le groupe cible des propos haineux est décrié comme mesquin, et ses revendications, sans valeur, anti-démocratiques et intolérantes[29].

Malgré tous ces excès, certains-es refusaient toujours de reconnaître que la discrimination, l'insulte et l'agression — des femmes se faisaient déjà agresser verbalement ou physiquement dans la rue parce qu'elles portaient le foulard — sont une forme d'oppression. Toute tentative de dénonciation de ces abus était décriée comme une attitude de victimisation illégitime. L'identité religieuse musulmane était perçue par défaut comme une offense qui justifierait, selon une certaine opinion, le droit à la «contre-attaque» pour défendre l'identité nationale. «Lorsqu'on est "invité", on se déchausse à la porte et on ne dérange pas[30]», pouvait-on entendre lors des débats publics. On se tait et on se soumet. Le degré de soumission semblait donc être un des critères utilisés pour mesurer l'intégration de l'Autre.

Toutefois, loin de la passivité ou de la violence, j'optais, avec d'autres citoyens-nes, pour une approche de dialogue et de communication dans les médias ou avec des groupes communautaires, afin de contribuer à dissiper les tensions et les peurs sociales. Or, ces actions étaient encore une fois systématiquement étiquetées

---

29. Normand Lester, *Le livre noir du Canada anglais*, Montréal, Les Intouchables, 2001.

30. Cette idée du ou de la «citoyen-ne invité-e» revient d'ailleurs souvent dans les débats sociaux entourant l'immigration, la laïcité et la religion.

par des sites Internet islamophobes et leurs acolytes «intellectuels-les» comme étant des manifestations de l'«islam politique» voulant imposer la *chari'a* au Québec. En d'autres termes, si on était musulman-e, la participation aux débats sociaux n'était légitime que si on tenait un discours qui condamnait sans nuance *tout* ce qui pouvait s'apparenter à la pratique musulmane. Autrement, certains-es laissaient entendre que j'avais nécessairement un groupe de musulmans radicaux derrière moi qui me contrôlait et me dictait mon discours. Cette campagne de diffamation n'en était qu'à ses débuts. Au fil des ans, elle a été davantage alimentée par d'autres concepts et fantasmes adoptés par ces pyromanes sociaux.

Représentativité et représentation

Durant cette période, être musulman-e signifiait aussi devoir répondre de chaque acte répréhensible commis par n'importe quel individu qui se disait faire partie du milliard et demi de musulmans-es sur terre. Un autre deux poids, deux mesures faisait que les citoyens-nes musulmans-es devaient porter la responsabilité collective de tout acte condamnable commis par l'un-e de leurs «coreligionnaires» dans le monde. Si un imam quelconque, dans un patelin ou un pays qui se disait musulman, émettait une *fatwa*[31] farfelue, discriminatoire et complètement insensée, on s'attendait à ce que je me sente concernée, responsable et, surtout, que je prenne soin d'aviser certains-es chroniqueurs-euses et journalistes que je sortais dans la rue pour dénoncer cette parole.

C'est ainsi que Fabrice de Pierrebourg, «spécialiste du terrorisme», m'appela un jour pour me demander ce que je pensais du gouvernement soudanais qui condamnait une enseignante anglaise du primaire à la prison pour avoir permis à un élève d'appeler son ours en peluche Muhammad. Voilà! Je devais non seulement être au courant de l'histoire — puisque j'étais musulmane —, mais aussi nécessairement donner mon opinion. J'étais dégoûtée autant par l'histoire que par le fait que l'on m'appelle pour que j'aie à m'excuser

---

31. *Fatwa* : mot arabe qui signifie, en jurisprudence musulmane, un avis juridique émis selon un contexte et des circonstances très particulières. Elle n'est donc pas censée être une règle juridique généralisable et universelle pour tout temps et lieu.

auprès de toute la population de ce que le gouvernement soudanais — avec lequel je n'entretenais pas plus de liens que ce journaliste — avait fait. J'ai tout de même pris le temps de dire que, pour moi, le Soudan n'était un exemple ni de démocratie ni d'application des principes musulmans. Mais j'avais surtout envie de répondre, puisque le journaliste en question était d'origine française :

> Si demain un Français commettait un crime horrible en France en disant qu'il le fait au nom de la supériorité de la civilisation française, pourrais-je vous appeler pour avoir votre opinion ? Et si après-demain, un autre Français violait une mineure en Thaïlande, au nom de son droit à pouvoir se payer ce qu'il veut et au nom également de son identité masculine, pourrais-je vous rappeler pour vous demander si vous condamnez l'acte en tant qu'homme d'origine française ? Bref, pourrais-je vous appeler à chaque jour qu'une personne qui partage une partie de votre identité (homme, blanc, d'origine française, journaliste, d'une croyance x, etc.) commet un crime quelconque ou tient des propos intolérables au nom de cette composante identitaire précisément !?

J'ai gardé mes réflexions pour moi-même et j'ai raccroché, exaspérée.

* * *

Plus les jours passaient, plus je découvrais qu'il y avait des journalistes vraiment spécialisés dans la « fouine » en rapport aux « affaires musulmanes ». Qu'en était-il des autres groupes sociaux ou religieux ? Avaient-ils également ce « privilège » d'avoir des journalistes « attitrés » qui scrutaient tous leurs gestes et paroles à la loupe, et qui étaient même inscrits sur leurs forums sociaux ? Les musulmans-es dans le monde ou au Québec étaient loin de détenir le monopole d'avoir en leur sein des personnes violentes verbalement ou physiquement, ou encore incohérentes et radicales. Il aurait donc peut-être été intéressant d'accorder autant d'attention à d'autres groupes religieux ou laïques pour analyser aussi en profondeur leurs discours, faits et gestes. On se serait rendu probablement compte que finalement la bêtise humaine n'a pas de religion, mais cela n'aurait sûrement pas vendu autant que des articles arborant des femmes en *niqab*, ou encore des musulmans barbus furieux, ou en prosternation.

* * *

Au sujet, de l'image des musulmans-es, et surtout des femmes musulmanes, dans les médias, Lila Abu Lughod a justement relevé la manière dont celles-ci sont principalement représentées en foulard, en *niqab*, ou en *burqa*[32], peu importe le pays dont on parle, et peu importe le sujet dont on traite, dès lors que ça concerne des musulmans-es ou des pays à majorité musulmane. L'uniformité des images est frappante, et ce, depuis l'époque coloniale, où les femmes algériennes étaient déjà représentées couvertes de la tête au pied d'un voile blanc. L'auteure trouve qu'il est plutôt étrange que les femmes voilées représentent, dans les images des articles du *New York Times*, par exemple, les pays dont elles sont issues, bien qu'aucun de ces articles ne traite des femmes musulmanes. Elle ajoute que c'est comme si des magazines et des journaux en Jordanie ou en Égypte mettaient des femmes en bikini ou Madonna sur chaque page couverture qui aurait un article qui traiterait des États-Unis ou d'un pays européen[33]. Haleh Anvari, une artiste et écrivaine iranienne, soulève la même question en soulignant ironiquement, dans un article du *New York Times*, que les Iraniennes sont devenues la tour Eiffel ou le Big Ben de l'Iran[34]. Ce problème d'uniformité de la représentation des femmes musulmanes est malheureusement bien présent chez nous aussi[35].

Par ailleurs, on peut également noter une autre image très souvent utilisée lorsqu'il s'agit d'articles sur l'islam ou les musulmans-es, soit celle arborant des hommes prosternés lors de la prière. Cette image est forte de sens et place toujours les musulmans-es dans la

---

32. La *burqa* est un vêtement traditionnel originaire des tribus pachtounes en Afghanistan. Il couvre tout le corps, ne laissant apparaître que les yeux à travers une grille. Il n'a aucun fondement religieux, mais a tout de même été imposé aux femmes par les talibans en Afghanistan. Même après l'invasion américaine — qui prétendait vouloir sauver les Afghanes —, des femmes continuent à la porter pour différentes raisons (tradition culturelle, contrainte familiale ou tribale, etc.). Notons que la *burqa* est différente du *niqab* défini plus haut.
33. Lila Abu Lughod, *The Muslim Women: the Power of Images and the Danger of Pity*. En ligne: http://www.eurozine.com/articles/2006-09-01-abulughod-en.html.
34. Haleh Anvari, « The Fetish of Staring at Iran's Women », *New York Times*, 16 juin 2014.
35. Kenza Bennis, *Ras-le-bol du voile!* En ligne: www.fpjq.org/ras-le-bol-du-voile.

différence et l'étrangeté, à travers un acte qui est si loin de la culture québécoise. Elle véhicule la perception que « ces gens ne font que prier », et donc, n'ont aucun apport significatif à « Notre » société. Encore une fois, un parallèle serait de montrer, dans des reportages diffusés en Afrique ou en Asie par exemple, des hommes mangeant un plat de poutine, ou encore assis et regardant des matchs de hockey chaque fois qu'on traiterait d'une question qui touche le Québec, qu'elle soit politique, sociale ou économique. Cela relève forcément de l'essentialisation de tout un groupe et de son enfermement dans un aspect très spécifique, et peut-être même minoritaire, de l'identité de certains ou de plusieurs de ses membres.

Invitation canadienne au Sénégal

Les travaux de la Commission continuaient et mon rythme ne ralentissait pas. Au début de 2008, par une de ces journées glaciales bien québécoises, alors que j'attendais une amie dans ma voiture, j'ai décidé de me réchauffer en écoutant quelques percussions sénégalaises. J'ai alors inséré dans le lecteur une cassette ramenée de mon premier voyage au Sénégal, et je me suis laissé transporter vers la terre chaleureuse de la *teranga*.

Plus tard dans la matinée, en ouvrant mes courriels au bureau, je recevais la réponse à ma rêverie sénégalaise. Une invitation par l'Ambassade du Canada au Sénégal pour donner une conférence à Dakar lors du prélude du Sommet de l'Organisation de la conférence islamique (OCI)[36]. C'était la première fois que j'entendais parler de cette organisation, qui était un regroupement de pays à majorité musulmane — avec quelques autres ayant un statut d'observateur (comme la Russie) — dont le but, selon leurs dires, est d'assurer « la sauvegarde et la protection des intérêts dans l'esprit de promouvoir la paix internationale et l'harmonie entre les différents peuples du monde[37] ». L'ambassade du Canada voulait participer à cet évènement en tenant une conférence dont le thème était : « Vivre sa foi musulmane au Canada ». L'idée de retourner au Sénégal m'enchantait

---

36. L'organisation a depuis changé de nom pour Organisation de la coopération islamique.
37. En ligne : www.oic-oci.org/oicv2/home.

certes, mais je ne voulais pas me sentir utilisée de part et d'autre pour « promouvoir » un discours quelconque. J'étais loin de reconnaître la légitimité ou encore d'approuver les agissements des régimes dans plusieurs pays à majorité musulmane, dont je critiquais vivement le manque de démocratie et de libertés individuelles. Et du côté canadien, je désapprouvais grandement sa politique étrangère et son alliance avec des dictatures qui lui permettait, par exemple, de sous-traiter la torture de certains citoyens canadiens au nom des certificats de sécurité[38]. Après réflexion, j'ai décidé d'accepter l'invitation et de construire mon discours sans censure.

Durant les semaines qui me séparaient du départ, prévu en mars, j'ai continué mes activités avec la même intensité, tout en préparant la conférence. Je commençais toutefois à me sentir épuisée autant physiquement que psychologiquement, mais je ne voulais pas manquer cette chance de retourner au Sénégal, et d'intervenir et échanger sur la question de l'islam au Canada dans un environnement complètement différent.

* * *

Le jour J, je me suis envolée vers Dakar avec tout un bagage émotionnel. Anxiété, fatigue, excitation, et joie. Le voyage a duré une semaine, avec un programme très chargé, commençant tôt le matin et se terminant souvent après 21 h ou même 22 h. À part la conférence principale que j'ai donnée le 3 mars, j'ai rencontré plusieurs femmes engagées tant au niveau académique que social ou spirituel, et j'ai visité quelques lieux clés de l'islam tel que pratiqué au Sénégal.

À la conférence, il y avait une centaine de personnes, dont quelques diplomates. L'objectif de mon discours était de dresser un portrait de la façon dont est vécu l'islam au Canada, mais plus spécifiquement au Québec, puisque c'était le contexte que je connaissais le mieux. J'ai d'abord présenté un bref historique de l'immigration des musulmans-es au Canada et au Québec. Ensuite, j'ai tenté autant que faire se peut d'expliquer le passé du Québec avec la religion, avant de parler des débats autour des accommodements raisonnables et des défis que les Québécois-es musulmans-es vivaient. En conclusion,

---

38. Cette question est traitée brièvement dans le chapitre « Où (qui) sont les musulmans-es modérés-es ? ».

j'ai rappelé quelques-unes des raisons — dont la démocratie, la liberté d'expression, la liberté de culte, la liberté d'assemblée — qui poussent plusieurs personnes musulmanes à continuer à vivre au Québec, malgré les défis déjà cités :

> Évidemment, après tout ce que j'ai dit sur les défis auxquels nous faisons face au Québec, peut-être que plusieurs d'entre vous se demandent pourquoi on y reste ! [...] Si plusieurs musulmans continuent à immigrer au Québec, ou continuent à vouloir y demeurer, c'est que souvent, c'est dans les sociétés occidentales qu'on retrouve plusieurs valeurs islamiques ; des valeurs et principes qui sont malheureusement souvent absents ou presque dans les sociétés musulmanes. [...] Le peuple québécois est un peuple reconnu également par son grand pacifisme, et c'est pour cette raison qu'il manifeste toujours contre les différentes guerres qui touchent diverses régions du monde. On retrouve également au Québec une solidarité sociale très développée. Il y a une culture du bénévolat très noble. La multiplication des organismes communautaires et des organismes de bienfaisance fait baigner le Québec dans un climat de solidarité qui lui est très propre.

La conférence a suscité beaucoup d'intérêt et de commentaires positifs, notamment au niveau local ; et j'ai pu accorder deux entrevues, dont l'une avec le quotidien sénégalais *Le Soleil* et l'autre avec la télévision nationale. Cependant, je n'ai tout de même pas échappé à quelques attaques. Après la fin de mon discours, un homme blanc qui m'est inconnu s'est approché de moi pour me reprocher d'avoir « accusé les médias d'avoir monté quelques affaires en épingle ». Il n'a mentionné ni son nom ni pour qui il travaillait. Quelque temps plus tard, un article apparaissait sur le même site Internet islamophobe dont j'ai parlé plus haut, Point de Bascule[39], pour dénoncer le fait que le Canada avait envoyé, avec l'argent des contribuables, une « islamiste » au Sénégal et qu'elle en avait profité pour dénigrer le Québec et les Québécois-es.

Durant le reste de mon séjour, j'ai eu des rencontres avec des groupes de femmes sénégalaises, lors desquelles j'ai pu en apprendre encore plus sur leur dynamisme et leurs initiatives. Plusieurs étaient très impliquées dans le champ social et menaient des projets pour

---

39. Ce site n'a, selon moi, aucune crédibilité, mais il est regrettable de savoir que certains-es journalistes ou même « intellectuels-les » en tirent leurs informations, sans esprit critique ni validation.

venir en aide aux femmes vulnérables, aux enfants orphelins ou encore aux *talibés* — ces enfants envoyés par leurs parents étudier le Coran chez des marabouts, mais qui finissent malheureusement parfois par être exploités pour mendier. Par ailleurs, d'autres femmes étaient davantage impliquées dans la transmission du savoir religieux, comme cette dame qui avait son émission à la radio où elle répondait à des questions que les auditeurs-trices lui posaient au sujet de l'islam. J'ai aussi échangé avec elles à propos de leurs perceptions quant au statut des femmes ou des pratiques qui y sont reliées ; par exemple, au sujet de la fréquentation de la mosquée. J'ai trouvé que certains propos tenus par quelques-unes adhéraient clairement à une vision patriarcale, et je n'ai pas manqué de leur exprimer ma perspective sur ces questions. Peut-être ont-elles associé mes interrogations et mes opinions davantage au fait que je vivais en Occident plutôt qu'à ma conception de la nécessité de séparer ce qui était de l'ordre du culturel et traditionnel de ce qui était prôné par le Coran ou par l'exemple du Prophète ?

La chute

Toutes les rencontres que j'ai eues au Sénégal furent néanmoins d'une très grande richesse, et je m'estimais sincèrement privilégiée d'avoir pu vivre cette expérience. Mais la veille de mon départ, alors que mon plat sénégalais favori m'était servi chez un diplomate québécois, quelque chose s'effondra en moi. L'appétit coupé, je suis allée me reposer pour me réveiller à 2 h du matin afin de prendre mon vol vers Montréal.

Après un atterrissage terriblement épeurant à l'aéroport de Dorval, en raison d'une importante tempête de neige, et à la vue de ma mère dans la zone des arrivées de l'aéroport, je me suis assise par terre et j'ai fondu en larmes. C'en était assez ! Je me sentais consumée. Tout ce que je souhaitais était de dormir et de ne plus entendre parler ni de débats, ni de médias, ni de société, ni de musulmans-es. Rien. Je voulais un vide. Je souhaitais disparaître dans l'anonymat et le silence.

Ce moment a cependant dû attendre encore quelques mois. Sitôt la semaine suivante entamée, la routine du travail, des réunions, des entraînements de taekwondo et des entrevues aux médias reprenait.

Après une visite à mon médecin de famille, celle-ci m'avait avertie qu'il fallait absolument que j'arrête tout. J'avais d'abord refusé, avant de constater quelque temps plus tard que ce n'était plus une option. Des crises d'anxiété me prenaient dans différents lieux publics, ou encore au travail. Après tout ce temps passé à chercher un emploi, j'avais fortement résisté avant d'accepter l'arrêt de travail que mon médecin voulait me signer à chaque visite. Mais mon état était tel que plus rien n'avait de sens ni d'importance.

C'était si difficile pour moi de reconnaître que j'avais atteint ma limite, ou même que j'avais des limites malgré mon jeune âge. Je répétais continuellement que si toutes ces grandes personnes qui avaient réussi à changer le monde se souciaient de leur «petit» bien-être et de leurs limites, rien n'aurait été accompli: Malcom X, Gandhi, Martin Luther King, et même Noam Chomsky et Tariq Ramadan. Lorsque je voyais le rythme de travail qu'ils entretenaient, j'étais frustrée de voir mon corps flancher alors que tant restait à faire. Mais ce n'était pas seulement mon corps qui croulait. Lorsque je n'ai même plus été capable d'être productive au travail en raison de l'épuisement et des crises de larmes soudaines, j'ai fini par capituler.

* * *

Je ne sais si c'était la fatigue physique et psychologique ou la culpabilité et le sentiment de lâcheté que je trouvais le plus difficile. Pendant des semaines, je restais couchée sans être capable ne serait-ce que de prendre une marche de cinq minutes. Tout m'épuisait. Ma mère s'inquiétait, mais ne comprenait pas mon état de fatigue. Je n'avais ni l'énergie ni la patience de lui expliquer ce qu'étaient un *burn-out* et une dépression.

Je suis restée en arrêt complet pendant environ six mois. Vers la fin de l'été, je suis retournée au Maroc pour quarante jours, histoire de recharger mes batteries physiques et émotionnelles de soleil, de bonne nourriture, de chaleur familiale et de paysages apaisants.

« Mes sœurs musulmanes »

Lors de cette escapade au Maroc, Francine Pelletier et Anne Émond[40] m'avaient rejointe pour tourner une partie d'un documentaire auquel je participais depuis déjà trois ans. En 2005, Francine m'avait approchée après une conférence afin de me parler d'un projet de film auquel elle réfléchissait. Le thème n'était pas encore déterminé, mais ça devait traiter de l'islam, peut-être de la *chari'a* ou autre. À cette époque, en raison de la couverture médiatique des sujets reliés aux musulmans-es, il n'était pas aisé de faire confiance aux journalistes. Quiconque est familier-ère avec les médias sait bien que les propos cités hors contexte ou encore les affirmations tronquées ne sont pas rares. J'acceptai donc de rencontrer Francine à quelques reprises et de lui présenter d'autres personnes musulmanes de différents milieux, mais je restais sur mes gardes.

Toutefois, au fil de nos échanges, j'ai été sincèrement et agréablement surprise par l'honnêteté intellectuelle de cette femme, sa rigueur et sa curiosité. Puisque son documentaire devait tourner autour de l'islam au Québec, elle voulait entrer le plus possible dans les milieux musulmans d'ici, assister à des conférences sur le sujet, aller chez les gens pour témoigner de leur mode de vie et écouter leur vision de l'islam. Après quelque temps, Francine a décidé d'axer son projet sur deux profils de Québécoises musulmanes, soit celui de Geneviève Lepage et le mien, et le titre serait *Mes sœurs musulmanes*. L'idée était qu'une féministe québécoise athée, de la génération des *baby-boomers*, accepte d'écouter deux jeunes Québécoises — l'une d'origine canadienne-française et l'autre d'origine marocaine — instruites, engagées socialement, et qui considéraient la religion comme une composante importante de leur identité.

Je lui ai présenté mon cercle d'amies musulmanes — qui comptait principalement des converties —, les membres de PMM, ma famille et Tariq Ramadan. Elle a tourné à quelques reprises chez nous et a échangé longuement avec ma mère et ma sœur. Ensuite, elle a rencontré mes amis-es non musulmans-es, en groupe ou individuellement, afin de les interroger sur moi. La sympathie de toute l'équipe

---

40. Francine Pelletier est journaliste, documentariste féministe et cofondatrice du magazine *La vie en rose*; et Anne Émond était directrice de production.

de tournage créait une atmosphère de confiance et de bien-être très agréable[41].

* * *

Lorsque je suis allée au Maroc pour me reposer, Francine et Anne m'y ont donc rejointe pour, entre autres, en apprendre plus sur mes origines. Après la visite à mon ancien appartement et à ma famille élargie, nous avons décidé d'aller au nord, à Asilah, afin de goûter à l'air méditerranéen. Dans le train, nous avons rencontré une dame, Ghizlane[42], qui habitait un grand appartement à Tanger — autre ville méditerranéenne — et vivait une partie de son année en Espagne. Bien que nous lui fussions complètement inconnues, Ghizlane nous a invitées à la visiter à Tanger. Après quelques jours à Asilah, Francine, Anne et moi avons alors décidé de lui rendre visite. Cette dame a personnifié pour moi l'authenticité de l'accueil et de l'hospitalité marocains et musulmans. Elle nous a hébergées, nourries, et même fait visiter sa ville en laissant de côté ses propres occupations, avec une telle générosité. Toute cette chaleur humaine constituait un vrai baume après tant de mois de tensions.

Le tournage de tout le documentaire a duré environ un an au cours duquel Francine et moi avions certes eu quelques moments d'échange difficiles. Or, je crois que cela n'a que contribué à renforcer notre respect mutuel et l'acceptation que, sur certains principes, notre divergence n'était pas une menace à notre relation. Ainsi, dans la mer d'Asilah, par exemple, Francine s'est baignée en maillot de bain une pièce, Anne en bikini, et moi en pantalon et *dry-fit*. Au-delà de ces différences, notre souci du bien-être des femmes et de leur épanouissement nous rapprochait bien plus.

* * *

Le documentaire allait être lancé deux ans plus tard, le 26 février 2010, à l'ONF; et le produit final demeurait fidèle à la démarche de Francine dans sa transparence et sa grande qualité.

---

41. L'équipe était composée de Francine Pelletier, Anne Emond, Katerine Giguère — la camérawoman — et Catherine Van Der Donckt — la preneuse de son.
42. Ghizlane est un prénom arabe qui se prononce «Rizlane».

Saine distance

De retour au Québec, après ma trêve reposante, je me sentais prête à reprendre ma place dans la société, mais cette fois-ci, graduellement, sagement et surtout moins émotionnellement. Lorsqu'on a déjà vécu un *burn-out*, le nombre et l'intensité des petites lumières rouges qui servent à freiner nos ardeurs se multiplient. Mon défi était désormais de trouver l'équilibre entre cette indignation qui devait continuer à motiver mon action et mon refus de l'injustice d'un côté, et la distance émotionnelle qui m'éviterait de me sentir complètement atterrée par tout ce que je lisais ou voyais, de l'autre côté. Dure acrobatie. Au cours des débats sur les accommodements raisonnables, l'insistance médiatique sur l'islam et les musulmans-es en a jeté plus d'un-e soit dans les abîmes de la dépression, soit dans l'isolement social. Je ne voulais plus vivre la première et je continuais à refuser la seconde. Il n'était pas question de laisser les architectes de la dissension sociale me forcer à la résignation, à « prendre ma place d'immigrante », à ne pas vivre complètement ma citoyenneté avec ce qu'elle impliquait d'expression contre les incohérences afin de penser une société plus juste et égalitaire.

Lorsque j'avais accepté l'arrêt de travail quelques mois plus tôt, j'avais également démissionné temporairement de mon poste de coordinatrice de Présence musulmane Montréal. À mon retour à Montréal, j'ai donc réintégré le groupe, mais sans prendre autant de responsabilités. Cela dit, je revenais tout de même avec un autre engagement dans mes bagages, bien qu'il fût plutôt timide au début. Au Maroc, Asma Lamrabet m'avait invitée à me joindre à un groupe qu'elle venait de cofonder avec deux autres chercheuses, l'une de Belgique, Malika Hamidi, et l'autre d'Espagne, Yaratullah Monturiol. C'était le Groupe international d'étude et de réflexion sur les femmes en islam (GIERFI), dont le but était de promouvoir une vision émancipatrice des femmes en islam, à travers une relecture des textes religieux. Avec Leila Bdeir, nous étions les deux membres de Montréal.

* * *

Par ailleurs, ce qui m'a aidée davantage à garder une distance tant physique qu'émotionnelle des débats identitaires et religieux au

Québec était définitivement mon nouvel emploi. En avril 2009, en acceptant une offre pour un poste au siège d'Action contre la faim à Montréal, j'ai quitté mon emploi au gouvernement et j'ai été transportée, presque chaque mois, vers d'autres réalités bien plus tragiques que les questions de foulard ou de saucisse dans un CPE. Cela m'a permis de voyager plus d'une vingtaine de fois en Afrique, en Asie, en Europe et aux États-Unis pour donner des formations sur les enquêtes nutritionnelles et de mortalité, conduire des enquêtes, ou encore assister à des réunions internationales sur la nutrition humanitaire. Chaque voyage s'avérait un ressourcement et une mine d'idées et d'images qui forment aujourd'hui une mosaïque, avec un côté sombre et cruel, et un autre coloré et porteur d'espoir.

CINQUIÈME PARTIE

Résister (2009 – ...)

Mariage

Entre ces virées lointaines, j'essayais de continuer à suivre l'actualité, à y réfléchir, et à participer autant que je pouvais à différentes conférences. J'ai également saisi une opportunité pour m'unir avec l'homme qui m'accompagne aujourd'hui dans mon voyage de vie, Farid (ou Zohir, pour les proches). C'est arrivé vite. Trop vite, même selon le standard, auquel j'avais longtemps cru, de ce que devrait durer une relation de couple avant le mariage. Pourtant, je voyais bien qu'autour de moi, aucune expérience, peu importe la religion ou la culture de ses protagonistes, ne semblait établir un lien sans faille entre la durée de la fréquentation et la réussite de la vie en couple. Des couples habitaient ensemble pendant une dizaine d'années avant de se marier et finissaient par divorcer quelque temps après... ou pas. D'autres encore se mariaient rapidement et se séparaient après une courte période... ou demeuraient toujours unis.

Ainsi, lorsqu'une amie m'avait décrit cet homme, d'origine algérienne, qui lui semblait intéressant, j'ai pris un matin la décision de lui écrire pour lui proposer une rencontre. C'était la première fois que je prenais une telle initiative. Une amie, *coach* de vie à qui j'avais parlé la veille, avait secoué en moi ces faux obstacles que l'on s'érige soi-même inconsciemment au nom de certaines normes tirant leurs origines d'un idéal de la femme «passive» qui devrait attendre son prétendant. Ce n'était plus pour moi. Je savais de plus en plus ce que je voulais et, surtout, ce que je ne voulais pas.

Je désirais être avec un homme avec qui je partagerais mon affection et des moments intimes de spiritualité, et avec qui il y aurait un soutien mutuel constant à travers les escales de notre vie. À quelques reprises, on m'avait demandé la raison pour laquelle je voulais «absolument» m'unir à un musulman. On en avait alors tiré moult conclusions, à savoir que c'était dans une perspective d'expansion de l'islam, de rejet de l'Autre, d'exclusion, ou encore de communautarisme. Pourtant, lorsque j'entendais que des amies, non musulmanes, mordues du plein air, par exemple, espéraient rencontrer ou vivaient des hommes qui partageaient cette même passion, je ne percevais aucunement cela comme une discrimination envers tous les autres qui n'appréciaient pas le plein air.

Ce n'est pas simple de vivre avec un autre adulte 24 heures sur 24 pendant toute sa vie — car c'est bien dans cette optique que plusieurs, j'ose penser, s'engagent dans une relation de couple, et n'adhèrent pas à la mode du «jetable». Il y a différentes raisons pour lesquelles on veut être en couple, et celles-ci définissent les critères sur la base desquels on choisit son partenaire. Pour ma part, des critères, j'en avais des verts et des pas mûrs! En les passant au crible, j'ai décidé de garder ceux qui s'inscrivaient davantage dans la profondeur de l'humain et me permettraient d'être en synergie avec l'autre; ceux qui, lors des moments difficiles de notre voyage de vie, apporteraient du réconfort et une présence significative.

Cela faisait déjà cinq ans que j'avais décidé de vivre avec une conscience constante de la présence divine. Mon quotidien était alors ponctué de moments de prière, et mon année, de périodes de jeûne et de spiritualité. Je voulais donc tout simplement vivre avec quelqu'un qui partagerait ces moments avec moi, en toute intimité, quelqu'un avec qui je vivrais un amour qui concorderait avec notre amour pour Dieu. Mais en plus de tout ce côté spirituel, il y avait également le côté pragmatique. Je ne voulais pas imposer à un homme qui n'était pas musulman des principes de l'islam avec lesquels je souhaitais vivre dans mon foyer.

Il n'était pas simple non plus pour moi d'oser aller vers un homme arabe. Même si je luttais moi-même contre le racisme, je constatais avec déception que je n'en étais pas immunisée. Les préjugés qui nous entourent peuvent à tout moment porter atteinte à notre sens du discernement, même très subtilement. Les hommes arabes ont cette mauvaise réputation qui leur colle à la peau : machistes, misogynes, oppresseurs. Certes, la culture arabe, comme bien d'autres dans le monde, n'est pas «naturellement» féministe. Le problème survient toutefois lorsqu'on attribue systématiquement à toute personne qui en provient les caractéristiques qu'on pense être propres à cette culture¹ ; et c'est ce que j'avais moi-même tendance à faire lorsque je pensais à la personne éventuelle avec qui je voudrais partager ma vie. De plus, le fait que Farid soit d'origine algérienne, et moi, marocaine, ou que nous soyons tous les deux musulmans, ne signifiait aucunement que nos traditions et modes de vie étaient similaires. Il est bien évident que le voisinage géographique ne garantit pas l'uniformité des cultures, comme peuvent en témoigner les différences culturelles entre les États-Unis et le Canada, ou encore entre la France et la Belgique, par exemple. Mais j'aimais tout de même l'idée de partager ma vie avec quelqu'un qui provenait d'une culture différente de la mienne.

Avant de m'engager, je devais aussi réfléchir et identifier les valeurs qui constituaient une priorité dans ma vie. La spiritualité musulmane, le droit des femmes et la justice trônaient indéniablement au sommet de ma liste. Il était donc important pour moi de vérifier quelle vision de l'islam avait cet homme que je rencontrais ; comment il percevait le rôle des femmes dans les familles et la société, et quel était son degré d'indignation et d'implication quant à ce qui se passe dans le monde ou dans la société en termes d'injustice. Je n'y allais pas par plusieurs chemins, mais les questions filtres s'avéraient quand même souvent reliées au sujet des femmes. Les croyants traditionalistes fuient les féministes — ou les femmes qui parlent beaucoup des droits des femmes et de leur émancipation à l'extérieur de leur foyer — comme la peste. Une fois ces questions posées sur la table, le reste de la première rencontre avec un prétendant devenait donc soit un débat contradictoire, soit une séance de défoulement commune sur toutes les discriminations que les femmes subissaient au nom de l'islam. Mon premier rendez-vous avec Farid ainsi que tous les autres que j'ai eus avec lui par la suite, et jusqu'à aujourd'hui, se sont inscrits dans le deuxième scénario.

Après deux mois de longues discussions quotidiennes qui portaient principalement sur ce qui définissait une vie de couple et sur ce qui pourrait constituer notre projet de vie, le 25 février 2010

---

1. C'est cela qu'on nomme la *racisation*, soit le processus à travers lequel on construit l'identité sociale de l'Autre en se basant sur son appartenance à un groupe qu'on identifierait comme une « race ».

— entre une mission en Côte-d'Ivoire et une autre en Ouganda —, je me suis unie officiellement à Farid.

Ce mariage comptait également parmi les facteurs qui m'ont beaucoup aidée à prendre une distance émotionnelle des « crises » au Québec. Huit mois plus tard, Farid s'est joint au domaine de l'humanitaire; et quelque temps après, j'ai démissionné de mon poste au siège d'ACF afin que nous puissions trouver des opportunités de missions ensemble. Ceci nous a alors menés au Pakistan, ensuite en Corée du Nord, puis au Yémen, avec différents organismes internationaux.

* * *

Durant ces voyages, je continuais quand même à accomplir quelques tâches pour le GIERFI. Depuis mon adhésion à ce groupe, j'essayais d'investir davantage mon temps libre dans la réflexion autour des femmes en islam. Et il y avait toujours quelqu'un qui, durant une mission ou une autre, me rappelait ce pour quoi je voulais que la lutte pour les droits des femmes constitue ma priorité. Lors de notre voyage au Pakistan, par exemple, j'étais responsable de conduire une enquête nutritionnelle — et donc, responsable également de la prise de décisions en ce qui concernait les équipes de travail, les visites de terrain, etc. — et Farid assurait la logistique de l'enquête. Un jour, l'un des employés, non satisfait d'une de mes décisions, alla trouver Farid pour lui dire : « *Farid, talk to your wife*[2] ». Celui-ci lui expliqua alors clairement que chacun de nous avait son rôle et qu'Asmaa était responsable de l'enquête.

Un an plus tard, j'eus droit à un commentaire similaire en Corée du Nord. Cette fois-là, il s'agissait d'un collègue birman et bouddhiste. En raison de quelques tensions professionnelles qu'il y avait eu entre nous, je lui avais exprimé mes excuses avant son départ de la mission. Après une réponse rapide à mon égard, il s'était tourné vers Farid pour lui dire : « *Farid, try to control your wife*[3] ! »

Selon les tenants de la vision patriarcale, l'égalité dans un couple est souvent le reflet de la faiblesse de l'homme, de sa « gentillesse » exagérée et de sa soumission à sa femme. Le « vrai » homme serait

---

2. « Farid, parle à ta femme. »
3. « Farid, essaie de contrôler ta femme. »

alors celui qui impose sa parole et qui gouverne. Devant ce modèle traditionnel, Farid a su — pendant nos missions comme ailleurs —, grâce à la force de sa personnalité et à son intégrité, rester lui-même, respectueux, affectueux, et fortement sensible aux injustices et aux inégalités, notamment celles à l'égard des femmes. Peu importe ce que les gens en disaient, il tenait à vivre, en privé comme en public, un modèle alternatif qui défiait les scléroses culturelles sur la question des relations femmes-hommes.

Ma foi, avec ou sans foulard

En 2012, entre deux missions, je poursuivais ma réflexion sur certains « acquis » de la jurisprudence musulmane et sur le rôle que la culture et les traditions arabes ont joué dans sa définition. Je m'intéressais également à la façon dont la lecture du Coran a été influencée par le contexte social dans lequel vivait la majorité des anciens exégètes et par le sexe de ceux-ci.

Une des pratiques faisant l'objet d'un large consensus entre les juristes musulmans-es, même parmi plusieurs de celles et ceux se définissant comme réformistes, était le fait que les femmes musulmanes devaient se couvrir les cheveux en public. J'avais moi-même commencé à porter le foulard presque huit ans plus tôt parce que j'avais accepté une lecture qui interprétait certains versets du Coran comme prescrivant cette pratique.

Cependant, au-delà de ce consensus, des discours tenus au sein de certains milieux musulmans (au Québec et ailleurs), autant par des femmes que par des hommes, mettaient un accent indu sur le port du foulard, qui n'est censé être, après tout, qu'une pratique parmi plusieurs autres en islam. Bien que, personnellement, je n'aie jamais croisé au Québec une femme qui le portait parce que quelqu'un le lui imposait directement, ces discours identifiaient plutôt le port du foulard comme une façon privilégiée de devenir une « bonne » musulmane.

Cette attention accrue à l'égard du foulard n'était pas aléatoire. Au fait, depuis les deux dernières décennies, un éveil spirituel et religieux a marqué plusieurs personnes, musulmanes ou pas, à travers diverses sociétés dans le monde. Cette prise de conscience s'est inscrite probablement comme une réponse au capitalisme et au matérialisme ambiants, auxquels de plus en plus de personnes s'opposent en raison des effets dévastateurs qu'ils ont eus sur certaines valeurs humaines et sociales. Dans les sociétés majoritairement musulmanes, cet éveil s'est exprimé, entre autres, par l'augmentation du nombre d'émissions télévisées religieuses. Certaines d'entre elles étaient lourdement financées par des courants littéralistes provenant surtout des pays du Golfe[4] et présentaient des prédicateurs qui semblaient avoir constamment une réponse à n'importe quelle question pour n'importe qui, n'importe où dans le monde. Aucune contextualisation, une seule vision pour tous. Telle semblait être leur optique. Ceci allait même à l'encontre de l'esprit d'adaptabilité supposé caractériser tout avis (*fatwa*) émis par des juristes musulmans-es compétents-es. En général, il y avait bien sûr une tentative d'éduquer les musulmans-es à propos de leur religion ; mais au sujet des femmes, une lecture littéraliste plutôt traditionnelle et patriarcale du Coran était souvent mise de l'avant. Les discours mettant l'accent sur le port du foulard n'étaient pas rares non plus et semblaient presque insinuer que celui-ci était l'élément *essentiel* de la spiritualité des femmes musulmanes.

D'autre part, en cherchant dans le Coran, j'étais stupéfiée par le nombre de versets où l'expression « ceux qui croient et accomplissent des bonnes œuvres » est mentionnée ; au moins une soixantaine de fois, dans plus de 30 *sourates*[5]. Les bonnes actions incluaient, par exemple, le fait de prendre soin de sa famille et de ses voisins-es, de faire don de ce qui nous est cher, d'être juste même lorsque cela va à l'encontre de son propre intérêt ou des intérêts de ses proches, d'éviter la calomnie, la médisance et la diffamation, de dire la vérité, etc. Le foulard, quant à lui, était mentionné principalement dans un seul verset.

Tout cela m'a amenée à me demander comment les priorités étaient déterminées dans nos discours musulmans. Comment était défini ce qui devait être *fondamental* dans la pratique de l'islam et ce qui ne l'était pas ? Pourquoi certaines pratiques étaient-elles élevées à un niveau qui dépassait grandement celui des cinq piliers de l'islam ?

---

4. Il existe en Arabie saoudite, comme dans d'autres pays du Golfe, des voix critiques face à l'idéologie religieuse qui y prévaut. Cependant, celles-ci ne jouissent malheureusement pas de la visibilité accordée à celles confirmant le pouvoir en place.

5. Une sourate est un chapitre du Coran.

Les enseignements de Dieu et du Prophète semblaient avoir visé d'abord l'intérieur de l'humain, en abordant sa foi et ses émotions, avant de parler des éléments tels que l'apparence. Comment se fait-il alors que certains discours négligent aujourd'hui les piliers de l'édifice et se soucient d'avoir les rideaux adéquats ?

Je refusais donc la vision essentialisante du port du foulard, sans pour autant rejeter l'idée qu'il puisse être considéré comme un principe religieux. En effet, il existe une différence entre le fait de reconnaître qu'une pratique fasse partie de l'éthique musulmane et celui de réduire de façon significative la spiritualité musulmane des femmes à cette pratique.

À travers une recherche et une réflexion menées sur les textes religieux, j'ai donc constaté qu'une autre lecture du même verset coranique concerné était possible. Selon celle-ci, le port du foulard avait une signification propre à l'époque de la Révélation du Coran, et n'était donc pas une pratique à portée universelle et atemporelle. Certes, pour le moment, cette interprétation reste encore très minoritaire dans les milieux officiels ou chez les experts-es, mais je la trouvais tout de même rationnelle et légitime, et j'ai donc décidé de l'adopter à partir de février 2012. Ainsi, je ne portais plus le foulard de façon régulière, mais plutôt pour aller à la mosquée, par exemple, ou simplement comme un bandeau quand j'en avais envie, en couvrant partiellement ou totalement mes cheveux. C'est là une posture très personnelle, et qui ne fait l'unanimité ni dans certains milieux musulmans ni chez certains courants sociaux islamophobes.

En adoptant une telle position, mon objectif était loin de vouloir délégitimer l'interprétation de la majorité des experts-es religieux-es. Il était tout simplement de faire reconnaître que le même Texte sacré pouvait être compris d'une façon différente selon le contexte historique dans lequel il a été révélé. Ainsi, les femmes qui le lisaient de la première façon avaient tout autant raison que celles qui l'interprétaient selon la deuxième perspective, sans que les unes soient considérées comme littéralistes et « intégristes », ni les autres comme hérétiques.

Pour plusieurs raisons, la décision que j'ai prise cette année-là s'avérait encore plus difficile que celle de le porter huit ans plus tôt. Je ressentais d'abord l'appréhension d'être jugée par les autres (la même que j'éprouvais lorsque j'avais décidé de le porter au tout début).

Comment les personnes avec qui je collaborais auparavant dans les différentes associations musulmanes allaient-elles réagir ? Lorsque j'ai eu à participer à un évènement public qui rassemblait plusieurs de celles-ci, je fus soulagée de constater que l'attitude des gens à mon égard n'avait pas changé. Du côté de ma famille ou de mes amies, à part une surprise et une curiosité pour connaître les raisons qui m'avaient poussée à retirer le foulard, ma nouvelle décision ne modifia nullement nos relations. Farid, quant à lui, m'apporta soutien et réconfort lorsqu'il me dit, un jour, qu'il me trouvait courageuse d'avoir pris cette décision malgré le fait que ça n'allait pas dans le sens de la majorité. Que ce soit pour lui ou pour certains-es de mes proches, leur soutien ou leur acceptation de mon changement ne signifiait aucunement qu'ils partageaient mon interprétation des Textes religieux concernés. C'était simplement un respect du choix individuel que j'avais fait.

L'autre élément qui rendait également difficile ce choix résidait dans toute la pression politique, médiatique et sociale qui entourait le port du foulard. Je craignais réellement que celle-ci ne brouille mon esprit quant aux vraies raisons pour lesquelles je décidais de le retirer ou de le garder. Continuerais-je à le porter juste pour affirmer mon droit de couvrir mon corps comme je le voulais face à celles et ceux qui voudraient décider cela à ma place ? Mon doute quant à la nécessité de le porter était-il né de toute cette pression dans les discours médiatiques ciblant constamment les femmes musulmanes qui portent le foulard ? À travers toutes ces interrogations, j'avais besoin de prendre du temps pour vivre des moments d'intense spiritualité et d'introspection, de repenser ma relation avec Dieu, d'essayer autant que faire se peut de comprendre mes intentions, mais également de réfléchir en profondeur au sens donné à des concepts tels que la modestie ou encore la pudeur, deux attitudes souvent associées, dans certains discours musulmans, au port du foulard.

Comme pour plusieurs musulmans-es que je connais, je soutiens depuis longtemps — même lorsque je portais le foulard — que le fait d'avoir les cheveux découverts en public ne signifie pas un manque de modestie ou de pudeur. C'est simplement une question d'acception de ces deux concepts liée à l'adhésion à certaines normes culturelles. En d'autres termes, les uns-es auraient une acception plus étroite, ou plus large, que les autres selon le degré auquel ils ou elles choisissent de se conformer quant aux normes de leur culture d'origine. Pour ma part, je crois que la modestie, qui doit s'appliquer autant aux hommes qu'aux femmes, relève, entre autres, de l'image qu'on cherche à projeter de son corps en public, en respectant les sensibilités des gens, de chacun des sexes... loin de l'arrogance, de l'extravagance et des rapports de séduction. C'est une question que chaque femme et chaque homme a d'abord besoin de se poser intimement et sincèrement, mais qui peut, de plus, devenir l'objet d'une réflexion à l'échelle sociale.

Par ailleurs, lorsqu'il m'arrivait de porter un bandeau qui couvrait complètement mes cheveux — simplement parce que j'aimais le style ou pour d'autres raisons —, cela semblait créer une énigme que certaines personnes, complètement inconnues, s'empressaient de vouloir résoudre. C'est ainsi qu'une femme, que je voyais pour la première fois, me demanda un jour si le bandeau que je portais était juste pour le style ou si c'était un «voile». Ses intentions n'étaient probablement pas mauvaises, mais il est néanmoins intéressant de se demander si on se permettrait d'interroger d'autres femmes, notamment blanches non musulmanes, sur le sens qu'elles donnent à leurs vêtements ou à leurs accessoires lors d'une première rencontre. Ce type de questions ne sert-il pas, dans certains cas, à déterminer l'attitude à avoir à l'égard des femmes interrogées? Sympathie et complicité versus jugement et rejet. Devant le même comportement ou la même parole, la catégorie dans laquelle on classerait ces femmes dépendrait ainsi du sens qu'elles donnent à leur bandeau. Si celui-ci était un «voile», on prétendrait alors les connaître un peu mieux à travers tout ce qu'on «sait» des femmes qui portent le «voile». Par contre, si ce même bout de tissu était simplement un accessoire de mode, on les classerait probablement parmi celles qui ont «enfin compris» comment s'intégrer et «Nous» ressembler.

Fois diverses, réalités communes

Mon travail avec PMM et le GIERFI m'a fait découvrir une réalité qui m'était tout à fait inconnue jusque-là. En effet, durant les dernières années, on notait un tel acharnement, dans certains médias, sur l'islam et *ses* problèmes avec les femmes, que cela laissait presque entendre que toutes les autres traditions religieuses avaient réglé la question des inégalités entre les sexes depuis longtemps.

La première fois que j'ai découvert que la réalité était tout autre fut lors d'une conférence organisée par PMM en 2006 intitulée «Quand les femmes s'approprient les sources», dont les panélistes étaient Asma Lamrabet et Denise Couture[6]. Cette dernière avait présenté le travail accompli par l'Autre parole, une collective de féministes chrétiennes, et dénonçait la lecture patriarcale des textes bibliques ainsi que le sexisme au sein des Églises catholiques.

Un an plus tard, j'ai participé à une rencontre au centre Justice et foi qui réunissait cette fois-ci une vingtaine de féministes chrétiennes, juives et musulmanes pour échanger davantage sur les défis que rencontrent les femmes dans chacune des traditions religieuses et sur les moyens qu'elles entreprennent pour y faire face. Cependant, cette activité est restée sans suite immédiate, probablement parce que les débats sur les accommodements raisonnables avaient mobilisé tant d'énergie qu'il devenait très difficile d'amorcer encore plus d'initiatives.

En 2011, lors du 35ᵉ anniversaire de l'Autre parole, Leila Bdeir lança l'idée d'un dialogue féministe interreligieux auquel elle réfléchissait depuis un moment ; ce qui répondait également au souhait

---

6. Denise Couture est professeure au département de Théologie et de sciences des religions à l'Université de Montréal, et membre de l'Autre parole.

exprimé par des féministes chrétiennes, comme Élisabeth Garant, d'établir un lien avec d'autres croyantes. C'est ainsi que s'est formé un petit comité composé de trois féministes chrétiennes et de trois féministes musulmanes — dont Leila et Élisabeth — afin de concevoir les balises et les objectifs de cette initiative, qui s'est appelée plus tard Maria'M[7]. Ce nom reflète une réalité commune aux deux religions, soit celle de la personnalité de Marie, mère de Jésus. Cette femme, considérée par certains-es experts-es musulmans-es comme une prophétesse, conserve, au sein de l'islam, un statut très particulier et important, et toute une *sourate* du Coran porte son nom et relate son histoire.

Progressivement, le groupe Maria'M s'est élargi afin d'inclure environ une dizaine de femmes de chaque tradition religieuse. De mon côté, j'ai été invitée à y participer dès sa création et plus tard à faire partie de son comité de coordination. Étant donné que les participantes étaient toutes engagées dans des milieux autant académiques que communautaires, nous avons tenté de garder un rythme de rencontres réaliste — environ trois à quatre par année —, ce qui a contribué à la pérennité de l'initiative.

Nous avons également décidé de maintenir un équilibre quant au choix des thèmes abordés. Ainsi, une fois par année, les chrétiennes partagent avec les musulmanes une tradition reliée à une fête ou à une célébration religieuse, et vice versa, l'objectif étant d'aborder celle-ci à partir d'une perspective féministe. La troisième rencontre, et quatrième s'il y a lieu, est consacrée à un thème relié aux débats sociaux. Nous avons ainsi pu échanger sur l'histoire de la lutte des femmes — en prévision des États généraux de l'action et de l'analyse féministe, organisés par le mouvement féministe québécois —, la laïcité, le féminisme, ou encore les fondamentalismes sociaux et religieux.

Cependant, un des défis majeurs qui subsiste est celui d'une réelle diversité parmi les femmes chrétiennes et musulmanes. Les musulmanes du groupe Maria'M sont majoritairement d'origine arabe et, bien que quelques-unes soient d'origine canadienne-française ou anglaise, les femmes originaires de l'Afrique subsaharienne ou

---

7. Le nom complet est Maria'M : féministes chrétiennes et musulmanes en dialogue.

d'Asie sont plutôt rares. Du côté des chrétiennes, la majorité est d'origine canadienne — française ou anglaise. Certes, étant donné la réalité démographique du Québec, il n'est pas facile de trouver des femmes croyantes d'origines diverses qui se définissent également comme féministes et qui ont l'intérêt ou le temps de s'engager dans une démarche de dialogue interreligieux, mais je crois que ce défi demeure intéressant à relever afin d'enrichir encore davantage nos réflexions.

D'un autre côté, chacune des traditions tente de refléter autant que possible la diversité de ses écoles de pensée ou de ses courants. Le groupe comprend donc des catholiques, des anglicanes, des membres de l'Église unie du Canada, des musulmanes sunnites — dont certaines engagées davantage dans une voie soufie[8] — et des chi'ites.

* * *

Avec une telle diversité, et étant donné le contexte social, je crois qu'un des éléments essentiels dans le groupe était d'abord d'établir un lien de confiance entre les participantes. Toutes ne pouvaient pas en faire l'expérience au même rythme. Pour certaines, il était plus facile de s'ouvrir aux autres quant aux défis qu'elles traversaient et qui étaient liés à leur foi. Pour d'autres, cela nécessitait une période d'ajustement, durant laquelle elles avaient besoin de sentir qu'elles évoluaient dans un espace sécuritaire qui leur permettait de s'exprimer sans crainte de jugement. Écouter d'autres raconter des expériences similaires aux nôtres contribua certainement, mais partiellement, à créer ce type de dynamique.

---

8. Le soufisme est une démarche spirituelle, traversant les différentes tendances musulmanes (sunnites, chi'ites, etc.), qui consiste à cheminer, en compagnie d'un maître spirituel, en mettant davantage l'accent sur la purification du cœur par le biais de l'invocation régulière de Dieu, d'une lutte contre l'*ego* et d'une réflexion importante sur l'Amour et la paix, en plus du respect des principes musulmans. Dans le soufisme, le guide spirituel a pour mission d'éduquer ses disciples via ses sagesses et réflexions. Celui-ci peut ou non établir officiellement une *tariqa*, une voie spirituelle proche d'une école de pensée structurée ayant des centres ou des associations qui se trouvent un peu partout dans le monde. À plusieurs égards, le soufisme s'apparente aux écoles spirituelles de yoga, provenant du bouddhisme et de l'hindouisme, entre autres.

À partir de l'expérience du groupe Maria'M, je crois que la réussite d'un dialogue interreligieux passe nécessairement par la prise en compte du contexte dans lequel il s'opère. Une des questions importantes à considérer est : les personnes impliquées appartiennent-elles à des groupes ayant (ou perçus comme ayant) des statuts sociaux différents, un pouvoir différent, ou quelque avantage que ce soit (démographique, socio-économique, etc.) ? Si tel est le cas, ces inégalités (réelles ou perçues comme tel) risquent certainement de compliquer la dynamique du dialogue, si le temps et la volonté alloués pour en prendre conscience ne sont pas suffisants.

Je crois également qu'au-delà de la préparation à la rencontre avec l'Autre dans ces dialogues, il est d'abord impératif de faire un travail sur soi, pour pouvoir accueillir cet Autre sans que notre statut ou sans que notre privilège social, entre autres, n'interfère dans les échanges et qu'il ne crée une barrière quelconque. Comme on dit souvent dans la spiritualité musulmane, il faut « renouveler » son intention et méditer sur les raisons profondes qui nous poussent à participer à ce type d'échanges.

Malgré tous ces défis, des espaces de dialogue tels que celui de Maria'M font partie de ces initiatives qui démontrent que les différences sont loin d'être des obstacles à la construction de projets communs. Bien au contraire, dans un climat de respect, nous tentons de nous enrichir les unes les autres et de partager quelques-uns de ces rares moments où nous pouvons parler d'Amour dans notre société.

Du mythe de l'infiltration

Un des éléments essentiels que j'avais appris à travers la pensée de Présence musulmane était la notion d'une participation citoyenne qui dépasse les milieux musulmans. En d'autres mots, il s'agit de l'importance de s'impliquer non seulement au sein d'organismes communautaires musulmans, mais dans des organismes et des institutions de la société civile en général, en tant que citoyen-ne. Dans le cadre des débats sur les accommodements raisonnables, lors d'une réunion avec plusieurs associations musulmanes en 2007, j'avais justement partagé cette réflexion en soulevant le point que la Fédération des femmes du Québec (FFQ) était la fédération de toutes les Québécoises, et que si des citoyennes de foi musulmane vivaient une discrimination dans la société, il était alors important que la FFQ y accorde de l'attention et la dénonce. Plutôt que de créer uniquement des structures musulmanes parallèles qui travailleraient de façon isolée, un partenariat ou même une participation effective au sein des groupes sociaux existants s'inscrirait davantage dans une démarche d'inclusion et d'échanges citoyens.

Cette idée était grandement partagée par d'autres membres de Présence musulmane Montréal, dont Leila Bdeir. Celle-ci est l'une des rares femmes québécoises francophones musulmanes qui militent, et elle le fait depuis plus de quinze ans, autant contre les guerres et les injustices politiques que pour les droits des femmes en général. Née au Liban, mais vivant au Québec depuis l'âge d'un an, Leila détient une maîtrise en sciences politiques, avec une concentration en études féministes. En 1999, elle a milité avec Raymond Legault et Amir Khadir dans le cadre de l'organisation Objection de conscience, pour dénoncer les sanctions imposées à l'Irak après la première guerre du Golfe, puis elle s'est engagée avec d'autres groupes pour la question palestinienne, ainsi qu'auprès du Conseil canadien des femmes musulmanes (CCFM)[9]. Cependant, au lendemain du 11 septembre 2001, son engagement a pris une tournure bien différente puisque son identité musulmane devenait, pour plusieurs, sa principale caractéristique[10]!

Quant à son rapport à la religion, Leila le définit comme étant une démarche en mouvement. Issue d'une famille chi'ite mais très peu ou pas pratiquante, elle entretenait une relation à l'islam plutôt culturelle avant d'éprouver de l'hostilité envers ce dernier, à la suite de la découverte de certaines théories féministes, puisqu'elle percevait alors toutes les religions comme étant sources d'oppression des femmes. Lors d'une conversation personnelle, Leila m'a décrit les changements qu'elle a vécus par la suite en affirmant : « C'est avec beaucoup d'hésitation que j'ai commencé à m'impliquer auprès de PMM. Et pendant longtemps, après avoir fait mienne sa mission, je suis restée à l'écart de la dimension cultuelle de la religion, à savoir la prière et le jeûne. Mais je m'intéressais quand même à la réflexion sur la spiritualité, l'action, l'éthique, etc. » Quelques années plus tard, Leila a décidé de se rapprocher un peu plus de la voie musulmane, mais toujours selon son rythme qui comprend, comme elle le dit, « des moments forts et des moments de détente ».

Son engagement envers PMM était donc davantage motivé par le désir de promouvoir l'idée d'un vivre-ensemble qui aille au-delà des différences religieuses, souvent dressées en épouvantails ou en barrières infranchissables dans les débats sociaux. Elle était ainsi loin d'avoir le « profil » qu'on *attribue* souvent aux personnes impliquées dans des organismes communautaires musulmans. Or, au sein de PMM, malgré les divergences, il était bien clair que chaque membre gérait sa foi et sa pratique comme il ou elle l'entendait. Si l'heure de la prière survenait pendant nos réunions, par exemple, les uns-es priaient, les autres attendaient ou parfois se joignaient au groupe selon leur humeur. Notre lien dans l'organisme transcendait nos

---

9. Organisme pancanadien de femmes musulmanes, fondé en 1982, et dont la vision est de maintenir l'égalité, l'équité et l'autonomisation des femmes musulmanes canadiennes. En 2005, elles se sont prononcées contre l'instauration des « tribunaux islamiques » au Canada. Voir, en ligne : www.ccmw.com.

10. Leila Bdeir possède un blogue où elle publie ses réflexions : http://lautrefeministe.wordpress.com.

différences, et Leila a su, par sa présence et son respect des autres, renforcer encore plus la dynamique pluraliste dans PMM. Grâce à ses questionnements et à son esprit critique sur les sujets autant religieux que sociaux en général, sa contribution au groupe a aussi grandement enrichi nos réflexions.

Toutefois, Leila Bdeir était intéressée à beaucoup plus que simplement la réalité de l'islam au Québec. Profondément féministe, elle était interpelée par toutes les injustices que d'autres groupes de femmes subissaient dans la société : sexisme, pauvreté, lesbophobie, et autres. C'est ainsi que, en début de 2009, elle a décidé de devenir officiellement membre de la FFQ en plus de son travail dans un organisme de développement international et son implication avec PMM.

L'origine du mythe

Cela faisait déjà quelques années que des débats avaient lieu au sein de la Fédération des femmes du Québec au sujet du port des « signes » religieux dans la fonction publique, mais surtout du foulard, du *niqab*, de la *burqa*, et de tout ce qu'on associe à « La » femme musulmane. De plus, le Conseil du statut de la femme avait émis un avis en 2007 demandant au gouvernement d'interdire le port des « signes religieux ostentatoires » chez le personnel de la fonction publique québécoise[11]. Tout ceci a donc poussé la FFQ à entamer une réflexion plus profonde à partir de l'automne 2008 pour mieux comprendre les enjeux reliés à la diversité religieuse[12]. À l'issue de son assemblée générale annuelle, la Fédération a aussi décidé de tenir, au printemps suivant, une assemblée spéciale afin de prendre position officiellement sur la question des « signes » religieux dans la fonction publique. Une mobilisation a par la suite débuté pour inviter le plus de femmes à participer à cette démarche.

Pendant cette même période, la FFQ a également rédigé un document de réflexion dans lequel son conseil d'administration analysait la question en détail, selon trois perspectives — soit l'analyse

---

11. CDEACF, *Droit à l'égalité entre les femmes et les hommes et liberté religieuse*, Avis du Conseil du statut de la femme sur la diversité religieuse, 2007

12. Le 19 septembre 2008, la soirée publique de l'assemblée générale annuelle de la FFQ était sous le thème « Engagement féministe et pratique religieuse sont-ils conciliables ? ».

féministe, la discrimination que vivent les femmes immigrantes ou racisées et le modèle québécois de laïcité — et proposait une position que les membres de la Fédération pouvaient ensuite appuyer ou rejeter lors de l'assemblée spéciale qui devait se tenir le 9 mai 2009[13]. Le message essentiel de ce document était : « Ni obligation religieuse, ni interdiction étatique ». En d'autres termes, la FFQ s'opposait à l'obligation faite aux femmes dans certains milieux ou certaines sociétés de porter des « signes » religieux, mais refusait également que l'État soit celui qui empêche les femmes qui en portent au Québec de le faire. Ainsi, l'organisme féministe visait à défendre l'idée que les femmes sont capables de décider par elles-mêmes si elles veulent ou non continuer à être croyantes et à respecter des principes de leur religion. La FFQ s'opposait donc à l'argument infantilisant qui tendait toujours à considérer les femmes musulmanes comme étant auto-aliénées, peu importe leur âge, leur scolarité et leur parcours.

* * *

De mon côté, en 2009, je travaillais encore au gouvernement avant d'accepter, au mois d'avril, l'offre d'Action contre la faim, au siège de Montréal. J'essayais donc de m'adapter à tous les changements que cela impliquait, notamment sur le plan des nombreux voyages que j'étais appelée à faire dans le cadre de mes nouvelles fonctions. Mais je me tenais tout de même un peu au courant des débats sociaux, sans pour autant y prendre part comme avant.

J'avais déjà eu des échos de l'assemblée spéciale que la FFQ planifiait par le biais d'un courriel que Samira Laouni avait envoyé, au mois de mars, à une trentaine de destinataires qui travaillaient sur la question de la justice et des droits de la personne — musulmans-es et non musulmans-es —, les invitant à devenir membre de la FFQ afin de pouvoir participer à l'assemblée du mois de mai. Pour Samira, la question était d'une importance cruciale, puisqu'elle-même portait un foulard et était donc personnellement concernée par toute éventuelle interdiction. Après avoir reçu ce message, Leila Bdeir s'est

---

13. Fédération des femmes du Québec, *Débat sur la laïcité et le port des signes religieux ostentatoires dans la fonction et les services publics québécois : proposition et réflexion du conseil d'administration pour l'assemblée générale spéciale qui aura lieu à Québec le 9 mai 2009*. En ligne : www.ffq.qc.ca.

empressée de répondre à toutes les personnes qui y étaient incluses par un long message dont la partie clé est[14] :

> Par ailleurs, je crois qu'il serait de mauvaise foi et très peu stratégique de devenir membre de la FFQ uniquement pour participer au vote sur le port des symboles religieux ostentatoires dans la fonction publique. D'ailleurs, il ne faut pas croire que cette vague d'adhésion musulmane passera inaperçue et qu'elle ne suscitera pas énormément de questions. Surtout que les musulmans et musulmanes dits pratiquants sont largement absents au sein de ce genre d'organisations lorsqu'il s'agit de débats qui ne touchent pas leur communauté, et j'en ai personnellement vus très peu aux événements organisés par celles-ci.
>
> Je pense que la seule façon de faire entendre notre voix, c'est de continuer de s'inscrire dans une démarche citoyenne participative en participant aux débats sur l'économie, l'écologie, la politique et la question des droits des femmes GÉNÉRALEMENT[15] dans la société québécoise. Il est dommage qu'on n'entend[e] parler de nous que lorsqu'il s'agit du foulard, des espaces de prière, etc. Par exemple, la FFQ travaille en comité, dont celui des femmes des communautés culturelles. Voilà un espace où les gens pourraient éventuellement s'impliquer pour, entre autres, assurer une représentation de la diversité des communautés musulmanes.

L'échange s'est poursuivi lorsque Samira a répliqué afin de clarifier son intention et le sens de son message. Son ton était très respectueux, notamment à l'égard de Leila qui venait d'exprimer son désaccord avec la démarche qu'elle proposait. Samira a précisé que son appel

> s'inscrit dans une perspective d'éveil des consciences d'une communauté (ou des communautés) récemment arrivée au Québec, qui n'est pas forcément habituée à ce genre d'interaction et qui surtout est à la recherche de conditions de vie de base (comme vous l'avez bien précisé, Leila, lundi dernier lors de notre rencontre à l'IREF), à savoir le travail, l'intégration socio-économique, l'éducation des enfants, etc.

---

14. Tous les passages de messages mentionnés dans cette section sont tirés des archives de ma messagerie personnelle, datant de mars 2009. Des captures d'écran sont également disponibles comme preuves de leur authenticité.
15. L'accent mis sur «généralement», par l'usage de la majuscule, est un choix de Leila Bdeir dans son courriel.

Elle ajoutait qu'elle était tout à fait d'accord avec le fait que s'impliquer avec une organisation signifiait endosser largement une majorité de ses positions, et que

> [i]l faut bien commencer quelque part. Il faut aussi que nous, qui sommes sur le terrain — toujours les mêmes — continuions dans cette perspective de faire participer le maximum de gens possible à nos débats sociaux, économiques, politiques, écologiques, etc.

L'utilisation du terme « stratégique » par Leila Bdeir s'expliquait par tout ce qui suivait dans le reste de son courriel, soit l'incohérence d'un engagement qui s'inscrirait dans le cadre d'une seule et unique question, à savoir le port du foulard. Pour elle, un engagement citoyen pour la cause des femmes se devait d'être constant et de porter sur d'autres questions plus générales également, ce qui explique aussi son utilisation de l'expression « de mauvaise foi ».

Cependant, peu de temps après cet échange de courriels, quelqu'un (toujours inconnu) a affiché ces messages sur un forum musulman que semblent fréquenter religieusement Richard Martineau et Djemila Benhabib afin de dénicher ces histoires juteuses qui apportent du « contenu » à leurs émissions ou à leurs articles. Martineau a alors signé une chronique le 14 mai 2009 pour dévoiler le *scoop*, et où il a sciemment tronqué le message de Leila pour ne mettre l'accent que sur les expressions : imprudence et stratégie[16]. Tout ce que celle-ci avait dit au sujet de la nécessaire implication citoyenne générale, par exemple, ne semblait pas répondre aux intérêts propagandistes du chroniqueur et de Benhabib. Martineau a également cru bon de citer un Québécois musulman, imam d'une petite mosquée à Montréal, aux visions très restrictives et sexistes, qui ne fait aucunement l'unanimité au sein des milieux musulmans au Québec. Ainsi, dans l'article, le chroniqueur laissait entendre que Samira et Leila « intervenaient » dans le même forum que cet imam qui prévenait les femmes musulmanes de joindre une association de « mécréants », selon ses dires. Cet article a été le début de la longue saga de propagande qui perdure jusqu'à aujourd'hui au sujet de la FFQ et de plusieurs québécoises musulmanes qui en sont membres.

---

16. Richard Martineau, « Comment infiltrer la Fédération des femmes du Québec », *Journal de Montréal*, 14 mai 2009.

* * *

Cela faisait déjà près de deux ans que Samira Laouni était membre de la Fédération des femmes du Québec. Arrivée au Québec en 1998, elle s'était engagée comme bénévole à l'école primaire Enfant-Soleil, avant de s'intéresser plus particulièrement aux questions touchant les inégalités et les injustices que subissent les femmes d'ici ou d'ailleurs dans le monde. C'est ainsi qu'elle avait participé à la Marche mondiale des femmes en 2000 et en 2005, puis avait rejoint la FFQ aux environs de 2007, en assistant à ses évènements et en participant à ses actions, mais en ne faisant partie d'aucun comité. Par ailleurs, elle était également membre du conseil d'administration du centre Halte-Femmes, un organisme qui vise l'abolition de toutes formes de violence à l'égard des femmes. En vue de l'assemblée de la FFQ de mai 2009, Samira cherchait, comme toute autre membre de la Fédération, à mobiliser à son tour le plus de personnes impliquées autrement sur les questions de justice sociale.

* * *

Cette assemblée devait se tenir à l'Université Laval à Québec, et la FFQ avait organisé le transport en autobus des dizaines de membres montréalaises qui ne pouvaient pas s'y rendre par leurs propres moyens. Parmi celles-ci, on retrouvait quatre membres de PMM (dont Leila Bdeir et Samia Bouzourène), Samira Laouni, ainsi que trois ou quatre autres femmes musulmanes. Toutes ces femmes étaient inscrites à titre individuel à la FFQ puisque leurs organismes respectifs n'en étaient pas membres.

Le 9 mai, 133 femmes étaient réunies à l'Université Laval, dont 72 membres individuelles et 53 déléguées représentant 40 groupes membres, ainsi que huit observatrices[17] (dont Djemila Benhabib). Du côté des participantes reconnues comme musulmanes ou d'origine musulmane, il y avait une importante diversité. Certaines étaient membres d'organismes communautaires musulmans, d'autres non. Certaines se positionnaient contre l'interdiction du port des « signes » religieux dans la fonction publique, d'autres y étaient favorables. Elles étaient d'origine maghrébine, libanaise, canadienne-

---

17. FFQ, *Rapport d'activités 2008-2009*.

française ou encore iranienne. Il reste que même en incluant celles qui s'affichaient pour l'interdiction, les participantes musulmanes étaient loin de former la majorité des membres de l'assemblée, et environ quatre ou cinq seulement parmi elles portaient le foulard. Ces faits sont d'une importance décisive dans toute la controverse qui allait succéder à cet évènement.

Selon les procédures habituelles, seules les membres de la FFQ avaient le droit de parole. Pourtant, une proposition avait été faite afin que Djemila Benhabib puisse prendre la parole malgré son statut d'observatrice, et c'est Samira Laouni qui l'a appuyée en dépit du fait qu'elle connaissait très bien la position de celle-ci contre le port du foulard dans les institutions publiques. Toutefois, pour Samira, le principe dépassait ses intérêts; en d'autres termes, favoriser la liberté de parole impliquait également le fait d'autoriser des personnes opposantes à s'exprimer.

C'est ainsi que Benhabib était intervenue pour rappeler ses origines et le livre qu'elle venait de publier quelques mois plus tôt — et dans lequel elle qualifiait Tariq Ramadan et les personnes qui travaillaient avec lui d'«islamistes», tout en prenant soin d'associer au concept de l'islamisme la violence, la barbarie, et plusieurs évènements politiques internationaux. D'origine algérienne, Samia Bouzourène a également pris la parole pour rappeler que personne n'avait le monopole de la souffrance et que sa vie avait aussi été marquée par les évènements survenus en Algérie pendant la décennie noire puisque son propre frère avait été assassiné dans un faux barrage. Elle avait ensuite ajouté que ce n'était pas en interdisant le foulard au Québec que les problèmes de l'Algérie seraient résolus. Les prises de parole se sont ainsi succédé autant pour appuyer la proposition du conseil d'administration de la FFQ que pour s'y opposer.

À la fin des délibérations, les membres ont voté, et la majorité a appuyé la position «Ni obligation religieuse, ni interdiction étatique». Une ambiance de soulagement et de joie s'est répandue dans la salle chez les femmes de toutes origines... sauf chez celles, comme Djemila Benhabib, qui sont sorties furieuses pour préparer une campagne de haine et de diffamation qui perdure jusqu'à aujourd'hui.

* * *

Trois jours plus tard, Benhabib publiait un article dans *Le Devoir* où elle lançait le mythe de l'infiltration de la FFQ par des «islamistes», repris le surlendemain dans la chronique de Martineau citée plus haut. Dès le début, elle écrivait: «Fortement épaulée par des représentantes du Conseil islamique canadien et de Présence musulmane, la Fédération des femmes du Québec (FFQ) vient d'adopter une résolution banalisant le port du voile islamique dans les institutions publiques québécoises[18]». Cette seule affirmation était en elle-même une insulte à l'intelligence et à l'autonomie intellectuelle de toutes les femmes qui étaient présentes lors de cette assemblée. Alors que le conseil d'administration de la FFQ — auteur de la proposition débattue en assemblée — était majoritairement composé de femmes blanches d'origine canadienne-française, ces dernières devenaient soudainement, aux yeux de Benhabib, complètement naïves et facilement manipulables par quelques femmes musulmanes. Paradoxalement, celle-ci a elle-même utilisé le terme «poignée[19]» en décrivant le nombre de participantes musulmanes opposées à l'interdiction des «signes» religieux, alors qu'elle prétendait au début du même article que la FFQ était «fortement épaulée».

Malheureusement, il est de ces mensonges qui, à force d'être répétés dans les tribunes les plus écoutées, acquièrent un statut de «vérité» chez bien des citoyens-es n'ayant pas eu accès à d'autres versions des faits. Ainsi, malgré tous les communiqués publiés et les explications données par la FFQ sur sa position et sur cette assemblée spéciale, on continue à répéter dans certains milieux que les «islamistes» se sont emparés-es de la Fédération, qui ne serait donc plus représentative de «toutes» les femmes du Québec. Et plutôt que d'inviter dans les médias ces femmes accusées d'islamistes pour les interroger et apprendre davantage sur leur parcours, et ainsi obtenir leur point de vue, on préfère plutôt lire ce que leurs opposantes en disent, et maintenir un climat de suspicion autour d'elles en laissant à l'imaginaire des gens le soin d'en faire un portrait étranger, épeurant et ô combien «rétrograde».

---

18. Djemila Benhabib, «J'accuse la FFQ de trahir le combat des femmes», *Le Devoir*, 12 mai 2009.

19. Dans le même article cité ci-dessus, elle disait «pour une poignée de militantes islamistes, la FFQ a sacrifié des millions de femmes musulmanes qui se battent au péril de leur vie».

Un piège soigneusement construit

Benhabib n'est pas seule dans sa lutte contre celles et ceux qui ne partagent pas son opinion sur l'islam ou encore sur la gestion de la diversité religieuse au Québec et de la laïcité. Celle-ci s'est rapprochée d'autres militantes du Mouvement laïque québécois (MLQ) qui prennent leurs informations de sites Internet de propagande anti-islam prétendant être « spécialisés » dans la mise en garde à l'égard de ce qu'ils attribuent à l'islamisme ou à la « chari'a ». Ces sites sont en ligne depuis des années et leurs textes sont par la suite copiés et collés dans plusieurs blogues individuels, pour créer un effet de masse et de convergence de l'information. C'est donc ainsi que certaines personnes complètement inconnues s'y sont permis de me qualifier d'islamiste, sans qu'elles ne m'aient jamais rencontrée, ni interrogée, ni lue, et sans qu'elles n'aient encore écouté mes discours et mes positions. L'approche de ces sites et blogues est très loin de répondre aux critères de la rigueur journalistique ou scientifique, et encore moins à une démarche inspirée par une honnêteté intellectuelle, puisque leurs allégations sont construites sur la base de liens qu'ils tracent eux-mêmes souvent de façon complètement fantasmatique entre des citoyennes québécoises musulmanes et différentes organisations internationales politiques ou religieuses (notamment associées à la violence). En d'autres termes, ils prétendent se substituer aux Services canadiens du renseignement de sécurité (SCRS) et à la GRC[20].

Un autre point non négligeable à noter à propos de ces sites Internet québécois est qu'ils s'abreuvent d'un site américain appartenant à un organisme nommé Middle East Media Reseach Institute (MEMRI)[21]. Celui-ci prétend vouloir « combler le fossé linguistique entre l'Occident et le Moyen-Orient et l'Asie du Sud, en fournissant la traduction de médias à partir de l'arabe, du farsi, de l'ourdou-pachtou et du dari, ainsi que l'analyse originale des tendances politiques, idéologiques, intellectuelles, sociales, culturelles et

---

20. Plus tard, il sera question des excès des SCRS et de la GRC commis justement à l'égard de certains citoyens musulmans, et qui révèlent que ces deux agences sont tout sauf clémentes et complaisantes à l'égard de cette catégorie de citoyens.
21. Une simple recherche sur ces sites peut dévoiler toutes les références qu'ils font à MEMRI.

religieuses[22]». Cependant, en visitant ce site, il nous apparaît que les seules tendances intellectuelles et religieuses qui intéressent cet organisme sont celles des groupuscules musulmans violents, des imams aux visions les plus rétrogrades, misogynes et anti-occidentales, ou encore celles des musulmans «libéraux» qui ne critiquent pas Israël ou qui rejettent la religion musulmane. Le MEMRI a été fondé en 1998 par le colonel Yigal Carmon, ancien membre des services de renseignement israéliens, et compte aujourd'hui, parmi ses conseillers, plusieurs personnalités politiques israéliennes et américaines (Ehud Barak, Donald Rumsfeld, etc.), canadiennes (Irwin Cotler, député fédéral au Parti libéral du Canada et ex-ministre fédéral de la justice) et même françaises (Hassen Chalghoumi, «imam béni» par l'état républicain français)[23]. Comme on peut le constater en y naviguant, ce site est intimement lié à la politique d'Israël et à la politique étrangère américaine — une section du site est dédiée au soutien du «gouvernement/armée des États-Unis» —, ce qui peut répondre partiellement à la question: qui a intérêt à ce que les Arabes/musulmans dans le monde soient systématiquement dépeints comme des rétrogrades violents, antidémocratiques, qui ne valorisent pas la vie, et qui mériteraient finalement d'être attaqués militairement et même colonisés!? Cette dynamique a déjà été mise en lumière dans le rapport *Fear Inc.: the Roots of the Islamophobia Network in America*[24], publié en 2011 par un groupe de chercheurs-ses du Center for American Progress[25]. Du côté québécois, il serait intéressant de connaître ce que Louise Mailloux, Richard Martineau et leurs alliés-es disent à propos du fait que leurs sources d'informations — à

---

22. Traduction de la vision du MEMRI mentionnée sur leur site: www.memri.org.
23. Informations tirées du site de MEMRI.
24. Ali Wajahat et al., *Fear Inc.: the Roots of the Islamophobia Network in America*, Center for American Progress, 2011.
25. Ce rapport révèle notamment que, durant les dix dernières années, plus de 40 millions de dollars américains ont été investis par sept fondations pour financer un réseau de cinq principaux responsables de la désinformation sur l'Islam, dont Daniel Pipes et Robert Spencer, aux États-Unis et en Occident. C'est notamment à partir de ce groupe de cinq faux experts qu'a émergé la rumeur, en 2009, disant qu'Obama était musulman! Le rapport *Fear Inc.* note également que les propos de Robert Spencer, par exemple, ont été cités 162 fois dans le «manifeste» rédigé par Anders Breivik (le terroriste islamophobe de la Norvège) détaillant ses éventuelles attaques et prévenant contre la «colonisation islamique» de l'Europe.

savoir, les sites québécois islamophobes Point de bascule et Poste de veille, par exemple — jouent le jeu et relaient des « informations » provenant d'un site de propagande américain sioniste et anti-islam.

Ces deux personnages médiatiques, ainsi que Benhabib et leurs acolytes, se sont lancés depuis les cinq dernières années dans une véritable chasse aux fantômes, comme je l'ai appelée dans un article que j'ai publié dans le *Huffington Post*[26]. J'ai parlé de fantômes parce que ce qui obsède principalement Benhabib et tout le lobby pro-laïcité restrictive, ce sont non pas les individus qui représentent un danger réel du point de vue de la violence et du terrorisme — et qui sont certainement étroitement surveillés par les services de sécurité nationaux —, mais plutôt les femmes et les hommes qui ont un discours citoyen et qui ne partagent pas leur lecture de la laïcité.

* * *

Partout où elle intervient, Benhabib rappelle qu'aujourd'hui, l'image des femmes « islamistes » a changé. Elles seraient maintenant des femmes envoyées au front par des « groupuscules » d'hommes barbus. Ensuite, elle ajoute que celles-ci sont instruites, universitaires, et qu'elles maîtrisent le discours lié aux droits de la personne et à la démocratie. Enfin, le troisième élément important du piège est celui de la *taqiyyah*.

Premièrement, il est ironique d'entendre une femme se définissant comme féministe se plaindre que d'autres femmes, et non des hommes, prennent la parole. Dans le cas de PMM, comme je l'ai mentionné plus haut, la coordination était souvent assurée par des femmes, et le choix était basé autant sur les compétences que sur la disponibilité et l'acceptation de s'adresser aux médias. Je ne sais pas comment le choix s'opérait dans les autres associations musulmanes, mais je ne leur ferai pas de procès d'intention puisque je n'en étais pas membre. Par ailleurs, notons que les accusations ne se seraient pas atténuées si les hommes musulmans étaient ceux qu'on entendait plus dans les médias à l'époque. Bien au contraire, on aurait sûrement entendu l'argument répété *ad nauseam* à propos de ces

---

26. Asmaa Ibnouzahir, « La chasse aux "fantômes" », *Huffington Post*, 18 février 2014.

« méchants » hommes musulmans qui parlent au nom de « leurs » femmes !

Ensuite, on nous avertit que les « islamistes » sont maintenant universitaires et instruites. Encore une fois, on semble presque regretter que ces femmes musulmanes ne soient pas des analphabètes ou qu'elles n'adoptent pas un discours « traditionnel » qui justifierait ainsi mieux l'argument de l'auto-aliénation et l'opération de sauvetage par un mouvement féministe occidental à leur égard. De plus, plutôt que d'adopter une démarche scientifique qui est de considérer d'abord les faits et réalités pour ensuite en tirer une conclusion, Benhabib, ainsi que les sites Internet islamophobes, utilisent leurs propres suppositions et opinions comme prémisse de départ et filtre à travers lequel ils interprètent tous les faits qui surviennent. En d'autres termes, peu importe notre profil (Leila Bdeir, Samira Laouni, moi-même, et autres) — universitaires ou pas, pratiquantes ou pas —, nous serions d'abord des « islamistes » parce que nous sommes musulmanes et que nous défendons, entre autres, la liberté religieuse. Nous avons beau nous prononcer pour l'égalité entre les femmes et les hommes, dénoncer toutes les injustices subies par les femmes ici ou dans les sociétés majoritairement musulmanes, le verdict préalable semble indépendant des faits réels.

Toutefois, et c'est ce qui nous amène au troisième point, face à toutes ces dénonciations et celles que nous exprimons à l'égard des lectures littéralistes rétrogrades et sexistes des textes religieux, on nous sert de plus en plus l'argument qui vise la décrédibilisation systématique : la *taqiyyah*. J'ai moi-même appris, pour la première fois, l'existence de ce terme en remarquant son utilisation par certains courants islamophobes à l'égard de Tariq Ramadan. Mais aussitôt cité en France, aussitôt repris au Québec, ce terme est le piège ultime dans lequel ces courants cherchent à enfermer toutes celles et tous ceux qui tiennent un discours qui va à l'encontre de leurs opinions.

En fait, devant deux grands portraits de musulmans-es dans le monde, l'un violent et rétrograde (représentant fort probablement moins de 1 % des musulmans-es), et l'autre pacifiste et pluriel (auquel correspond le 99 % restant), les courants islamophobes ou antireligieux choisissent sciemment d'identifier l'islam principalement au premier profil minoritaire, et accusent donc tous les musulmans-es parlant de paix et de vivre-ensemble de mentir, de cacher le « vrai visage de l'islam » et de pratiquer ainsi la *taqiyyah*. Cependant, notons que celle-ci n'est aucunement une pratique « musulmane », comme le laissent entendre certains-es, puisqu'elle n'est mentionnée ni dans le Coran ni dans la *sunna*. Il s'agit plutôt d'un terme arabe utilisé pour identifier la réaction des personnes, peu importe leurs croyances, qui, pour réduire le risque d'un conflit (conjugal, familial, social ou autre) ou pour éviter la torture ou la mort, tiennent des propos allant dans le sens de ce que veut entendre l'autre partie. De plus, dans l'éthique musulmane, le mensonge est considéré comme un péché majeur qui n'est permis qu'en de très rares cas (pour sauver sa vie ou réconcilier deux personnes, par exemple), et qui ne pourrait aucunement être justifié par une volonté de « répandre » l'islam. Aujourd'hui, l'utilisation du concept de *taqiyyah* à l'égard des personnes impliquées dans le débat social autour de la diversité religieuse, que ce soit au Québec ou ailleurs, est aussi invalide que risible. Mais il faut comprendre que certaines personnes, ayant des connaissances très limitées sur l'islam, malgré leurs origines, aiment tout de même invoquer quelques concepts ici et là — souvent en arabe —, histoire d'acquérir une crédibilité qui leur procure par la suite une réputation d'« experts-es » sur la question. Ironiquement, la *taqiyyah* est aussi un de ces pièges capable de capturer même celles et ceux qui le dressent.

Au cœur du mouvement féministe québécois

Malgré toutes ces accusations, et avec un certain recul émotionnel, j'ai décidé de continuer à cheminer vers mon objectif qui est de participer à la réflexion autour de l'islam, des femmes et de l'immigration. Je ne pouvais garder mes analyses loin des lieux de débats lorsque je voyais autant de confusion ou d'incompréhension au sujet de certains concepts reliés à ces thèmes.

Hélas, ce travail ne pouvait plus se faire dans le cadre de Présence musulmane Montréal puisque l'organisme a été dissout en 2011, principalement en raison de l'essoufflement de ses membres les plus actifs. Il était très difficile de trouver une relève prête à consacrer bénévolement autant d'heures que les membres qui œuvraient là depuis près de dix ans. La décision de mettre fin à cet organisme n'a pas du tout été facile émotionnellement. Je le voyais sincèrement comme porteur d'un discours alternatif, citoyen, nuancé, informé et ouvert, mais aussi comme un espace où l'unité de ses membres ne dépendait pas de l'uniformité de leur apparence, de leur pratique religieuse ou encore de leur vision politique. De PMM, j'ai tout de même hérité d'une expérience et de connaissances riches, et surtout, d'amitiés qui se sont encore plus développées ces dernières années.

* * *

Lors de cette même année, le mouvement des femmes au Québec initiait des États généraux de l'action et de l'analyse féministes qui devaient durer deux ans. Un colloque d'ouverture s'est alors tenu à Montréal, suivi par un autre à Québec en 2012 et un dernier forum général en novembre 2013, encore une fois à Montréal. Ce dernier allait permettre aux femmes de « dégager de grandes orientations et des pistes d'action pour guider les stratégies du mouvement féministe pour les années à venir[27] ». Entre 2012 et 2013, des tables de travail devaient analyser certains enjeux et émettre des propositions à présenter à toutes les femmes participant au forum général.

En 2011, j'ai donc décidé de devenir membre de la FFQ, notamment parce que les débats qui s'y tenaient me concernaient autant à titre personnel qu'intellectuel. J'ai ainsi assisté à la conférence de lancement, lors de laquelle des féministes, telles que Micheline Dumont, ont pris la parole pour rappeler brièvement les enjeux sur lesquels le mouvement des femmes au Québec a travaillé depuis les vingt dernières années. À l'issue ce même colloque, les 300 participantes ont nommé le comité d'orientation qui devait penser et diriger toute la démarche des États généraux pour les deux ans à venir. C'est ainsi que Leila Bdeir et Samira Laouni ont été sélectionnées parmi les 25 femmes qui devaient composer ce comité. Faut-il rappeler que les participantes au colloque étaient majoritairement d'origine canadienne-française et évidemment non musulmanes? Il n'y avait peut-être qu'une dizaine de musulmanes et/ou d'Arabes dans tout l'évènement, dont celles qui se positionnaient contre le port du foulard dans la fonction publique. Le vote en faveur de femmes comme Leila et Samira témoignait simplement et clairement de la reconnaissance pour tout le travail que ces deux féministes avaient

---

27. Site Internet de la FFQ: www.ffq.qc.ca/luttes/etats-generaux/a-propos.

accompli depuis les dernières années au sein du mouvement des femmes en général et dans leur milieu respectif, ainsi que de leur désir profond de faire avancer les droits de toutes les femmes.

Ce choix contredit également l'image que le lobby islamophobe s'acharne à maintenir à l'égard des femmes comme Leila Bdeir, Samira Laouni ou moi-même. En fait, à travers les portraits qu'il dresse de nous, celui-ci vise à nous présenter essentiellement comme des personnes ayant un visage public « citoyen militant », mais une vie obscure, appartenant à des « communautés » fermées et organisées à l'écart du reste de la société. En vérité, ce lobby sait très bien à qui il s'adresse, et il exploite de façon malhonnête le manque de contact de certains-es Québécois-es avec leurs concitoyens-nes musulmans-es. Autant Benhabib que ses partisans-es savent que des dizaines de milliers de Québécois-es non musulmans-es n'adhèrent pas à leur théorie de complot parce qu'ils ou elles ont des liens très profonds avec des musulmans-es, pratiquants-es ou pas, engagés-es socialement et politiquement ou pas. Ils fréquentent leurs cours, vont chez eux, voyagent avec elles, gardent leurs enfants, connaissent toute leur famille, les voient même prier et jeûner... Bref, toutes ces personnes non musulmanes *vivent avec* des musulmans-es, incluant celles et ceux qui sont impliqués-es dans les débats publics, et les connaissent comme si elles étaient membres de leur propre famille. Je pense à Mélanie, une amie de ma mère, qui maintient une étroite relation avec celle-ci depuis près de dix ans. Elle a partagé nos repas, fait garder sa fille par ma mère et moi-même, et un grand lien de confiance s'est établi entre nous. Le Québec compte heureusement des milliers de Mélanie. Paradoxalement, leurs voix dans les débats publics sont systématiquement décrédibilisées par des femmes d'origine arabe comme Benhabib, Yolande Gedah et autres, les accusant d'angélisme et de naïveté, et se donnant à elles seules le crédit de « vraiment bien connaître ces gens-là[28] ».

---

28. Lors de l'émission *Tout le monde en parle* du 29 septembre 2013, Benhabib a accusé même Nazanin Afshin-Jam, d'origine iranienne et épouse de l'ex-ministre Peter MacKay, d'« angélisme douteux », alors que celle-ci venait de dénoncer l'imposition du voile en Iran mais en ajoutant que cela était différent du cas de Dalila Awada, une jeune Québécoise qui avait fait le choix de le porter. C'est particulièrement ce dogmatisme et cette approche de la vision unique qui sont malsains dans le discours de ce lobby islamophobe.

Justement, ce sont fort probablement des femmes comme Mélanie qui ont décidé d'accorder leur confiance à Samira et à Leila pour les nommer comme membres du comité d'orientation des États généraux en mai 2011. Malgré toute la propagande lancée depuis les deux années précédentes sur la FFQ et ses membres musulmanes, écarter complètement des femmes compétentes sur la seule base de propos diffamatoires aurait cautionné le discours islamophobe.

* * *

Pour ma part, j'ai participé beaucoup plus activement à ces États généraux à partir de 2012, tout d'abord avec le groupe de dialogue féministe interreligieux Maria'M, où nous avons contribué à la consultation « Retracer l'histoire des vingt dernières années du mouvement des femmes », lors de laquelle il fallait enrichir une ligne du temps des vingt dernières années par des faits reliés à l'action féministe québécoise. Par la suite, je suis allée à Québec pour l'assemblée générale annuelle et le colloque de la FFQ tenus en mai de cette même année. Toutefois, l'ambiance ne traduisait pas toujours la solidarité et la confiance.

L'atelier auquel je participais, intitulé « Intersections des oppressions et alliances », devait identifier « les défis pour (mieux) intégrer une perspective plus inclusive des femmes minorisées[29] ». On devait donc y aborder plusieurs thématiques, du colonialisme à la lesbophobie, en passant par le racisme, le capacitisme et l'âgisme[30]. Cependant, la présence à cet atelier de Louise Mailloux, professeure au cégep du Vieux-Montréal, a réussi, une fois de plus, à canaliser toute l'attention sur l'islam et les musulmans-es. Alors que l'on devait parler de l'inclusion de plus de femmes qui vivent différentes formes de discrimination, celle-ci évoquait constamment les « menaces » de l'islam au Québec, en parlant d'excision et de polygamie. Elle a ensuite soutenu qu'« on ne peut pas dire que toutes les civilisations sont égales », en illustrant ses propos par « ces civilisations » qui pratiquent l'excision et qui seraient donc essentiellement inférieures à « Notre » civilisation occidentale. Cette manie de ne voir en l'Autre

---

29. Colloque 2012 : description des ateliers.
30. En ligne : www.etatsgenerauxdufeminisme.ca/index.php/intersection-des-oppressions-et-alliances.

que ses côtés sombres tout en s'attribuant toutes les vertus de la perfection civilisationnelle exprime exactement ce qu'est le racisme. Devant de tels propos, j'ai alors pris la parole pour rappeler que cette affirmation est la prémisse même de l'idéologie raciste : prétendre qu'il y a des civilisations supérieures et que d'autres seraient « sauvages » et auraient besoin qu'on les civilise. N'est-ce pas là, entre autres, ce qui a justifié plusieurs entreprises coloniales dans le passé ?

Le thème de cet atelier semblait si populaire que deux groupes devaient y réfléchir. Dans l'autre groupe, l'ambiance n'était pas meilleure. D'autres alliées de Mailloux, dont Michèle Sirois et Leila Lesbet, y étaient présentes et réduisaient aussi constamment le débat aux questions de neutralité religieuse de l'État, de l'islam et des musulmans-es (bien que celles-ci aient dépassé le cadre du sujet à traiter). À en juger par d'autres participantes qui portèrent plainte auprès des responsables de l'évènement, leur ton et leur comportement étaient même irrespectueux (elles tentaient de monopoliser le plancher en bafouant constamment le tour de parole des autres femmes et en les empêchant d'élaborer leurs idées ; l'une d'elles insistait à faire adhérer les autres participantes à un texte qu'elle avait préalablement écrit ; et leur langage non verbal était très agressif). Plus tard dans la journée, le ton ne s'est pas plus apaisé lorsque les deux groupes se réunirent pour identifier des propositions à soumettre au reste des participantes du colloque. On observait un tel manque de nuances dans les propos de Lesbet, entre autres : aucune place à la diversité des opinions ni au dialogue. Seule une vision devait prévaloir, soit celle que toutes les femmes qui portent le foulard sont liées à un mouvement d'islamisme international ! Une des participantes, non musulmane, outrée par cette obsession, a même fini par quitter la salle.

À la fin de ce colloque, sept défis ont été déterminés par les 350 participantes, et chacun d'eux allait constituer la thématique d'une des tables de travail qui se sont tenues entre novembre 2012 et mai 2013. Parmi celles-ci, la table « Liberté » devait permettre de « s'outiller pour contrer la montée des intégrismes religieux qui perpétuent et promeuvent des traditions sexistes opposées à l'émancipation des femmes et pour contrer la marchandisation du corps et de la sexualité des femmes, parce que tous deux contribuent au contrôle social des femmes[31] ». J'ai décidé alors de m'inscrire à cette table puisque j'étais moi-même préoccupée par les droits des femmes bafoués par certains courants littéralistes rétrogrades en islam, mais aussi parce que, étant donné que je me doutais bien que la grande partie des discussions tournerait autour des musulmans-es, il était ainsi plus logique que j'y prenne part.

Cependant, dès la première réunion, nous avons constaté que, dans le cadre de son mandat, cette table devait se pencher sur les deux sujets qui divisent encore aujourd'hui le mouvement des femmes au Québec, à savoir la question de « la prostitution versus le travail du sexe », et celle du modèle de la laïcité à adopter au Québec. D'autres questions venaient également s'y greffer, notamment celles des femmes et du militarisme, de la violence faite aux femmes, et de l'hypersexualisation. La tâche était impressionnante, et les dix femmes qui participaient à ce groupe ne bénéficiaient pas nécessairement toutes du même niveau de connaissances ou d'expertise pour chacun de ces thèmes, ce qui compliquait davantage notre travail.

Au sein même de ce groupe, nous avons donc dû former des sous-groupes afin de se partager les thématiques que nous devions aborder, et c'est ainsi que je me suis retrouvée dans celui qui portait sur les conservatismes sociaux et religieux et les stéréotypes sexistes. J'étais la seule participante d'origine non canadienne-française au sein de ce sous-groupe qui comptait 4 membres en tout. Je me souviens que, en m'y joignant, j'étais sincèrement persuadée qu'en dialoguant pendant plusieurs mois, nous réussirions à éclaircir certaines zones d'ombre et d'incompréhension et à nous entendre sur ce qui constituait réellement les défis auxquels les femmes devaient faire face en ce qui a trait à la religion. Malheureusement, au fil des réunions, j'ai constaté que deux des participantes n'étaient pas nécessairement là pour le dialogue. Elles répétaient les mêmes arguments tenus par certaines têtes pensantes du lobby pro-laïcité restrictive, sans être capables de répondre à un seul contre-argument. Face à ces derniers, elles resservaient les prémisses de départ, soit que l'État et la religion doivent être séparés, et que les « signes » religieux devaient être interdits dans la fonction publique. Puisque nous avions tout de même deux sujets à traiter (intégrismes religieux et stéréotypes

---

31. En ligne : www.etatsgenerauxdufeminisme.ca

sexistes), nous avons dû déterminer de façon stricte et égalitaire le nombre de rencontres qui seraient consacrées à chacun. Autrement, les discussions tournaient constamment autour de l'islam et de *ses* problèmes, sans nuance et sans aucune reconnaissance pour le travail accompli par des personnes musulmanes ici ou ailleurs dans le monde pour réformer la religion, notamment sur la question des femmes. Deux épisodes m'ont particulièrement marquée lors de ces rencontres.

Lors de la réunion qui devait porter sur les stéréotypes sexistes, une des participantes avait invité une de ses amies, Diane Guilbault, pour nourrir notre réflexion. Celle-ci était connue, entre autres, pour son opposition au rapport Bouchard-Taylor et sa position plus stricte sur l'interdiction des « signes » religieux dans la fonction publique. Après avoir brièvement parlé de son parcours lors de sa présentation, madame Guilbault avait ajouté qu'elle était également mère de quatre enfants. J'en étais impressionnée. Peu importe nos différences d'opinions, je suis toujours admirative du courage qu'ont ces femmes de concilier une famille relativement nombreuse, comparativement à la moyenne nationale, et tous les accomplissements professionnels qu'elles réalisent. Cependant, toutes les femmes ne mériteraient apparemment pas cette admiration, selon certaines, puisque plus tard dans la réunion, une autre participante racontait comment l'une des femmes immigrantes qu'elle aidait à se préparer pour son examen de français essayait de concilier ses études avec le fait qu'elle avait quatre enfants. Aussitôt le chiffre « quatre » prononcé, l'amie de madame Guilbault me lança un regard avec une moue de dégoût. Cela constituait justement une autre expression du racisme : éprouver et exprimer un mépris pour une personne inconnue simplement à travers les préjugés qu'on entretient à l'égard de tout son groupe.

Plus le mois de mai approchait, plus nous avions de la pression pour nous entendre sur ce que nous allions présenter à l'ensemble de notre table de travail et au comité d'orientation. J'avais alors proposé que chacune de nous rédige une fiche avec ses positions sur chacun des thèmes, et ensemble nous tenterions de voir où se situaient nos convergences. J'avais personnellement identifié onze points à considérer pour notre réflexion et deux pistes d'action. Le premier élément allait comme suit : « Les actes/les idées sexistes visent à maintenir les femmes dans un statut de soumission à l'autorité masculine et ainsi à limiter les opportunités auxquelles elles peuvent accéder pour leur émancipation. » Au troisième point, je mentionnais : « Concernant les sphères religieuses, des efforts sont en cours dans plusieurs d'entre elles pour contrer le contrôle des femmes et promouvoir leur autodétermination, à partir même de leurs références religieuses. » Je n'avais jamais douté qu'une affirmation aussi simple serait refusée de manière aussi catégorique par deux des participantes de mon sous-groupe. Lorsque je parlais à l'une d'elles de l'Autre parole (collective de féministes chrétiennes québécoises) et du GIERFI, elle me répondait qu'elle n'était pas au courant de leur existence et que cela justifiait son refus d'inclure ce point à notre document final. J'avais beau lui répéter que j'étais moi-même membre du GIERFI et que j'entretenais un dialogue avec les féministes chrétiennes, le même rejet catégorique accueillait toutes mes explications. Cet épisode était très important sur le plan de la symbolique. Outre la fermeture au dialogue, il reflétait également le refus de la reconnaissance de l'existence de l'Autre, de ses luttes et surtout de sa parole. Ce type de femmes, comme d'autres personnes dans la société, ne sont pas seulement contre les discriminations à l'égard des femmes, mais contre les religions peu importe comment elles sont pratiquées ou pensées.

Lorsque nous n'étions pas en réunion, j'avais tout de même droit, de la part d'une des participantes en particulier, à une série de courriels qui « m'informaient » de toutes « ces atrocités » commises par les musulmans dans diverses régions du monde.

* * *

En novembre 2013, le forum final des États généraux s'est tenu en réunissant près de mille femmes pendant trois jours. Une kyrielle d'activités intéressantes y était prévue : des ateliers de formation et d'éducation populaire organisés par des groupes de femmes de tout horizon, des espaces de discussion ouverts ainsi que des ateliers de délibération sur le cahier de propositions sur lesquelles les participantes devaient voter au dernier jour. De mon côté, j'ai donné une conférence, avec Krista Riley, dans le cadre d'un atelier intitulé « Féministes musulmanes d'ici et d'ailleurs » où j'ai parlé du féminisme islamique en présentant son historique, ses diverses écoles de pensée, ainsi que ses actions ici et ailleurs dans le monde.

Krista, quant à elle, a présenté son sujet de doctorat, qui porte sur les femmes musulmanes blogueuses en Amérique du Nord et sur leur utilisation d'Internet pour discuter et réinterpréter les questions de la religion et du genre. Il y avait une soixantaine de personnes dans la salle, et l'auditoire était très respectueux malgré la divergence des opinions.

Cependant, le risque de tensions menaçait tout de même le bon déroulement du Forum. Quelques mois plus tôt, en mai 2013, la FFQ avait tenu un colloque sur l'intersectionnalité[32] (avant son assemblée générale annuelle), et pour lequel les femmes du Mouvement laïque québécois ainsi que leurs alliées avaient mobilisé plusieurs autres femmes islamophobes qui semblaient peu habituées aux procédures de la Fédération, et dont certaines affichaient une attitude clairement problématique, comme le fait de remettre en question constamment l'intégrité de la présidente de l'assemblée en l'accusant d'accorder plus de temps de parole à certaines participantes selon leur opinion sur la laïcité, et donc de bâillonner les autres. À la fin d'une table ronde tenue sur l'intersectionnalité, plutôt que d'interroger les panélistes (une Autochtone, une Noire, une handicapée, et une spécialiste de l'intersectionnalité) sur leur perspective et expérience des différentes discriminations, quelques femmes de ce groupe ont préféré exprimer leur rejet de ce concept en remettant en question l'idée que des formes d'oppression autres que celles basées sur le sexe puissent également porter atteinte au quotidien et à l'émancipation de certaines femmes. Nous avons également eu droit à un «rappel» de la part de l'une d'elles affirmant que la FFQ devait représenter les femmes «blanches, hétéros, de classe moyenne, qui constituaient 80 % des Québécoises, et qui avaient comme priorités la laïcité et l'égalité des sexes». Plus tard, une autre avait exprimé son incompréhension vis-à-vis du nom du Comité des femmes immigrantes et racisées qui fait partie de la FFQ. Elle proposait donc de le renommer «comité des femmes en processus d'intégration»! Selon elle, peu importait donc le lieu de naissance de ces femmes, leur statut de

---

32. Approche en sociologie définie par l'universitaire féministe américaine Kimberlé Crenshaw en 1989, et qui vise la prise en compte de l'interaction entre différents systèmes d'oppression ou de discrimination (basés sur le genre, la race, la classe, la religion, l'orientation sexuelle, les capacités, etc.) dans la vie quotidienne des femmes.

citoyenneté et leur parcours professionnel et personnel; tant qu'elles n'adoptaient pas une position qui reconnaîtrait une certaine vision restrictive de la laïcité et du féminisme, elles avaient encore du chemin à faire sur la voie de l'intégration.

Je m'attendais donc, ainsi que d'autres féministes, à ce que ce lobby continue sa mobilisation pour le Forum final en novembre, mais la légitimité d'une telle démarche ne me posait aucun problème. Si des femmes sont intéressées par une question quelconque, pourquoi ne pourraient-elles pas participer au processus où on en débat et où il y aurait éventuellement un vote? Contrairement à la propagande lancée quatre ans plus tôt sur la FFQ et la supposée «infiltration islamiste», ni moi ni aucune autre femme avec qui je travaillais dans ce dossier n'avons crié à l'infiltration de la FFQ par le Mouvement laïque québécois.

Bref, au moment du vote, près de 700 participantes se sont retrouvées dans l'auditorium du pavillon Judith-Jasmin à l'UQAM. Une quinzaine ou une vingtaine de femmes musulmanes étaient présentes lors de ce rassemblement, mais reflétant tout de même une diversité importante, sur le plan de l'origine, de l'identification à la pratique religieuse, du profil académique ou professionnel, de la visibilité, etc. Encore une fois, les femmes ont voté en majorité autant pour les propositions qui appelaient à «contrer l'instrumentalisation du féminisme à des fins racistes et nationalistes, notamment au sein du mouvement des femmes» que pour celles qui visaient à «contrer le développement de terreaux fertiles pour les fondamentalismes religieux et toute autre forme de fondamentalisme[33]», entre autres. Un équilibre permettait ainsi de reconnaître la pluralité des identités féministes tout en s'opposant à des idéologies religieuses sexistes et potentiellement liberticides.

Voir la salle voter majoritairement pour ce type de propositions confirmait pour moi que le mouvement des femmes au Québec est loin d'en être un qui soit paranoïaque ou qui se laisse manipuler par des campagnes de propagande de haine et de rejet. Encore une fois, la salle comportait fort probablement plusieurs «Mélanie», ces femmes qui côtoient au quotidien leurs concitoyennes d'origines et

---

33. Tirées du site des États généraux de l'action et l'analyse féministes: www.etatsgenerauxdufeminisme.ca [consulté le 14 mai 2014].

de croyances variées, qui osent leur poser des questions sincères et vivre avec elles des moments de partage familiaux, professionnels ou académiques. Elles avaient donc ce regard nuancé qui permet de distinguer entre des citoyennes actives dans la société civile et qui ont à cœur la paix et la cohésion sociale, et des groupes ou individus qui tiennent des visions misogynes avec des visées politiques étrangères.

Citoyenne engagée ou islamiste?

Depuis le début de la campagne de propagande, datant du temps de PMM, à l'égard de toutes les femmes qui participent aux débats sociaux à partir de leur réalité et de leur perspective, une question me semble fondamentale à poser : quelle différence fait-on entre une citoyenne croyante qui défend, individuellement ou avec des organismes communautaires, ses droits — ou les droits d'autrui — selon les chartes de droit nationales ou internationales, et une islamiste qui promeut le communautarisme et poursuit un « objectif politique caché » ?

Pour répondre à cette question, nous devons d'abord nous entendre sur ce que signifie le terme « islamiste ». Comme il a été mentionné auparavant, la définition de celui-ci ne fait pas consensus et il a été utilisé dans les dernières années à toutes les sauces. Lors d'une conférence donnée à l'IREMMO[34] en 2012, Alain Gresh — rédacteur en chef du *Monde diplomatique* et expert du Moyen-Orient — revient sur la confusion entourant ce terme. En effet, le sens que ce dernier revêtait au 18e siècle est bien différent de celui utilisé dans les discours politiques ou médiatiques depuis les quarante ou cinquante dernières années. Tout d'abord, en français, le terme « islamisme » était utilisé au même titre que christianisme, judaïsme ou encore bouddhisme, pour désigner tout simplement la religion musulmane[35].

---

34. L'Institut de recherche et d'études Méditerranée Moyen-Orient.
35. Alain Gresh, « Qu'est-ce que l'islamisme ? », IREMMO, 7 janvier 2012, Paris. En ligne : www.youtube.com.

Par ailleurs, Tariq Ramadan trace l'origine du terme au temps qui a succédé à l'indépendance de l'Égypte dans les années 1950[36]. Gamal Abdennasser, ayant pris le pouvoir après un coup d'État, avait fait emprisonner les résistants avec qui il avait collaboré lors de la lutte contre les colonisateurs anglais. En prison, deux groupes se sont formés. L'un a déclaré que ses membres étaient « musulmans » (en arabe *mouslimoun*), et que le président ainsi que tous ceux qui collaboraient avec lui ne l'étaient plus. Les membres de l'autre groupe avaient, quant à eux, affirmé que la société dans laquelle ils vivaient était musulmane, mais qu'eux se nommeraient « islamistes » (*islamiyoun*), distinguant ainsi leur engagement et leur activisme au nom de leur religion[37], tout en reconnaissant qu'ils avaient un projet social et une vision politique à propos de leur État[38].

Par contre, comme le souligne Gresh dans la même conférence citée ci-dessus, en raison de la confusion qui règne au sujet de ce terme utilisé en Europe depuis les années 1970 pour faire référence à ce que certains appellent « l'islam politique », il est plus prudent de parler d'« islamismes » au pluriel, car ceci servirait à décrire les

> différents mouvements politiques qui utilisent l'islam comme drapeau et comme programme politique. Et que ça couvre des choses très différentes. Ça va des différentes tendances des Frères musulmans, à Al-Qaïda, au Hezbollah, etc. Et qu'il faut prendre en compte cette diversité.

Évidemment, chacun de ces mouvements opère selon sa propre lecture de la religion et son contexte politique. Le problème se pose lorsque certains d'entre eux recourent à la violence pour imposer *leur* doctrine au reste des musulmans-es dans leur société ou encore dans le reste du monde. Cela dit, il faut tout de même se garder d'associer toute personne ayant un projet politique basé sur l'islam aux groupes violents et terroristes. Autrement dit, la majorité des islamistes ne sont pas armés ni terroristes, et tous les terroristes ne

---

36. Pour une histoire détaillée de l'islamisme et des Frères musulmans, il est intéressant de consulter la recherche de Tariq Ramadan publiée sous le titre *Aux sources du renouveau musulman*, Paris, Bayard, 1998.
37. Tariq Ramadan, *Intégrisme, fondamentalisme, islamisme et radicalisme... De l'origine des mots à la réalité des choses*. En ligne : www.youtube.com.
38. Entrevue de Mehdi Hasan avec Tariq Ramadan, dans le cadre de l'émission *Head to Head*, sur Al-Jazeera, 21 mars 2014.

sont pas nécessairement des pratiquants pieux ni des islamistes. Affirmer le contraire relève forcément du raccourci simplificateur, tout comme le serait le fait d'associer tout parti politique se définissant comme «islamiste» ou prétendant gouverner selon les «lois» de l'islam aux groupes criminels armés. La réalité s'avère beaucoup plus complexe, et toute personne ayant minimalement parcouru les pays à majorité musulmane pourrait constater l'immense différence sur le plan du mode de vie et des lois entre l'Arabie saoudite, la Turquie, la Malaisie ou l'Iran, — tous des pays où les gouvernements prétendent légiférer selon les «règles de l'islam» (— ou plutôt selon leur interprétation de celles-ci) — ou sont identifiés comme gouvernements islamistes. Au Maroc, notamment, les partis islamistes sont présents dans les débats sociaux et politiques et ont même participé, durant ces dernières années, à des dialogues autant avec des organismes laïques de la société civile qu'avec le gouvernement. C'était d'ailleurs le cas pour le processus qui a mené à la réforme du code de la famille (la *Mudawana*) en 2004. Pourtant, les traditions ou encore les lois dans ce pays restent très différentes de celles de l'Arabie saoudite, par exemple.

Pour résumer, un-e islamiste serait donc un-e musulman-e qui favorise un régime politique qui légifère, à divers degrés, selon sa lecture de l'islam, et qui reconnaît cette religion comme devant être celle de l'État.

* * *

Sur ce point, il est important de souligner que toute société a le droit de choisir son modèle politique selon l'histoire de sa civilisation et son contexte, entre autres. Toutes ne sont pas obligées de suivre au pas les traces des pays d'Europe occidentale ou d'Amérique du Nord et d'appliquer à la lettre *ses* constitutions et visions du monde. Il existe dans notre monde des civilisations tellement anciennes — chinoise, indienne, autochtone, arabe, perse, musulmane, etc. — qu'il serait extrêmement arrogant et narcissique de leur demander de ne garder de leur histoire que le côté exotique et de «passer à la modernité» telle que définie par les puissances occidentales.

Ainsi, en ce qui a trait à l'islam, je ne jugerais, pour ma part, de la légitimité d'un régime politique qui s'en définit qu'à travers ses actes concrets et la manière dont celui-ci procède pour protéger les libertés individuelles et les droits des minorités, par exemple. En d'autres termes, dans les sociétés à majorité musulmane, je ne cautionnerais pas un gouvernement simplement parce qu'il fait quelques références à l'islam et qu'il se définit comme «islamique» ou «islamiste», de la même manière qu'un parti politique qui se targue d'être laïque ne m'inspire pas systématiquement confiance. Ce qui compte au fond, ce ne sont pas les étiquettes et les paroles, mais l'application effective de politiques éthiques qui protègent les droits des citoyens-nes et promeuvent leur émancipation dans un esprit de projet de société juste.

Par ailleurs, et comme c'est le cas au Québec ou dans d'autres sociétés occidentales, des politiques de justice sociale peuvent être totalement laïques, tout en correspondant parfaitement à ma vision de l'islam et aux principes éthiques auxquels je crois. C'est donc dans cet esprit que, en tant que citoyenne croyante musulmane, je m'engage, avec d'autres femmes québécoises de la même foi, dans les débats sociaux et politiques. Mon engagement se fait alors autant au nom du respect des droits reconnus internationalement qu'au nom de la justice que je crois être une valeur également musulmane.

* * *

Si, depuis le 11 septembre, le sujet «en vogue» dans les médias est celui de l'islam, pourquoi alors s'attend-on à ce que les premières personnes concernées — à savoir les musulmans-es — s'abstiennent d'intervenir? Car c'est bien cela que semble proposer la campagne de propagande lancée contre des Québécoises musulmanes militantes ou intellectuelles. Bien que les sujets des débats sociaux nous concernent personnellement, nous serions censées plutôt laisser la parole aux autres, faute de quoi nous serions forcément des «militantes islamistes».

* * *

D'autres questions méritent également d'être posées au sujet des «agendas politiques» tels que les nomment les militants-es islamophobes au Québec. Comment se fait-il que les musulmanes engagées pour une laïcité respectueuse des expressions religieuses soient les seules à être accusées d'avoir un «agenda politique», alors qu'aucune d'elles n'exerce influence sur un parti politique au pouvoir, ou proche du pouvoir, contrairement à Benhabib ou Mailloux, par exemple, qui entretiennent des liens avec le Parti québécois? Qui a le droit d'effectuer des revendications sociales et politiques dans notre société et sur quoi se base-t-on objectivement pour juger que les intentions des musulmanes militantes seraient forcément «cachées» et «maléfiques» si elles ne concordent pas avec une certaine vision radicale de la gestion de la diversité religieuse?

* * *

Chacune des Québécoises musulmanes engagées que j'ai côtoyées aurait beaucoup aimé que son action porte sur d'autres luttes que celle du droit des femmes de se couvrir les cheveux ou non, ou encore du droit des musulmans-es d'être reconnus-es comme citoyens-es à part entière. Personnellement, tant de causes m'interpellent, comme je disais au tout début de ce livre — la pauvreté, la violence conjugale, l'éducation et surtout les discriminations que les femmes subissent au nom de l'islam à l'intérieur des milieux musulmans. Un jour, alors que je remerciais une amie non musulmane pour son courage d'intervenir pour déconstruire les peurs et les préjugés au sujet de l'islam, elle m'a justement rappelé que, pour elle, c'était un privilège de pouvoir choisir sur quelle cause travailler puisque les débats sur l'islam ne la touchaient pas personnellement. J'aurais aimé également avoir ce «luxe» de choisir ma lutte. En attendant, j'essaie de garder un pied dans le débat social tout en mobilisant d'autres énergies vers les problèmes inhérents aux interprétations sexistes de la religion.

La Crise, prise II

En 2012, alors que mon mari et moi étions en mission au Yémen avec Action contre la faim, une menace à la sécurité des travailleurs-euses humanitaires expatriés-es nous a forcés à quitter le pays en urgence. Nous avons été évacués au Qatar, où nous avons continué notre mandat pendant encore cinq semaines avant de rentrer à Montréal, en mai. Cette expérience m'avait grandement bouleversée psychologiquement et nous avons décidé de demeurer au Québec le temps de réfléchir davantage à notre avenir dans le domaine de l'humanitaire, étant donné l'insécurité grandissante dans plusieurs régions du monde, notamment à l'égard des travailleurs-euses étrangers-ères. Cependant, voulant à tout prix éviter le rejet de mes éventuelles demandes d'emploi ici, j'ai décidé de devenir consultante indépendante pour des agences internationales — ONG ou Nations unies — qui n'étaient pas basées au Québec, et de travailler à partir de chez moi ; ce qui m'offrait la flexibilité parfaite pour m'occuper des autres engagements qui m'intéressaient.

Peu de temps après notre retour, le mouvement des « casseroles » a débuté, et c'était tout un bonheur de voir que tant de personnes se mobilisaient quotidiennement pour une cause de justice sociale — à savoir, un plus grand accès à l'éducation supérieure pour toutes et tous — dans notre société. J'y ai participé lorsque je pouvais et j'étais fière du Québec que je voyais défiler dans les rues chaque soir.

* * *

Quelques mois plus tard, des élections provinciales ont été déclenchées et, le 4 septembre, le Parti québécois (PQ) a été élu minoritaire avec à sa tête, pour la première fois de l'histoire du Québec, une femme. Je ne savais si je devais me réjouir ou m'inquiéter de ces résultats. Lorsqu'on lit l'histoire des femmes au Québec et la lutte qu'elles ont menée pour acquérir plus de droits — sachant que tout n'est pas encore réglé —, on ne peut qu'être heureux-se de voir une femme à la tête de l'État québécois. Mais cette femme dirigeait un gouvernement qui comptait défendre un projet de charte sur les «valeurs» dites chères aux Québécoises et aux Québécois (soit l'égalité hommes-femmes et la laïcité) en leur donnant un sens très restrictif et en les liant à une vision conservatrice de l'identité québécoise[39]. Comme plusieurs autres citoyens-nes, dans le «Nous» de Mme Marois et d'autres ministres, je ressentais que seuls-es étaient inclus-es celles et ceux au profil «compatible» avec le patrimoine québécois. L'ADQ avait bien prouvé cinq ans plus tôt que la recette permettait d'aller chercher des votes payants en sièges à l'Assemblée nationale.

Concernant cette question du «Nous» et du «Eux», j'aimerais souligner que le problème n'est pas tant l'utilisation de ces expressions, mais davantage la portée qu'on leur accorde, le contexte dans lequel elles sont prononcées ou encore les fins qu'elles servent. Autrement dit, il est normal qu'à des fins de discours, chaque groupe social s'identifie par un «nous» selon une ou des caractéristiques communes aux personnes le constituant (groupe ethnique, origine, croyance, couleur, âge, profession, idéologie, etc.). La rupture survient lorsqu'un groupe, minoritaire ou majoritaire, utilise son «nous» pour s'opposer systématiquement au reste de la société en voulant s'accorder des privilèges ou en cherchant à limiter les droits des autres, ou encore lorsqu'une majorité tente d'exclure des citoyens-nes du cercle de la citoyenneté légitime égalitaire, ce qui est le cas dans certains discours identitaires restrictifs au Québec.

* * *

Le thème de l'identité nationale est bien trop délicat pour en faire un enjeu électoral. Il comprend plusieurs dimensions, qu'elles soient historiques ou contemporaines, qui nécessitent une réflexion posée, loin des intérêts des partis politiques. Il doit également impliquer

---

39. Bien que le PQ ait renommé son projet de charte plus tard, celui-ci a tout de même été nommé au départ, le 10 septembre 2013, la «Charte des valeurs québécoises», comme on peut le constater sur le site Internet du parti. En ligne: www.pq.org/nouvelle/charte-des-valeurs-quebecoises-quebec-presente-ses.

toutes celles et tous ceux qui ont fait un jour le choix conscient de demeurer au Québec ou de venir s'y établir. Bien sûr que le Québec a le droit de se définir par rapport au reste du continent américain et au reste du monde; mais on ne construit pas un pays prospère sur la peur. Hélas, après les élections de 2012, le spectre de la prétendue menace de «l'invasion islamiste» revenait à nouveau hanter l'actualité, pour éventuellement appuyer la «nécessité» du projet de charte qui allait encore une fois grandement affecter l'atmosphère sociale au Québec.

À propos de ce projet, le suspense a duré un an. Le 10 septembre 2013, le PQ, par la voix de son ministre responsable des Institutions démocratiques et de la Participation citoyenne, Bernard Drainville, a révélé les lignes directrices de son projet de charte sur «les valeurs québécoises», qui allait devenir le projet de loi 60 en novembre. Il faut dire qu'il n'y avait plus tant de surprise lors de sa conférence de presse, puisque trois semaines auparavant, un *scoop* avait été publié dans un quotidien de Montréal, révélant déjà que ladite Charte viserait, entre autres, l'interdiction des «signes religieux ostentatoires» chez tout le personnel du secteur public et parapublic. Rien de moins. Ce 10 septembre, le Québec constatait donc principalement que la «fuite médiatique» était confirmée, et qu'elle aurait peut-être même été calculée.

Que de lignes écrites et que de temps d'antenne consacré à ce texte et à ses orientations. Que d'émotions également de tous les côtés; autant la colère ou la déception chez celles et ceux qui sentaient que le PQ se dirigeait vers une pente glissante, que le soulagement et la joie chez les autres qui applaudissaient le début de la fin de «l'aplaventrisme» du Québec.

* * *

J'ai d'abord résisté à la tentation de me laisser complètement noyer dans ce débat social. Je ne voulais pas me faire imposer une «priorité» politique qui n'était pas la mienne, à savoir, me retrouver encore une fois contrainte de défendre le droit des citoyens-nes à pratiquer leur religion — qui comprend certains principes et usages — dans le respect des chartes québécoises, canadiennes et internationales des droits et libertés. En revenant du Yémen, j'espérais, commencer une formation en sciences sociales ainsi qu'une autoformation en sciences islamiques afin d'acquérir les outils nécessaires pour mieux travailler sur la question des femmes en islam. Or, plus le débat sur la charte s'intensifiait, plus il m'était difficile de l'ignorer. Apparemment, l'heure d'avoir le luxe de choisir mes luttes n'avait pas encore sonné pour moi. La nuit, alors que j'essayais de retrouver le sommeil, les arguments prononcés par des politiciens-nes ou commentateurs médiatiques pendant la journée me revisitaient l'esprit et se déconstruisaient au fil de mes pensées. Je sentais monter en moi une indignation face à la démagogie utilisée par ce gouvernement pour un projet non documenté et face à sa démarche outrageusement populiste. Je me suis alors retrouvée à nouveau à écouter et à lire tout ce qui se disait en la matière, ou presque, et bientôt, j'allais être invitée à quelques reprises à donner des conférences sur le sujet[40].

De plus, comme plusieurs autres Québécois-es, ce débat m'a permis de redécouvrir certaines personnes que j'avais côtoyées dans le passé. Celles-ci se déclaraient tout à coup être de ferventes défenderesses du projet de la charte, motivées par le rejet de ces « symboles islamistes » qui représenteraient une menace pour le Québec. Évidemment, elles prenaient soin de me spécifier, encore une fois, que « moi, je n'étais pas comme les autres musulmans-es » et qu'elles me considéraient bien comme Québécoise. Malgré cela, l'une d'elles n'a pu s'empêcher de publier sur son statut Facebook, à la sortie des Jeanette : « Finalement, les femmes québécoises se lèvent et se font entendre. »

Naissance de la Collective

Pour regarder la conférence de presse durant laquelle le ministre allait dévoiler officiellement son projet de loi 60, je me suis jointe à quelques femmes, du milieu académique ou associatif, chez Leila Bdeir. Celles-ci s'identifiaient toutes comme musulmanes, sans pour autant avoir le même rapport à la pratique religieuse qui allait de quasi inexistante chez certaines à assidue chez d'autres. Mais ensemble, nous avons décidé ce jour-là de fonder un nouveau groupe,

---

40. L'analyse détaillée reliée à la question de la charte figure au chapitre « Des accommodements à la Charte ».

soit la Collective des féministes musulmanes du Québec. Malgré nos différences d'origines et de profils, nous partagions toutes le souci d'apporter une voix féministe alternative autant au sein des milieux québécois musulmans que dans les débats sociaux en général.

À la suite de l'annonce du projet de loi sur la Charte, nous avons alors publié un manifeste, *Pas en notre nom*, dans lequel nous dénoncions, entre autres, l'instrumentalisation de la question féministe par le gouvernement Marois. Nous y avons exprimé notre

> attachement collectif à l'égalité femmes-hommes. En tant que femmes et féministes, nous applaudissons toute démarche qui réaffirme l'égalité entre les sexes et entre les genres. Cependant, nous craignons la récupération politique dont font objet nos espoirs et nos luttes[41].

Nous avons également partagé dans ce manifeste notre inquiétude face à des mesures qui risquaient d'exacerber la marginalisation sociale et économique des femmes immigrantes et racisées. Ce document a été endossé par environ 40 personnes dont plusieurs professeures universitaires ou collégiales, ensuite par une quarantaine d'autres femmes de diverses origines et provenant de différents milieux.

Malgré cette démarche originale, nous n'étions pas les musulmanes les plus sollicitées du côté médiatique. Une seule parmi nous portait le foulard et elle ne se sentait pas prête à s'adresser aux médias. Lorsqu'ils cherchent des musulmanes pour leurs entrevues, ces derniers veulent souvent soit des femmes qui portent le foulard ou d'autres se disant de « culture musulmane », mais qui s'inscrivent davantage dans la démarche de Benhabib. Rares sont ceux qui acceptent un autre visage de femmes musulmanes, un qui déconstruirait notamment cette image binaire. Peu importe, nous voulions tout de même bâtir notre action sur une dynamique à long terme qui ne soit pas constamment à la merci de ce qui fait l'actualité. C'était d'ailleurs notre collective qui avait organisé l'atelier sur le féminisme islamique que j'ai présenté aux États généraux du féminisme dont j'ai parlé plus haut.

* * *

---

41. Collective des féministes musulmanes du Québec, *Pas en notre nom*. En ligne : www.collectivefeministemusulmane.com.

Lorsque la mise sur pied de la commission parlementaire sur la charte a été annoncée, nous avons décidé, en tant que collective, de la boycotter en publiant un article dans le *Huffington Post* — puisque les grands quotidiens ne se montraient pas intéressés par notre position — intitulé «La grande illusion démocratique de la commission sur la Charte». Cette commission était une véritable mascarade, un processus légitime enveloppant un projet et une démarche démagogues, populistes et grandement subjectifs. Le ministre basait son projet sur des sondages aux questions totalement biaisées, se fiait aux «courriels reçus» pour déterminer ce que la «majorité» des Québécois-es supposément voulait, et condamnait assez mollement les propos islamophobes ou racistes prononcés par certains-es lors de la présentation des mémoires. Notre position était claire: «Nous refusons ainsi de prendre part à une démarche où les dés sont pipés et où le gouvernement en prélude à cette commission affirmait déjà que sa position resterait inchangée sur le point le plus litigieux de la Charte à savoir celui de l'interdiction élargie des signes religieux[42].»

Rassemblement musulman contre la Charte

Du côté des espaces musulmans, nous étions évidemment conscientes que notre étiquette de féministes n'allait pas toujours nous attirer des sympathisants-es. Pour certains-es musulmans-es, un telle étiquette réfère à des femmes ayant des propos radicaux et dénigrants sur l'islam.

En décembre 2013, nous avons eu le plaisir d'être invitées à tenir un discours lors d'un important rassemblement contre la Charte organisé par l'organisme Bel Agir au Palais des congrès. L'évènement s'annonçait très intéressant, car les responsables avaient lancé des invitations, autres qu'aux organismes musulmans, à des groupes chrétiens, juifs et sikhs, à des politiciens-nes, aux médias, et à bien d'autres actrices et acteurs de la société civile. Cependant, tous n'étaient pas au rendez-vous. Plus de vingt personnes ont tout de même pris la parole, représentant des associations musulmanes ou juives, des mosquées, des médias communautaires, ou se prononçant

---

42. Collective des féministes musulmanes du Québec, «La grande illusion démocratique de la commission sur la Charte», *Huffington Post*, 20 février 2014.

simplement en tant qu'intervenants-es sur la question de la diversité ethnoculturelle ou encore de l'identité québécoise. Selon les responsables de l'évènement, environ 4 000 personnes remplissaient la salle. Bel Agir tenait absolument à refléter la diversité des écoles de pensée musulmane existantes au Québec, ce qui d'ailleurs a pu être observé lors de la prise de parole des représentants-es de divers mosquées ou organismes. Au-delà de leurs divergences idéologiques, ces derniers se sont tous prononcés lors de ce même évènement contre un projet qui se voulait discriminatoire.

* * *

Pour la collective, cela correspondait à notre première prise de parole au sein d'un espace musulman. Peu importait avec qui nous partagions le *panel*, nous voulions certes exprimer notre opposition au projet de loi 60, mais également marquer quelques points importants devant un aussi grand auditoire à majorité musulmane.

Ainsi, nous avons affirmé, entre autres, que :

> En tant que femmes engagées dans la réflexion pour la dignité, l'équité et l'égalité des droits des femmes musulmanes, nous refusons que le corps de celles-ci soit le champ de bataille entre les différentes idéologies radicales autant laïques que religieuses.
>
> Il appartient aux femmes musulmanes de décider pour elles le rapport à leur corps sans qu'elles ne soient accusées d'être ni des marionnettes des « islamistes » d'un côté, ni d'être moins bonnes musulmanes de l'autre côté.

Et nous avons conclu en ces termes :

> Nous ne nous opposons pas à la laïcité telle qu'elle est définie sociologiquement. Nous refusons plutôt la falsification de la laïcité, pour reprendre l'expression du sociologue Jean Beaubérot, qui tenterait d'exclure toute expression religieuse du paysage public.
>
> En tant que citoyennes et citoyens de foi musulmane, si nous sommes capables d'adhérer à des initiatives d'inclusion contre un projet de loi discriminatoire comme la Charte, il serait alors temps pour nous de faire de l'inclusion une valeur effective dans nos propres communautés. L'inclusion, dans nos rencontres ou institutions, des différentes écoles de pensée, des musulmans de toutes les origines (d'Afrique subsaharienne, d'Asie, les converties, et autres) ; mais aussi

et encore, l'inclusion des femmes dans les sphères décisionnelles de nos institutions.

Nous avons besoin que nos voix soient entendues, non seulement lorsqu'il s'agit du foulard ou des mosquées ou lorsqu'on nous courtise pour des votes, mais également sur les différentes questions qui touchent notre société en général, et pour lesquelles notre référentiel musulman pourrait avoir un apport positif: que ce soit sur les questions de l'éducation, la pauvreté, la famille, l'environnement, les soins aux personnes âgées, etc.

À notre grand bonheur, notre discours a été ponctué par des applaudissements très vifs de la salle. Nous étions soulagées et contentes que notre appel pour plus d'inclusion des femmes au sein même de nos milieux musulmans, notamment dans les sphères décisionnelles, ait été reçu avec autant d'enthousiasme par les personnes présentes.

Ce type de critiques s'avère très délicat dans des contextes similaires. Bien que, en tant que femmes croyantes, nous ayons envie de les exprimer davantage et de façon plus affirmée, nous nous sentons fréquemment prises entre l'arbre et l'écorce, comme le décrit souvent Leila Bdeir, puisque nous sommes également conscientes que, dans un contexte où l'image de l'islam dans les médias est déjà très largement diabolisée, toute critique négative additionnelle — venant de «l'intérieur» — ne peut qu'attiser encore plus la flamme des islamophobes.

Toutefois, cette journée-là, j'ai été agréablement surprise par l'ouverture de la foule, qui a également chaudement applaudi les propos de Lamine Foura, journaliste communautaire, qui a lui aussi invité les musulmans-es à faire preuve de plus d'inclusion, notamment à l'égard des personnes homosexuelles.

La «communauté musulmane»

Cet évènement m'a aussi fait réfléchir sur un concept que je remettais en question depuis un certain temps, soit celui de «la communauté musulmane» — expression largement utilisée autant dans les discours médiatiques, que politiques ou sociaux. Or, en l'entendant, je ne peux m'empêcher de me demander: de qui parle-t-on exactement? Des affirmations médiatiques telles que «la communauté musulmane s'est prononcée... » ou encore qu'un tel ou une telle est « représentant-e de la communauté musulmane » ne trouvent aucun sens chez celles et ceux qui font partie de cette population extrêmement hétérogène[43].

Progressivement, je me suis posé des questions afin de comprendre réellement qui faisait partie de cette prétendue communauté qui « se prononcerait » sur telle ou telle question, aurait un-e « porte-parole » qu'on entend dans les médias, « voudrait » où « ne voudrait pas » telle ou telle chose, ou encore serait « intégrée » ou ne le serait pas. Penchons-nous alors sur quatre cas de figure pour illustrer ce que pourrait signifier cette entité vague, — « communauté musulmane » — ainsi que les incohérences de chacun d'eux, considérant la réalité québécoise de plusieurs citoyens-nes appartenant à cette foi.

Selon le premier scénario, ferait partie de la « communauté » musulmane toute personne qui se définit comme musulmane au niveau religieux ou culturel. On inclurait donc dans ce groupe autant la citoyenne musulmane qui habite à Saint-Colomban avec sa petite famille, entourée d'amies principalement non musulmanes et entretenant un rapport assez irrégulier avec la pratique religieuse, que celui qui se dit musulman mais qui n'a jamais pratiqué les piliers de la religion et qui tient un bar sur le Plateau Mont-Royal, ainsi que celle qui porte un foulard, travaille en ville et fréquente la mosquée de son quartier assidument. Toutefois, aucune de ces personnes n'a jamais voté pour un-e représentant-e des musulmans du Québec auprès des politiciens-nes ou des médias, pas plus d'ailleurs que le reste des 300 000 citoyens-nes musulmans-es. Ces trois profils de personnes peuvent peut-être tous s'accorder concernant, par exemple, une opposition à un projet tel que celui de la Charte, pour diverses raisons, sans jamais n'avoir eu à se concerter, ni même à se connaître pour adopter une position commune. Il se peut également qu'ils aient des opinions très divergentes sur cette question ou sur une autre. Néanmoins, ils se retrouvent tous inclus dans une déclaration médiatique comme celle de Lysiane Gagnon dans *La Presse*, qui critiquait les sorties publiques de Salam Elmenyawi et d'Adil Charkaoui, en disant : « Il serait fort salutaire que la communauté

---

43. J'utilisais moi-même l'expression « communauté musulmane » avant de constater la confusion qu'elle créait.

musulmane se donne des leaders plus modérés pour poursuivre sa lutte légitime contre la Charte[44] ». L'auteure, qui pourtant dénonce souvent l'islamophobie et la xénophobie, est tout de même tombée dans ce piège de la construction d'une « communauté » dont les membres se connaîtraient forcément, seraient très organisés, et choisiraient donc leur porte-parole. Lesdits leaders qu'elle cite n'ont jamais été « choisis » par la « communauté musulmane » pour la représenter, tout comme Saïd Jaziri ne l'a pas été six ans plus tôt, alors que les médias l'invitaient à répétition.

D'un autre côté, certains-es diraient que seules les personnes qui se définissent comme musulmanes et fréquentent les mosquées font partie de la « communauté » dont on parle. Toutefois, une observation plus attentive de la réalité des mosquées ici comme ailleurs nous démontrerait que la fréquentation de celles-ci ne constitue pas un indice du degré de religiosité ni de politisation. En d'autres mots, des personnes peuvent aller à la mosquée une fois par semaine, pour la prière du vendredi seulement – qui dure de 30 à 45 minutes –, simplement pour remplir ce qu'elles pensent être un acte religieux obligatoire en islam, sans pour autant entretenir de liens proches avec d'autres musulmans-es ni avec des milieux où les débats sociaux se tiennent. À la maison, elles peuvent être branchées davantage sur l'actualité internationale tout en se fiant aux ouï-dire sur ce qui se passe ici. Leur voix ne fait donc sûrement pas partie de cette voix « commune » qu'on semble vouloir entendre se prononcer dans les médias.

Un autre cas de figure pourrait supposer que la « communauté musulmane » rassemblerait des personnes citoyennes qui se définissent comme musulmanes, fréquentent les mosquées plus souvent et participent aux activités organisées par les organismes communautaires musulmans. Ces personnes peuvent alors être liées à une association particulière à travers des sorties familiales, des fêtes, ou encore quelques cours religieux ou débats sociaux que celle-ci organise. Ces musulmans-es seraient donc davantage familiers-ères avec le milieu associatif musulman et peut-être même avec la position de leur association à l'égard de certains sujets d'actualité. Cependant,

---

44. Lysiane Gagnon, « Islamophobie et récupération », *La Presse*, 17 septembre 2013.

ces citoyens-nes pourraient ignorer complètement la réalité ou la position des autres associations musulmanes dans d'autres coins de la ville ou même ailleurs au Québec, et être ainsi loin d'endosser systématiquement leurs opinions, ou encore celles des invités-es musulmans-es dans les médias.

Il arrive également qu'en parlant de « communauté musulmane », certains-es fassent référence à la « communauté organisée » (sur le modèle de la communauté juive organisée), qui comprendrait alors l'ensemble des associations musulmanes du Québec. Cela dit, sur le terrain, la réalité révèle qu'il n'y a pas *une seule* fédération qui chapeaute toutes ces associations ni aucun mécanisme pour contraindre toute nouvelle association à faire partie d'une organisation-cadre. En d'autres termes, si j'habitais à Saint-Jean-sur-Richelieu et que je décidais d'y fonder une association musulmane avec quelques autres personnes, je n'aurais aucun compte à rendre à une organisation « mère » quelconque, ni aucun lien à établir avec d'autres organismes musulmans de Montréal ou d'ailleurs. Je n'aurais également aucunement à me prononcer officiellement sur un sujet d'actualité, comme le projet de Charte 60, par exemple. Donc, ferais-je, ainsi que tous les autres organismes qui auraient une situation similaire à la mienne, quand même partie de cette « communauté musulmane organisée » dont on parle dans les médias ?

Enfin, face à l'hétérogénéité entre les citoyens-nes musulmans-nes (langue, origine, ethnie, couleur, courant de pensée religieux, politique, etc.), certains-es appellent alors à parler « des communautés musulmanes » (au pluriel). Ceci pourrait certes nuancer l'expression pour tenir compte des différents paramètres de diversité, mais ça ne répond aucunement à la complexité démontrée dans les quatre cas de figure mentionnés ci-haut quant à leur représentativité et à leur représentation.

Ceux-ci sont très bien connus autant par les personnes engagées sur le terrain que par les académiciens-nes spécialisés-es dans l'étude de l'islam au Québec. Aujourd'hui, tout tend à nous démontrer que « la communauté musulmane », telle que présentée dans les discours médiatiques ou publiques, est une construction de l'imaginaire entretenue autant à l'intérieur de certains milieux musulmans que dans l'ensemble de la population. Chez les premiers, on parle parfois de « communauté musulmane » pour se convaincre de l'existence de cette entité qui transcenderait nos divergences et qui pourrait un jour se prononcer d'une seule voix, simplement parce qu'elle partage la même foi. Mais au-delà du principe de foi que nous partageons entre musulmans-es, pourquoi avons-nous besoin d'adhérer toutes et tous aux mêmes opinions religieuses, politiques et économiques, alors que même en jurisprudence musulmane, la divergence d'opinions est reconnue comme permettant à chacun-e d'adhérer à la vision qui lui correspond ?

Dans la société en général et dans les médias en particulier, parler de « communauté musulmane » s'avère souvent plus compatible avec les quelques minutes de reportage allouées à une question complexe qui touche 300 000 personnes au Québec. Ce raccourci permet alors de polir l'image pour la présenter la plus simple possible à un auditoire pressé et généralement très peu informé sur la question. Souvent, en lisant les articles ou en écoutant les reportages qui traitent de ladite communauté, on découvre alors que ceux-ci parlent davantage de ce qu'une seule association a dit ou fait, ou parfois de quelques-unes rassemblées en coalition. Cependant, même dans ce dernier cas, on ne peut toujours pas parler de « communauté musulmane » puisque plusieurs dizaines de milliers de citoyens-nes musulmans-es ne font partie d'aucune association[45].

D'ailleurs, ceci a été clairement reflété lors du Rassemblement contre la Charte de décembre 2013, dont j'ai parlé plus haut. Malgré les très grands efforts de mobilisation fournis pour attirer le plus de Québécois-es musulmans-es à cet évènement et malgré la participation de dizaines d'associations musulmanes très diverses, seulement 4 000 participants-es y étaient présents-es (donc, 1,33 % du nombre de Québécois-es musulmans-es), dont certains-es non-musulmans-es.

* * *

Si tout cela semble complexe, c'est bien parce que la réalité l'est tout autant. Il nous faut être plus précis-es au sujet des personnes ou des groupes dont on parle. Par défaut, je parle de citoyens-nes québécois-

---

45. Quelques exemples de titres généralisants : « La communauté musulmane souligne son rôle dans l'arrestation des présumés terroristes », Radio-Canada, 23 avril 2013 ; « Islamophobie au Québec : la communauté musulmane critique la Charte », *Journal de Montréal*, 5 novembre 2013 ; « La communauté musulmane de Gatineau s'impatiente », *La Presse*, 16 mars 2014.

es — de foi musulmane, si je dois *absolument* préciser leur appartenance religieuse pour les besoins du propos. Si des associations se prononcent, alors pourquoi ne pas les nommer ainsi ? Si un-e musulman-e est invité-e dans un média quelconque, qu'on lui donne son titre adéquat (citoyen-ne, porte-parole de l'organisme X, ou encore selon son occupation professionnelle). Revoir notre vocabulaire est nécessaire afin de mettre un frein autant à la confusion qu'à la caricaturisation et la racialisation d'un groupe de quelques centaines de milliers de citoyens-nes. Et la réalité d'aujourd'hui ne me laisse pas du tout penser qu'on se dirige vers un scrutin musulman dans le but d'élire un-e seul-e porte-parole. D'ailleurs, la pertinence d'une telle démarche serait à mon sens parfaitement contestable.

Voter pour le PQ ou voter contre la Charte

Certain que les « milliers » de courriels reçus reflétaient bien ce que la prétendue majorité silencieuse du Québec voulait à propos de la Charte, en mars 2014, à la suite de sondages momentanément favorables, le PQ a décidé de déclencher des élections générales pour se « donner les moyens d'agir[46] ». Il espérait ainsi obtenir une majorité à l'Assemblée nationale, qui lui permettrait de faire adopter son programme politique comme bon lui semblait.

L'enjeu majeur pour des centaines de milliers de citoyens-nes était le projet de loi 60. D'ailleurs, Drainville rappelait cela en d'autres mots en disant qu'un « Un vote pour le PLQ [Parti libéral du Québec], c'est un vote contre la charte[47] ». Un PQ majoritaire aux élections signifiait donc, malgré la stratégie de déni de ses responsables, le chômage pour des milliers de femmes et d'hommes qui refusaient de laisser le gouvernement leur dicter comment s'habiller ou limiter leurs droits fondamentaux. Malgré leur attachement au Québec, plusieurs n'étaient pas insensibles aux invitations des autres provinces canadiennes, comme en témoignait cette grande affiche d'un hôpital en Ontario arborant une médecin qui porte un foulard,

---

46. « Des élections au Québec le 7 avril », ICI Radio-Canada, 5 mars 2014.
47. « Un vote pour le PLQ, c'est un vote contre la charte », ICI Radio-Canada, 19 mars 2014.

et l'affirmation : « Nous nous fichons de ce que vous avez sur la tête. Nous nous soucions de ce qu'il y a à l'intérieur. »

Autour de moi, certaines membres de ma famille et certaines amies tentaient déjà de préparer un plan B si le PQ l'emportait aux élections, et d'autres avaient carrément entrepris les démarches pour un déménagement hors du Québec. Elles travaillaient dans les universités, les cégeps, les hôpitaux, et étaient donc directement concernées par cette menace de perte d'emploi. Pour répondre à Drainville qui se demandait pourquoi on supposait d'emblée que « ces femmes allaient refuser de retirer leur foulard », l'une d'elles me dit : « Si je devais décider un jour de l'enlever, ce ne serait sûrement pas parce que le PQ voudrait que je le fasse. » Elle le portait par choix et voulait conserver cette même liberté de pouvoir l'enlever quand elle en aurait décidé ainsi.

Au déclenchement de ces élections, des centaines de citoyens-nes se sont alors mobilisés-es pour offrir du temps à des candidats-es de leur choix, ou simplement pour inviter les gens à se prononcer le 7 avril. Le vote stratégique était fortement encouragé. Parmi tous ces bénévoles, il y avait évidemment des musulmans-es, pratiquants-es et non pratiquants-es, arabes et non arabes, jeunes et moins jeunes, ce qui a déplu à Fatima Houda-Pepin, députée sortante, qui a affirmé dans les médias à qui voulait l'entendre que les « islamistes » lui bloquaient le passage pour être réélue pour la 21e fois[48]. Encore une fois, tout-e citoyen-ne a le droit de se mobiliser pour les élections, mais se montrer contre la posture de cette femme signifierait forcément, selon ses accusations, avoir un « agenda » islamiste.

Le 7 avril 2014, la majorité des Québécois-es ont voté pour un gouvernement libéral majoritaire ; et Fatima Houda-Pepin devait comprendre que, pendant ces vingt dernières années, la majorité des habitants-es de La Pinière votaient probablement non pas pour elle, mais surtout pour le Parti libéral.

C'était la première élection pour laquelle j'avais sincèrement envie d'annuler mon vote. Je n'étais certainement pas une adepte du

---

48. Elle cherchait cette fois à être réélue en tant que candidate indépendante, puisqu'elle avait quitté, quelques mois plus tôt, le caucus du Parti libéral en raison de son désaccord sur la question du port des « signes » religieux dans la fonction publique.

Parti libéral. La Coalition Avenir Québec (CAQ), avec ses contradictions (au sujet de la laïcité, entre autres), son discours populiste, sa vision économique et son manque de leadership, ne m'attirait pas plus. Et Québec solidaire me décevait par certaines de ses positions et déclarations. C'était certes un parti qui reflétait plusieurs de mes valeurs au point de vue de la solidarité sociale et de l'environnement, notamment. Or, ses chefs continuaient à « rappeler » à chaque entrevue sur le foulard que celui-ci était « un symbole de soumission », mais que cela ne devait pas justifier l'exclusion de toutes les femmes qui le portaient par choix. Lorsque ce même parti m'a invitée à intervenir lors d'une conférence qu'il organisait le 20 octobre 2013 sous le nom « Rassemblement souverainiste pour un Québec inclusif », j'ai rappelé que, pour les femmes qui affirment porter leur foulard par choix, c'est une réelle violence que de continuer à leur répéter que celui-ci constitue un « symbole de soumission ». C'est une rupture de dialogue et un refus d'entendre une position contraire à sa propre conception. Il y a là un déni total de la perspective de toutes ces femmes, et une obsession pour une vision devenue dogmatique dans certains milieux en Occident. Je n'étais pas non plus d'accord avec la position de ce parti sur l'interdiction du port des « signes » religieux chez les figures d'autorité[49]. Mais annuler mon vote me paraissait être une démission sur plusieurs questions fondamentales pour la société et une perte de la contribution financière modeste que cela procurait au parti politique. En dépit de mes réserves, j'ai décidé de voter encore une fois pour Québec solidaire pour tout ce que nous avions en commun.

Lorsque les résultats des élections ont été révélés, comme c'était le cas deux ans plus tôt, mes émotions étaient mitigées. Philippe Couillard était certes le seul qui ne semblait entretenir une peur ou une obsession du foulard, contrairement à François Legault qui semblait, lors des débats des chefs, réellement préoccupé par une hypothétique policière qui porterait un foulard, et parlait de celui-ci comme s'il s'agissait d'un engin explosif. Mais malgré l'ouverture exprimée par Couillard à l'égard de la diversité ethnoculturelle et religieuse, il dirigeait tout de même un parti qui fait

---

49. La question du foulard et des autres « signes » religieux sera analysée en détail au chapitre « Le foulard au cœur des débats ».

de la privatisation des services publics une solution idéale pour l'avenir de la société, et dont je ne partage pas non plus la vision quant à certaines questions internationales, notamment la question palestinienne.

Ces résultats d'élections ne signaient pas non plus la fin de l'islamophobie ni des éventuelles crises à venir. Rien n'est garanti. Comme je l'ai mentionné plus haut, tant que la question de l'identité nationale n'est pas discutée à tête reposée dans des contextes sociaux et académiques favorables, les prochaines élections de 2018 risquent de déclencher une nouvelle crise, toujours au sujet des «problèmes des immigrants», comme on aime tant nous les présenter.

* * *

Nous avons quatre ans pour construire un projet de dialogue et de rencontre. Quatre ans pour contrer les courants qui misent sur la peur comme stratégie pour acquérir une crédibilité et un pouvoir médiatique et politique. Quatre ans pour *oser* faire un pas vers l'Autre, lui poser sincèrement les questions qui nous tracassent, accepter de l'écouter, de comprendre son histoire. Quatre ans pour s'inspirer de ces femmes et de ces hommes qui ont un jour choisi de côtoyer la différence et de s'en enrichir...

SIXIÈME PARTIE

Identités (analyse)

Cela fait dix ans que je suis davantage ce qui se dit sur l'islam et les musulmans-es, d'ici et d'ailleurs, dans l'actualité québécoise. Ils sont rares ces jours où l'on n'y entend pas parler de cette religion ou de celles et ceux qui s'y identifient, mais encore plus rares sont les moments où ce qu'on en dit est positif. Décidément, les médias manquent d'espace pour les «bonnes nouvelles», à moins que ça ne soit carrément du désintérêt face à ce qui risquerait de brouiller cette image très simple qu'on essaie de maintenir quant à une réalité «trop» complexe. On préfère montrer les images d'une église en Égypte qui aurait été attaquée par des islamistes violents et «oublier» celles d'Égyptiens musulmans, «barbus» formant une chaîne humaine pour protéger d'autres lieux de culte chrétiens contre d'éventuelles attaques.

Plus près de nous, le choix des images ou des nouvelles n'est pas si différent. Entre les histoires des accommodements raisonnables, du foulard, des crimes «d'honneur» ou encore du risque de «l'islamisation» du Québec, une partie de l'opinion publique peut en effet céder à la peur de perdre ce qu'on considère comme étant des acquis très importants, soit la sécurité nationale et l'égalité des sexes, entre autres. Et cette peur se trouve encore plus nourrie par des personnes, surtout des femmes, se définissant comme étant de «culture musulmane», et qui nous mettent en garde de façon obsessionnelle contre le «péril vert» qui serait aujourd'hui sournois, rampant, mais bien présent parmi nous[1]; ce qui légitimerait donc, selon elles, le fait de

---

1. En conclusion de son livre *Ma vie à contre-Coran* (éditions VLB, 2009), Djemila Benhabib commence son dernier paragraphe par: «Le péril vert est parmi nous» (p. 268).

revoir le registre de nos libertés pour ainsi en restreindre davantage quelques-unes.

Ces sujets méritent cependant que l'on s'y attarde en tentant autant que faire se peut d'écouter d'autres analyses, de reconnaître la légitimité à d'autres interlocuteurs-trices, et surtout en s'armant de patience et d'un esprit critique et alerte, et non figé par la peur ou la haine. Des questions méritent d'être posées durant les débats sociaux sur ces thèmes et toutes les parties ont un devoir de transparence, d'honnêteté intellectuelle et de rigueur afin de poser les balises pour un dialogue franc, constructif et nécessaire pour notre paix sociale.

Les musulmanes-alibis

Depuis la dernière décennie, j'ai noté un phénomène récurrent dans les débats sociaux autour de la question religieuse et identitaire au Québec, soit celui de femmes s'identifiant comme étant « de culture musulmane » ou « ex-musulmanes » tout en voulant imposer une vision unique et restrictive de ce que devrait être l'expression de l'islam en public, ou encore en condamnant et dénigrant constamment l'islam dans sa dimension pratique. Elles sont d'origine maghrébine, iranienne, égyptienne ou autre, mais elles affirment toutes très bien connaître « ces gens-là » puisqu'elles viennent de ces « pays-là ». Presque toujours, cette seule appartenance ethnique ou géographique leur confère, selon certains médias, politiciens-nes ou organismes de la société civile, toute la légitimité nécessaire pour leur tendre une oreille attentive et ainsi pouvoir les utiliser comme alibis afin de renforcer une certaine opinion qu'ils avaient sur l'islam, les musulmans-es et les questions d'immigration.

Ces femmes acquièrent pourtant cette crédibilité en étant souvent totalement absentes du terrain et des lieux de rassemblement ou d'échanges musulmans au Québec. Leurs discours sont ainsi basés non pas sur des faits tels qu'ils *sont* empiriquement dans le contexte actuel québécois, mais plutôt tels qu'ils sont construits à travers un amalgame, sans nuance, et allant dans le sens de la propagande islamophobe largement répandue sur Internet.

Ceci révèle tout d'abord la vision essentialiste et racisante qu'entretiennent certains acteurs médiatiques, politiques ou sociaux à l'égard des Québécois-es musulmans-es. Plutôt que de considérer les nombreuses recherches académiques conduites auprès de cette population et qui étalent un ensemble de réalités très diversifiées la caractérisant, ceux-ci préfèrent choisir une ou quelques interlocutrices, provenant des mêmes origines, comme informatrices clés. Ils hiérarchisent aussi la parole des femmes arabes ou musulmanes pour privilégier celles qui n'ont pas plus de connaissances sur l'islam et les musulmans-es que d'autres pourtant présentes sur le terrain depuis des années. Pourquoi est-ce ainsi ? Deux facteurs semblent intéressants à souligner à cet effet, soit celui du discours de l'éternelle immigrante et celui de la peur commune à l'égard de la religion.

Mais avant de tenter de comprendre ce phénomène, il est important de s'interroger sur l'utilisation de la « carte identitaire musulmane » par ces femmes. Cette étiquette sert-elle davantage à maintenir cette illusion d'« expertise » sur l'islam ou sur l'intégrisme qu'elles proclament ou qu'on leur accorde volontairement ? Évidemment, ni moi ni personne d'autre, n'a la légitimité de leur dénier leur « islamité » si elles se déclarent publiquement musulmanes. Mais, il serait tout de même intéressant qu'elles expliquent, afin de clarifier leur posture, ce qu'elles définissent comme étant la pratique, l'identité, voire la « culture » musulmane, ou encore ce que serait selon elles un-e « bon-ne » citoyen-ne musulman-e. Lors de l'émission *Tout le monde en parle* du 16 octobre 2011, Djemila Benhabib avait décrit ainsi sa vision de « deux islams » :

> Il y a celui de ma grand-mère, c'est-à-dire un islam de paix, de tolérance, d'ouverture, et il y a un islam politique [...] qui veut imposer une idéologie de la mort, qui est basé sur la violence, qui est basé sur la discrimination, et qui est basé sur la barbarie, finalement.

Pourtant, faut-il rappeler que la génération de nos grand-mères, dans les pays à majorité musulmane, est loin d'en être une qui ait connu une lecture de l'islam compatible avec les droits des femmes, et encore moins avec la démocratie ? Pire, en Algérie, ces années ont été celles de la colonisation française qui réprimait les populations indigènes algériennes, tout autant que l'expression de leur culture. De plus, comment le discours tenu par Benhabib et ses consorts s'inscrit-il dans une démarche de « paix, de tolérance, d'ouverture » ? Force est de constater tout de même que, aujourd'hui, se dire musulmane tout en tenant des propos islamophobes peut s'avérer très payant : on les nomme alors membres de conseils d'administration d'institutions publiques (comme le CSF), on leur donne accès fréquemment à des tribunes médiatiques privilégiées, ou encore on les inclut comme candidates pour de grands partis politiques québécois (comme le PQ).

Entre reconnaissance et peur

Que ce soit lors des débats médiatisés ou dans le cadre de conférences publiques, on note que la rhétorique de ces femmes fait continuellement référence à leur « pays » d'origine et au fait que le Québec et les Québécois-es les ont accueillies « les bras grand ouverts ». Ce type de propos les place ainsi constamment dans la posture de l'immigrante « reconnaissante » qui ne parle que des valeurs « positives et progressistes » d'ici et de celles, « négatives et rétrogrades », d'un Ailleurs très souvent représenté par des réalités sombres (conflits, pauvreté, lapidation, excision, etc.). Cette marque de reconnaissance vient confirmer, pour certains-es, l'idée que l'immigration équivaut presque à un acte de charité, et que les gens issus des autres civilisations ne « traînent » avec eux qu'une menace à « Notre » modernité occidentale[2].

* * *

Un autre facteur qui rend le discours de ces femmes très audible dans certains milieux québécois est la référence commune à la peur du religieux. Bien que le Québec n'ait pas eu un passé vraiment violent avec la religion — sauf, évidemment, à l'égard des populations autochtones —, il a tout de même connu les années Duplessis qui ont laissé un goût amer à l'égard de toute référence religieuse, même étrangère, chez une grande partie de la population. L'entrée dans la « modernité », au Québec, s'est réalisée en écartant la religion de la vie politique et, progressivement, des institutions publiques. Du côté algérien, c'est au moment où un parti islamiste a gagné l'appui de la majorité de la population qu'une succession d'évènements a mené aux épisodes violents des années 1990.

Cette peur et cette violence reviennent aujourd'hui de façon très imagée dans la rhétorique des femmes dont on parle. On entendra

---

2. Plus de détails sur cette vision de l'immigration sont présentés au chapitre « Des accommodements à la charte ».

ainsi des expressions telles que « le voile taché de sang[3] », ou encore « un océan de sang[4] ». Ce « sang » tiré d'un contexte social et politique complètement différent du Québec est ainsi constamment utilisé pour mousser une peur déjà présente chez plusieurs, tant au sujet de la religion (en raison de leur passé) que de l'islam, à travers les images médiatiques des conflits géopolitiques dans certaines régions du monde. Ceci nous amène alors très loin d'un discours instructif et nuancé, et encore plus loin d'un processus de recherche de la paix sociale que plusieurs appellent de leurs vœux.

La mémoire sélective

La référence constante que font la majorité de ces femmes à leur passé douloureux et à la violence apparaît intéressante à deux égards. Tout d'abord, il est toujours étonnant de constater le manque absolu de nuances dans leurs propos puisqu'elles exploitent habilement le fait qu'une grande partie de la population a des connaissances limitées sur les contextes historiques ou même actuels des pays à majorité musulmane. L'une des déclarations flagrantes émises par Leila Lesbet[5], par exemple, était que « le voile a été imposé dans les pays musulmans par des assassinats, par le viol, par des violences inouïes à l'égard des femmes[6] ». Une telle affirmation verse autant dans le simplisme que dans la démagogie mensongère. Assimiler tous les « pays musulmans » à la même réalité et à la même histoire relève soit d'un manque de connaissances évident à propos de ces pays, soit d'une malhonnêteté intellectuelle tout aussi avérée. Quiconque a visité des pays aussi diversifiés que le Maroc, le Sénégal, ou encore la Malaisie, pour ne nommer que ceux-là, peut déjà témoigner de

---

3. Expression utilisée par Leila Bensalem lors de la conférence de presse du Regroupement pro-laïcité, le 24 septembre 2013.
4. Expression utilisée par Djemila Benhabib lors de sa locution dans le cadre de la conférence sur la laïcité organisée par le Mouvement laïque québécois le 23 novembre 2013.
5. Au cours de la crise entourant la Charte en 2013, le gouvernement Marois a nommé Leila Lesbet, ainsi que trois autres femmes aux positions similaires sur le projet de loi, au conseil d'administration du Conseil du statut de la femme.
6. Extrait du reportage *Libérées de leur voile*, ICI Radio-Canada, 12 septembre 2013. En ligne : http://ici.radio-canada.ca/audio-video/media/2013/09/12/Des-femmes-musulmanes-soutiennent-la-charte-des-valeurs?externalId=6825305.

l'absurdité de tels propos. Des épisodes très précis et propres à un triste contexte historique en Algérie, ou encore en Afghanistan, ont ainsi été généralisés à une trentaine de pays dans le monde[7].

* * *

On peut également noter un manque de nuances fréquent dans les discours desdites expertes sur la situation politique de l'Algérie, un pays aussi présent dans nos débats que s'il faisait partie de l'histoire du Québec. L'Algérie a été traversée par une crise violente dans les années 1990. Les analystes — experts-es académiquement reconnus-es — soulignent le caractère très complexe de ces évènements. Le but ici n'est pas d'aborder tout l'historique de ces derniers ni encore leur description. Mais il est néanmoins essentiel de rappeler certains faits. Aujourd'hui, plus de vingt ans après le début de cette crise, plusieurs témoignages et enquêtes ont été entendus et ont exprimé l'implication de l'armée algérienne ainsi que des différentes mafias dans les massacres perpétrés à l'égard de personnes innocentes[8]. Il y avait certes des groupes se proclamant religieux impliqués dans les actes de violence, mais le rôle des services secrets et des militaires était loin d'être celui de la protection des Algériennes. Le rôle que l'armée a joué jusqu'à aujourd'hui en Algérie n'est pas caractéristique d'une société de droit, et le gouvernement ainsi que l'État français en étaient complices. D'ailleurs, le gouvernement algérien a même interdit à la population de réclamer qu'une enquête soit ouverte sur les membres de leur famille disparus aux mains des forces de l'ordre pendant les évènements des années 1990. Sept mille Algériens disparus, dans le silence. En me racontant son histoire, une Québécoise algérienne m'a confié que tout ce à quoi elle avait eu droit après la disparition de son père, c'était un certificat de décès. Pas de corps. Pas d'enquête. Seul un silence qui en dit long

---

7. Du côté médiatique, on ne fait pas plus ses devoirs. Le reportage dont cette citation a été tirée était nommé *Libérées de leur voile* et affirmait présenter la position de deux musulmanes qui soutenaient la charte, alors que l'une des deux femmes présentées est non pas musulmane, mais chrétienne copte d'origine égyptienne. Comment interpréter une telle erreur médiatique ?

8. À cet égard, il serait intéressant de visionner le documentaire produit par Canal + en France sur les attentats de Paris, survenus lors de la crise en Algérie, et le rôle que les services secrets et le gouvernement algériens y ont joué. En ligne : www.youtube.com/watch?v=tEp_pub2syI.

sur le régime au pouvoir[9]. Depuis cette crise, des intellectuels-les se sont mobilisés-es pour réclamer que l'ONU tienne une enquête indépendante sur ce qui s'est réellement passé pendant ce que les Algériens-nes appellent « la décennie noire »[10]. La réponse se fait malheureusement attendre.

* * *

Devant la complexité de cette situation, pourquoi ces « expertes » de l'Algérie s'obstinent-elles à ne présenter qu'une version des évènements, soit celle soutenue officiellement par le gouvernement algérien et son armée ? Pourquoi n'interrogent-elles pas l'implication des autres pouvoirs locaux et étrangers dans les massacres, comme le font plusieurs de leurs anciens-nes compatriotes dont le discours reconnaît aussi les violences perpétrées par certaines factions d'apparence religieuse ? Ce manque de transparence est franchement inquiétant.

Le Je et les « droits collectifs »

L'autre paradoxe dans le discours de ces femmes est le fait qu'elles prétendent vouloir défendre les soi-disant « droits collectifs » de tous les Québécois-es, tout en basant leur argumentaire principalement au « je ». Cet élément a été exprimé de façon flagrante lors de l'émission *Tout le monde en parle* du 29 septembre 2013. Lorsque Dalila Awada — jeune Québécoise musulmane, née au Québec — parlait de son expérience personnelle avec le port du foulard, Djemila Benhabib lui rétorqua qu'elle devait sortir du « Je » et penser au « Nous ». Cette réplique nous apparaît très lourde de sens puisque, ironiquement, la personne qui avait basé toute sa crédibilité et sa légitimité médiatique sur une histoire au « Je » — notamment à travers son premier livre — reprochait à une jeune Québécoise de parler de sa propre *expérience* lorsqu'elle était interpelée pour le faire.

---

9. Un court reportage de Arte disponible sur YouTube montre une femme courageuse qui a fondé le Collectif des familles des disparus et qui réclame avec d'autres que le gouvernement leur rende le corps de leurs proches. En ligne : www.youtube.com/watch?v=d9iIM-JsJog.

10. Algeria-Watch, « Pétitions sur la tenue d'une enquête de L'ONU sur les massacres en Algérie ». En ligne : www.algeria-watch.org/farticle/sale_guerre/petitioncanada.htm.

IDENTITÉS (ANALYSE) 219

Cette attitude et bien d'autres s'inscrivent dans une démarche de tentative de totalitarisme intellectuel que je résume en cinq points :

1. Construire un discours émotif au « Je » basé sur l'expérience vécue au pays d'origine (très souvent, l'Algérie), en divisant le contexte en deux camps : les « bons » (généralement du côté d'un *régime dictatorial* soutenu par des puissances occidentales), et les « méchants » (amalgame entre les opposants au pouvoir gouvernemental, les musulmans-es pratiquants-es, les islamistes, les terroristes, etc.).
2. Répandre ce discours dans les pays occidentaux (à travers les grands médias, entre autres), déjà fragilisés par leurs propres crises identitaires, pour nourrir une peur existante (attribuable au passé national ou encore à la géopolitique internationale), à travers la suspicion à l'égard d'un « ennemi intérieur ».
3. Renchérir sur ce discours de peur par des mensonges et de la calomnie.
4. Discréditer des voix alternatives en les associant systématiquement, et par défaut, au camp des « méchants-es ». Si elles sont d'« apparence » musulmane pratiquante, elles seraient des porte-étendards hypocrites ou non assumés de tous les « ismes » étrangers (toujours musulmans : islamisme, intégrisme, etc.). Si elles ne le sont pas, elles seraient quand même l'antichambre des Frères musulmans, du wahhabisme et du salafisme. Si ces voix sont non musulmanes, elles sont alors des « idiots utiles ». Bref, toute voix s'opposant à la vision du discours de propagande islamophobe est forcément soit manipulatrice ou manipulée.
5. Placer ainsi constamment toutes ces voix alternatives dans des positions d'accusées, où leur discours sert continuellement d'abord à déconstruire les mensonges et les propagandes répandues, pour ensuite retrouver leur légitimité auprès de la population. Ironiquement, toute cette énergie gaspillée a pour effet de nuire de façon importante aux musulmanes qui veulent se lancer dans un travail de réforme nécessaire pour lutter contre les vraies discriminations sexistes à l'égard des femmes.

Pour illustrer le quatrième point, citons l'exemple de Bochra Manaï, docteure en études urbaines à l'INRS, et membre de la

Collective des féministes musulmanes du Québec. Bochra est à la fois québécoise et française, d'origine tunisienne et algérienne. Elle ne fréquente pas de mosquée, ne porte pas de foulard, et parle librement de son droit à porter son bikini sur les plages tunisiennes aux côtés de sa sœur qui préfère se baigner habillée[11]. Ainsi m'a-t-elle confié : « Au fond, ce qui compte pour moi, c'est toujours d'avoir le choix, sans contrainte extérieure, sans contrainte sociale. » Le problème, si l'on peut dire, est que Bochra ne rejette pas son identité musulmane et reconnaît même le droit aux autres musulmans-es de pratiquer leur religion de façon plus visible ou plus régulière qu'elle, si tel est leur souhait. Très attachée aux principes autant féministes que démocratiques, elle tient un discours qui voit la laïcité comme garantissant le droit à toutes et à tous de vivre selon leur conscience, plutôt qu'un outil pour aseptiser l'espace public du religieux. Cette posture démocrate/féministe/libertaire lui a valu des insinuations mensongères venant autant des sites de propagande islamophobe que de la part de Rakia Fourati, une autre pseudo-experte du monde musulman ou de « l'islam politique ». Cette dernière a interpelé Bochra dans un article du *Huffington Post*, entre autres, par ces termes :

> Je me souviendrai aussi que « l'islamophobie, le fossé creusé en société et l'instrumentalisation », dont tu parles Bochra, sont les conséquences de votre programme machiavélique pour protéger vos pions intégristes, islamistes et leur permettre d'installer leurs écoles coraniques, construire leurs mosquées, prêcher leurs bonnes paroles et bien sûr prôner leur charia[12].

Rien de moins. Évidemment, ni le *look* ou le mode de vie de Bochra, ni son discours féministe, citoyen et anti-violent ne semblent assez convaincants pour Rakia Fourati qui, comme je l'ai dit auparavant, tire non pas ses conclusions des faits avérés et des discours réels tenus par la cible de ses accusations, mais adopte plutôt l'approche inverse, soit de faire croire que toute musulmane prônant une autre vision de la laïcité est, par défaut, « islamiste ».

---

11. Caroline Montpetit, « Musulmanes et non voilées : au Québec, plus qu'ailleurs, le port du voile serait une question de choix », *Le Devoir*, 8 mai 2012.
12. Rakia Fourati, « Je me souviendrai et le Québec se souviendra... », *Huffington Post*, 12 avril 2014.

Face à la propagande lancée — et largement répandue — par ces fausses expertes, notamment à l'égard d'individus-es (surtout des femmes engagées), ou d'organismes québécois musulmans, il est du devoir des médias d'offrir des tribunes à ces derniers-ères afin de répliquer et d'expliquer leur position publiquement. Ceci permettrait de vérifier des informations trop souvent acceptées de façon quasi dogmatique dans certains milieux politiques ou sociaux, offrirait à la population des perspectives diversifiées qui leur donneraient l'occasion de se faire une opinion plus éclairée sur les sujets en question, et relèverait d'un traitement beaucoup plus juste et équitable de questions aussi sensibles que celles de la réputation d'individus ou d'instituts accusés d'islamisme. Or, jusqu'à présent, Leila Bdeir, Samira Laouni, moi-même ou autres ne pouvions compter que sur les quelques espaces de conférences publiques ou de blogues dans lesquels nous intervenions afin d'exposer nos opinions et clarifier nos positions.

Les questions de fond

Pour légitimer leur absence du terrain, les pseudo-expertes islamophobes adoptent également une posture de victimisation, parlant du danger qu'elles courent en dénonçant certaines «vérités» sur les musulmans-es et l'islam. Encore une fois, ceci ne fait que projeter une ombre de suspicion à l'égard de toutes et tous les Québécois-es de foi musulmane qui seraient donc essentiellement violents-es et refuseraient toute divergence d'opinion. En revanche, il est intéressant de constater que depuis la multiplication de ce phénomène d'«expertes politico-culturelles», les réponses des citoyens-nes musulmans-es se sont plutôt exprimées par la plume ou par la prise de parole publique, loin de toute agressivité collective. Bien au contraire, depuis le début de la campagne de propagande lancée en 2009 par Benhabib, la tension sociale n'a fait qu'augmenter et la diffamation, le racisme et la violence verbale se sont multipliés sur Internet et ont été plutôt dirigés à l'égard des autres femmes musulmanes, même lorsque celles-ci sont victimes d'accident mortel, par exemple[13].

---

13. Des captures d'écran ont largement circulé sur Facebook, affichant des propos racistes, islamophobes et violents tenus après le décès de Naïma Rharouity

* * *

Une autre question qu'il serait légitime de poser est, à savoir : comment le discours et les « actions » de ces musulmanes-alibis ont-ils jusqu'à présent fait, ou font-ils, *concrètement* avancer les droits des femmes musulmanes autant dans les milieux musulmans que dans la société en général ? Qu'advient-il alors de toutes les personnes présentes sur le terrain depuis des décennies, qui se montrent pourtant très critiques à l'égard de certaines pratiques adoptées par des courants littéralistes musulmans ?

Certes, leur discours n'arrive pas aussi souvent aux oreilles du grand public. Mais, ce sont ces intervenants-es qui font tout le travail de sensibilisation à l'intérieur comme à l'extérieur des milieux musulmans pour créer des ponts et cheminer vers une société pluraliste, et non uniformisée par la peur et l'assimilation. Ces Québécois-es ont donné dix, quinze ans de leur vie à tenter de construire la société dans un esprit positif, en parlant de valeurs communes, de vivre-ensemble harmonieux, de rapprochement interculturel et interreligieux. Qu'est-ce qui nous pousse à accorder autant de tribunes à des voix qui divisent et qui traînent dans leur sillage peur, rejet et opportunisme politique ?

* * *

Enfin, il est toujours étonnant d'entendre ces « expertes culturelles » dire qu'elles ont fui les violences pour retrouver un pays de libertés, alors qu'elles sont justement les premières à remettre en question les acquis de la démocratie et des droits et libertés au Québec. Cela a commencé par le refus de Benhabib du résultat de vote lors de l'assemblée spéciale de la FFQ en 2009. Un processus démocratique voulant que la majorité se prononce sur une position quelconque ne convenait plus lorsque les résultats n'allaient pas dans le sens souhaité. Les libertés individuelles sont inhérentes à un système juste. Et la liberté de conscience et de religion en fait partie, parce que des millions de personnes ont été justement massacrées en raison de l'absence de cette liberté dans le passé, en Occident comme ailleurs.

---

survenu, le 30 janvier 2014, dans les escaliers roulants d'une station de métro de Montréal. Voir aussi « L'identité de la dame étranglée dans le métro est confirmée », *La Presse*, 31 janvier 2014.

Aujourd'hui, les plus hautes instances des droits de la personne reconnaissent que cette liberté fondamentale inclut le droit de pratiquer et d'exprimer sa religion même publiquement. Pratiquer sa religion « dans le privé » comme demandent certains-es n'est pas une liberté. Lors de mon voyage en Corée du Nord, j'ai constaté que, même sous cette dictature, n'importe qui pouvait bien faire ce qu'il voulait entre ses quatre murs, en autant qu'il n'était pas vu par ses concitoyens-nes ou par les pouvoirs publics. S'obstiner à affirmer que la liberté de religion *doit* être confinée à la sphère privée, comme le soutiennent certains courants ici ou en France, par exemple, équivaudrait à demander de reconnaître la liberté d'expression seulement si elle est pratiquée chez soi. Dans les limites de ce qui ne porte pas atteinte à l'intégrité morale ou physique d'autrui, la liberté de croyance reste intimement liée à la liberté d'expression. Elle se manifeste donc lorsqu'on accepte de voir des croyances même si on ne s'y inscrit pas. Pour tracer un parallèle avec ce que dit souvent Noam Chomsky, protéger la liberté d'expression, c'est justement être capable de défendre le droit des autres à exprimer des opinions, même lorsqu'elles sont différentes des nôtres ou de celles de la majorité de la société.

Des accommodements à la Charte

La commission Bouchard-Taylor et le projet de loi 60 sur la « charte des valeurs québécoises » sont certes derrière nous, mais malheureusement, ceci ne marque pas pour autant la fin des débats sur les questions d'immigration, de laïcité et de gestion de la pluralité religieuse dans l'espace public. Le risque de résurgence d'histoires liées à ces questions demeurera tant que ces thèmes n'auront pas été traités de façon approfondie tout en demeurant accessibles à la population, et en dehors d'un cadre électoraliste. Autrement, aux prochaines élections ou même avant, nous risquons de réentendre les mêmes arguments et les mêmes incompréhensions d'un côté comme de l'autre, et d'assister aux mêmes conséquences de ces débats sur une partie de la population, notamment sur les minorités religieuses. Il est alors nécessaire, même après les tempêtes de 2007 et de 2013, de s'attarder sur certaines questions récurrentes et de faire ressortir des incohérences politiques qui y sont reliées afin de mieux s'outiller pour d'éventuels débats.

Les problèmes des « immigrants-es »

Que ce soit durant le débat sur les accommodements raisonnables ou celui sur la charte des valeurs, les interventions finissent invariablement par converger vers la question de l'immigration — non pas de la diversité ethnoculturelle caractéristique de la société québécoise, mais bien de l'immigration. Les problèmes de l'identité nationale semblent pour certains-es principalement attibuables aux « portes grand ouvertes » du Québec qui laisseraient entrer « n'importe qui ». À travers la multitude de discours lus ou entendus, on peut noter un problème majeur quant à la compréhension qu'a une partie de la population du phénomène de l'immigration : qui peut immigrer au Québec ? Quels sont les différents statuts d'immigration ? Pourquoi les gens immigrent-ils ? Pourquoi le Québec veut-il des immigrants-es ? Etc.

Avec toutes ces questions et incompréhensions qui s'ajoutent au lien fait constamment entre les questions de religion, d'accommodements et d'immigration, comment peut-on espérer qu'une partie de la population qui n'a aucun contact avec l'immigration comprenne les avantages et les richesses de celle-ci et l'accepte, ou même la réclame ? Malheureusement, plutôt que d'éclaircir ces nombreuses zones d'ombre par des campagnes d'éducation et de sensibilisation populaires, les différents gouvernements ont souvent préféré soit les ignorer, soit les exploiter pour servir leurs intérêts politiques électoralistes.

* * *

Pour certains-es, l'immigration devrait être une façon de « boucher nos trous » dans les industries qui manquent de main-d'œuvre — en raison du vieillissement de la population — sans pour autant permettre l'accès à des postes clés dans des grandes entreprises privées ou publiques. On voudrait donc « importer » des ressources humaines, comme on le ferait pour le tissu, les oranges ou le pétrole. Par conséquent, celles-ci seraient d'abord ici pour remplir leur principale fonction, soit le travail, en français.

D'autres encore voient les immigrants-es comme ayant toutes et tous fui la misère et l'oppression. Le Québec ferait alors office de paradis sur terre, comme l'exprimait si clairement une citoyenne lors d'une entrevue à la radio :

> [Q]uand ils arrivent ici, ils ont beaucoup d'avantages, parce que quand ils partent de chez eux, ils sont vraiment maltraités. Faites ce que vous voulez, mais ne nous empêchez pas de faire ce que nous on veut faire ici. […] Comme chez vous, quand vous êtes partis de là, vous étiez pas très bien. Vous arrivez ici et c'est comme un petit paradis sur terre comparativement à votre pays[14].

---

14. « Les citoyens face aux agressions de femmes voilées », ICI Radio-Canada, 12 octobre 2013. En ligne : https://soundcloud.com/radiocanadainfo/d-sautels-le-dimanche-majda.

Lorsque la dame musulmane qui accompagnait le journaliste lui a demandé si elle savait d'où elle venait, la première lui rétorqua « d'Égypte, ou de ces places-là, avec toutes les femmes voilées, dans ce coin-là. C'est à peu près tout dans le même coin ».

* * *

Trois éléments se dégagent de la citation de la dame interviewée ci-dessus — à noter que des propos semblables à ceux-ci ont été entendus très souvent dans les débats publics des dernières années, et reflètent bien une opinion qui existe dans la population. Tout d'abord, bien que cela puisse sembler évident, plusieurs citoyens-nes oublient, ou refusent de reconnaître, que le fait d'être d'origine ethnique autre que canadienne-française ne signifie pas nécessairement être immigrant-e. Il existe des Québécois-es nés-es ici et dont même les parents sont nés-es ici, mais qui sont tout simplement d'une origine autre qu'européenne. Donc, tous ces « gens-là » ne sont pas nécessairement *venus* ici.

Ensuite, rappelons que le Québec, comme d'autres sociétés occidentales, courtise les gens d'ailleurs pour venir s'installer ici. Le Québec va justement chez « Eux » pour leur demander d'immigrer. C'est loin d'être un acte de charité. Il le fait principalement pour répondre à ses besoins de peupler son territoire de citoyens-nes francophones, de combler les postes qui se libèrent de plus en plus au sein de ses entreprises, avec les départs à la retraite des *baby-boomers*, et d'accroître son développement social et économique. En revanche, il promet aux nouveaux-arrivants des conditions de vie convenables, un système de justice adéquat et la sécurité, entre autres. Il s'agirait alors d'une relation donnant-donnant. Chacun-e est censé-e y trouver son compte[15]. Lorsque ces immigrants-es s'installent ici, c'est dans la perspective de devenir citoyens-nes, de participer à définir l'avenir de la société et d'améliorer leur propre

---

15. Les intérêts principalement économiques et « sécuritaires » qui guident les politiques d'immigration dans les pays occidentaux occultent complètement le droit à la libre circulation des personnes, alors que celle-ci est de plus en plus renforcée, par le biais des politiques néo-libérales, pour les marchandises. Sur cette question de migrations et de libre circulation, lire : Mouloud Idir, « Libre circulation contre droits des états », *Vivre ensemble*, 16 (55), printemps 2009.

situation. Dans son livre *Les identités meurtrières*, Amin Maalouf avait abordé ce phénomène en notant :

> En matière d'immigration, la première de ces conceptions extrêmes est celle qui considère le pays d'accueil comme une page blanche où chacun pourrait écrire ce qu'il lui plaît, ou, pire, comme un terrain vague où chacun pourrait s'installer avec armes et bagages, sans rien changer à ses gestes ni à ses habitudes. L'autre conception extrême est celle qui considère le pays d'accueil comme une page déjà écrite et imprimée, comme une terre dont les lois, les valeurs et les croyances, les caractéristiques culturelles et humaines auraient déjà été fixées une fois pour toutes, les immigrants n'ayant plus qu'à s'y conformer [...] les hommes de sens avanceront d'un pas vers l'évident terrain d'entente, à savoir que le pays d'accueil n'est ni une page blanche, ni une page achevée, c'est une page en train de s'écrire[16].

Le troisième point qui retient notre attention dans les propos de la dame interviewée ci-dessus est cette fausse perception que tous les immigrants-es seraient des réfugiés-es fuyant la guerre et la misère, ce qui reflète encore une fois une méconnaissance du phénomène de l'immigration.

* * *

Les tenants-es de ces deux visions — soit celle qui perçoit les immigrants-es principalement comme des ressources humaines importées et l'autre qui les considère toutes et tous comme des réfugiés-es — sont alors outrés-es lorsqu'ils ou elles constatent que ces immigrants-es tiennent un discours sur la citoyenneté, réclament des droits (les mêmes que les autres citoyens-nes), s'engagent en politique... bref, se mêlent des affaires du «Nous»! C'est ce qui explique cette idée de l'«immigrant-e» éternellement invité-e (et ce, même si la personne en question est née au Québec), exprimée par Pierre Foglia dans *La Presse*: «Je résume. Pour moi, encore aujourd'hui, la laïcité, c'est Dieu le jeudi et le dimanche. Et un immigrant, c'est quelqu'un qui ferme sa gueule et qui dit merci[17].»

Les propos de Foglia, également entendus souvent dans les débats sociaux, signifieraient que les «immigrants-es» devraient ainsi

---

16. Amin Maalouf, *Les identités meurtrières*, Paris, Grasset, 1998.
17. Pierre Foglia, «Le débat», *La Presse*, 18 janvier 2014.

garder un statut de prolétaires où ils servent une certaine classe sociale, mais sans pour autant aspirer à bénéficier des avantages que leur procurerait une pleine citoyenneté, ni encore moins chercher à occuper des postes de pouvoir. En résumé, on leur dit merci pour leurs impôts — s'ils ont la «chance» de travailler — mais leurs opinions importent peu! À noter que le même Foglia, qui a immigré au Québec à l'âge adulte, et qui réclame que les immigrants-es se «ferment la gueule» et se comportent en invités, détient un pouvoir non négligeable grâce à sa chronique qui paraît dans un quotidien important depuis plus de 40 ans.

* * *

Lors des débats identitaires des dernières années, des politiciens-nes ont sciemment renforcé les fausses perceptions à propos de l'immigration à travers leurs discours, et les ont même bonifiées d'autres amalgames pour ainsi produire des projets de loi ou des positions complètement démagogiques. Il était intéressant d'écouter et d'analyser, par exemple, les arguments concernant la charte des valeurs présentés autant par les responsables du dossier au sein du gouvernement Marois que par leurs partisans-es — arguments qui, faut-il le rappeler, sont les mêmes qu'on entend depuis la dernière décennie. Certaines affirmations comprennent tant d'incohérences qu'il devient inquiétant de penser à la manière dont les partis au pouvoir géreraient les dossiers qui ne sont pas nécessairement «visibles» aux citoyens-nes ordinaires que nous sommes.

L'alibi de la «majorité silencieuse»

On entend souvent parler, dans les débats de société, de la «majorité silencieuse». Cette entité semble être curieusement toujours en accord avec les désirs et opinions de certaines voix «criantes» — politiciennes ou autres — omniprésentes dans les médias. Des sondages émergent à l'occasion pour nous transmettre ce que cette prétendue majorité penserait. Justement, le 25 août 2013, un quotidien montréalais (le même qui informait régulièrement la population québécoise du «péril religieux» en 2006 et 2007 concernant les «accommodements raisonnables» et le supposé racisme des Québécois-es) révélait cette fois-ci qu'à la question «Trouvez-vous qu'il y a actuellement trop d'accommodements pour des motifs religieux au Québec ? », 67 % des Québécois-es avaient répondu « Oui »[18] ! Un autre « oui » a été scandé par 55 % des répondants-es pour le maintien du crucifix à l'Assemblée nationale ; et puis, un agréable « oui » pour le PQ, avec le pourcentage le plus élevé de participants-es (30 %) qui lui font le plus confiance dans le dossier des accommodements religieux.

Ces questions faisaient partie d'un sondage effectué par une firme (la même qui avait tenu le sondage en 2007 sur la perception des Québécois-es à propos de leur racisme), à la suite de la demande de l'ancien secrétariat responsable du dossier de la Charte, dont Drainville était le ministre. D'ailleurs, lors de ses nombreuses entrevues, ce dernier ne cessait de répéter qu'il avait le soutien de la majorité de la population et que cela était bien prouvé par les résultats du sondage.

Cependant, qu'en est-il de cette étude sur laquelle le gouvernement s'est basé pour déterminer ce que les Québécois-es *veulent* et surtout ce qu'ils ou elles *ne veulent pas* quant aux pratiques religieuses des groupes minoritaires, et pour ainsi pouvoir établir des lois en conséquence ?

Tout d'abord, il y a eu le sondage effectué du 12 au 17 mars 2013 et publié un mois plus tard[19]. Celui-ci, intitulé « Que pensent les Québécois des accommodements religieux ? », comptait 1 506 participants-es et était administré par Internet. Ensuite, il y eut celui nommé « Les accommodements religieux au Québec », et effectué du 23 au 24 août auprès de 1 000 personnes, également par le biais d'Internet[20]. C'est à ce dernier que faisait référence le quotidien mentionné ci-dessus en affirmant que « les Québécois appuient Drainville ».

En lisant les informations disponibles relativement à ces deux sondages sur les sites du gouvernement, nous ne pouvons que nous étonner devant leurs importants biais méthodologiques. Mais tout d'abord, il serait intéressant de savoir pourquoi le Parti québécois avait commandé deux sondages portant exactement sur le même

---

18. Jean-Luc Lavallée, « Appui massif des francophones », *Journal de Montréal*, 25 août 2013.
19. www.institutions-democratiques.gouv.qc.ca/laicite-identite/documentation/index.htm.
20. http://leger360.com/canada_fr/mediacenter.asp.

sujet et ayant des questions en commun dans un intervalle de moins de six mois. Il est à noter que le deuxième faisait en plus référence aux opinions des commentateurs, à une déclaration de Justin Trudeau[21], et au parti auquel on faisait le plus confiance sur le dossier des accommodements raisonnables ; tout ceci s'inscrivant dans le tumulte médiatique causé par la « fuite » apparue le 19 août. Que mesure-t-on dans de tels contextes si ce n'est le degré d'émotivité et de confusion sociale concernant une question touchant autant à l'identité nationale qu'aux droits fondamentaux ?

En parcourant les deux sondages, on pouvait constater un biais majeur sur le plan de la formulation des affirmations et des questions. Sur les neuf affirmations avec lesquelles il fallait exprimer son accord ou désaccord dans le sondage du printemps, toutes étaient formulées selon la vision du gouvernement Marois – par exemple : « Les accommodements religieux coûtent cher aux contribuables », ou encore : « Il faut interdire tout signe religieux sur la place publique. La religion est une affaire privée et doit se manifester seulement en privé ». La lecture du reste du sondage n'était pas plus rassurante sur l'orientation des questions. Le sondage tenu après la « fuite » contenait quant à lui légèrement moins de biais et le nombre de questions était inférieur au premier.

* * *

Par ailleurs, on peut également s'interroger sur l'adéquation de la méthodologie du sondage par Internet lorsqu'il s'agit d'une question aussi importante et sérieuse pour l'ensemble de la population. La firme ayant conduit les sondages a publié deux articles dans *Le Devoir* (9 avril 2010 et 10 août 2012) pour convaincre les lecteurs-trices que cette méthodologie était fiable. Toutefois, celle-ci peut possiblement être acceptable pour sonder les intentions de vote on encore l'utilisation de divers produits et services commerciaux, mais qu'en est-il de l'utiliser avec un échantillon non probabiliste (c'est-à-dire que les chances d'être sélectionné-e dans l'échantillon ne sont pas égales pour tout le monde) pour « connaître ce que

---

21. « Êtes-vous en accord ou en désaccord avec Justin Trudeau qui a affirmé que la Charte des valeurs québécoises du Parti Québécois est un "encouragement à la peur" de l'autre qui envoie un message d'intolérance ? », Rapport de sondage, « Les accommodements religieux au Québec », Léger, 26 août 2013.

les Québécois-es veulent ou pensent » des accommodements religieux ? Lorsque le ministre Drainville affirmait avoir basé son projet sur des sondages, c'était tristement une insulte à l'intelligence de la population.

Ironiquement, si ce gouvernement pouvait se fier à la solidité et à la neutralité de ces sondages et répondre, comme il le prétendait, à la demande des « Québécois », il aurait également écouté dès le début la majorité des répondants-es (57 %) qui refusait le droit de retrait aux villes et aux municipalités ; et aurait surtout vu que seulement 28 % des participants-es croyaient que la Charte allait « régler les problèmes d'accommodements religieux » !

* * *

D'aucuns basent également leurs opinions concernant ce que la « majorité » veut sur les commentaires des citoyens-nes dans les différents médias (journaux, radio, etc.). Le problème que pose cette perception est que, généralement, les gens ont davantage tendance à exprimer leur colère que leur joie quand il s'agit des questions sociopolitiques. Quand voyons-nous une manifestation de personnes qui veulent exprimer leur satisfaction à l'égard d'un service public ? Et ce phénomène s'applique autant à l'échelle individuelle que médiatique. Par exemple, quelque temps avant les élections du 7 avril 2014, un sondage (un autre !) a été publié dans *La Presse* au sujet de l'opinion des Québécois-es sur les « communautés culturelles ou confessions religieuses[22] ». Deux jours plus tard sur les ondes d'ICI Radio-Canada, lors de l'émission de Catherine Perrin portant sur le sujet, une auditrice, camionneuse, exprimait qu'elle avait commencé à avoir une opinion négative des musulmans-es car, dans les haltes routières, elle se faisait dévisager par ceux qu'elle pensait être des musulmans « parce qu'elle est femme et camionneuse[23] ». Ce type d'anecdote est assez fréquent dans le débat public, et reflète encore une fois ce phénomène qui veut qu'on ne parle souvent que de ce qui ne va pas. Autrement, comment agirait-on si quelqu'un s'adressait publiquement aux médias pour dire que, lorsqu'il marchait dans la

---

22. Louise Leduc, « Le malaise musulman », *La Presse*, 16 mars 2014.
23. « Intolérance envers les immigrants : la crainte de l'autre », *Medium Large*, ICI Radio-Canada, 18 mars 2014.

rue un jour, un-e musulman-e l'avait aidé ou lui avait souri? De la même façon, les médias ne diffusent pas de reportages pour dire : « Aujourd'hui, un milliard de musulmans-es dans le monde n'ont rien fait d'illégal ni d'inconvenable. »

* * *

Il est donc important lors des débats publics de s'attarder sur les méthodes qu'utilisent les différentes parties qui créent cette entité fictive qu'est la « majorité silencieuse » et qui leur permettent de se servir de celle-ci comme d'un alibi pour leurs visées politiques. Nous vivons dans un système qui se veut démocratique et où les citoyens-nes disposent de divers mécanismes pour exprimer leur soutien ou opposition à une politique en vigueur ou à un projet de loi, sans se laisser assimiler silencieusement à une « majorité ».

Le catholicisme patrimonial

Le crucifix de l'Assemblée nationale a fait couler beaucoup d'encre, entraînant dans son courant un flot d'émotions. En 2008, quelques minutes à peine après la présentation par les commissaires Gérard Bouchard et Charles Taylor de leur rapport sur les pratiques d'accommodements raisonnables, Jean Charest, alors premier ministre du Québec, déclarait qu'il ne retirerait pas le crucifix du Salon bleu. Une motion a ensuite été votée à l'unanimité pour cette position. Cinq ans plus tard, le projet de loi 60 stipulait dans sa première orientation que la Charte québécoise des droits et libertés de la personne (CQDLP) « doit prendre en compte l'existence des éléments emblématiques et toponymiques du patrimoine culturel du Québec ». En d'autres mots, ce qui est chrétien et fait partie du paysage québécois devient patrimonial et doit demeurer tel quel. Il s'agissait évidemment de bien plus que le crucifix. Cet objet religieux placé là durant l'époque de Duplessis pour marquer justement le lien étroit entre l'Église et l'État, devient donc un patrimoine qui échappe à la règle première de la laïcité qui exige la séparation de l'Église et de l'État. Un premier cas majeur d'accommodement religieux réglé au sein même de la charte « parce que nos valeurs, on y croit ».

Pour plusieurs personnes, ce crucifix n'aurait probablement causé aucun émoi, si seulement le gouvernement ne cherchait pas à tout prix à neutraliser et à «laïciser» surtout les signes des minorités religieuses. Cette situation rappelle justement la question de privilège, si sensible et si intimement liée aux rapports de force. Lorsque l'on se sent assez à l'aise pour défendre publiquement que les symboles faisant partie de sa propre culture doivent dorénavant changer de signification pour toutes et tous et que ceux appartenant aux cultures «étrangères» doivent se limiter autant que possible au domaine du privé, on se positionne clairement dans une perspective de privilège ethnique et racial. C'est ainsi que le chef de la CAQ François Legault, par exemple, a affirmé que la prière prononcée par le maire de Saguenay au début des séances du conseil municipal pouvait être considérée comme faisant partie du «patrimoine historique oral du Québec[24]»! Et cela lui semblait en totale cohérence avec la neutralité religieuse de l'État et la laïcité.

Dans le projet de loi 60, on trouvait aussi l'article 30 du chapitre VII qui, par une acrobatie habile, réussissait encore une fois à extirper les pratiques de la «majorité» pour en faire une exception acceptable. Celui-ci prescrivait qu'afin de

> favoriser la cohésion sociale ainsi que l'intégration des enfants sans distinction liée à l'origine sociale ou ethnique ou à l'appartenance religieuse, la politique doit notamment prévoir que [...] une activité ou une pratique répétée qui tire son origine d'un précepte religieux, notamment en matière alimentaire, ne peut être autorisée si elle a pour but, par des propos ou des gestes, d'amener l'enfant à faire l'apprentissage de ce précepte.

Ainsi, en spécifiant «notamment en matière alimentaire», on inclut ce qui pourrait être perçu comme de la nourriture *halal* ou cachère et on exclut discrètement toutes les activités reliées aux fêtes religieuses chrétiennes, à savoir Noël et Pâques par exemple, pourtant très fortement soulignées dans les milieux de garde et les écoles primaires. Les enfants, athées, musulmans, juifs ou sikhs, peuvent et même doivent participer à toutes les activités reliées à des fêtes d'origine chrétienne, sans que cela ne soit perçu comme ayant pour but «d'amener l'enfant à faire l'apprentissage de ce précepte»,

---

24. *Pas de midi sans info*, ICI Radio-Canada, 26 août 2013. En ligne: http://www.radio-canada.ca/emissions/pas_de_midi_sans_info/2013-2014/archives.asp?date=2013-08-26.

alors que leur servir une nourriture végétarienne, donc *halal*, serait dangereux pour leur intégration et pour la cohésion sociale.

* * *

On nous rappelle souvent dans ces débats que le Québec «s'est débarrassé de sa religion», qu'il a vécu l'oppression religieuse et n'en veut pas d'autres, qu'il veut se libérer de tout ce qui est religieux dans la sphère publique et enfin que «la religion, c'est du domaine du privé». Toutefois, lorsque l'on entend les trois principaux partis politiques (PQ, PLQ et CAQ) et une partie de la population défendre avec une force presque obsessionnelle l'idée que le crucifix doive rester au-dessus de la tête du Président de l'Assemblée nationale, malgré son historique, la question qui s'impose est : le Québec est-il vraiment prêt à tourner la page sur son passé et à regarder vers l'avenir? Tourner la page ne signifie pas tourner le dos. Tourner la page implique de prendre connaissance de son passé, d'en garder ce qui aide à bâtir son avenir, et d'ainsi être en paix avec son présent.

Une charte sur les accommodements raisonnables?

Dans ses discours, M. Drainville justifiait souvent la question de la Charte principalement par la nécessité de mettre des limites claires à la question des accommodements raisonnables, afin d'éviter une «crise» comme celle de 2007. Cependant, ce qu'il omettait de dire, c'est que durant cette première «crise», parmi les situations surmédiatisées impliquant des citoyens-nes de diverses religions, aucune n'était reliée à un «signe» religieux porté par un-e employé-e de l'État, qui justifierait alors la clause la plus controversée de son projet de loi, à savoir l'interdiction de ces «signes» dans la fonction publique et parapublique.

Aussi, depuis le début du débat autour de la charte, les principaux organismes paragouvernementaux ayant des employés-es de diverses croyances portant ou non un accessoire religieux ont réitéré ne pas avoir de problèmes significatifs avec les accommodements religieux, et encore moins avec le port de «signes» religieux. C'était le cas de l'Association québécoise des établissements de santé et de services sociaux (AQESSS) qui a annoncé, après une consultation conduite auprès de ses membres, que «99% des établissements ne rencontraient pas de problème significatif concernant les demandes d'accommodements religieux », et que « 100 % des répondants ne rencontrent pas de problèmes significatifs en ce qui a trait au port de signes religieux ostentatoires[25] ». Ce dont l'AQESSS aurait donc grandement besoin, comme elle l'a mentionné dans son communiqué, c'est de directives et de ressources pour l'aider à statuer sur les différentes demandes d'accommodements religieux. Du côté des universités et des garderies privées, on entendait le même son de cloche. Même en 2007, la Commission scolaire de Montréal (CSDM) stipulait dans son mémoire présenté à la commission Bouchard-Taylor : « Si nous considérons l'ensemble des élèves fréquentant la CSDM (≈ 106 000 élèves), seulement 0,3 % des élèves ont manifesté le désir d'avoir des accommodements relatifs à leur pratique religieuse, ce qui demeure un phénomène marginal[26]. » Face à cela, la stratégie du gouvernement Marois était de créer une loi pour interdire un comportement qui n'avait pas suscité de problèmes majeurs dans le passé.

Lorsqu'il s'agit de la gestion de la pluralité, certains-es semblent oublier que, au sein d'un État de droit, une loi ne peut être établie sans prouver que son absence entraîne des conséquences importantes sur les droits d'autrui et sur leur sécurité, par exemple. On ne légifère pas selon ses préférences ou selon « l'opinion de la majorité ». D'ailleurs, c'est justement pour éviter les abus des « majorités » — et de ce que celles-ci réclamaient comme « droits collectifs » — ayant mené à des épisodes sombres dans notre Histoire que les droits individuels ont été établis. Pour interdire le port des « signes » religieux dans la fonction publique et parapublique, on doit donc d'abord présenter des études qui prouvent que l'existence de tels signes a véritablement créé une confusion quant à la neutralité de l'État. En d'autres mots, en voyant deux sikhs portant des turbans dans un hôpital, on aurait été porté à croire que l'État québécois privilégiait la religion sikhe et que son programme de santé s'en inspirait, par exemple. Cette situation étant très loin de la réalité, nous nous

---

25. AQESSS, « Communiqué de presse — Charte des valeurs québécoises ». En ligne : www.aqesss.qc.ca/1777/Communiques_de_presse.aqesss?ComID=744.

26. Commission scolaire de Montréal, *La diversité culturelle, linguistique et religieuse à la Commission scolaire de Montréal : pour un accommodement raisonnable réciproque*, 2007. En ligne : www.csdm.qc.ca.

demandons alors si ce n'était pas, bien au contraire, en voyant des têtes nues, ou portant turbans, bandeaux, kippas ou foulards dans les institutions étatiques, que l'on aurait une preuve que l'État ne privilégie réellement aucun système de croyances, et qu'il s'inscrit, par conséquent, dans une démarche authentiquement laïque.

* * *

Quant aux accommodements raisonnables qui avaient besoin, selon le gouvernement péquiste, d'être balisés, plusieurs ont réitéré pourtant, depuis le début de ce débat, qu'au sein du milieu juridique, la définition des accommodements raisonnables et leurs limites étaient claires et précisées depuis plusieurs années. La Commission des droits de la personne et des droits de la jeunesse (CDPDJ) offre même un service-conseil ainsi que des formations et des outils pratiques sur les demandes d'accommodements aux institutions qui en feraient la demande. Elle y définit des balises reconnues juridiquement telles que les critères de la contrainte excessive qui comprennent les ressources financières et matérielles, le fonctionnement et l'organisation du travail, ainsi que la sécurité et les droits d'autrui[27].

Pourtant, le projet de loi 60 et certains-es partisans-es de la laïcité restrictive affirmaient vouloir tout de même inclure dans la Charte québécoise des droits et libertés de la personne (CQDLP) la définition du concept et préciser que les demandes devaient être traitées dans le respect de l'égalité hommes-femmes et de la neutralité religieuse de l'État.

Dans la CQDLP, on trouve d'abord l'article 10 du chapitre I.1, qui mentionne que «[t]oute personne a droit à la reconnaissance et à l'exercice, en pleine égalité, des droits et libertés de la personne, sans distinction, exclusion ou préférence fondée sur [...] le sexe...[28]». Ensuite, en 2008, dans la foulée de la commission Bouchard-Taylor, le gouvernement libéral avait cru bon et nécessaire, pour rassurer la population de sa «non-passivité», de rajouter dans le préambule

---

27. Commission des droits de la personne et des droits de la jeunesse, *Guide virtuel: traitement d'une demande d'accommodement*. En ligne: www.cdpdj.qc.ca/fr/formation/accommodement/Pages/index.html.

28. Gouvernement du Québec, *Charte des droits et libertés de la personne*. En ligne: www2.publicationsduquebec.gouv.qc.ca.

de cette même charte que l'égalité entre les femmes et les hommes constitue « le fondement de la justice, de la liberté et de la paix ». Enfin, parmi les critères de la contrainte excessive des accommodements raisonnables mentionnés ci-haut, on distingue la question des « droits d'autrui ». Les femmes sont donc, autant que les hommes, par définition, incluses dans cet autrui à considérer avant d'accorder toute demande d'accommodement. Toutes ces mentions ne semblaient toutefois pas suffisantes pour le gouvernement au pouvoir. Si un autre parti politique (peut-être la CAQ!) aspire à gagner une future élection, il ne faudra pas s'étonner de le voir instrumentaliser encore une fois la question de l'égalité femmes-hommes et demander à ce qu'elle soit inscrite en filigrane ou encore sur l'en-tête de toutes les pages de la CQDLP!

Par ailleurs, on a rarement entendu des politiciens-nes, et des défenseurs-euses de la laïcité restrictive, définir le concept même d'égalité des sexes. Lorsque des femmes, par exemple, affirment que leur adhésion à une éthique vestimentaire conforme aux principes de leur foi n'altère aucunement leur égalité avec les hommes, l'État peut-il leur répliquer que, selon *sa* propre perception, elles se trompent? Une telle attitude s'inscrirait invariablement dans une vision infantilisante des femmes à qui on refuserait ce pour quoi des centaines de milliers de femmes ont lutté et continuent de lutter même aujourd'hui[29].

Insister autant sur le principe d'égalité femmes-hommes lorsqu'il s'agit des pratiques des minorités religieuses, alors que notre société regorge de phénomènes et de pratiques qui y contreviennent, laisse croire que ce n'est pas tant l'égalité que l'on cherche à atteindre par cette charte, mais plutôt un certain modèle unique de « l'émancipation » des femmes et des relations entre les sexes. Autrement, ce « féminisme » étatique prévoit-il s'attaquer aussi, à travers sa charte (qui, rappelons-le, a fini par avoir un nom qui stipulait clairement qu'elle affirmait l'égalité entre les femmes et les hommes), aux questions des inégalités économiques entre les femmes et les hommes à tous les types de violence (sexuelle, physique, psychologique et autres) à l'égard des femmes ? à la chirurgie plastique

---

29. Asmaa Ibnouzahir, « Femmes, islam et laïcité » in *Religions et laïcité : pour un nécessaire dialogue*, Fides, 2014. p. 221

et ses conséquences néfastes sur la santé (qui touchent beaucoup plus de femmes que d'hommes)? à l'industrie du sexe (qui emploie beaucoup plus de femmes que d'hommes à des fins lucratives)? à l'hypersexualisation des petites filles? aux évènements comme le «Montréal Fétiche» (où les propos et attitudes outrageusement sexistes et dénigrants à l'égard des femmes sont légion)? aux dessins animés et aux jouets pour filles (qui contribuent grandement à orienter les petites filles vers des rôles et des attitudes traditionnellement vus comme «féminins»)? La réponse apparaît clairement à la lecture du projet de loi. La réalité est que, au sein de notre société, on semble plutôt privilégier l'éducation et la sensibilisation — des méthodes douces — lorsqu'il s'agit de questions jugées comme touchant la majorité ethnoculturelle, et opter plutôt pour la légifération pour «civiliser» l'Autre[30].

Neutralité et normalité

Plusieurs acteurs politiques ou sociaux se sont exprimés pour apporter leur soutien à l'idée de préciser dans la CQDLP la neutralité de l'État ainsi que le caractère laïque de ses institutions. Il s'agit en effet de principes importants qui marqueront, par écrit, la séparation des pouvoirs religieux et politiques dans les affaires de l'État. Cependant, la rupture commence lorsqu'il s'agit de définir ces deux concepts, soit celui de la neutralité et celui de la laïcité ; et surtout concernant la clause qui imposerait à tout le personnel des secteurs public et parapublic d'adopter une apparence *areligieuse*. Car c'est bien de cela qu'il s'agit. En retirant sa kippa, son foulard ou son turban, le juif, la musulmane ou le sikh auront tous l'air areligieux, tout comme l'athée ou l'agnostique. «Être égaux» équivaudrait alors selon cette clause à «avoir la même apparence» plutôt qu'à avoir les mêmes droits, dont celui de s'habiller conformément à ses principes de conscience. Rappelons que le catholique pouvait par contre, selon le projet de loi 60, continuer à porter sa petite croix!

Bernard Drainville avait également affirmé lors d'une entrevue sur les ondes de Radio-Canada :

---

30. *Ibid.*, p. 221.

Il faut se rappeler la raison pour laquelle la neutralité est importante. C'est par respect pour les convictions de tous les citoyens ; c'est pour assurer dans le fond, l'égalité de tous les citoyens peu importe leur religion ou leurs croyances morales, et à travers ça, tu assures également l'égalité de toutes les religions[31].

En d'autres mots, pour *respecter les convictions* de « tous les citoyens », on interdirait donc à quelques-uns-es de suivre des pratiques conformes à leurs croyances, même si celles-ci ne concernent que leur propre personne. Ce paradoxe semblait pourtant découler de la plus simple logique lorsque prononcé par l'ex-ministre, tout comme la suite de l'argument qui voulait que pour *assurer l'égalité* de « tous les citoyens », on demande à certains d'entre eux de retirer un élément de leur pratique religieuse, pour ainsi « neutraliser » l'image de l'État. Évidemment, le contraire dans un pays religieux nous aurait fait rugir d'indignation. Ces quelques États où la loi oblige ses citoyens, et plus souvent ses citoyennes, à porter tel ou tel habit pour refléter l'idéologie de l'État sombrent depuis longtemps, dans l'imaginaire collectif, dans la catégorie de dictatures situées à des années-lumière de « nos valeurs démocratiques » occidentales, et québécoises.

* * *

La neutralité est un concept souvent galvaudé. Au cours du débat sur la Charte, par exemple, on notait que la définition de la neutralité avait été attribuée de façon plutôt arbitraire à ce qui « ressemble » le plus aux pratiques de la majorité canadienne-française d'origine catholique. Le ministre responsable de la charte répétait dans toutes ses entrevues que « la neutralité, ça ne flotte pas dans les airs ». En effet, celle-ci doit être reflétée dans les politiques, les programmes, les infrastructures et les services offerts par les institutions publiques et parapubliques. Le problème est que, malgré la pluralité religieuse de la société, on continue à déterminer que, sur le plan individuel, une apparence « neutre » équivaut à une apparence « normale », et la normalité serait définie par les pratiques de la majorité ethnoculturelle. Cette apparence « normale » signifie, par conséquent,

---

31. « Charte des valeurs québécoises : "Travailler pour l'État, c'est un choix, pas un droit" — le ministre Drainville », *Le 15-18*, ICI Radio-Canada, 23 août 2013.

une apparence sans accessoire à connotation religieuse (si ce n'est un bijou discret). En d'autres termes, une personne qui ne porte pas de « signes » religieux est vue comme « normale » et donc, par association, « neutre ».

Cela dit, au sein d'une société pluraliste, il y a un réel besoin de réfléchir sur la façon dont on définit ce qui est normatif et ce qui ne l'est pas, notamment en matière d'apparence et d'éthique vestimentaire, tout en gardant à l'esprit qu'on a aussi fait le choix d'avoir une société qui veut continuer à se définir comme relevant d'un État de droit.

La « neutralité » des agents-es d'autorité

Tout comme le recommandaient Gérard Bouchard et Charles Taylor, certains-es citoyens-nes qui s'expriment contre le projet de loi 60 voient quand même la nécessité d'imposer une interdiction du port des « signes » religieux dans les fonctions impliquant une autorité coercitive : juge, policier, gardien de prison, etc. Cette exception implique une composante d'apparence de neutralité que je trouve problématique à deux niveaux.

Premièrement, dans une situation qui impliquerait, par exemple, un juge et un accusé, confiner l'apparence de neutralité dans la présence ou non d'un accessoire religieux porté par le juge est très réducteur. Le nom peut en soi être porteur d'« apparence non neutre » d'une personne. Que dire d'un juge qui se nomme Mohammed, Cohen ou encore Singh ? Si un accusé doute de la neutralité du juge, il peut autant le faire en se basant sur le nom ou encore sur le faciès de celui-ci. On peut également parler du cas d'un juge blanc face à une femme accusée noire, ou vice versa. Il existe là encore assez de facteurs qui peuvent comporter de potentiels partis pris à la neutralité.

Le deuxième point est relié au premier dans une certaine mesure. Lors d'une situation de ce type, on a deux protagonistes. Lorsqu'un accusé se présente devant le juge en portant lui-même un accessoire religieux, ceci peut déjà constituer un élément pour lui assez important pour douter de la neutralité du juge. Par exemple, un homme portant une kippa et ayant un nom juif pourrait penser que le juge, d'apparence « neutre » — puisqu'il ne porte aucun « signe » religieux — a émis un jugement tendancieux parce qu'il est judéophobe. Interdirait-on aux accusés-es, aux détenus-es, ou aux personnes dans la rue qui risquent de se faire arrêter par la police, de porter leurs accessoires religieux dans la vie de tous les jours ? Donc, cette « apparence de neutralité religieuse » n'existerait que de façon théorique, superficielle et partielle. Bref, si elle cherche absolument à remettre en question la neutralité de l'agent-e d'autorité, une personne citoyenne a tout autant de raisons pour le faire juste à travers le nom, l'origine, la couleur, le sexe ou les propos et attitudes. Et face à cela, il existe des recours pour faire appel aux décisions des juges ou des autres agents-es d'autorité.

En somme, je crois qu'il est important de réfléchir, plus généralement, à la façon dont nous voulons penser notre société quant aux « apparences ». Nous vivons déjà dans un monde où l'universalisation d'un certain aspect et la superficialité nous dépouillent de plus en plus du sens profond de nos relations humaines. Voulons-nous alors renforcer, par une telle interdiction, la place que prennent les jugements basés sur les apparences dans les relations humaines, ou pouvons-nous nous éduquer afin de reconnaître la nécessité de passer au-delà de la perception de l'« areligiosité » extérieure comme seule garante de la neutralité pour éventuellement juger des propos ou de la compétence d'une personne ?

Tout comme la neutralité politique ?

L'autre argument souvent entendu est que, puisque les employés-es de l'État doivent faire preuve de retenue au sujet des opinions politiques, on devrait alors exiger qu'ils en fassent autant en ce qui concerne l'expression religieuse. Cette comparaison entre la politique et la religion semble problématique à plusieurs égards. Tout d'abord, nous vivons dans une société où le pouvoir constitue un enjeu disputé entre différents partis politiques et non religieux. L'organisation du pouvoir est alors intimement liée à la formation des partis politiques. Afficher son allégeance politique vient donc brouiller les cartes quant à la position ou l'intérêt du fonctionnaire. De plus, les opinions et les allégeances politiques ne sont pas une donnée profondément ancrée dans l'identité de la personne. On voit souvent des individus changer de parti, et former ou dissoudre tel ou tel parti, influencés-es grandement par les programmes et les actions tenues par les différentes formations politiques. On n'adhère donc pas à une foi de la même façon qu'on souscrit à un parti politique. Aussi, en arrivant sur une nouvelle terre d'accueil, une personne devenue citoyenne tentera d'opter pour un des partis politiques de son nouveau pays. On ne peut demander l'équivalent en ce qui a trait à la religion; bien que certains-es ne rêvent que de cela!

Par ailleurs, et malgré ce droit de réserve exigé à propos des opinions politiques et religieuses, plusieurs enseignants-es, sans aucune apparence à connotation religieuse, n'hésitent pas à transgresser cette règle sans qu'on ne les accuse de faire du prosélytisme athée, par exemple. À quelques reprises, des jeunes filles musulmanes m'ont rapporté la manière condescendante dont leur enseignante parlait de l'islam durant leurs cours. N'est-ce pas là l'expression d'une opinion religieuse? D'un autre côté, sachant que leurs propos risquent d'être plus scrutés, des enseignantes musulmanes portant le foulard, que j'ai connues, avaient davantage tendance à respecter la règle du droit de réserve afin de ne pas créer de malentendus quant à leurs intentions.

Sur la question du prosélytisme athée, j'aimerais souligner une certaine confusion qu'on entend parfois entre la laïcité et l'athéisme. La première est une démarche politique qui se veut garante de la liberté de conscience et de religion de toutes les personnes citoyennes d'un État, alors que le deuxième est une croyance reposant sur une négation de l'existence de Dieu, et ne constitue nullement la norme ou l'idéal d'une société parfaitement laïque. L'athéisme ferait plutôt partie de la multitude de croyances qui auraient le droit d'existence et de respect dans une société pluraliste. Il est donc ironique d'entendre, lors de certains débats publics — ou de lire dans les commentaires qui suivent certains articles journalistiques — des athées défendre avec zèle leur idéologie, en exigeant la laïcité au nom de la « non-existence de Dieu », et en tentant de convaincre l'auditoire que les religions relèvent du monde des superstitions ou de l'irrationnel. C'était le cas, par exemple, de cette professeure de philosophie[32]

---

32. On entend souvent des personnes dénigrer toutes les religions au nom de la philosophie, ou encore affirmer que la raison et la religion sont incompatibles. Il est utile de se rappeler que l'histoire de la civilisation musulmane a compté des

qui, lors du lancement du livre *Le Québec, la Charte, l'Autre: et après?*[33], s'est levée pour dire qu'elle ne comprenait pas comment on peut encore croire en Dieu, avant d'affirmer que, dans un hôpital, elle refusait de se faire donner une injection par une infirmière qui portait un foulard parce qu'elle «voulait avoir devant elle un être humain, et non une musulmane». Essayons un instant d'imaginer le contraire. Comment aurait-on réagi si une personne croyante s'était levée lors de cette même conférence pour prêcher l'existence de Dieu, ou encore pour exprimer son incompréhension et son dénigrement face aux non-croyants-es? Cette situation aurait été immédiatement vue comme du prosélytisme cru et irrespectueux, et la personne aurait probablement été sommée de se taire.

Je respecte totalement le droit de toute personne à ne pas croire, mais il serait intéressant de rester également attentif à l'existence d'un fondamentalisme athée qui cherche à convaincre qui veut l'entendre de sa doctrine, et à éliminer toute trace du religieux de la sphère publique. Certaines personnalités publiques souvent présentes dans les médias reflètent dangereusement cette attitude.

Évidemment, l'autre élément troublant de l'intervention de cette professeure de philosophie était son incapacité à reconnaître l'humanité de l'infirmière qui devait lui administrer son injection. Ceci participe encore une fois à la déshumanisation qui caractérise souvent les situations de tension dans lesquelles un groupe est stigmatisé en raison d'une de ses composantes identitaires.

La différence qui fait peur

Lors d'une discussion que j'ai eue avec des dames non musulmanes provenant de différents milieux politiques ou médiatiques, l'une d'elles ne cessait de répéter que les «signes» religieux créent des différences et que ceci était problématique. C'était une manifestation évidente de cette peur de la différence dont on parle constamment. En effet, plusieurs citoyens-nes voient en la différence un fardeau

---

philosophes de renom qui ont grandement influencé, entre autres, la pensée et la philosophie occidentales, dont Ibn Roshd (Averroès), Ibn Sina (Avicenne), Al-Ghazzali, et bien d'autres.

33. Leila Benhadjoudja, Yara El-Ghadban, Marie-Claude Haince, *Le Québec, la Charte, l'Autre: et après?*, Montréal, Mémoire d'encrier, 2014.

lourd à gérer et une menace à leur propre individuelle ou identité. On essaie alors de « neutraliser » l'image en l'uniformisant autant que faire se peut. Les racines de cette peur sont malheureusement beaucoup plus profondes qu'un simple désir de neutralité étatique. Elles se trouvent autant sur le terrain de la crise identitaire que sur celui du racisme.

Ce n'est plus un secret. Le Québec souffre d'une crise identitaire, tout comme plusieurs sociétés occidentales. La mondialisation, l'émergence économique de puissances non occidentales, l'immigration accrue et d'autres facteurs ont déstabilisé le confort identitaire de plusieurs sociétés en Occident. Mais le reste du monde n'en est pas épargné non plus. Le problème majeur de perception est lorsque certains-es Québécois-es d'origine canadienne-française supposent qu'une manifestation de la différence signifie nécessairement une affirmation et une certitude identitaires chez l'Autre. C'est ce qui ressort d'ailleurs dans certains propos qui décrivent le port du foulard, par exemple, comme un geste *arrogant* exprimant le confort identitaire de la personne qui le pratique. Cependant, tout comme c'était le cas pour moi, le port du foulard ne garantit en rien la paix identitaire. Nous sommes constamment, en tant qu'humains, confrontés-es à des questionnements sur plusieurs sujets reliés à la façon de vivre sa foi sereinement dans une société qui ne la partage pas, en jonglant autant avec les valeurs et les principes intéressants de la société qu'avec nos propres valeurs culturelles ou religieuses. Cet exercice n'est pas aisé, mais il est continu. Chaque nouvelle situation et toute nouvelle réalité viennent bousculer ce semblant d'équilibre identitaire qu'on pense avoir atteint. Et c'est d'ailleurs propre au concept même de l'identité, qu'elle soit à l'échelle individuelle ou nationale. Celle-ci ne peut être comprise comme une entité figée dans le temps. Elle se doit d'être dynamique, à moins que l'on vive isolé-e sur une île sans aucune interaction sociale ou environnementale. Chaque personne que nous rencontrons, chaque évènement qui survient dans notre vie, chaque rôle que nous acceptons de prendre peut modifier, supprimer ou ajouter une pièce au casse-tête de notre identité.

À force d'avoir peur que l'Autre ne soit plus « sûr-e » que « Nous » au sujet de son identité, on essaie de s'accrocher à quelque chose, comme le disait encore une fois une dame avec laquelle je discutais de la Charte : « On n'a rien au Québec, au moins là, on aurait quelque chose. » Cette affirmation marque un désir très fort de vouloir utiliser tout instrument qui serait défini par un « Nous » hypothétique comme un moyen pour s'affirmer et exprimer son identité. Ainsi, on serait certain-e de ne pas « se perdre » dans la diversité ni de « perdre » le contrôle de « Notre » société.

Il est certainement légitime pour la société québécoise de se questionner sur les moyens possibles pour protéger, par exemple, son histoire et sa langue dans un Canada anglais, et plus largement en Amérique du Nord. Lorsqu'il devient un enjeu électoraliste, ce questionnement perd toutefois son caractère rationnel et constructif, pour se fondre dans une agitation émotive favorisant le repli identitaire et le racisme.

* * *

Ce dernier est évidemment un autre élément qui justifie le rejet de la différence. Bien qu'on soit très frileux-se au Québec à parler de racisme — on préfère de loin parler de discrimination —, on ne peut qu'admettre que, comme dans plusieurs sociétés dans le monde, le cancer du racisme est également présent dans notre société. Celui-ci est exprimé, de façon consciente ou inconsciente, sous différentes formes dans les débats sociaux.

En 2013, par exemple, on a eu le droit de la part de certaines personnalités médiatiques, surtout du monde artistique, à toute une série de commentaires aussi inacceptables les uns que les autres au sujet des musulmans-es et de l'islam. Entre l'une qui affirmait avoir peur de se faire soigner par une femme « voilée », de crainte que dans « sa religion, [...] on ne soigne pas autant les femmes que les hommes, qu'on laisse partir les vieux plus vite[34] » ; une autre qui déclarait que les femmes musulmanes qui portent le foulard par choix sont des folles et que celles qui refuseraient de le porter risquaient de se faire jeter dans le lac[35] ; ou encore une dernière qui disait que « leur demander [les femmes musulmanes portant un foulard], sans autre forme d'assistance, de renoncer à ces signes religieux équivaudrait à

---

34. Katia Gagnon, « Les femmes voilées sont "manipulées", dit Janette Bertrand », *La Presse,* 15 octobre 2013.
35. Agence QMI, « Denise Filiatrault traite de "folles" les femmes qui disent porter le foulard islamique par choix », *Journal de Montréal,* 15 octobre 2013.

transplanter une femme du 17ᵉ siècle à notre époque, l'instant d'un voyage en avion. On peut facilement imaginer l'angoisse[36]. » Ces personnalités se déclarent tout de même féministes, comme le soutenait Denise Filiatrault lors de la même entrevue : « Je suis féministe, tout le monde le sait, ça » ; et personne n'oserait leur demander leur définition du féminisme, ni le sens qu'elles donnent au respect de la dignité de l'Autre, malgré sa différence.

À la suite de chacun de ces propos, on avait bien de la difficulté dans les médias à avouer leur caractère xénophobe, ou même raciste. Après tout, le racisme, c'est moche. Mais sans pour autant traiter les personnes concernées de racistes, on ne peut plus opter pour la stratégie de l'autruche. Même lorsqu'elles sont tenues par des personnalités qu'on aime bien, on ne peut excuser de telles déclarations. Contrairement à ce que Djemila Benhabib a affirmé, ni le statut social ni les accomplissements artistiques d'une personne ne peuvent justifier des propos intolérants, racistes ou islamophobes[37]. La célébrité ne va pas de pair avec l'intelligence émotionnelle. Ces femmes semblent vivre sur un îlot idéologique et leurs propos démontrent clairement qu'elles n'ont jamais côtoyé celles et ceux qu'elles se permettent de juger et d'insulter. Elles ont beau se définir comme féministes, sur le chapitre des femmes musulmanes, leur attitude est malheureusement l'antithèse de la solidarité féministe.

Le choix de travailler au public... et au privé ?

Lors de ses entrevues citées plus haut, M. Drainville avait partagé une phrase qu'il « aime à dire », comme il l'a souligné : « Travailler pour l'État, c'est pas un droit, hein. Travailler pour l'État, c'est un choix. Pis quand tu choisis de travailler pour l'État, tu dois choisir ; tu prends aussi, avec ce choix-là, les responsabilités qui viennent avec...[38] »

Il est vrai que travailler pour l'État, c'est un choix... lorsque l'on fait partie d'une majorité non racisée. Pour un groupe de citoyens-nes

---

36. Fabienne Larouche, « Une charte chez nous », *Le Devoir*, 18 octobre 2013.
37. « Où, où, OÙ est la menace, Djemila Benhabib ? », CHOI 91,9 Radio X Montréal.
38. « Charte des valeurs québécoises : "Travailler pour l'État, c'est un choix, pas un droit." — le ministre Drainville », *Le 15-18*, ICI Radio-Canada, 23 août 2013.

dont le chômage s'élève à 28 % alors que leur taux de diplomation est supérieur au reste de la population, travailler pour l'État correspondait, jusque-là, à une des bouées de sauvetage à laquelle ces citoyennes pouvaient encore s'accrocher. En 2012, une étude publiée par la CDPDJ avait conclu que, au moins dans le secteur public, celles et ceux appartenant à trois groupes minoritaires racisés (Noirs, Arabes et Latino-Américains) avaient autant de chances d'être appelés à une entrevue que leurs concitoyens-nes appartenant au groupe majoritaire[39]. Par ailleurs, cette même étude révélait qu'à compétences égales, les chances des Québécois-es d'origine canadienne-française de se faire convoquer à une entrevue étaient de 71 % et 64 % plus élevées que pour ceux appartenant aux trois groupes minoritaires mentionnés, dans le secteur privé et dans celui des organismes sans but lucratif respectivement. Le secteur public était ainsi une issue de secours qui devait permettre aux Québécoises d'origine maghrébine, entre autres, d'intégrer une activité professionnelle qui contribuerait à leur autonomie, à leur émancipation, et ainsi à leur intégration sociale. Donc, avec des projets de loi tels que celui souhaité par une certaine frange de la population, le secteur public serait non pas un choix, mais plutôt un privilège de plus dont jouiraient les citoyennes du groupe majoritaire, aux dépens de ceux appartenant à la sphère de cet Autre « visiblement religieux ».

De plus, dans un système de santé public, les opportunités de travail éventuelles pour un chirurgien juif avec une kippa ou une cardiologue musulmane avec un foulard se retrouvent ainsi confinées au secteur privé très limité ; à moins que l'on ne commence à « éduquer » les jeunes dès leurs études secondaires quant aux choix de carrière qu'elles ou qu'ils s'apprêtent à faire et qui doivent donc se limiter à ce que l'État leur permet selon leurs croyances et pratiques religieuses.

Une autre contradiction frappante dans le discours de l'ancien ministre Drainville à propos de son projet de loi était reliée au fait qu'il expliquait constamment que sa charte ne visait que les secteurs publics et parapublics, tout en exprimant à quelques reprises

---

39. Paul Eid, *Mesurer la discrimination à l'embauche subie par les minorités racisées : résultats d'un « testing » mené dans le grand Montréal*, Commission des droits de la personne et des droits de la jeunesse, mai 2012.

qu'il espérait qu'elle inspirerait le secteur privé. On voit mal alors comment ce dernier souhait s'arrime avec son strict désir de la « neutralité » de l'État. En fait, son objectif semblait être de « neutraliser » non seulement le paysage visuel des institutions étatiques, mais également celui de tous les secteurs d'emploi. Évidemment, le tout, nous assure-t-il, dans le but que tout le monde soit égal dans la société !

Les impacts des débats identitaires

Que ce soit lors du débat sur les accommodements raisonnables ou de celui sur la charte des valeurs québécoises, des divisions, des blessures et des dépressions figuraient au rendez-vous. Il ne s'agit ici ni de pleurer sur le sort des personnes ciblées par ces crises ni d'adopter une posture de victimisation. Cependant, il s'agit de réalités qu'il faut avoir l'honnêteté intellectuelle de reconnaître. Lorsque l'islam et les musulmans-es du Québec occupent un important espace dans les médias, très rarement en des termes positifs, il y a un ras-le-bol autant chez ces citoyens-nes que chez les autres. En considérant le chiffre de 300 000 musulmans-es proposé par des chercheurs tels que Frédéric Castel (à partir des statistiques de 2011), la population du Québec de 8,012 millions de personnes, le fait que près de la moitié des musulmans-es sont des femmes et qu'une minorité d'entre elles seulement portent le foulard, nous pouvons conclure mathématiquement que ces dernières représentent probablement moins de 1 % de la population totale du Québec.

Il est clair que si on habite à Montréal, dans certains quartiers multiethniques, on verra des foulards. Trop ou peu ? Tout dépend, entre autres, de notre position vis-à-vis cet objet. Pour certaines, un seul foulard, c'est déjà trop. Deux, c'est la menace. Et une dizaine, c'est l'invasion islamiste avérée ! L'émotion étouffe alors toute trace de rationalité qui essaierait de rappeler les statistiques. Moins de 1 % de la population québécoise. Avons-nous au Québec une si faible estime de nous-mêmes que nous crions à l'invasion pour aussi peu ? Rappelons par ailleurs que ce 1 % n'est ni celui qui détient le plus de pouvoir économique, ni celui qu'on a vu défiler devant la commission Charbonneau, ni celui dont le symbole trône au salon de l'Assemblée nationale. Il comprend des femmes souvent instruites (niveau universitaire), dont certaines qui occupent des postes intéressants dans nos entreprises québécoises ou dans nos institutions publiques, d'autres qui se sont confinées au domaine de la petite enfance par nécessité de trouver une source de revenus rapide pour subvenir aux besoins de leur famille, d'autres qui continuent à essuyer des silences pour leurs demandes d'emploi et, enfin, quelques-unes qui sont mères aux foyers. Ce minime pourcentage, si menaçant par son foulard, comprend donc tout de même une bonne proportion de femmes qui participent au développement de l'économie du Québec.

* * *

Les débats identitaires, bien que ciblant très souvent ce faible pourcentage, ont des impacts qui dépassent grandement ce groupe de population. Ces crises construites par des partis politiques en mal de projet social constructif, épaulés par des empires médiatiques assoiffés de profits, font émerger à la surface du discours public des propos et des attitudes racistes, xénophobes et islamophobes longtemps retenus. S'ensuivent alors, rejet, isolement, violence, maladie mentale… et parfois, exil.

Quelques minutes avant que je donne ma conférence lors du Rassemblement souverainiste pour un Québec inclusif organisé par Québec solidaire, un homme m'a approchée. Il était d'origine algérienne et sa voix trahissait des émotions de désespoir et de détresse : « Ma femme et moi n'osons plus sortir ensemble dans la rue, m'a-t-il dit, je ne veux pas qu'on me regarde comme celui qui bat sa femme, et elle ne veut pas qu'on pense d'elle qu'elle est soumise. » Il continua : « Peux-tu s'il te plaît leur dire que je ne bats pas ma femme, que je l'aime, et que je veux juste vivre en paix ? » Son témoignage m'a beaucoup émue. Pourquoi ressentait-il le besoin de montrer patte blanche quant à ses sentiments envers sa femme ? Combien de ses concitoyens blancs le font-ils après que des nouvelles nous sont rapportées au sujet des multiples actes de violence conjugale qui sont commis au Québec ? Malheureusement, ce citoyen n'est pas le seul à avoir pensé à changer ses habitudes de sortie. D'autres citoyennes musulmanes ont également affirmé avoir peur, ou ne plus avoir envie de sortir dans des endroits publics parce qu'elles ont entendu que leurs sœurs, mères ou amies se sont fait cracher dessus, frapper ou pousser.

Le 2 octobre 2013, l'R des centres de femmes a sonné l'alarme quant au nombre croissant d'agressions physiques et verbales à l'égard des femmes musulmanes. La nouvelle ne semblait pas « plaire » à certaines qui auraient été contraintes de reconnaître que l'islamophobie et le racisme sont une réalité au Québec. Ainsi, sur les ondes de la radio 98,5, lors d'une entrevue avec Valérie Létourneau, porte-parole de l'R des centres de femmes, l'animatrice, Isabelle Maréchal, lui a soudainement demandé : « Êtes-vous catholique, vous, Mme Létourneau ? Êtes-vous musulmane ? » Malgré le caractère complètement insensé et inattendu de la question, la porte-parole a tout de même pris le temps de répondre qu'elle était née dans une famille catholique, mais qu'elle était non pratiquante. L'animatrice lui rétorqua avec un petit rire : « Mais, vous êtes pas de confession musulmane. C'est juste pour savoir si c'était... d'où ça vient... d'où ça sort[40] ? » L'attitude de cette animatrice reflète non seulement un manque d'éthique professionnelle, mais également une suspicion à l'égard de tout ce qui pourrait être interprété comme « défendant » les citoyens-nes musulmans-es. Une professionnelle qui donne l'alerte au sujet du racisme ambiant aurait alors nécessairement des liens avec l'islam, selon cette perspective. Et si ces liens étaient avérés, sa crédibilité serait alors complètement minée. Encore une fois, la neutralité et l'objectivité seraient des qualités inhérentes aux personnes appartenant à la « majorité », et tout autre groupe serait forcément incapable d'en faire preuve, d'autant plus lorsqu'il s'agit de questions perçues comme le touchant principalement. Cette attitude s'étend autant au domaine journalistique qu'académique et politique. Il n'est pas rare d'entendre, par exemple, qu'une chercheuse non musulmane serait plus objective si elle conduisait ses travaux sur l'islam ou les musulmans-es qu'une de ses consœurs musulmanes. Cela rappelle cette attitude très maladroite de la journaliste Lauren Green de Fox News lors de son entrevue avec Reza Aslan. Celui-ci, historien des religions à l'Université de Californie, a dû passer une majeure partie de son entrevue télévisée à défendre sa légitimité, en tant qu'académicien, à pouvoir mener des recherches sur Jésus ou toute autre religion,

---

40. Isabelle Maréchal, *Isabelle*, 98,5 FM, 2 octobre 2013.

alors que la journaliste continuait à le sommer d'« avouer » pourquoi un musulman conduirait des travaux sur Jésus[41].

Pour revenir à la question de la violence engendrée par les débats identitaires, il est important de noter que, pour chaque fait rapporté dans les médias, plusieurs sont passés sous silence, puisque de nombreux-ses citoyens-nes musulmans-es ne veulent pas s'exposer aux caméras, redoutant souvent, entre autres, l'angle sous lequel ce sera présenté.

* * *

Par ailleurs, dans un Québec soucieux depuis des années maintenant de la question de la santé mentale de ses citoyens-nes, qu'en est-il de celle des Québécois-es de foi musulmane ? L'acharnement politico-médiatique, la pression sociale qui en résulte et les menaces de la part des employeurs ne sont-ils pas des manifestations de violence psychologique ? Si ce n'est pas le cas, il serait alors intéressant de définir le seuil qui devrait être atteint avant que le gouvernement ne reconnaisse et n'agisse afin de contrer ce phénomène.

La violence psychologique, en plus de mener à des problèmes de santé mentale, risque aussi de conduire autant à une spirale de haine sociale d'un côté comme de l'autre, qu'à de la violence physique et sociale. Quelques mois après les élections, on dénombrait encore des actes à caractère islamophobe commis par des personnes obnubilées par la « menace islamiste » dont Drainville parlait. Ainsi, en un mois, par exemple, une mosquée s'est fait attaquer à cinq reprises. Lors de la dernière fois, l'individu était armé d'un sabre et s'apprêtait à y lancer un cocktail Molotov, avant d'être arrêté par la police…[42] mais quelques mois plus tard, il fut déclaré comme étant « non criminellement responsable[43] » ! Évidemment, un acte similaire commis par un musulman contre un organisme ou une institution pour des raisons politiques, comme c'est le cas ici, aurait indéniablement été qualifié d'attentat terroriste.

---

41. Sophie Heawood, « Reza Aslan on Zealot, Fox News and Richard Dawkins », *The Guardian*, 14 août 2013.
42. « Un homme s'attaque à une mosquée de Montréal », ICI Radio-Canada, 20 mai 2014.
43. Michael Nguyen, « Un pro-charte déclaré non-criminellement responsable », *Journal de Montréal*, 4 juillet 2014.

* * *

Par ailleurs, en France, des années de stigmatisation de la deuxième et de la troisième génération de Français-es musulmans-es ont eu des conséquences désastreuses que les ambassadeurs-drices au Québec de la laïcité à la sauce française ne nous disent pas. Plusieurs Français-es dont les grands-parents le sont tout autant, mais qui ont tout simplement opté pour une foi différente que celle de l'histoire « judéo-chrétienne » de la France, se sentent de plus en plus détachés-es de la République parce que celle-ci s'obstine encore à les appeler des « étrangers ». Certains-es se font également prendre au filet de courants religieux littéralistes qui leur offrent un foyer d'appartenance et une réponse « simple » à cette question qui déchire autant de jeunes citoyens-nes musulmans-es : comment vivre sa foi sereinement dans une société qui déclare la guerre aux religions, et plus spécifiquement à la leur ? La réponse que ces jeunes trouvent dans ces courants est alors loin de s'inscrire dans un discours citoyen constructif. Elle s'avère plutôt en ligne droite avec une certaine idéologie politico-religieuse fermée, et parfois violente, de certaines mouvances internationales.

Cela dit, au-delà de la composante de violence politique extrême, c'est toute la dynamique d'isolement et de rejet qui m'inquiète comme conséquence de ces débats identitaires politiquement manipulés. Les jeunes Québécois-es musulmans-es doivent être encouragés-es à se sentir à l'aise dans leurs identités multiples et non pas avoir à choisir ou à privilégier l'une au détriment de l'autre. Ce qui devrait nous préoccuper est non pas la visibilité des musulmanes instruites, diplômées et qui travaillent dans divers domaines, dont plusieurs « non traditionnels », mais plutôt l'invisibilité de celles et ceux qui choisissent de vivre en marge de la société, soit parce qu'ils en ont assez de se faire rejeter par le discours politique ou populaire, ou tout simplement parce qu'ils sont aux prises avec d'autres problèmes identitaires ou économiques.

Le foulard au cœur des débats

Tout débat sur la laïcité aujourd'hui focalise grandement sur la question du foulard porté par certaines musulmanes. Selon des discours populaires, la laïcité et l'égalité femmes-hommes au Québec seraient menacées principalement par l'immigration musulmane «trop» visible par le foulard, perçu comme étant le «porte-étendard de l'islam politique», en dépit de ce qu'en disent les femmes qui le portent ou les recherches académiques sur le sujet. L'apparence simple et logique de ces liens a favorisé leur popularité chez une partie de la population, sans que cela ne permette à des analyses approfondies et nuancées de bénéficier d'une plus grande audibilité dans la sphère publique[44].

Foulard ou voile

Il y a deux raisons principales pour lesquelles j'utilise le terme «foulard» et non «voile» pour parler de ce que certaines femmes musulmanes portent pour couvrir leurs cheveux. Tout d'abord, il faut souligner que la confusion entre les équivalents en arabe de ces deux termes règne également chez plusieurs musulmans-es. *Khimar*, qui signifie littéralement «tissu qu'on porte sur la tête» (donc, l'équivalent d'un foulard ou d'un fichu), est le terme que l'on retrouve dans le verset du Coran interprété par plusieurs musulmans-es comme prescrivant aux femmes croyantes de couvrir leurs cheveux[45]. Le terme *hijab*, traduit par «voile», quant à lui, signifie

---

44. *Op. cit.*, «Femmes, islam et laïcité» in *Religions et laïcité: pour un nécessaire dialogue*, p. 219.
45. Le sens des versets en question pourrait être traduit par: «Dis aux croyants de baisser leur regard et de garder leur chasteté. Ceci est plus pur pour eux. Certes,

littéralement « ce qui couvre ou cache une personne ou une chose, ou encore sépare deux espaces ». C'est dans ce dernier sens qu'il a été utilisé, notamment dans le verset du Coran qui concernait les épouses du Prophète[46] et que certains courants littéralistes utilisent pour exiger des femmes qu'elles soient presque toujours écartées des espaces où se trouvent les hommes, quitte à ce qu'elles soient le plus invisibles possible, même publiquement (comme dans le cas de la *burqa*). Un amalgame s'est ensuite répandu entre ces deux termes en arabe et, aujourd'hui, la majorité des musulmans-es, toutes tendances confondues, utilisent le mot *hijab* pour désigner un foulard, et *khimar* pour faire référence à un grand tissu, porté par certaines musulmanes, qui couvre les cheveux, le cou et le torse.

J'aimerais souligner toutefois qu'il n'est pas surprenant que plusieurs musulmans-es ignorent le sens du terme *khimar* tel que mentionné dans le Coran. Rappelons-nous que dans des pays à majorité musulmane — comme le Maroc, par exemple — la masse de la population détient généralement un niveau de connaissances théoriques assez faible en arabe classique et en islam — comme c'est le cas du catholicisme et du français au Québec, d'ailleurs. À part les quelques cours suivis au niveau primaire ou secondaire, plusieurs n'ont « appris » la religion que par le biais des pratiques familiales ou sociales, souvent confondues avec les coutumes ethniques, ou encore par des émissions télévisées s'ils ou elles s'y sont intéressés-es. Contrairement à ce qu'on peut imaginer, les écoles coraniques ne sont pas obligatoires dans les pays à majorité musulmane (sauf peut-être quelques rares exceptions). De plus, celles-ci enseignent surtout la lecture du Coran et sont donc loin de présenter des explications approfondies des diverses tendances et écoles de pensée en islam.

La deuxième raison pour laquelle j'utilise le terme « foulard » est pour éviter que cette pratique musulmane ne soit systématiquement

---

Dieu est parfaitement connaisseur de ce qu'ils font. Et dis aux croyantes de baisser leur regard, de garder leur chasteté, de ne montrer de leurs atours que ce qu'il en paraît, et de rabattre leur foulard sur leur poitrine... » (Coran, 24 : 30-31).

46. Coran, 33 : 53. En raison de la multiplication des comportements irrespectueux à l'égard des épouses du prophète Muhammad, adoptés par certains hommes, il avait été demandé à ces derniers de ne plus s'adresser à elles directement, mais plutôt derrière un « voile » (*hijab*, en arabe), qui était l'équivalent d'un rideau. Malgré cela, il était fréquent que des hommes aillent voir les épouses du Prophète afin d'en apprendre davantage sur les enseignements de ce dernier.

analysée selon des références historiques particulières très différentes. En d'autres mots, lorsqu'on évoque ce que les religieuses catholiques portaient, ou portent encore dans certains milieux, on parle souvent de « voile ». Cette pratique est cependant intimement liée, dans l'imaginaire collectif, aux conditions de vie de ces femmes, soit le fait qu'elles vivaient en communautés fermées, et qu'elles avaient des fonctions au sein de l'Église. En parlant des femmes musulmanes, certains individus ont alors tendance, consciemment ou non, à analyser la réalité de celles-ci selon ce qu'ils connaissent de la situation des religieuses catholiques. Ainsi, une de ces dernières m'a confié un jour que le « voile » des musulmanes crée une barrière entre les gens, et isole. En essayant de comprendre sa posture, j'ai constaté qu'elle parlait à partir de la réalité qu'elle avait elle-même vécue lorsqu'elle était en communauté et j'ai compris à quel point elle s'était sentie libre et comme « faisant partie de la société » lorsqu'elle avait enfin pu sortir sans son voile. Évidemment, comme je l'ai expliqué auparavant, la réalité des femmes musulmanes qui choisissent de couvrir leurs cheveux en public au Québec, ou dans la plupart des sociétés majoritairement musulmanes, est tout autre puisqu'elles vivent avec leur famille, leurs amies, ou seules, et qu'elles peuvent se marier, étudier, travailler, voyager, etc. Je trouve donc toujours plus prudent d'éviter d'emprunter des termes qui renvoient de façon marquée à une autre réalité, et qui peuvent créer encore plus de confusion lors des débats sociaux.

Un choix, une obligation ou une contrainte ?

Plusieurs débats finissent parfois par ressembler à des monologues tant les concepts utilisés par les uns-es et les autres des protagonistes ne réfèrent pas aux mêmes réalités. D'un côté, on entend souvent des femmes portant le foulard affirmer qu'elles le font par choix. D'un autre côté, lorsqu'elles expliquent l'origine de cette pratique, elles disent qu'il s'agit d'une « obligation » en islam, ce qui ne manque pas de paraître comme une contrainte. Lorsque je portais le foulard, j'avoue avoir moi-même participé inconsciemment à cette confusion, ou à cette apparente contradiction, puisque, parfois, les temps d'échanges étaient si limités que je ne pouvais me lancer dans des explications ou des clarifications détaillées.

Pour les musulmans-es qui souscrivent à l'interprétation du verset coranique relié au foulard comme appelant les femmes à se couvrir les cheveux, cette pratique, quant à l'éthique vestimentaire des musulmanes est perçue comme étant établie par Dieu dans le Coran (rappelons que le Coran est considéré par les musulmans-es comme la parole de Dieu révélée à Son prophète Muhammad, par l'intermédiaire de l'ange Gabriel). En d'autres termes, *d'après cette école d'interprétation*, le port du foulard serait alors obligatoire selon la volonté divine, tout comme l'est, par exemple, l'interdiction de boire de l'alcool.

Il reste néanmoins que, une fois que les principes et les pratiques ont été énoncés dans le Coran, les humains sont dotés du libre arbitre (en dépit du fait que certains régimes politiques bafouent ce principe islamique) et peuvent ainsi faire le choix de se conformer ou pas aux enseignements du Livre sacré; et c'est dans cette perspective qu'est compris le verset: «Nulle contrainte en religion[47]», c'est-à-dire que les comptes, en matière de respect des préceptes religieux, ne sont à rendre qu'à Dieu[48].

Selon ce principe fondamental, aucun gouvernement, ni groupe religieux, ni communauté, ni imam, ni membre de la famille n'a donc le droit de contraindre une femme à suivre une pratique telle que le port du foulard. Les hommes ne sont ni les procureurs de Dieu sur terre, ni les intermédiaires entre Lui et les femmes. Le lien direct que les croyants-es musulmans-es entretiennent avec Dieu, sans intermédiaires, constitue justement une des caractéristiques fortes de l'islam. C'est dans cette optique alors qu'on devrait comprendre les paroles de ces femmes qui répètent depuis des années qu'elles portent le foulard par choix. En faisant usage de leur libre arbitre, elles ont choisi de se conformer à une règle qu'elles croient établie par Dieu. Pour les femmes suivant d'autres écoles de pensée, l'interprétation peut suivre un autre parcours, mais le libre arbitre devrait toujours prévaloir.

---

47. Coran, 2: 256.
48. Évidemment, on parle ici des actions qui ne concernent que la personne même, et non celles qui portent atteinte aux droits d'autrui. Pour ces dernières, tout-e citoyen-ne est tenu-e de rendre des comptes au système judiciaire de son pays.

Toutefois, des filles ou des femmes au Québec auxquelles les parents ou les maris ont demandé de porter un foulard ou qui ont été contraintes à le faire? Peut-être. Je n'en ai jamais croisées, mais ceci ne signifie pas qu'elles n'existent pas. Ces femmes n'ont cependant probablement pas du tout le profil de celles qui iraient parler dans les médias ou dans les conférences pour prétendre qu'elles portent leur foulard par choix. Elles vivent peut-être dans des contextes plus contraignants, ou elles ne font tout simplement pas assez confiance aux médias pour s'y adresser directement. Cela dit, lorsqu'on aborde la question de la contrainte conjugale sur l'habillement des femmes, on ne peut le faire en dirigeant notre loupe seulement sur les Québécoises musulmanes. Y a-t-il des hommes, non musulmans, qui insistent très fortement pour que leur copine ou leur épouse s'habille d'une certaine façon, pour toutes sortes de raisons? Fort probablement aussi. Cela fait partie de l'ensemble des pratiques de contrôle des femmes exercées dans toutes les sociétés. Par conséquent, nous avons constamment besoin de placer les différentes manifestations sexistes à l'intérieur d'un ensemble plus large de comportements discriminatoires qui n'ont pas de frontières culturelles ou géographiques. Par contre, on entend souvent des experts-es qui ont travaillé auprès des Québécoises musulmanes depuis des années conclure, à la suite de leurs études de terrain, que ces femmes portent le foulard par choix, sans intervention conjugale, parentale ou autre. Ce constat doit être entendu et compris loin de la propagande qui voudrait nous faire croire qu'il y aurait une complicité entre les «intégristes voilées» et les intellectuels-les, journalistes ou politiciens-nes «multiculturalistes». Ce rapprochement et cette supposée alliance ne servent qu'à brouiller les esprits pour éviter de considérer les faits dans leur complexité et dans toutes leurs nuances.

Un signe pour s'identifier?

Une autre confusion autour du foulard est attribuable à l'utilisation du terme «signe» lorsqu'on en parle. Dans le dictionnaire, la définition de signe est: «indice, marque qui sert à représenter, à indiquer une chose[49]». En parlant du foulard comme d'un signe, on maintient

---

49. Marie-Éva de Villers, *Multidictionnaire de la langue française*, Montréal, Québec Amérique, 2003.

alors une idée préconçue qui veut que le foulard serait porté d'abord pour exprimer son appartenance à l'islam, un genre de «prosélytisme passif» comme on a pu l'entendre lors des débats sur le sujet. Selon cette vision, le foulard serait non pas un accessoire remplissant une fonction pragmatique — soit celle de couvrir les cheveux —, mais bien un moyen de «s'identifier» et de se distinguer du reste de la population, un genre de signe pour affirmer son «islamité»[50].

Cette perception a été clairement exprimée par une dame, impliquée dans le milieu politique, qui m'avait dit, à propos des musulmanes qui affirment que le port du foulard fait partie de leur identité, qu'elle ne comprenait pas pourquoi «elles ont besoin de s'identifier». À partir de cette interrogation, il semble aussi y avoir un amalgame entre le concept d'«identité» et celui d'«identification». Et c'est, entre autres, en raison de cela (soutenu aussi démagogiquement par quelques voix islamophobes qui sont allées jusqu'à parler du foulard comme de «l'étoile jaune» des musulmanes) que plusieurs personnes dans notre société disent ne pas comprendre pourquoi les femmes musulmanes «veulent afficher» leur religion. Ces citoyens-nes perçoivent le port du foulard comme une façon de se distinguer et de «montrer» son appartenance religieuse. Toutefois, lorsqu'on comprend les détails de cette pratique, on constate que son objectif, selon l'école de pensée qui la soutient, est d'abord et avant tout pragmatique. En d'autres mots, tout comme la fonction d'un pantalon est de couvrir le bas du corps, la fonction du foulard est de couvrir les cheveux. Lorsque je suivais le courant de pensée qui considère le fait de se couvrir les cheveux comme une prescription coranique, il m'arrivait, par exemple, de porter une tuque et un cache-cou par temps froid, lorsque je sortais faire du jogging. Mes cheveux étaient ainsi couverts selon les principes auxquels je croyais, sans que cela ne soit par un foulard.

Même en observant la manière dont diverses femmes portent le foulard, on peut facilement constater qu'il n'existe pas de façon unique et uniforme de le faire. Peut-être y a-t-il des groupes ou organisations dans certaines sociétés majoritairement musulmanes qui décident, pour une raison ou une autre, d'adopter une couleur

---

50. *Op. cit.*, «Femmes, islam et laïcité» *in Religions et laïcité*: pour un nécessaire dialogue, p. 225.

particulière ou une façon précise de le porter. Mais de là à prétendre que toutes les musulmanes au Québec qui revêtent le foulard le portent de la même façon pour s'« identifier » ou encore que les couleurs de foulards leur servent à communiquer entre elles selon un code secret, comme le prétendent certains-es... on sombre alors autant dans le fantasme que dans le ridicule !

Ce qu'on observe cependant depuis plus de dix ans maintenant, c'est plutôt une « mondialisation » de certaines modes liées au port du foulard. Ainsi, plusieurs femmes dans le Maghreb, par exemple, qui ont commencé à se couvrir les cheveux dans les espaces publics, ont choisi de suivre la « mode » orientale (égyptienne, libanaise, syrienne, etc.) pour le faire. Les chaînes satellitaires ont grandement contribué à cette mondialisation. Au Maroc, les femmes âgées qui portaient le foulard avant le début du 21e siècle l'attachaient d'une façon qu'on retrouve également dans d'autres cultures méditerranéennes (grecque, italienne, etc.), alors qu'aujourd'hui, plusieurs ont changé cela pour des raisons nulles autres qu'esthétiques. Mais parler d'esthétique rappelle un point important qu'il est nécessaire de clarifier autant auprès des musulmans-es que pour la société en général. Porter le foulard ne signifie aucunement faire vœu de « mocheté ». Il est vrai que, en général, en islam, avec ou sans foulard, tout le monde est tenu de faire preuve de modestie et d'éviter l'extravagance, mais on ne devrait pas pour autant négliger son apparence, ce qui rappelle d'ailleurs le *hadith* connu par plusieurs croyants-es : « Dieu est beau et Il aime la beauté[51]. »

Uniforme, vêtement ou accessoire[52]

Tout d'abord, il existe une grande différence entre ce qu'on pourrait appeler d'un côté un « vêtement ou un uniforme religieux » et, de l'autre côté, un « accessoire vestimentaire ou religieux ». Le premier inclurait par exemple la soutane des prêtres ou encore un certain habit des grands rabbins. Ces « uniformes » identifient les hommes

---

51. Rapporté par Muslim (1/65), Abû Daoud (n° 4091), Tirmidhi (n° 1998) et Ahmed (1/412).
52. Une grande partie de ce paragraphe est tirée de ma contribution à l'ouvrage collectif cité plus haut : « Femmes, islam et laïcité » *in Religions et laïcité : pour un nécessaire dialogue*, Montréal, Fides, 2014.

qui les portent à la fonction spécifique qu'ils exercent au sein d'une institution religieuse organisée, en l'occurrence, l'église ou la synagogue. Les accessoires vestimentaires ou religieux, quant à eux, sont des éléments qui font partie de la pratique spirituelle de certains-es croyants-es dans leur quotidien, et ce, indépendamment de leur fréquentation d'un lieu de culte. À titre indicatif, une femme peut porter le foulard sans jamais aller dans une mosquée et le faire par simple pratique de ce qu'elle considère être un principe de sa foi. Nous pensons que c'est là une différence très significative qui doit être comprise lorsque l'on parle de laïcité, c'est-à-dire de neutralité de l'État face aux institutions religieuses.

Le foulard et le profilage racial

La France, souvent citée en exemple et comme modèle dans certains discours médiatisés, a été le théâtre de plusieurs dérapages et exclusions tout à fait arbitraires quant aux interdictions liées au port du foulard. Sirine, une jeune Française de 15 ans, a été suspendue de son collège parce qu'elle s'y était présentée en portant une longue jupe et un bandeau de 5 cm de largeur sur ses cheveux[53]. Puisque la jeune était d'origine maghrébine, donc « nécessairement » musulmane selon le personnel de l'école, celui-ci a jugé que sa jupe et son bandeau étaient forcément des « signes ostentatoires ». La cause a été portée devant les tribunaux qui ont donné raison à la jeune étudiante et à sa famille. Certaines voix verraient peut-être dans cette poursuite judiciaire de la part de la famille un autre « signe » de dogmatisme religieux. Mais la vérité est que, lorsqu'on se considère comme citoyen-ne à part entière, on a tout aussi droit à se faire respecter et à refuser le contrôle et le profilage racial de certaines institutions, comme les écoles ou la police en France. La question n'est pas de savoir pourquoi la jeune fille n'a tout simplement pas accepté de retirer son bandeau s'il s'agissait juste d'un accessoire de mode, c'est de savoir quelle est la limite du racisme et de la discrimination institutionnalisés en France. Notons que la jupe longue a également

---

53. « Val-de-Marne : exclue de son collège pour le port de signes religieux », *Le Parisien*, 5 avril 2013. Il est intéressant de noter que même le journal juge que le bandeau et la jupe constituent des signes religieux, sans prendre la peine d'afficher la photo de la jeune qui laisse clairement voir ses cheveux.

été jugée ostentatoire, et ce n'est pas la première fois que de telles jupes portées par des étudiantes sont considérées trop « religieuses » par leurs écoles. Nous avons sérieusement besoin de nous interroger sur les limites du contrôle qu'un gouvernement ou des institutions publiques peuvent exercer sur les libertés de certaines citoyennes. Pourquoi une jeune Française d'origine maghrébine devrait-elle se priver de porter un accessoire, ou un vêtement, porté par d'autres filles de son âge, simplement parce que certains esprits surchauffés par une psychose obsessionnelle du foulard, et plus généralement de l'islam, en décideraient autant ?

Chez nous, en lançant son projet de loi, le ministre Drainville présentait une illustration qui affichait ce qui serait interdit et ce qui serait toléré en matière de « signes » religieux. On pouvait y voir, entre autres, une tête de femme couverte d'un grand foulard qui rappelait la façon dont certaines musulmanes se couvrent les cheveux. Cela dit, que fait-on des femmes qui portent des bandeaux, qui couvrent entièrement leurs cheveux ? Si une loi interdisant le port des accessoires religieux ou le fait de se couvrir les cheveux est votée un jour, les employeurs interrogeront-ils leurs employées au sujet des raisons pour lesquelles elles portent des bandeaux ? Dans quels cas cet interrogatoire serait-il nécessaire ou légitime ? Comment les employeurs peuvent-ils vérifier l'appartenance religieuse de leurs employées pour ainsi en tirer des conclusions ? Ou encore, peuvent-ils supposer que le simple fait qu'elles soient d'origine arabe ou pakistanaise, par exemple, serait indicateur de leur foi, et donc du sens qu'elles donnent à leur bandeau ? Ceci mènerait invariablement à un profilage racial, et les employées issues de certaines minorités ethniques se feraient alors systématiquement contrôler au sujet des motifs pour lesquels elles couvrent leurs cheveux, et devraient prouver que ceux-ci ne sont pas religieux. Que fait-on alors des musulmanes d'origine canadienne-française ? Il ne semble malheureusement pas que les partisans-es de l'interdiction du foulard dans les milieux professionnels ou académiques, au Québec et ailleurs, aient réfléchi à toutes ces possibilités et à bien d'autres.

* * *

Le Québec compte plusieurs ambassadeurs et ambassadrices de la laïcité républicaine française. Ces personnalités médiatiques et politiques, qui ne jurent que par le pays des Lumières, omettent toutefois de nous parler des grandes contradictions de cet État qui opte pourtant pour une laïcité à la carte. Comment expliquer sinon que l'État français ait lui-même instauré un Conseil du culte musulman, et que l'ancien ministre de l'Intérieur, Manuel Valls, ait demandé la liste des candidats qui pourraient faire partie de ce Conseil? Ceci contrevient au principe même de neutralité de l'État et reflète une ingérence dans les affaires religieuses d'un groupe en particulier. C'est ainsi que Jean Baubérot, expert de la laïcité en France, a étalé ces contradictions, et d'autres, qui expriment ce qu'il appelle la « laïcité falsifiée[54] ».

En se promenant à Paris, on peut certainement tomber sous le charme de son architecture qui témoigne de sa longue histoire; mais en baissant les yeux, on constate une tout autre réalité. Des sans-abris couchés ici et là, sur les rues, sous les ponts, dans les tunnels. Bien que la France soit classée parmi les pays les plus industrialisés du monde, on y compte tout de même des bidonvilles, beaucoup de misère, notamment chez les Roms, et une croissance importante du taux de chômage. Cependant, à y écouter les « grands » débats, il semble que le foulard des Françaises musulmanes serait le principal écueil au bien-être français !

Les droits du « Je » majoritaire

Outre les courants radicaux qui s'opposent à toutes les expressions religieuses, même chrétiennes, dans la sphère publique, on entend également dans certains discours l'argument: « Moi, quand je vais me faire servir par un agent de l'État, je ne veux pas (ou je n'ai pas besoin de) connaître la religion de l'agente de l'État. » Cette affirmation est dite et répétée constamment sans que l'on ne prenne même le temps de mesurer le poids de ses mots. Elle est d'ailleurs mentionnée, légèrement sous une autre forme, dans le sondage du printemps 2013 conduit pour le ministère de Drainville: « Le fait de

---

54. Jean Baubérot, *Laïcité et regards critiques sur la société*. En ligne : http://jeanbauberotlaicite.blogspirit.com. L'auteur a également écrit plusieurs ouvrages sur le sujet, dont le très connu *La laïcité falsifiée*.

voir un fonctionnaire porter un signe religieux brime ma liberté de croyance. »

Il s'agirait donc de ce que le « Je » désire voir ou a besoin de voir. Ce « Je » se donne, grâce à son privilège démographique et historique, la légitimité de régir la vie et l'identité des autres. Si le « Je » ne veut pas voir une kippa ou un foulard, ceux-ci devraient donc disparaître de son paysage visuel officiel. Cet argument, basé sur un « Je » dont les souhaits et besoins doivent avoir force de loi et de contrainte, s'est banalisé et s'est retrouvé sous forme d'affirmation identitaire, reposant sur un « Nous » ethnique exclusif, scandé tantôt par l'ADQ en 2007, tantôt par le gouvernement Marois en 2013.

De l'ostentation

L'expression « signes ostentatoires » revient également souvent dans les débats. Pourtant, l'épithète « ostentatoire » est loin d'être neutre. Elle véhicule clairement un jugement de valeur émis par l'État ou un individu sur l'intention de la personne qui porte un accessoire vestimentaire ou religieux (foulard, kippa, turban, etc.). Ostentatoire signifie « qui cherche à faire étalage de ses avantages et de ses qualités de façon exagérée[55] ». Cette définition exprime des éléments très lourds de sens autant pour ce qui est de l'intention de la personne (« qui cherche à »), que de la forme (« de façon exagérée »). Encore une fois, la supposition que les personnes qui portent des accessoires vestimentaires ou religieux le font dans l'optique de « se distinguer » et de créer une différence visible est à l'origine de l'utilisation du terme « ostentatoire ». Toutefois, qui peut juger objectivement d'un accessoire comme étant exagéré ou pas ?

Nous avons toutes et tous entendu M. Drainville, en septembre 2013, expliquer comment les citoyens-nes juifs-ves ou musulmans-es pouvaient changer leur pratique religieuse afin de mieux s'adapter à la volonté de l'État[56]. C'est ainsi que, selon les recommandations de ce dernier qui ne « s'ingère pas dans les affaires religieuses », la musulmane pouvait porter une main de Fatima ou encore un

---

55. Marie-Éva de Villers, *Multidictionnaire de la langue française*, Montréal, Québec Amérique, 2003.
56. C'était pendant la conférence de presse lors de laquelle Bernard Drainville présentait le projet de loi 60.

croissant en guise de pendentif ou de boucles d'oreilles, et le juif, lui, avait droit à une bague arborant l'étoile de David.

Cette attitude paternaliste, et totalement anti-laïque, s'exprime également à travers la période « d'accompagnement » proposée par ce même gouvernement dans son projet de loi, et lors de laquelle les institutions devaient accompagner et parler aux employés-es concernés-es afin de les faire adhérer à la vision de neutralité telle que prêchée par l'État.

« Nous, quand on va chez eux »

Que ce soit de la part du simple citoyen ou de certaines personnalités médiatisées, il semble que ce qui motive le désir d'interdire les accessoires religieux ou le fait de se couvrir les cheveux dans la fonction publique, entre autres, est une volonté de faire « subir à ces immigrants-es » ce que « leur » pays « Nous » fait subir « quand on va chez eux ». En d'autres mots, si on pense qu'en Arabie saoudite l'État interdit aux touristes occidentaux certains comportements, la réponse québécoise devrait être, selon certains discours, d'imposer nos propres interdictions aux citoyens-nes musulmans-es ici, au nom du principe de réciprocité. Cette position, pourtant répétée très souvent dans les débats publics, comporte deux problèmes majeurs.

D'abord, elle semble refléter une très grande méconnaissance de la réalité et de la diversité entre les sociétés à majorité musulmane, comme il a été expliqué plus haut. Si nos médias nous bombardent d'images de l'Afghanistan et de l'Iran (mais drôlement moins de l'Arabie saoudite), où la loi de l'État ou des pouvoirs locaux obligent les femmes à se couvrir les cheveux en public, ils omettent cependant de parler de cette trentaine d'autres pays où une telle loi est totalement absente. Que ce soit au Maroc, en Algérie, en Tunisie, en Lybie, en Égypte, au Sénégal, au Niger, au Mali, en Mauritanie, en Palestine, au Liban, en Syrie, en Malaisie, en Jordanie, en Turquie, en Indonésie, et j'en passe. Dans certains autres pays, comme le Yémen, le port du foulard fait plutôt partie des normes sociales (qui peuvent effectivement constituer une pression sur les femmes), mais ne fait pas l'objet d'une législation. Mais au-delà des attentes de ces normes envers les femmes locales, il y a la liberté dont jouissent les touristes dans nombre de ces pays. Que diraient ces personnes qui dénoncent comment leurs droits seraient restreints dans les pays à majorité musulmane si elles voyaient les touristes en mini-short dans les *souks* de Marrakech, ou encore en bikini (ou même en monokini) sur les plages d'Agadir?

Par ailleurs, ce qui est troublant dans cet argument est le mépris qu'il véhicule envers l'État de droit au bénéfice d'une relation de réciprocité avec des États qui ne se démarquent pas à l'échelle internationale par leur grand respect des droits de la personne. Voulons-nous que le Québec soit pris comme modèle pour son régime démocratique et son respect des droits et des libertés de la personne, ou acceptons-nous de le faire reculer à un stade où d'autres peinent à se sortir?

Au nom de quel type de solidarité?

L'argument de la « solidarité » avec toutes celles qui sont obligées de porter le foulard ailleurs dans le monde s'avère celui qui est le plus promu depuis de nombreuses années, autant dans les milieux féministes blancs que par les femmes, de culture musulmane, pseudo-expertes de « l'islam politique ». Évidemment, cette question est intimement liée à la confusion évoquée plus haut concernant cet Ailleurs musulman, loin d'être un univers monolithique quant à l'imposition d'un code vestimentaire pour les femmes. Mais mise à part cette réalité non négligeable, il subiste un problème de fond dans le *principe* même qui sous-tend l'argument de la solidarité. En prenant du recul, on constate ce que celui-ci semble être: si un comportement est imposé sous un régime autoritariste, l'adoption de ce même comportement dans un État de droit serait un manque de solidarité envers les citoyens-nes vivant sous le premier régime. Deux questions sont alors à poser concernant cette règle. Premièrement, sommes-nous prêts-es en tant que citoyens-nes à appliquer cette définition de la solidarité de façon générale pour d'autres comportements, et si non, pourquoi? Deuxièmement, un État de droit se définit-il, entre autres, par les droits et libertés qu'il reconnaît de façon indépendante à ses citoyens-nes ou par la simple interdiction de pratiques imposées par d'autres régimes moins respectueux des droits humains?

Lors de mon voyage en Corée du Nord, j'ai eu l'occasion d'en apprendre davantage sur ce régime qui est probablement l'un des plus liberticides parmi les pays que j'ai pu visiter. La vie des Nord-Coréens-nes semble être programmée par l'État. Les citoyens-nes ne peuvent habiter que là où l'État le leur permet et ils ou elles ne peuvent circuler en ville qu'aux endroits pour lesquels ils ou elles possèdent un permis de circulation. Même leur apparence physique fait l'objet de règlements : les barbes et les cheveux longs sont à éviter chez les hommes, et femmes et hommes semblent se plier à des choix prédéfinis pour les coupes de cheveux. Si on suivait la même logique de « solidarité » appliquée à la question du foulard, nous aurions alors le devoir moral d'interdire au Québec toute pratique imposée en Corée du Nord.

De la même façon, des hommes se voient contraints de suivre des règles instaurées par des illuminés « religieux » — et sont même punis physiquement s'il ne s'y conforment pas —, notamment l'obligation de porter une barbe dans certaines contrées du monde (comme cela a déjà été le cas en Afghanistan, en Somalie, ou encore au nord du Mali[57]). Le devoir de solidarité nous pousserait-il alors à exiger que les hommes québécois évitent cette forme de pilosité faciale? Un dernier exemple serait de dire que, puisque jeûner pendant le mois de ramadan peut être imposé par certains pouvoirs « religieux » dans quelques sociétés, sous peine de prison, les Québécois-es musulmans-es devraient par solidarité s'abstenir de perpétuer cette pratique.

Toutes ces situations nous paraissent évidemment ridicules et farfelues pour plusieurs raisons. En premier lieu, le discours victimisant les femmes musulmanes de façon systématique date de la période coloniale européenne, comme nous le verrons plus bas. Dans plusieurs pays occidentaux, on est alors devenu beaucoup plus « sympathique » à une cause impliquant les musulmanes qu'à une autre qui toucherait les hommes de cette même religion, ou l'ensemble de leur société. Il est vrai que les hommes constituent le

---

57. RAWA (Revolutionary Association of the Women of Afghanistan), *Taliban Punish 40 for Clothing, Beard Law Violations*, 28 juin 1998. En ligne : www.rawa.org/punish.htm ; « Are beards obligatory for devout Muslim men ? », BBC, 27 juin 2010 ; « Islamists' reign in Northern Mali grows more brutal, group say », *The Independent*, 12 décembre 2012.

groupe qui détient le plus de pouvoir dans le monde, mais la réalité des hommes opprimés par d'autres hommes existe bel et bien.

L'autre raison pour laquelle l'argument de « solidarité » pour le foulard semble moins farfelu que les autres, c'est la visibilité de cet accessoire comparativement à d'autres pratiques comme le jeûne. Évidemment, si l'on est bombardé-e depuis des dizaines d'années d'images nous provenant de pays à majorité musulmane, et qui dépeignent constamment les musulmanes comme portant systématiquement un foulard par contrainte étatique ou sociale, on finit par croire que celui-ci est d'abord et avant tout un instrument de contrôle des femmes. Comme j'ai dit auparavant, je suis fermement opposée à tous ces régimes qui contraignent les citoyens-nes à adopter une pratique religieuse censée faire l'objet du libre choix. Donc, à ce titre, je m'oppose autant aux lois qui imposent le foulard aux femmes qu'à celles qui interdisent, dans certains pays, que les gens mangent dans la rue pendant le mois de ramadan, ou encore qui imposent aux hommes de porter une barbe, etc. Mais au-delà de ces excès, il importe de faire la part des choses, comme je l'ai expliqué auparavant, quant aux réalités diverses qui traversent les sociétés musulmanes. Le port du foulard est une pratique reconnue par des millions de femmes et d'hommes à travers le monde comme faisant partie de leur religion. Le fait que certains pouvoirs ou groupes, dans des contextes très spécifiques, ont instrumentalisé cette pratique afin de restreindre encore plus les libertés des femmes ne peut être une raison pour que toutes les autres femmes du monde s'empêchent de pratiquer leur religion comme elles le souhaitent. Toutes les femmes musulmanes de la planète n'ont pas vécu les décennies noires en Algérie, ni l'arrivée au pouvoir de Khomeyni en Iran (puisque ces deux pays sont ceux qui ressortent le plus souvent dans les débats au Québec), et n'ont donc pas à payer de leur liberté les abus et injustices perpétrés par des hommes ailleurs dans le monde.

* * *

Nous avons également besoin de réfléchir sur ce que signifient réellement la solidarité et son lien avec la justice. Encore une fois, l'attitude de réciprocité, inversée cette fois-ci, n'est pas garante de droit ni de paix sociale. Face aux pays qui imposent une pratique, l'attitude d'un État juste devrait être celle d'affirmer qu'en son sein, le choix prime, que sur son territoire, nul·le n'est obligé·e ni empêché·e d'adopter une pratique religieuse contre son gré. Face aux lois liberticides, on doit répondre par des libertés reconnues et assumées, et non par des lois inversement liberticides.

Empêcher des Québécoises musulmanes de se couvrir les cheveux ne fait aucunement avancer la cause des musulmanes ailleurs dans le monde. En fait, cela ne fait qu'augmenter le bassin des femmes dont le corps est contrôlé par l'État!

* * *

La vraie solidarité internationale dépasse ces campagnes superficielles qui sont un amalgame de propagande et de peur. Avant d'adhérer à l'argument de solidarité, nous devons d'abord nous informer en détail sur la réalité de ces femmes. Quelles sont leurs propres revendications? leurs priorités? La solidarité a ses champs d'intervention, ses approches et son éthique. On ne démontre pas sa solidarité à des femmes en leur imposant des «porte-paroles» qui prétendent parler pour «celles qui n'ont pas de voix», mais qui finissent simplement par créer plus de stigmatisation à l'égard de tout un groupe de personnes appartenant à une culture ou à une religion en particulier.

Il y a eu par le passé des initiatives de «solidarité» qui, même si elles étaient de bonne foi, ont conduit à des conséquences désastreuses sur le terrain. Pensons à un cas de lapidation d'une jeune femme survenu en 2001 au Nigeria. Lorsqu'on connaît l'histoire en détail, on note le caractère catégoriquement anti-islamique de toute cette condamnation et l'obscurantisme du gouvernement local. Des militants·es et autres acteurs ou actrices sociaux au niveau local essayaient de contrer cette condamnation justement en démontrant par le Coran et la jurisprudence musulmane son caractère non fondé et injuste. Mais en raison de l'immense pression internationale, par le biais des pétitions entre autres, le gouvernement local, percevant celle-ci comme une attaque contre «l'islam» et jugeant qu'il n'avait pas de leçon à recevoir de «l'Occident», a fini par devancer la date de la peine! Cet exemple illustre comment des actes verticaux, non informés et déconnectés du terrain peuvent nuire encore plus aux droits des femmes.

Si on n'a pas les moyens d'aller soi-même sur le terrain pour observer les réalités directement, que ce soit ici ou ailleurs, on a alors, si on tient à en juger de façon informée, l'obligation d'écouter les différentes versions émergeant du même contexte culturel ou historique, de les confronter et d'avoir la rigueur et l'honnêteté intellectuelles de le faire sans laisser ses idées préconçues brouiller son l'esprit.

* * *

Toutefois, tout le monde ne semble pas motivé par ce type de solidarité. Pour certains-es, il s'agit d'une stratégie politique locale, ici au Québec, afin de limiter les libertés des citoyens-nes issus-es de certains groupes minoritaires. Pour d'autres, il s'agit d'une façon de se conforter encore une fois dans leur position de civilisation salvatrice des «indigènes opprimées». Entre les deux, je crois que certains-es éprouvent une réelle empathie envers les femmes qui ne jouissent pas des mêmes libertés qu'eux ou elles, mais se sentent peut-être impuissants-es devant de telles injustices. Il importe alors de travailler en collaboration avec les femmes d'ici qui connaissent la réalité de celles d'ailleurs, avec toutes ses nuances et toute sa complexité, afin de ne pas placer tout le mal d'un côté et le bien de l'autre.

Ces crimes « d'Ailleurs »

Un des phénomènes qui surgit parfois dans l'actualité et qui est souvent attribué à certaines minorités ethnoreligieuses, et de façon plus amalgamée aux musulmans-es, est celui des crimes « d'honneur ». Le caractère violent et « étranger » de ces derniers ne manque pas de provoquer des vagues d'indignation dans l'opinion publique, mais aussi de confusion quant aux origines de ces crimes ainsi qu'à leur fréquence au Québec.

En 2009, une histoire de violence familiale[58] a justement marqué l'actualité québécoise pour se conclure par un verdict final deux ans plus tard. Un père, sa femme et son fils ont été reconnus coupables du quadruple meurtre de leurs trois filles et de l'ex-conjointe du père. La famille était d'origine afghane, ce qui a très vite déchaîné les passions, et les procès semblaient déjà conclus par certains-es faiseurs-euses d'opinions dès les premiers articles ou reportages. On a d'abord dit que les victimes auraient été tuées « parce qu'elles refusaient de porter le voile ». Aussi, l'expression « crime d'honneur » pouvait se lire et s'entendre sur toutes les tribunes. Cependant, l'image de la famille ne cadrant pas avec les clichés visuels associés aux musulmans-es dits intégristes (ni le père ni le fils ne portaient de barbe, et la conjointe ne portait ni foulard ni *niqab*), ces premières spéculations s'en sont trouvées ébranlées[59]. Néanmoins, tout le Québec connaissait bien l'origine et le nom de famille des

---

58. Suivant la position du rapport du comité d'experts sur les homicides intrafamiliaux publié par le ministère de la Santé et des Services sociaux (2012), le « mot "drame" a volontairement été écarté afin d'éviter toute ambiguïté avec d'autres types de drames familiaux n'impliquant pas le meurtre d'un membre de la famille, tels les accidents graves qui peuvent être communément appelés des "drames" pour les familles éprouvées » (p. 3).

59. En dépit du fait que la théorie du port du foulard s'entende encore.

accusés : les Shafia. Et plus le procès avançait, plus on confirmait qu'il s'agissait bel et bien de ce que certains-es nommaient un crime « d'honneur ».

Ce crime s'est ajouté à la liste des actes de violence à l'égard des femmes, dont le Québec n'est malheureusement pas exempt. Il traduit également un des liens complexes qui existent entre la sexualité, dans son acception très vaste, et la violence. Encore aujourd'hui, les femmes sont beaucoup plus nombreuses que les hommes à être victimes de l'intersection de ces deux réalités, dans un champ miné autant par les différentes expressions de violences familiales que par la violence sexuelle. Dans les deux cas, il s'agit évidemment de stratégies patriarcales de contrôle des femmes, quels que soient les motifs avancés par les auteurs de telles violences.

La violence sexuelle et familiale

Au Québec, les statistiques de la sécurité publique sur la violence sexuelle, année après année, ne se font pas rassurantes. Encore en 2012, 83 % des victimes d'agression sexuelle étaient de sexe féminin ; et la majorité d'entre elles avaient moins de 18 ans. Cette tendance se maintient depuis les dix dernières années. Du côté des agresseurs, 97 % sont de sexe masculin, dont 76 % sont des adultes. Et dans 80,2 % des cas, ces agresseurs sont connus des victimes[60]. Une étude québécoise conduite en 2006 concluait également que 22,1 % des femmes et 9,7 % des hommes rapportaient avoir été agressés-es sexuellement durant leur enfance[61]. Peu importe le degré de modernisation des sociétés, la sécurité des filles et des femmes reste donc plus difficile à atteindre que celle des hommes, et ce, même au sein de leur couple puisque la violence sexuelle peut également avoir lieu dans un tel contexte. Le problème se situe au-delà des cultures ou de l'ethnicité. Il est inhérent à une vision misogyne qui traverse nos sociétés depuis des siècles et selon laquelle des hommes continuent de voir les femmes comme des objets de satisfaction de leurs besoins.

---

60. Sécurité publique Québec, *Infractions sexuelles au Québec*, 2012.
61. M. Hébert, M. Tourigny *et al.*, « Prevalence of Childhood Sexual Abuse and Timing of Disclosure in a Representative Sample of Adults from Quebec », *Canadian Journal of Psychiatry*, septembre 2009, 54(9) :631-6.

Par ailleurs, concernant les violences conjugales et familiales, en 2012, près du quart des cas de victimes de violence au Québec s'inscrivaient dans un contexte familial; et parmi elles, les femmes demeuraient encore une fois majoritaires (80 %). Chaque jour, environ 43 femmes au Québec subissent des infractions, dans leur couple, allant de l'intimidation jusqu'au meurtre, en passant par les voies de fait, la séquestration et autres. De plus, ces victimes sont en majorité des jeunes âgées entre 18 et 29 ans[62]. Le rapport du comité d'experts sur les homicides intrafamiliaux publié en 2012 concluait également qu'entre 15 % et 50 % des hommes qui commettent un homicide conjugal font preuve d'une jalousie obsessionnelle et de possessivité envers la conjointe[63]. Les auteurs de ce rapport affirmaient également que:

> les écrits portant sur la violence exercée par des hommes, que ce soit dans le couple ou à l'extérieur, suggèrent un lien étroit entre la socialisation masculine et l'usage de la violence [75, 76, 77]. Plusieurs auteurs critiquent particulièrement les modèles masculins véhiculés dans les médias, notamment le cinéma d'action qui met en scène et valorise la violence exercée par le «héros» masculin [60, 78, 79, 81]. D'autres indiquent que la socialisation masculine présente l'agressivité et la colère comme la manière «virile» de «relâcher» et de «se libérer» des tensions et des sentiments de perte, de trahison, d'humiliation et de perte de contrôle [82, 83][64].

Toutefois, avant d'en arriver à l'assassinat des femmes, on retrouve toute une série de comportements dans cette catégorie de violence: exiger que sa femme s'habille de telle ou telle façon (que ce soit de manière provocante et «*sexy*» ou qu'elle se couvre davantage) ou qu'elle se comporte d'une façon quelconque sans son plein consentement, lui proférer des menaces, ou encore la dénigrer en privé comme en public.

Du côté de ce que les experts appellent les filicides paternels — meurtres commis par des pères à l'égard de leurs enfants —, on en dénombre chaque année au Québec entre six et huit. Les trois motifs

---

62. Sécurité publique Québec, *Criminalité dans un contexte conjugal au Québec*, 2012.
63. Ministère de la Santé et des Services sociaux, *Rapport du comité d'experts sur les homicides intrafamiliaux*, 2012.
64. *Rapport du comité d'experts sur les homicides intrafamiliaux*, op. cit., p. 11.

qui semblent pousser certains hommes à commettre de tels actes sont le désir de vengeance ou de représailles envers leur conjointe ou ex-conjointe, la maltraitance, ou encore l'« altruisme » — en prétextant qu'ils leur épargneront les souffrances de la séparation d'avec la conjointe[65].

Cependant, en 2009, l'affaire Shafia n'a pas été traitée comme le reste des homicides intrafamiliaux. Ce meurtre a été dès le début qualifié de « crime d'honneur », venant ainsi s'ajouter à une liste de quelques milliers d'autres survenant un peu partout dans le monde, comme le rappelle Amnistie internationale, de l'Afghanistan au Pérou, en passant par l'Inde, la Turquie, Israël, le Nigeria, l'Europe, l'Amérique du Nord, et bien d'autres[66]. Au Canada, depuis 1991, presque tous les crimes qu'on a classés comme crimes « d'honneur » ont été perpétrés par des personnes d'origine sud-asiatique, identifiées comme étant de religion sikhe, musulmane ou tamoule[67], entre autres. Or, selon les multiples commentaires lus et entendus concernant l'affaire Shafia, l'islam semblait encore une fois être le principal responsable de ces violences.

* * *

Plusieurs Québécois-es musulmans-es sentaient que, bien que l'horreur et le caractère abject de ces crimes soient évidents, les dénoncer publiquement risquait de conforter les courants islamophobes ou racistes déjà bien présents dans la société, et de renforcer cette idée que chaque musulman-e doit répondre de ce que tous ses coreligionnaires font localement ou dans le reste monde. Dans ce contexte, on devient même réticent à s'exprimer en tant que *citoyen-ne* indigné-e par de telles violences puisque, depuis 2001, chaque Québécois-e musulman-e a vu son identité religieuse prendre, aux yeux de ses concitoyens-nes, une ampleur insoupçonnée. Malgré cela, l'opinion exprimée par plusieurs musulmans-es dans les médias sociaux, ou officiellement par des organisations musulmanes à travers le Canada, condamnait clairement ce type de crimes. En octobre 2011, par

---

65. *Rapport du comité d'experts sur les homicides intrafamiliaux, op. cit.*, p. 12.
66. Laura Lhoir, *Les crimes d'honneur*, 9 septembre 2004. En ligne : www.amnesty.be/ [consulté le 1er août 2014].
67. Conseil du statut de la femme, *Les crimes d'honneur : de l'indignation à l'action*, Québec, 2013.

exemple, un appel a été lancé par des universitaires musulmans-es, des imams et plus de 60 organismes musulmans afin d'éradiquer la violence familiale. Un an plus tard, une autre initiative nommée *Muslims for white ribbons* a également été organisée dans le cadre de la Campagne pour le ruban blanc[68] afin « de rompre le silence concernant les violences à l'égard des femmes dans la communauté musulmane en encourageant les mosquées et d'autres organismes à parrainer des évènements de sensibilisation et à parler de la violence à l'égard des femmes durant les sermons du vendredi[69] ».

Aussi légitime qu'elle soit, la crainte de stigmatisation ne change rien à la réalité indéniable des crimes commis au nom de « l'honneur ». Le système patriarcal, parfois jumelé à d'autres conditions locales comme certaines réalités tribales ou claniques, ou encore à un système féodal répressif et profondément imbriqué dans les institutions publiques de certaines sociétés, telles que le Pakistan, par exemple[70], sont les premiers responsables de la perpétuation de cette conception de l'honneur dépassée, misogyne et, *de facto*, contraire selon moi aux enseignements fondamentaux des principales grandes religions dans le monde. La « clémence » dont font preuve certains systèmes de justice à l'égard des auteurs de tels crimes nous révèle également l'institutionnalisation du patriarcat dans ces régions. Il reste toutefois essentiel de rappeler qu'au sein de ces sociétés, ou même au sein des familles, ces comportements sont loin de faire l'unanimité.

Face à de tels actes criminels, l'origine, la culture ou la religion ne doivent aucunement être prises en considération dans les jugements en cour, contrairement à ce qui s'était produit en 1996 dans le procès R. C. Lucien au sujet d'un viol, où la réduction de la sentence était motivée par les « différences culturelles[71] ». Autrement, on pourrait

---

68. La Campagne pour le ruban blanc a débuté après la tragédie de l'École polytechnique, où des femmes ont été assassinées le 6 décembre 1989.
69. Pamela Cross, *La violence à l'égard des femmes : santé et justice pour les femmes musulmanes canadiennes*, CCFM, 201, p. 34.
70. Sadiq Bhanbhro et al., « Karo Kari : the Murder of Honour in Sindh Pakistan : an Ethnographic Study », *International Journal of Asian Social Science*, 2013, 3 (7) : 1467-1484.
71. Pascale Fournier, « The Ghettoisation of Difference in Canada : "Rape by Culture" and the Danger of a "Cultural Defence" in Criminal Law Trials », *Manitoba Law Journal*, 2002.

même qualifier cela d'attitude raciste déguisée en « respect » de la diversité. Une femme, peu importe son origine, son appartenance ethnique, sa culture, sa couleur, ou sa religion, a droit à la vie et au respect de ses choix et de sa dignité. Que ce soit ailleurs dans le monde ou au Canada, aucun soi-disant relativisme culturel ne devrait être toléré pour atténuer les jugements à l'égard des criminels s'ils ont été reconnus coupables ; et c'est d'ailleurs ce qui a été le cas ici jusqu'à présent dans les affaires impliquant des crimes dits d'honneur[72].

* * *

Une fois de telles violences condamnées et dénoncées, deux questions, entre autres, méritent toutefois une réflexion approfondie et attentive. La première est évidemment : comment éviter que d'autres évènements de la sorte ne se reproduisent chez nous ? Mais ensuite, comment ces crimes doivent-ils être classés et, sur les plans politique et médiatique, comment doivent-ils être abordés et commentés ?

Prévention et diversité

Comme ce n'est pas mon champ d'expertise, je ne prétends aucunement avoir des réponses exhaustives au sujet des moyens de prévention de tels crimes. Cependant, certains éléments demeurent importants à souligner afin de mettre fin à de telles violences.

Les interventions destinées à prévenir les violences familiales, y compris celles commises au nom de « l'honneur », doivent indéniablement être conçues et mises en œuvre en collaboration égalitaire avec les différents acteurs de la société, dont les services sociaux, les services policiers, les organismes communautaires dont les groupes luttant contre la violence faite aux femmes (comme le Bouclier d'Athéna, le Centre des femmes sud-asiatiques, le centre Amal, Solidarité et Action des femmes immigrantes regroupées, et d'autres) ainsi que les associations des différents groupes ethno-

---

72. Selon les recherches menées par Marie-Pierre Robert, professeure à la faculté de Droit de l'Université de Sherbrooke, les crimes commis au nom de l'honneur sont punis très sévèrement au Canada : Marie-Pierre Robert, « Les crimes d'honneur ou le déshonneur du crime : étude des cas canadiens », *Revue canadienne de droit pénal*, 2011, 16(1) : 49.

culturels ou religieux. Ces derniers pourraient, par le biais de leurs activités et de leurs leaders, contribuer à lever le tabou sur la question de la dénonciation et aussi à exclure ces crimes des « pratiques traditionnelles » qui pourraient être perçues comme tolérables dans certains milieux. Cependant, il est illusoire de penser que l'implication des leaders religieux sikhs, hindous, tamouls ou musulmans influencerait nécessairement tous et toutes les citoyens-nes issus-es de ces confessions. En effet, les statistiques révèlent que 62,1 % des Québécois-es musulmans-es ne fréquentent pas du tout les lieux de culte[73], et sont donc loin des discours des mosquées au Québec. Ces croyants-es vivent leur islam soit de façon très individuelle ou encore comme plusieurs de leurs concitoyens-nes d'origine canadienne-française vivent leur catholicisme; comme une composante historique de leur identité qui émerge de temps à autre, notamment durant les fêtes religieuses. Mais cela ne signifie aucunement qu'ils sont immunisés contre la violence conjugale ou familiale.

Un autre élément clé serait la sensibilisation des intervenants-es dans les différents services sociaux ou établissements scolaires fréquentés par les femmes issues des minorités ethnoculturelles, au sujet des divers défis que vivent celles-ci et qui sont liés autant à la question des rapports entre les sexes qu'à celle des inégalités sur le plan de la classe sociale, du racisme, etc. Toutefois, loin de verser dans les stéréotypes et les généralisations caricaturales, cette sensibilisation se doit d'être nuancée et objective, et gagnerait à être conduite encore une fois en collaboration avec des personnes issues des minorités ethnoculturelles en question et ne s'inscrivant pas dans une vision radicale quant à la religion ou à son rejet. Ceci aiderait certainement à établir un lien de confiance entre les femmes ciblées et les institutions en question et à améliorer l'accessibilité aux services disponibles, ne serait-ce qu'au niveau linguistique. Le Conseil canadien des femmes musulmanes (CCFM) a soulevé à ce titre un point très important dans son rapport intitulé *La violence à l'égard des femmes: santé et justice pour les femmes musulmanes canadiennes*, en soutenant que « les femmes ne devraient jamais

---

73. Paul Eid, *La ferveur religieuse et les demandes d'accommodement religieux: une comparaison intergroupe*, Commission des droits de la personne et des droits de la jeunesse, décembre 2007, p. 29.

avoir l'impression qu'on leur demande de choisir entre leur communauté et l'accès aux services et au soutien[74]». En effet, contrairement à ce que prétendent certaines féministes québécoises, la libération des femmes des cercles d'oppression peut se faire même si celles-ci choisissent de ne pas tourner le dos à leur culture d'origine ou à leur religion. D'ailleurs, l'ampleur de la problématique de la violence à l'égard des femmes dans le reste de la société prouve bien que les hommes qui commettent de telles infractions n'ont pas besoin de références culturelles ou religieuses pour ce faire.

Le rapport du CCFM établit ensuite des recommandations, dont quelques-unes mentionnées plus haut, pour la prévention des violences à l'égard des femmes en milieu familial, notamment: bâtir à partir des modèles actuels (par exemple, adapter le cadre stratégique visant à mettre fin à la violence contre les femmes autochtones afin de l'employer dans les milieux musulmans); encourager la participation des hommes, surtout des jeunes hommes; ou encore créer de nouveaux modèles de prestation de services. Chacune de ces recommandations est détaillée dans le rapport par le biais de pistes d'actions concrètes. Ceci représente une source importante d'informations puisque cet organisme travaille depuis plus de 30 ans auprès des femmes issues des divers groupes ethnoculturels, dont celles d'origine sud-asiatique. D'ailleurs, il aurait été intéressant que l'auteure de l'étude publiée par le Conseil du statut de la femme (CSF) sur cette problématique, Yolande Geadah, les consulte et considère leur perspective là-dessus.

* * *

Il est souvent rapporté que, dans les différents crimes commis au nom de l'honneur, les agresseurs auraient agi par crainte de jugement de la part de la famille élargie ou de la «communauté». Cette situation rappelle la réalité de certaines régions du monde où le système d'organisation sociale et la proximité géographique entre les membres d'une même famille ou du même clan peuvent en effet créer une pression sur ceux-ci. Mais qu'en est-il de la situation au Québec?

---

74. *La violence à l'égard des femmes: santé et justice pour les femmes musulmanes canadiennes, op. cit.*, p. 41.

Les études de terrain ne cessent de démontrer que, bien que Montréal compte la plus grande proportion de minorités ethniques au Québec, celles-ci ne vivent guère de façon isolée, en « communauté ». Une recherche publiée en 2008 par Philippe Apparicio et Anne-Marie Séguin concluait que :

> la réalité de l'immigration à Montréal ne doit pas se poser en termes de ghettoïsation. Une très forte majorité des immigrants et des membres des minorités visibles partagent leur espace résidentiel avec des natifs et avec des populations qui n'appartiennent pas aux minorités visibles. On observe quelques enclaves ethniques, mais elles forment nettement l'exception[75].

Ainsi, cette réalité québécoise de la mixité dilue grandement tout potentiel de faire de certains quartiers des microsociétés qui instaureraient leurs propres codes « culturels ».

Hiérarchisation des crimes à l'égard des femmes

Dans le milieu médiatique comme dans certaines institutions, telles que le CSF, on soutient que ce type de crimes devrait être traité de façon distincte parce qu'il comporte des réalités différentes du reste des violences familiales, telles que le rôle que peuvent jouer les femmes dans la surveillance et le contrôle du comportement d'autres femmes, le fait que la punition fasse l'objet de consensus entre certains membres de la famille, ou encore l'implication du concept de l'honneur dans les considérations des auteurs du crime, entre autres[76]. De son côté, Amnistie internationale affirme que les crimes dits d'honneur sont différents des crimes passionnels, puisque

> ces derniers se limitent normalement au crime commis par un partenaire (le mari ou la femme) en relation avec l'autre en tant que réponse

---

75. Philippe Apparicio et Anne-Marie Séguin, *Retour sur les notions de ségrégation et de ghetto ethniques et examen des cas de Montréal, Toronto et Vancouver*, INRS, janvier 2008. Les auteurs ont également défini les enclaves ethniques comme étant « des secteurs urbains à forte concentration ethnique, où les communautés ethniques sont majoritaires » (p. V). Cette même étude a révélé que ces espaces ne formaient que 3,5 % de tous les secteurs de recensement de Montréal (p. 44) et comptaient diverses minorités ethniques (sauf celui du quartier chinois).

76. Conseil du statut de la femme, *Les crimes d'honneur : de l'indignation à l'action*, Québec, 2013.

spontanée (émotionnelle ou passionnée) (en matière de défense, on parle souvent de « provocation sexuelle »). Les crimes dits d'honneur comprennent les violences ou le meurtre (généralement) de femmes par un membre de la famille ou une relation familiale (y compris les partenaires) au nom de l'honneur individuel ou de la famille[77].

Or, des actrices et acteurs du milieu communautaire, dont le CCFM, contestent ce traitement singulier et appellent à classer le crime dit d'honneur dans la catégorie des violences familiales, ou encore comme un fémicide, défini par l'OMS comme étant « l'homicide volontaire d'une femme, mais il existe des définitions plus larges qui incluent tout meurtre de filles ou de femmes au simple motif qu'elles sont des femmes[78] », ce qui, de fait, se rapporte principalement à un aspect extrême du système patriarcal. La raison que le CCFM évoque pour leur refus d'utiliser l'expression « crime d'honneur » est « qu'aucun meurtre ne devrait être catégorisé en fonction de la raison fournie par le meurtrier, ou par la société elle-même, qu'il soit dit "meurtre d'honneur" ou crime passionnel[79] ».

* * *

Pour ma part, je crois qu'il est possible de concilier ces deux visions. En d'autres termes, les crimes commis au nom de « l'honneur » doivent effectivement être classés dans la catégorie des fémicides et des violences familiales puisqu'ils sont commis à l'égard de femmes souvent membres de la même famille que leur assassin. Il n'en demeure pas moins que, au sein même de ces catégories, chaque type de crimes nécessite une analyse qui identifie les facteurs de risque, les facteurs de protection et les approches d'intervention adaptées à sa réalité.

* * *

---

77. *Les crimes d'honneur : de l'indignation à l'action, op. cit.*
78. OMS, *Comprendre et lutter contre la violence à l'égard des femmes*, 2012. Dans ce document, l'agence internationale distingue notamment quatre types de fémicides, soit le fémicide intime, le crime commis au nom de « l'honneur », le fémicide lié à la dot, et le fémicide non intime.
79. *La violence à l'égard des femmes : santé et justice pour les femmes musulmanes canadiennes, op. cit.*, p. 55.

Du côté statistique, depuis les 24 dernières années au Canada, 17 cas faisant 26 victimes ont été recensés et catégorisés comme étant des crimes « d'honneur ». Parmi eux, trois ont eu lieu au Québec, faisant six victimes (entre 2009 et 2012 seulement). Bien que ce dernier chiffre soit très loin d'égaliser le nombre de victimes de fémicides commis en contexte conjugal dans le reste de la société — 50 pendant la même période[80] —, il attire néanmoins grandement l'attention sociale, politique et médiatique, et ceci mérite que l'on s'y attarde afin d'essayer d'en comprendre les ressorts.

Notons que, en extrayant les crimes « d'honneur » du lot des violences conjugales ou familiales, il y a un risque important de hiérarchisation des fémicides à deux niveaux. Avec un simple calcul, on peut constater qu'*une* seule victime d'un crime commis sous motif de défendre l'honneur de son auteur attire plus d'attention, et son histoire semble choquer plus, qu'environ huit victimes tuées selon « d'autres motifs » dans le reste de la société[81]. Qui se rappelle du nom de famille de l'auteur du dernier fémicide commis au Québec? Nous sommes en effet plusieurs à l'ignorer. Pourquoi toutes ces femmes assassinées chaque année n'attirent-elles pas autant d'indignation sociale et d'attention médiatique et politique que celles qui sont victimes d'un « code d'honneur »? Pourquoi l'assassinat et la disparition des femmes autochtones peinent tant à intéresser la classe politique? Un tel déséquilibre tend malheureusement à banaliser le reste des meurtres commis en contexte conjugal, qui semblent être perçus comme étant « moins graves » que ceux dits d'honneur. Fait étonnant, cette perception est même soutenue par Marie-Pierre Robert, professeure de droit à l'Université de Sherbrooke qui, dans les conclusions de son étude sur les crimes « d'honneur » au Canada indique :

> Les juges pourraient donc tenir compte de ce facteur parmi tant d'autres afin de déterminer la peine appropriée [...]. On transmet également le message que les crimes commis pour l'honneur sont

---

80. Selon les rapports de Sécurité publique du Québec, *Criminalité dans un contexte conjugal au Québec,* pour les années de 2009 à 2012.

81. Avec les chiffres de 6 victimes de crimes commis au nom de « l'honneur » et de 50 victimes en contexte conjugal dans le reste de la société, le ratio est d'environ 1 : 8.

considérés comme plus graves que les autres, parce qu'ils heurtent les valeurs canadiennes[82].

Faut-il en comprendre que les autres motifs de fémicide au Canada (jalousie, possessivité, etc.) seraient plus compatibles avec nos valeurs canadiennes ? Y aurait-il ainsi des raisons plus « acceptables » que d'autres pour assassiner une femme ?

* * *

Ceci implique un autre élément sur lequel se base la hiérarchisation de ces crimes. Il s'agit cette fois-ci non pas du motif de ces derniers, mais de l'origine ou de la foi du criminel. Lorsque celui-ci est issu de groupes ethniques minoritaires, notamment d'origine arabe ou sud-asiatique, ou qu'il est perçu comme musulman, tout délit ou crime qu'il commettrait est considéré comme étant systématiquement plus inadmissible ou horrible. Ceci nous amène alors à nous demander : dans quelles circonstances est-il pertinent d'évoquer dans les médias les origines d'un criminel ? Au fil des reportages et des commentaires entendus et lus au sujet de l'affaire Shafia, cette caractéristique démographique semblait représenter un réel facteur aggravant pour le jugement qu'on devait porter sur les évènements. Le deux poids, deux mesures concernant le traitement médiatique et social des crimes « d'honneur » versus les crimes passionnels donne réellement l'impression que, dans l'imaginaire collectif, il paraît moins « grave » qu'un meurtre soit commis par un Québécois blanc (d'origine canadienne-française ou européenne) que par un Québécois d'origine autre, et surtout musulman ou perçu comme tel.

* * *

Cela dit, il est évident que le point commun entre tous ces crimes (passionnels ou « d'honneur ») reste incontestablement la volonté de contrôle des femmes, que ce soit par leur partenaire ou par un membre de leur famille. Or, le problème survient lorsqu'on suppose, à partir de l'origine ou de la religion du criminel, que le motif du meurtre commis en contexte conjugal est nécessairement une

---

82. Université de Sherbrooke, *Étude exhaustive des crimes d'honneur depuis 1954 : les crimes d'honneur sont punis très sévèrement au Canada*. En ligne : www.usherbrooke.ca/ [consulté le 5 août 2014].

question d'honneur, même quand l'auteur du crime ne l'a pas lui-même mentionné. En d'autres termes, dans ce cas précis de crime, on semble écarter d'emblée l'hypothèse du crime passionnel.

Dans l'avis du CSF *Les crimes d'honneur: de l'indignation à l'action,* l'auteure mentionne que « d'autres motifs invoqués [dans le cas des crimes d'honneur] incluent l'adultère ou le soupçon d'infidélité, le fait de refuser d'avoir des rapports sexuels avec son mari, de lui désobéir ou de sortir de la maison sans sa permission, ou encore de vouloir divorcer[83] ». Or, ces motifs ne sont-ils pas les mêmes que ceux invoqués dans une grande proportion d'actes de violence conjugale dont sont victimes des milliers de femmes au Québec? D'ailleurs, le passage du comité des experts sur la violence conjugale cité plus haut rappelle que l'humiliation était justement un des sentiments dont certains hommes tentaient de « se libérer » par le biais de l'agressivité. Dans quelle mesure l'humiliation est-elle différente de l'atteinte à l'honneur individuel?

Conjugués à une propension à la violence physique, les problèmes de jalousie et de possessivité, répandus chez des hommes de toutes origines confondues, enferment plusieurs femmes dans les cercles infernaux de l'abus. Et si elles ne trouvent pas la force et les ressources qui peuvent les aider à s'en sortir, elles risquent alors d'y laisser leur santé mentale ou physique, ou même leur vie.

Le 25 août 2012, Nikolas Stefanatos a aspergé d'acide sa copine, Tanya St-Arnauld, lui causant des brûlures au troisième degré. Le motif aurait été la jalousie. Aujourd'hui, plusieurs personnes seraient incapables de se rappeler le nom du criminel et ne connaîtraient pas forcément son origine non plus (vraisemblablement grecque). En effet, cette dernière n'a fait l'objet d'aucun commentaire dans les multiples reportages et articles qui ont traité de cette affaire. Personne ne s'est demandé si le geste de Stefanatos était motivé par la culture de ses ancêtres méditerranéens, qui pourrait également comporter un quelconque « code d'honneur » justifiant ou excusant la violence de certains envers les femmes par jalousie. Et c'est tant mieux que l'on ne se soit pas lancé dans de telles spéculations parce que les médias — en raison notamment des contraintes liées au temps — ne bénéficient peut-être pas des espaces appropriés pour

---

83. *Les crimes d'honneur: de l'indignation à l'action, op. cit.,* p. 37.

analyser, de façon rigoureuse et profonde, un lien supposé entre une culture et un comportement criminel. Le fait de couvrir un sujet aussi complexe de façon superficielle ou hâtive risque plutôt d'augmenter le racisme et la stigmatisation dans la société. La question pourrait possiblement être pertinente d'un point de vue scientifique, et les chercheurs-ses sont beaucoup mieux outillés-es pour l'aborder en minimisant autant que possible les biais potentiels et en prenant en considération les facteurs confondants qui pourraient être impliqués. Sur le plan social, devant de tels crimes, l'important est de savoir comment protéger davantage les femmes, toutes les femmes, et comment déconstruire, auprès des hommes, l'image du «mâle» viril et agressif, et ainsi prévenir d'autres fémicides.

Un dernier élément important à souligner au chapitre des violences conjugales, du moins celles qui sont médiatisées, est l'aspect psychiatrique. Dans le cas des criminels «blancs», on parle souvent de leur faire subir une évaluation psychiatrique avant leur procès, alors que pour les autres, la possibilité du trouble psychiatrique semble, encore une fois, d'emblée écartée au profit de la culture ou de la religion d'origine.

* * *

Ce dernier point ainsi que d'autres mentionnés auparavant expriment l'approche du deux poids, deux mesures caractéristiques d'un système basé sur le «privilège des blancs»[84]. Je crois fermement qu'il est important de s'opposer à une telle approche dans le dossier des violences conjugales, comme pour le reste. De la même façon que le relativisme culturel doit être rejeté devant de tels crimes, il s'avère tout aussi important de refuser que les origines d'un criminel ne constituent, autant dans l'opinion publique qu'au niveau juridique,

---

84. En anglais, on parle de «*white privilege*» pour faire référence à tous les avantages structurels sociaux, économiques, et politiques dont bénéficient les personnes de couleur blanche (d'origine européenne, par exemple) de façon consciente ou inconsciente. Le *white privilege* s'exprime également par le fait de considérer comme universel, normal et objectif tout ce qui touche les personnes de couleur blanche, alors que les autres individus sont plutôt décrits ou traités selon une perspective de «particularismes». Pour un bref aperçu sur les questions de «race» et des «privilèges des blancs», lire le texte: Horia KEBABZA, «L'universel lave-t-il plus blanc?: "Race", racisme et système de privilèges», *Les cahiers du CEDREF*, 2006, 14: p. 145-172. En ligne: http://cedref.revues.org/428#tocto1n5

un « facteur aggravant » ou un élément expliquant de façon systématique son comportement. Il s'agit de reconnaître que le patriarcat est pratiquement universel, mais que ses modes d'expression peuvent converger ou diverger sans que les uns ne soient plus acceptables que les autres, et ce, peu importe les sociétés ou les cultures.

L'islam et la perception de l'honneur

Dans la péninsule arabique du 7ᵉ siècle après J.-C., avant l'émergence de l'islam, certains hommes enterraient leurs fillettes vivantes par crainte d'un éventuel déshonneur qu'elles risquaient de leur causer, selon leurs perceptions — toujours en lien avec le rapport au corps et à la sexualité. Au cours de ce même siècle, la révélation du Coran a dénoncé et interdit cette pratique[85]. De plus, celui-ci ne mentionne nulle part le concept de l'honneur (*sharaf*, en arabe). En revanche, il parle de la « dignité » (*karama*) que Dieu a attribuée à chaque humain, femme et homme, dès sa création, peu importe ses origines. Cette dignité ne fait toutefois aucunement l'objet d'un « trésor familial » qui serait porté lourdement par les femmes et qui devrait être protégé au prix du sang. Au reste, même les juristes religieux musulmans traditionalistes ne trouvent dans les textes religieux aucun élément qui légitimerait cette conception de l'honneur telle que véhiculée dans certaines régions du monde, et qui autoriserait des hommes à « se faire justice » pour sauver leur « honneur ». Le discours officiel dans les grandes institutions religieuses, bien qu'il puisse se montrer sexiste à d'autres égards, rejette ce type de crime.

Au 7ᵉ siècle, lorsque le deuxième successeur du prophète Muhammad, Omar Ibn al-Khattab, était au pouvoir, un homme lui confia que sa fille avait eu des relations sexuelles illicites avant de tenter de se suicider ; mais ses parents l'avaient sauvée *in extremis*. La jeune fille s'était ensuite repentie et un prétendant demanda sa main. Le père s'enquit alors auprès de Omar s'il devait avertir le futur époux de ce que sa fille avait fait dans son passé. Omar l'en découragea vivement et lui dit : « Pourquoi veux-tu rendre public ce que Dieu a caché ? Marie-la comme tu l'aurais fait pour une jeune femme

---

85. À travers les versets du Coran (16 : 57-59 ; 81 : 8-9) et les exégèses qui en ont été faites.

pieuse, avec bonheur et joie. » Cette histoire, datant du temps de la première génération de musulmans-es, illustre bien le caractère non fondé du concept de « l'honneur familial » dans le cadre de l'islam.

* * *

Par ailleurs, j'aimerais aborder la question de « l'honneur » sous un tout autre angle, soit celui de la spiritualité, afin de mettre en lumière le paradoxe spirituel qu'il y a à commettre un crime sous prétexte de défendre son honneur. Au regard de la spiritualité musulmane, cette conception de l'honneur est intimement liée à la *nafs*. La *nafs*, dont il est fait mention autant dans le Coran que dans les *hadiths*, est un concept très complexe qui peut signifier « âme », ou encore « soi ». Toutefois, *nafs* possède également un sens plus spirituel où elle est souvent classée en trois principaux types, stades ou niveaux de conscience, cités dans le Coran : la *nafs al-mûtma'inna* ou « âme apaisée » (ayant atteint un niveau élevé de spiritualité et de proximité divine, tout en vivant selon les principes de l'islam) ; la *nafs al-lawwâma* ou « âme réprobatrice ou critique » (conscience qui reproche à la personne des actions non conformes aux principes auxquels celle-ci croit) ; et enfin, la *nafs al-ammara bi-sou'*[86]. Ce dernier niveau, le plus bas, est celui de la *nafs* qui ne possède ni limites ni morale, préoccupée par la satisfaction démesurée des pulsions et désirs matériels (nourriture, boisson, sexe, argent, biens, etc.) et de l'*ego*[87] (orgueil, égoïsme, égocentrisme, ostentation, colère, statut social, réputation, pouvoir, etc.). Un des enseignements clés du prophète Muhammad fut que le plus grand *jihad* (effort, lutte) que l'on puisse accomplir dans notre vie, est celui que l'on dirige contre ce dernier type de *nafs* pour vivre dans la modération et l'équilibre, sans refoulement ni excès.

Ainsi, selon cette conception spirituelle, donner autant d'importance à son honneur, au point de commettre un crime (peu importe le niveau de violence), revient donc à conforter et à renforcer

---

86. *Nafs al-mûtma'inna* (Coran, 89 : 27) ; *nafs al-lawwâma* (Coran, 75 : 2) ; *nafs al-ammara bi-sou'* (Coran, 12 : 53).
87. Le concept de *nafs* est parfois traduit dans les langues occidentales, entre autres, par « *ego* ». Dans ce cas, il n'est pas utilisé dans le sens freudien du « moi », mais plutôt dans un sens spirituel qui rappelle certaines spiritualités asiatiques qui peuvent aussi parler de « lutte contre l'*ego* ».

aveuglément son *ego*. D'ailleurs, la *sunna* nous informe que le Prophète ne se fâchait jamais pour ce qui le touchait personnellement. Malgré les insultes et les attaques personnelles, la tradition rapporte qu'il n'a jamais répliqué pour défendre son propre « honneur ».

* * *

Enfin, rappelons également que rien ne soutient l'idée que les auteurs de tels crimes, s'ils sont de foi musulmane, sont des personnes possédant un niveau avancé de connaissances en islam et, à plus forte raison, une spiritualité profonde. Le caractère violent des hommes en cause semble malheureusement avoir trouvé dans certains contextes et dans la tendance générale sexiste de certaines interprétations des textes religieux (sur d'autres sujets) des terreaux fertiles pour s'exprimer.

Où (qui) sont les musulmans-es modérés-es ?

Un des grands sujets qui revient très souvent dans l'actualité, surtout internationale, est sans aucun doute celui dit de «l'islamisme». Pour l'observateur-trice non musulman-e, l'image peut sembler claire : des groupes de musulmans prennent le contrôle de certaines régions du monde et massacrent des innocents-es au nom de leur religion, tout en menaçant d'«envahir» l'Occident. Pour décrire ces groupes, on a alors recours à une kyrielle de termes : islamistes, fondamentalistes, intégristes, wahhabites, salafistes, djihadistes, terroristes, radicaux, ou encore extrémistes. Toutefois, la confusion règne lorsque certains-es utilisent quelques-uns de ces termes pour décrire également des Québécois-es musulmans-es qui demandent des «accommodements raisonnables», portent des accessoires religieux, ou encore défendent publiquement leur liberté religieuse. Un autre terme surgit alors pour différencier les «bons-nes» musulmans-es des «méchants-es» : les «modérés-es». Plusieurs parlent de ces derniers sans jamais nous en décrire clairement les caractéristiques et s'indignent de ne pas les «entendre suffisamment» dénoncer publiquement les «islamistes intégristes» d'ici ou d'ailleurs.

Dans nos débats sociaux et politiques, l'actualité internationale ne semble toutefois pas totalement détachée du Québec, et on entend parler désormais de la «menace d'islamisation» de notre société. Une peur, ou même une phobie, est ainsi construite chez plusieurs citoyens-nes (surtout chez celles et ceux n'ayant pas de contacts proches avec des musulmans-es) qui se sentent tout à coup vulnérables, sans pouvoir se fier totalement aux institutions publiques chargées d'assurer la sécurité nationale. Malgré les moyens et les initiatives pris par différents acteurs sociaux, beaucoup de travail reste toutefois à faire afin de rétablir le lien de confiance autant entre les citoyens-nes, toutes croyances confondues, qu'entre ces derniers et les agences gouvernementales responsables de la sécurité nationale.

Problèmes de terminologie

Avant d'aborder le concept des « modérés-es », je trouve important de donner un aperçu — sans aucunement prétendre en faire une analyse détaillée ni exhaustive — de certains termes cités plus haut[88] et souvent utilisés de façon interchangeable pour décrire des individus ou des groupes plus ou moins politisés, et parfois violents.

Outre la multiplicité de ces termes et leur usage flottant, le problème réside également dans l'emprunt de certains d'entre eux à d'autres cadres de référence (catholicisme, protestantisme, etc.) sans considérer leurs limites sémantiques, ni encore s'assurer de la similarité entre les situations décrites en islam et celles propres à ces autres confessions.

Fondamentalisme:

L'utilisation de l'expression « fondamentalisme musulman » est controversée dans les milieux de la recherche en raison, entre autres, du sens que le terme « fondamentalisme » a eu dans l'histoire du christianisme[89]. Dans son livre *Le combat pour Dieu*, Karen Armstrong explique que les origines de ce terme remontent aux premières décennies du 20ᵉ siècle et renvoient à des protestants étatsuniens qui ont commencé à

> s'appeler eux-mêmes « fondamentalistes » afin de se distinguer des protestants plus « libéraux » qui, de leur point de vue, déformaient entièrement la foi chrétienne. Les fondamentalistes voulaient en revenir aux racines et redonner sens aux fondements de la tradition chrétienne,

---

88. Le terme « islamisme » a déjà été défini dans le chapitre « Du mythe de l'infiltration ».
89. Gerhard Böwering, Patricia Crone, Mirza Mahan, *The Princeton Encyclopedia of Islamic Political Thought*, Princeton, Princeton University Press, 2013, p. 179-181.

qu'ils identifiaient à une interprétation littérale des Écritures, et à l'acceptation de certaines doctrines centrales[90].

Cette définition comporte deux dimensions, soit celle du retour aux fondements de la religion et celle du type de lecture que l'on a faite de ces derniers. Pour les fondamentalistes protestants étatsuniens de l'époque, cela se traduisait par une vision du monde et des rapports politiques et sociaux très spécifiques à leur lecture des Écritures chrétiennes. Or, lorsqu'on transpose ce concept dans le contexte musulman, deux problèmes surgissent. D'abord, la traduction littérale du terme « fondamentalistes » en arabe est *usuliyyunes*[91] ; *et ceci est plutôt utilisé pour nommer les spécialistes des fondements de la jurisprudence musulmane (usul al-fiqh)*, et non les spécialistes de l'exégèse ou de l'étude des sources scripturaires ni les adeptes d'un courant idéologique précis. Par conséquent, comme l'ajoute Karen Armstrong, « la plupart des activistes [musulmans] étiquetés "fondamentalistes" en Occident ne s'intéressent guère à cette science islamique[92] ». Le deuxième problème est lié au fait que le terme « fondamentalisme » est aussi utilisé dans certains milieux musulmans uniquement dans la limite de sa première dimension mentionnée ci-haut. En d'autres termes, le fondamentalisme serait un retour aux fondements de l'islam (qui sont le Coran et la *sunna*), mais qui n'implique pas nécessairement d'en faire une lecture littérale. Bien au contraire, certains-es réclament ce retour pour adopter une relecture selon une perspective davantage réformiste[93]. L'approche à l'égard des sources scripturaires devient donc très importante dans le sens que l'on donne au terme « fondamentaliste ». Pour être plus précis-e, on devrait alors parler des « fondamentalistes littéralistes » versus les « fondamentalistes réformistes », par exemple, ou encore simplement écarter le terme « fondamentalistes » pour ne garder que le type de lecture faite à l'égard des Textes sacrés.

Toutefois, au Québec, certains-es militants-es antireligieux-ses ou islamophobes utilisent l'expression « fondamentalistes » pour

---

90. Karen Armstrong, *Le combat pour Dieu : une histoire du fondamentalisme juif, chrétien et musulman (1492-2001)*, Paris, Seuil, 2005, p. xii.
91. Translittération prononcée « oussouliyounes ».
92. *Ibid.*, p. xii.
93. Le courant réformiste sera expliqué plus en détail au chapitre Le djihad féministe islamique.

décrire un ensemble de personnes aux profils très divergents. Ils y incluent des croyants-es qui vivent dans le repli et le rejet des valeurs de la société ; d'autres qui sont très bien intégrés-es académiquement ou professionnellement, mais qui portent un accessoire religieux ou fréquentent régulièrement les lieux de culte ; ou même ceux qui commettent des actes terroristes ailleurs dans le monde. Cette conception qui tend à tracer une relation linéaire entre la pratique religieuse et la violence politique crée beaucoup d'amalgames et reflète plutôt une très grande méconnaissance autant de la complexité de l'expression religieuse que de l'histoire des concepts dont il est question.

Intégrisme :

Le terme intégrisme est souvent utilisé de façon interchangeable avec celui de « fondamentalisme » dans les débats sociaux, que ce soit pour décrire des individus ou des groupes, ici ou ailleurs dans le monde. Or, il revêt lui aussi un sens propre à l'histoire chrétienne, et qu'il ne faut pas négliger.

Ce terme est apparu dans le monde catholique romain au 19e siècle lorsqu'un prêtre espagnol tenta de soumettre la structure étatique à la hiérarchie cléricale. Plus tard, le terme fut repris en France lorsque l'Église voulut construire un modèle de catholicisme « intégral » en réponse à ce qui s'appelait « la crise moderniste », et « la réaction anti-moderniste a constitué ainsi l'acte de naissance de "l'intégrisme"[94] ». Il est important de noter que, selon Émile Poulat, les « intégristes » catholiques refusaient eux aussi les lectures non littéralistes de la Bible et s'inscrivaient ainsi dans une vision très traditionaliste opposée au progrès, au sens social du terme.

À partir de là, il devient difficile de comprendre ce qu'on signifie par « intégristes musulmans ». D'un côté, dans l'islam sunnite, il n'y a pas de hiérarchie cléricale centralisée[95]. Cela signifie que, tout au long de l'histoire, ce sont plutôt les grandes institutions religieuses officielles de certains pays à majorité musulmane (l'Université

---

94. *Intégrisme, un terme qui vient de loin*, entretien avec Émile Poulat, novembre 2006. En ligne : www.croire.com [consulté le 11 août 2014].
95. Ceci a été expliqué dans le chapitre « Entre recherche et action ».

Al-Azhar en Égypte, le conseil des *ulémas*[96] au Maroc ou ailleurs) qui sont soumises au pouvoir étatique et doivent le soutenir afin d'assurer leur survie. D'un autre côté, le terme «intégristes» est encore une fois utilisé de façon très démagogique par certains-es activistes à l'égard des personnes musulmanes qui, tout en étant pratiquantes, ne cherchent ni à lire le Coran de manière rigide et littérale, ni à soumettre l'État, notamment en Occident, à quelque institution religieuse que ce soit.

Wahhabisme:

Contrairement aux deux concepts décrits précédemment — et tout comme le concept du «salafisme» expliqué ci-dessous —, le «wahhabisme» est plus spécifique à l'histoire musulmane, plus particulièrement celle de la péninsule arabique, et revient surtout dans l'actualité internationale pour parler des mouvements religieux ayant une vision très restrictive de l'islam. Le wahhabisme tire son origine d'un érudit du 18ᵉ siècle vivant dans la péninsule arabique, nommé Muhammad Ibn Abd al-Wahhab. Ce dernier affirmait vouloir retourner vers un islam purifié «pour que l'on dépasse les disputes sur les gloses et les commentaires des commentaires, pour qu'on ne sanctifie pas les décisions des *fuqaha* (juristes) et que, enfin, par une lecture neuve des sources, on s'engage à réactiver l'exercice de l'*ijtihad*[97]». L'*ijtihad* est la recherche et l'effort intellectuel que les spécialistes musulmans-es sont appelés-es à faire afin de formuler des avis juridiques lorsque les textes du Coran et de la *sunna* ne sont pas clairs à propos d'un sujet donné. Cependant, au-delà de son approche vis-à-vis des Textes, Abd al-Wahhab s'opposait violemment à «tous ceux qui refusaient de le suivre et en particulier à ceux qui développaient le culte des saints[98]». Cette attitude a donné lieu à une idéologie rigide et exclusiviste — établie d'abord en Arabie

---

96. *Ulémas*, pluriel de *alim*, qui signifie: savant ou érudit. On appelle «*ulémas* de la *shari'a*» les spécialistes musulmans en sciences islamiques.
97. Tariq Ramadan, *Aux sources du renouveau musulman: d'al-afghani à Hassan al-Banna, un siècle de réformisme islamique*, Paris, Bayard, 1998, p. 42.
98. *Ibid.*, p. 40.

saoudite[99] avant de se répandre dans d'autres sociétés à majorité musulmane — qui refusait d'accepter la pluralité des opinions au sein de l'islam, pourtant respectée par le prophète Muhammad lui-même, ou encore par les fondateurs des quatre principales écoles de jurisprudence musulmane sunnite.

Salafisme :

Les individus ou groupes décrits comme salafistes aujourd'hui sont parfois les mêmes qu'on nomme wahhabites. Toutefois, ce terme s'avère plus complexe puisqu'il a été utilisé dans le passé pour décrire deux mouvements aux visions pourtant très différentes. En ce qui concerne son origine, le terme « salafiste » (*salafi*) renvoie à celui de *as-salaf as-salih*, qui signifie les « pieux prédécesseurs » et désigne les trois premières générations de musulmans-es. D'abord, au milieu du 19ᵉ siècle, est apparu un mouvement réformiste qui s'est défini comme *salafi* parce qu'il visait à s'inspirer des premières générations de musulmans-es dans leur dynamisme intellectuel qui les poussait à interpréter les Textes fondamentaux de l'islam selon leur contexte. Cependant, vers les débuts du 20ᵉ siècle, les wahhabites ont également commencé à se décrire comme salafistes, afin de donner à leur doctrine une image d'authenticité et de légitimité, puisque se référant aux premières générations de l'islam[100]. Rappelons toutefois que les individus ou les groupes actuels se proclamant de tendance salafiste ou wahhabite ne font pas nécessairement eux-mêmes un travail sur les sources scripturaires, mais considèrent plutôt comme des références indiscutables et presque dogmatiques quelques *ulémas* ayant vécu à différents siècles (dont Ibn Taymiyyah, Al-Uthaymin, et Ibn Baz).

* * *

---

99. Vers la fin du 18ᵉ siècle, le courant idéologique wahhabite s'est allié au pouvoir politique et militaire des Al Saoud dans la péninsule arabique ; et au début du 20ᵉ siècle, cette alliance, élargie à des tribus avoisinantes, s'est traduite par la création de l'Arabie saoudite.

100. Khaled Abou el Fadl, *The Great Theft : Wrestling Islam from the Extremists*, New York, HarperOne, 2007, p. 75.

Par ailleurs, deux incohérences, entre autres, méritent d'être soulignées brièvement concernant l'idéologie wahhabite et salafiste. Premièrement, l'idée selon laquelle le simple retour vers le Livre sacré et les *hadiths* mènerait incontestablement à un islam « purifié » suppose une objectivité plutôt illusoire. En effet, l'influence du *prior text*, étant la langue et le contexte culturel dans lequel le texte est lu, est incontournable dans chaque interprétation[101]. Deuxièmement, en prétendant vouloir accéder directement et principalement aux sources scripturaires de l'islam, l'idéologie wahhabite et salafiste prétend pouvoir se passer de plusieurs travaux classiques ayant commenté le contexte de révélation et le sens des versets coraniques, et ayant compilé, authentifié et contextualisé la *sunna*[102]. Et c'est cette approche déficiente qui a conduit à une lecture anhistorique et littéraliste.

* * *

Avant d'aborder la question du terrorisme, je crois important d'apporter une précision quant à l'approche « littéraliste ». Lorsque je décris les courants adoptant une telle lecture comme étant incohérents, cela ne signifie guère que je considère le Coran comme un texte plutôt allégorique, sans tenir compte du sens premier que peuvent avoir ses versets. Dans les sciences du Coran, il existe plusieurs champs de connaissances qui permettent, entre autres, de comprendre la complexité de ce Texte, de prendre en considération la chronologie et le contexte de sa révélation pour en saisir l'objectif ultime, et aussi de distinguer entre versets circonstanciels et universels. En ce sens, le Coran n'est, selon moi, ni un manuel d'instructions à suivre littéralement, ni un recueil d'allégories mythiques.

« *Djihadisme* » *et terrorisme* :

L'idéologie wahhabite ou salafiste littéraliste est souvent considérée comme celle qui inspire les différents groupes dits « *djihadistes* » ou « terroristes » — sans que cela ne signifie que tous les wahhabites

---

101. Amina Wadud, *Qur'an and Woman: Rereading the Sacred Text from a Woman's Perspective*, Oxford, Oxford University Press, 1999, p. 5.
102. Khaled Abou el Fadl, *Speaking in God's name: Islamic Law, Authority and Women*, Oxford, Oneworld, 2006, p. 174-175.

ou salafistes soient nécessairement de potentiels terroristes[103]. Ces derniers prétendent agir au nom de l'islam, ce qui ne manque pas de jeter une ombre importante de suspicion sur toute cette religion et ses adeptes. La vérité sur ces groupes, leurs alliés et leurs commanditaires est un univers très difficile à percer, malgré les quelques bribes d'informations qui apparaissent ici et là dans des médias, alternatifs pour la plupart.

Pour ma part, je refuse d'utiliser le terme «*djihadiste*» pour la simple et bonne raison que je crois profondément au sens premier et principal du terme *djihad*, lutte, comme je l'ai expliqué plus haut en lien avec la *nafs*[104]. Il est vrai que la lutte armée en islam est autorisée — en cas de légitime défense — et qu'elle porte, sous cette condition, également le nom de *djihad* (en fait, *djihad al-asghar*, qui signifie «la plus petite lutte», s'opposant ainsi à la lutte plus importante que chacun-e doit d'abord faire contre son *ego*). Cela dit, les actes violents commis par des groupes «religieux» — principalement dans les pays à majorité musulmane, mais de façon sporadique dans certains pays occidentaux — sont loin d'être de l'autodéfense légitime. Ces groupes promeuvent plutôt une vision de la religion basée sur le *qital*, la guerre, et s'en prennent sauvagement à des innocents-es pour tenter d'instaurer des systèmes de gouvernance totalement illégitimes. Je refuse alors de cautionner leur définition du *djihad* et de les laisser détourner de son sens spirituel un concept aussi profond et noble.

* * *

Le terme «terrorisme» ne fait pas non plus l'objet de consensus, même au point de vue du droit international humanitaire (DIH). Sur le site *Perspective Monde* de l'Université de Sherbrooke, par exemple, il est défini comme une «idéologie, mais surtout [un] ensemble d'actes violents et illégaux commis avec l'objectif de provoquer un climat de terreur au sein de l'opinion publique ou d'ébranler la force d'un gouvernement ou d'un groupe[105]». Cette définition pourrait nous laisser penser que certains conflits armés compteraient égale-

---

103. Cette nuance a également été apportée pour le terme «islamisme» dans le chapitre «Du mythe de l'infiltration».
104. Voir le chapitre «Ces crimes "d'Ailleurs"».
105. Université de Sherbrooke, «Terrorisme», *Perspective Monde*. En ligne : http://perspective.usherbrooke.ca/bilan/servlet/BMDictionnaire?iddictionnaire=1584.

ment comme des actes terroristes. Pas tout à fait, nous répondrait le DIH :

> Le conflit armé, terminologie utilisée par le droit international contemporain pour décrire le phénomène de guerre, est le plus ancien des deux concepts. Sa définition juridique est davantage étoffée, mieux établie et moins controversée que celle du terrorisme. En droit, le concept de conflit armé implique l'égalité des deux parties au conflit [...]. Par opposition, le terme «terrorisme» est utilisé en général pour décrire ce que les autres font : rares sont les cas où une partie qualifiera ses propres actes de terroristes. [...] Les États tentent d'inclure dans cette définition les activités de leurs ennemis et d'y exclure leurs propres activités et celles de leurs alliés[106].

Tout en restant conscient-e du caractère «subjectif» du terme «terroriste», je crois que l'on peut tout de même affirmer qu'un individu, un groupe ou un État qui s'en prend, de manière violente et offensive, à une population civile commet un acte terroriste. En ce sens, des actes tels que ceux commis par des groupes armés comme Al-Qaïda, Boko Haram ou le prétendu «État islamique de l'Irak et du Levant» — ou même les offensives armées entreprises par l'État d'Israël contre la Palestine — sont, sans conteste, des actes terroristes condamnables de manière catégorique.

* * *

Par ailleurs, un des points dont on ne parle pas souvent lorsqu'on aborde la question de la violence politique est bien celui de la dimension psychologique individuelle, en l'occurrence le parcours familial et social d'une personne et sa propension à l'agressivité et à la violence. Je crois que cet aspect est très important à considérer, car il figure parmi ceux qui distinguent, au sein d'un même mouvement idéologique religieux, entre des individus qui se transforment en terroristes et les autres qui ne sont que des militants idéologiques. Ce sont ces mêmes caractéristiques individuelles qui peuvent pousser certains individus à s'identifier davantage aux idéologies wahhabites, en raison de leur caractère austère et strict, pour ensuite en être leur branche armée.

---

106. Marco Sassòli, «La définition du terrorisme et le droit international humanitaire», *Revue québécoise de droit international*, 2007, hors-série, p. 31-32.

D'ailleurs, ces individus vulnérables psychologiquement et socialement, et facilement manipulables religieusement, semblent former l'un des deux profils qu'on pourrait distinguer dans les groupes religieux violents — l'autre étant celui des têtes dirigeantes qui ont un des visées politiques et des alliances stratégiques beaucoup moins évidentes, et qui savent exploiter les tensions sociales et internationales pour cultiver des esprits guerriers.

* * *

À partir de cette courte analyse terminologique, je crois que le choix des termes qu'on utilise pour décrire divers groupes ou individus devient très important afin d'éviter des raccourcis simplificateurs ou erronés, pouvant être déformés ou récupérés par des intérêts individuels ou encore politiques. Les classifications devraient avoir une base théorique et objective solide — donc, être précédées par des recherches sur le terrain et une connaissance approfondie des différents courants ou écoles de pensée. Autant le sens que l'histoire de ces concepts sont à prendre en considération pour atteindre plus de précision dans nos discours. Par exemple, plutôt que d'utiliser le terme «fondamentalistes» de façon très générale, on peut dire que les wahhabites partagent plusieurs points communs avec les fondamentalistes protestants étatsuniens des premières décennies du 20e siècle, au point de vue de leur approche littéraliste. Toutefois, cette dernière peut ou non mener aux mêmes conclusions sur diverses questions sociales ou politiques.

En résumé, on peut certainement s'entendre sur quelques caractéristiques qui nous permettraient de classer des individus ou des groupes comme étant littéralistes ou puritains[107] (dont certains sont criminels ou guerriers), soit, entre autres: leur lecture restrictive et rigoriste de l'islam, leur absolutisme[108], leur vision patriarcale, et leur intolérance face à la pluralité des opinions même au sein de l'islam, ce qui mène à leur empressement à déclarer comme hérétique tout-e musulman-e ne s'inscrivant pas dans leur école de pensée.

---

107. Khaled Abou el Fadl choisit, dans ses ouvrages, le terme «puritains» pour décrire ceux qu'on nomme habituellement wahhabites, salafistes, extrémistes, etc.
108. *The Great Theft: Wrestling Islam from the Extremists*, *op. cit.*, p. 18.

Qui sont les « modérés-es » ?

« Pourquoi n'y a-t-il pas de musulmans-es modérés-es dans les médias pour critiquer les intégristes et les horreurs commises au nom de l'islam ? » Cet appel, récurrent dans les médias, semble suivre systématiquement toute nouvelle dans l'actualité nationale ou internationale qui implique de près ou de loin l'islam, que ce soit pour des demandes d'accommodement raisonnable au Québec ou des jugements de lapidation émis au Nigeria. Deux questions peuvent cependant être relevées à partir de cet appel, à savoir : qui sont les « modérés-es » dont on parle ? Ou encore, comment les reconnaît-on ? Et où est la voix de ces « modérés-es » dans l'espace public ?

* * *

Malgré son apparence simple, l'expression « modérés-es » s'avère très subjective — tout autant que l'est celle d'« extrémistes » à laquelle on l'oppose souvent, d'ailleurs. Elle implique une position sur un continuum dont les limites sont confuses, non décrites, et souvent imaginées de façon arbitraire ou subjective par un individu qui s'exprime selon *ses* propres opinions et appréhensions quant à la religion en général, ou à l'islam en particulier. En d'autres termes, dans certains discours islamophobes ou antireligieux, un-e musulman-e modéré-e semble être un-e musulman-e très peu ou pas pratiquant-e, et les « extrémistes » seraient celles et ceux qui pratiquent « trop » ou « rigoureusement » l'islam. La question qui s'impose alors est : qui a la légitimité et les compétences pour catégoriser des groupes, et surtout des individus, comme étant modérés-es, et qualifier le reste d'extrémistes ? Et sur quelle base pourrait-on procéder à une telle classification ?

Cet aspect confus du terme « modérés-es » peut mener à de véritables monologues où deux parties utilisent ce même mot en pensant parler des mêmes réalités, mais celui-ci résonne différemment dans la tête de chacune, et est également lié de façon très spécifique à l'histoire de chacune. Pour illustrer mes propos, je prendrais l'exemple d'une entrevue que Djemila Benhabib a accordée à Marie-Louise Arsenault pour l'émission *Plus on est de fous, plus on lit !* à la sortie de son livre *Les soldats d'Allah à l'assaut de l'Occident*[109]. Durant cet entretien, sans donner aucun nom, Benhabib affirmait, entre autres, qu'il fallait faire le lien entre les « djihadistes » violents et les concepteurs de l'islam politique (qui, selon elle, seraient liés à la confrérie des Frères musulmans), en précisant que ce dernier veut se donner « un nouveau visage avec des figures qui peuvent nous paraître sympathiques et intelligentes[110] », mais qu'il est « très difficile de décoder ce qu'ils disent ». Face à cela, un des invités de l'émission a répété l'appel dont j'ai parlé plus haut en affirmant : « Je ne comprends pas le silence relatif des musulmans modérés. On n'entend jamais le véritable visage de l'islam. » L'animatrice a alors répliqué en nommant Monia Mazigh et en la qualifiant de « figure emblématique de l'islam modéré ». Et aucune objection n'a été exprimée par Benhabib devant une telle déclaration.

En fait, Monia Mazigh est une citoyenne musulmane, résidant en Ontario, qui a publié deux livres, dont celui pour lequel elle a été invitée à l'émission de Marie-Louise Arsenault la veille du passage de Benhabib. Elle est pratiquante, porte le foulard, et s'est positionnée contre le projet de loi sur la charte présenté par le gouvernement Marois[111]. Lorsque j'étais à Présence musulmane Montréal, Monia Mazigh était même intervenue dans une de nos conférences afin de parler de son premier livre dans le cadre d'une soirée sur les certificats de sécurité[112]. En d'autres termes, Monia et moi partageons une lecture commune sur nombre de questions touchant à des sujets tels que la laïcité, la religion, ou le respect des droits

---

109. « Djemila Benhabib s'en prend aux soldats d'Allah », *Plus on est de fous, plus on lit!*, ICI Radio-Canada, 13 septembre 2011. Dans son essai, l'auteure s'en prend à Présence musulmane, à ses membres, et à Tariq Ramadan, en les liant tous directement aux Frères musulmans et à un supposé « agenda » caché visant l'islamisation de l'Occident.

110. Ceci revient à la rhétorique dont j'ai parlé plus haut dans le chapitre « Du mythe de l'infiltration ».

111. Plusieurs articles publiés par Monia Mazigh sur son blogue permettent de comprendre ses positions sociopolitiques : http://moniamazigh.wordpress.com.

112. Monia Mazigh a été d'abord très connue à la suite de la lutte qu'elle a menée pour libérer son mari, Maher Arar (citoyen canadien également) lorsqu'il a été détenu arbitrairement et injustement aux États-Unis, et accusé de terrorisme, puis envoyé en Syrie pour y être torturé, avec l'aval du gouvernement canadien. Mazigh a ensuite publié un premier livre, dans lequel elle raconte sa lutte juridique ; et en 2011, un roman qui parle de différentes réalités de femmes musulmanes au Canada.

de la personne. Et c'est précisément là que les monologues dans cette émission de radio semblaient flagrants. La même personne, en l'occurrence Mme Mazigh, pouvait être considérée comme une autre islamiste revendicatrice « au visage sympathique » selon les critères de Benhabib, et comme une « figure emblématique de l'islam modéré » selon l'animatrice qui l'a interrogée et a écouté ses propos.

* * *

Un autre point que j'aimerais ajouter par rapport à la perception sur les « modérés-es » est que, contrairement à ce que l'on peut croire, une personne peut être perçue comme musulmane « modérée » — en raison de son apparence, ou encore de l'absence, ou presque, de pratique religieuse — tout en ayant une vision très patriarcale. J'ai entendu, par exemple, des musulmanes qui ne portent pas de foulard défendre l'obéissance au mari, et d'autres en foulard qui réclament l'égalité dans le couple. En ce sens, la vision patriarcale s'inscrit dans un traditionalisme, au sens culturel et non religieux, qui est basé sur des idées et des coutumes misogynes, et qui est transversal plutôt que caractéristique de certains courants religieux seulement. Le traditionalisme culturel s'est aussi infiltré dans plusieurs travaux classiques des premiers exégètes et juristes musulmans et les a grandement déformés pour finir par justifier plusieurs discriminations sexistes, malheureusement encore présentes aujourd'hui. Le plus ironique est d'entendre parfois certains musulmans, pratiquant peu ou ne pratiquant pas du tout les cinq piliers de l'islam, ou ne respectant pas certains de ses grands principes éthiques, évoquer un verset ou un *hadith*, entendu ici ou là et compris de façon complètement déconnectée de son contexte, pour justifier leurs opinions ou attitudes machistes!

* * *

Ce qui est décrit ci-dessus donne un aperçu d'une utilisation du terme « modérés-es » qui semble, à mon avis, très subjective, confuse et, surtout, qui tend à concevoir la relation entre la pratique de l'islam et la modération comme étant inversement proportionnelle. À ce stade-ci, je crois qu'il serait essentiel de voir justement comment l'islam lui-même aborde ce concept de modération, et comment faire la différence entre une personne très pratiquante ou très pieuse, et une autre excessive et puritaine. Plusieurs *hadiths* rapportent que le Prophète avait averti les premiers-ères musulmans-es contre l'exagération et l'excès (*roulouw*) dans la religion. En prêtant attention aux circonstances dans lesquelles il exprimait ce type d'avertissement, on peut proposer trois critères nous permettant d'identifier une attitude ou un comportement excessif et dépassant le cadre de l'éthique islamique :

1. L'atteinte aux droits d'autrui. Par exemple : un mari qui néglige sa relation conjugale parce qu'il déciderait de passer ses journées à jeûner et ses nuits à prier ; un homme qui exigerait de se faire servir par un autre homme, et non par une femme, dans une institution publique ou autre.
2. Le risque de faire détester l'islam (ou une de ses pratiques) aux gens. Un imam, par exemple, avait indûment prolongé la prière, au point où les gens s'en étaient plaints au Prophète, qui l'avait averti d'un tel excès. Il peut aussi s'agir d'une personne au comportement antisocial.
3. Le dénigrement à l'égard de toutes les personnes n'ayant pas les mêmes croyances, le même niveau de pratique religieuse ou la même opinion que soi. Par exemple, une femme portant le foulard ne peut se définir comme meilleure musulmane par le simple fait de sa pratique.

En dehors des cinq piliers connus de l'islam et des quelques recommandations et restrictions explicitement énoncées dans le Coran ou la *sunna*, toute personne musulmane qui désirerait pratiquer davantage pourrait le faire *humblement* et à titre individuel, sans que ses choix ne soient imposés en normes au reste de ses proches ou de la société ou qu'ils n'entraînent de contraintes excessives pour autrui, ni que le « surplus » de sa pratique ne lui procure le sentiment d'être « au-dessus » du reste de la société.

À partir de la perspective islamique, les concepts de modération, d'empathie et de justice sont donc intimement liés. Les musulmans-es, par définition, sont ainsi censés-es s'inscrire dans une démarche modérée en suivant l'exemple du Prophète — lorsqu'il était confronté à deux opinions extrêmes, il choisissait toujours le juste milieu — et en intégrant le verset coranique dont le sens peut être traduit par : « Et aussi, nous avons fait de vous une communauté du juste milieu[113]... » Par conséquent, en islam, la modération *doit* être en relation directement proportionnelle avec la connaissance de la religion, la pratique religieuse, la piété et la lutte contre sa *nafs*.

« Où sont les modérés » ?

À l'émission de radio *Plus on est de fous, plus on lit!* citée ci-dessus, devant l'incompréhension exprimée par un des invités face au « silence relatif des modérés », Benhabib a répondu qu'une première explication serait le fait que ceux qui sont les plus organisés sont les militants-es, qui « sont dans les demandes d'accommodements, les revendications » et qui sont financés par l'Arabie saoudite dont l'argent sert à « embrigader des communautés » dans les pays occidentaux. Cette affirmation témoigne malheureusement soit d'un manque de connaissances flagrant de la réalité politique internationale et du terrain associatif local, ou d'une démagogie tout aussi inquiétante. D'abord, tout analyste politique crédible sait que l'Arabie saoudite s'oppose vivement aux Frères musulmans et l'actualité politique nous le confirme régulièrement (l'exemple tiré des trois dernières années étant le soutien offert par cette pétromonarchie, et d'autres de la région, à l'armée égyptienne pour renverser le gouvernement démocratiquement élu des Frères musulmans[114]. Le nouveau dictateur militaire égyptien, Al-Sisi, a ensuite procédé à des arrestations, à la torture et à l'exécution des opposants, membres de la Confrérie ou autres, et a ordonné le plus important massacre urbain de manifestants en un jour depuis Tienanmen[115]). En plus, une réelle connaissance du terrain associatif du Québec permet, au contraire, de constater les grandes limites financières que connaissent les organismes musulmans et les mosquées au Québec. Aux assemblées générales annuelles de PMM, par exemple, nous présentions les états financiers qui révélaient de façon claire et transparente nos revenus très modestes provenant soit des cotisations des membres de l'organisme (maximum de 60 $ par année), des frais d'entrée à certaines

---

113. Coran, 2 : 143.
114. Alain Gresh, « Pagaille diplomatique au chevet de l'Égypte », *Le Monde diplomatique*, septembre 2013.
115. Alain Gresh, « Égypte, élection présidentielle et désinformation », *Nouvelles d'Orient*, 25 mai 2014.

conférences, de quelques dons individuels (quelques centaines de dollars à l'occasion) ou encore, dans le cas des colloques importants, d'une contribution du gouvernement québécois. Ces limites expliquent d'ailleurs pourquoi PMM, comme d'autres organismes musulmans aujourd'hui, n'avait ni bureau ni personnel salarié[116].

* * *

Au-delà de ces précisions, j'aimerais souligner quatre éléments quant à la question de la prise de parole « absente » desdits-es « modérés-es ». Le premier est que, en soulevant une telle interrogation, on semble souscrire à la thèse que les musulmans-es qui interviennent dans les médias lors des débats d'actualité sont forcément les « islamistes » dont Benhabib parle. Bien que ces intervenants-es puissent exprimer des positions très catégoriques condamnant la violence et le patriarcat, par exemple, on suppose d'emblée que leur accès aux médias pour des sujets comme les accommodements raisonnables est révélateur d'un « agenda » islamiste caché.

Deuxièmement, l'espace médiatique apparaît dans cet appel comme étant le seul espace crédible pour la prise de parole. Malgré les multiples conférences publiques tenues ou présentées par des musulmans-es engagés-es sur des sujets tels que le féminisme, le fondamentalisme religieux et la laïcité, ou encore l'utilisation de différents blogues et médias sociaux pour condamner toutes sortes de violences, on continue à dénoncer le « silence des modérés-es ». On peut presque croire que certains-es citoyens-nes ou chroniqueurs-ses

---

116. Concernant le lien que Benhabib fait entre les membres de Présence musulmane Montréal et les Frères musulmans, ce livre se veut justement être un témoignage de mon parcours, de mes motivations et de mes « alliances ». Et toute accusation qui contredirait son contenu devrait être fondée sur des preuves réelles et crédibles, loin du fantasme et de la diffamation méprisables. Par ailleurs, lorsque Marie-Louise Arsenault a demandé à Benhabib si Tariq Ramadan était le porte-parole des Frères musulmans, la réponse affirmative de cette dernière s'inscrivait encore une fois dans sa logique propagandiste, puisque celui-ci répète depuis des années que ce n'est pas le cas, et continue à critiquer ouvertement les actions de cette Confrérie. À propos des Frères musulmans, on note souvent des anachronismes dans les propos de Benhabib qui ne distingue aucunement la Confrérie telle qu'elle était lors de sa fondation dans les années 1920, la manière dont elle se transformait selon ses leaders, et ce qui en est aujourd'hui avec la multiplicité et la *diversité* des acteurs ayant eu des liens historiques avec ce mouvement.

voudraient recevoir des notifications personnalisées chaque fois que des musulmans-es dénoncent publiquement un acte de terrorisme!

Ceci nous amène au troisième élément qui est plutôt lié à l'espace médiatique en tant que tel. Il est parfois ironique d'entendre des chroniqueurs-euses, familiers-ères avec les médias et avec les difficultés d'accès de plusieurs individus ou groupes à cette tribune, se demander pourquoi les « modérés-es » n'interviennent pas dans les médias. À travers mes années d'engagement, et aussi selon le témoignage de plusieurs autres personnes avec qui j'ai travaillé, j'ai constaté qu'avec les médias, il faut surtout être en mode « réactif », et être constamment disponible pour répondre à leurs questions *si* on a la « chance » d'être appelé-e et retenu-e comme intervenant-e. Se faire publier dans les quotidiens est loin d'être acquis aussi; et ceci n'est pas propre aux musulmans-es. Plusieurs groupes sociaux engagés sur d'autres questions peuvent se heurter aux mêmes difficultés à se faire publier ou continuent à souhaiter pouvoir accéder à une tribune médiatique pour véhiculer leurs messages.

Enfin, le quatrième point est lié encore une fois à cette perception de la « responsabilité collective » qu'on associe aux musulmans-es, et selon laquelle chaque personne s'identifiant à cette foi porte le fardeau des actions de tous ses coreligionnaires dans le monde. Il nous apparaîtrait tout à fait farfelu de demander, par exemple, à des Québécois-es athées de dénoncer publiquement toutes les injustices commises, notamment à l'égard des croyants-es, par Kim Jung Un en Corée du Nord au nom de son idéologie athée. Les exemples de ce type sont nombreux, mais le point à retenir est que des citoyens-nes musulmans-es qui vivent comme « monsieur-madame-tout-le-monde » en ne se sentant aucunement liés-es à des criminels ici ou ailleurs, se voient mal se justifier publiquement contre ce qu'ils n'associent de toute façon pas à leur religion.

* * *

Cela dit, l'appel aux « modérés-es », aussi maladroit qu'il puisse être sur le plan de la terminologie ou de l'approche, demeure tout de même lancé, dans certains cas, par des personnes bien intentionnées qui se trouvent choquées, tout autant que l'est la très grande majorité des musulmans-es, devant des images de groupes d'hommes lourdement armés, massacrant des innocents-es tout en brandissant le

Coran et des drapeaux noirs sur lesquels on retrouve les noms de Dieu et du prophète Muhammad. Bien qu'il puisse nous sembler que ces groupes vouent une grande haine envers l'Occident et menacent surtout sa sécurité, il s'avère qu'entre 2004 et 2008, seulement 15 % des victimes des violences de ces groupes étaient occidentales[117]. Ces terroristes s'en prennent alors principalement et paradoxalement d'abord aux populations des pays à majorité musulmane, ce qui nous rappelle d'autres épisodes de l'histoire.

Islam et violence politique

Les phénomènes de violence politique que l'on observe aujourd'hui à travers le monde et qui sont commis par des groupes armés au nom de l'islam ne datent pas d'hier. Au temps du prophète Muhammad, certains musulmans avaient tendance à privilégier la mort en martyr pendant la guerre comme « moyen ultime » de servir Dieu, alors que le Prophète leur répondait qu'il y avait bien d'autres choses à faire dans la voie de Dieu (le travail pour ses parents et pour ses enfants, par exemple) que ce qu'ils appelaient le *djihad* « armé »[118].

Toujours au 7e siècle, un peu plus de vingt ans après le décès du prophète Muhammad, un groupe de dissidents (*khawarij* ou *kharijites*) s'est distancié, à l'issue d'un conflit, de Ali Ibn Abi Talib, alors successeur du Prophète et calife[119], et lui a déclaré la guerre « au nom de Dieu » ! Suivant leur doctrine, les *kharijites* ont commencé à faire du *takfir* et ont massacré plusieurs musulmans-es qui soutenaient le calife Ali. Lorsqu'un individu ou un groupe pratique le *takfir*, il déclare comme *kafir* (mécréant) un-e autre musulman-e qui a une opinion religieuse ou politique différente de la sienne. Cette doctrine

---

117. Scott Helfstein, Nassir Abdullah et Muhammad Al-Obaidi, « Deadly Vanguards : A Study of al-Qa'ida's Violence Against Muslims », *Combating Terrorism Center*, décembre 2009, p. 2.

118. Tabarani, *Al-awssat*, volume 4, p. 284.

119. Un calife (ou *khalifah*, tel que prononcé en arabe) signifie « successeur » et désigne le gouverneur d'un territoire. Le terme était utilisé tout de suite après le décès du Prophète pour désigner Abu Bakr As-Sidique, qui était celui qui lui a directement succédé. Par la suite, les musulmans-es avaient commencé à nommer les trois autres successeurs par l'appellation « prince des croyants ». Mais depuis, ces deux termes ont été utilisés majoritairement dans des systèmes de gouvernement qui ont beaucoup trahi l'esprit de responsabilité et de démocratie qui devait les accompagner. Califat (*khilafah*, en arabe), par ailleurs, serait l'équivalent de « règne ».

est extrêmement dangereuse, non seulement politiquement et socialement, mais également du point de vue spirituel. En islam, personne (pas même un institut islamique ou un conseil de *fatwas* de renom) n'a l'autorité de déclarer quelqu'un comme étant musulman ou pas. Seule l'attestation de foi de la personne en témoigne et confirme son adhésion à cette religion. Selon la croyance musulmane, Dieu reste donc l'unique et ultime juge quant à la foi, ou à la sincérité de celle-ci, chez les croyants-es.

Plus tard, au 11e siècle, une autre secte musulmane, qu'on nommait les Assassins (*hashashin*), est apparue. Un de ses groupes comptait des membres qui devaient attaquer des responsables religieux ou politiques musulmans perçus par la secte comme étant ses ennemis, tout en sachant qu'ils allaient être tués à leur tour sur-le-champ ou peu de temps après. Les Assassins agissaient toujours publiquement et durant le jour afin de créer un climat de terreur chez le camp adverse. Encore une fois, cette secte justifiait ses actes par sa propre lecture de l'islam.

Durant notre siècle, nous continuons à être témoins de phénomènes de violence politique répandue encore une fois au nom de l'islam. Il faut rappeler que cette religion n'a pas le monopole de compter parmi ses adeptes des individus radicaux qui ont recours à la violence politique pour maintenir le pouvoir ou s'en emparer. Pensons au nettoyage ethnique des Rohingya (minorité musulmane) toujours en cours en Birmanie, et perpétré par des groupes bouddhistes radicaux. Des enfants sont tués à la machette et des villages entiers sont brûlés[120]. Ces massacres sont décriés par les plus grandes organisations de droits de la personne, bien qu'ils ne fassent pas souvent les manchettes chez nous parce qu'ils ne cadrent pas tellement dans les enjeux géostratégiques qui intéressent nos gouvernements[121]. Sur les images, on voit des moines birmans appelant à la mort des musulmans-es, et l'un d'eux, Wirathu, se

---

120. Human Rights Watch, « *All You Can Do Is Pray* » : *Crimes Against Humanity and Ethnic Cleansing of Rohingya Muslims in Burma's Arakan State*, 2013, p. 125.

121. Faine Greenwood, « The 8 Stages of Genocide against Burma's Rohingya », *UN Dispatch*, 27 mai 2013. En ligne : undispatch.com/the-8-stages-of-genocide-against-burmas-rohingya

nomme même ouvertement le « Ben Laden birman[122] ». Des religieux appellent donc au massacre des musulmans-es au nom de leur manipulation du bouddhisme. Malgré de telles horreurs, certains-es journalistes continuent à chanter les louanges de Aung San Suu Kyi et de parler de « tensions interreligieuses » plutôt que de nettoyage ethnique ou de génocide. Cette réalité ne cadre évidemment pas avec l'image pacifiste et « gentille » que l'on se fait du bouddhisme en Occident. Néanmoins, je continue fermement à croire que cette religion dépasse largement les intérêts et pulsions sanguinaires de quelques milliers de bouddhistes, et on se doit, comme je le réclame dans le cas des musulmans-es, d'éviter les généralisations et les condamnations collectives.

L'histoire et l'actualité portent également les cicatrices d'autres tueries commises au nom du christianisme, du judaïsme, de l'hindouisme, ou même d'autres identités non religieuses (ethnie, couleur, etc.). En effet, toute identité, qu'elle soit laïque ou religieuse, peut devenir une arme aux mains de ceux qui savent la manipuler afin de chauffer certains esprits.

Depuis ces dernières années, la situation politique et sociale qui sévit en Syrie et en Irak est très inquiétante. Un groupe « religieux » lourdement armé, s'étant lui-même appelé « État islamique[123] », reprend sur plusieurs points la stratégie des *kharijites* et s'en prend autant aux sunnites et aux chi'ites qu'aux non-musulmans-es, tout en menaçant la sécurité des autres pays à majorité musulmane. L'image que ces terroristes cherchent à projeter est celle d'un groupe appliquant « strictement » le contenu du Coran, puisqu'ils brandissent le Livre sacré à toute occasion en tenant leur arme de l'autre main, et instaurent des châtiments corporels souvent associés à l'islam dès qu'ils prennent le pouvoir sur un territoire. Face à ces images, certains-es s'empressent alors de décrire ce groupe comme imposant une « *chari'a* stricte[124] ».

---

122. Kahina Sekkai, « Tensions autour du "Ben Laden birman" », *Paris Match*, 24 juillet 2013.
123. Leur nom était au début « État islamique en Iraq et au Levant » (EIIL, mais il est aussi souvent utilisé selon l'acronyme arabe *Da'ish,* en anglais ISIS ou ISIL).
124. Fabrice Balance, « Irak : l'EIIL se nourrit de la guerre en Syrie », *Le Monde.fr*, 13 juin 2014.

Cependant, la question à poser est la suivante : une image ou une scène comportant quelques éléments visuels associés à l'islam (barbes, turbans, Coran, écriture en arabe) et le seul fait qu'un groupe déclare agir au nom de sa religion — non pas en présentant une analyse théologique qui justifie son action, mais simplement par des clichés généraux —, sont-ils suffisants pour *prouver* que le comportement de celui-ci constitue une « stricte application » de la *chari'a* ou de la religion dont il se proclame ? Je crois que le fait de continuer à tenir des propos, dans les médias, qui attribuent les agissements de ces groupes à la *chari'a* leur rend grandement service, puisque cela leur octroie une légitimité qu'ils cherchent justement à imposer par la violence, alors même que les Écrits religieux classiques tout autant que les experts religieux à travers le monde démontrent la contradiction de leur doctrine avec les principes de l'éthique musulmane ou encore de la *chari'a*. Pour ma part, je refuse même l'utilisation du nom qu'ils se sont donné, car je ne leur reconnais absolument pas le caractère islamique de « l'État » qu'ils voudraient instaurer de manière illégitime ; et je propose plutôt, comme simple moyen de décrédibilisation et de contestation, de rajouter « non » avant le qualificatif « islamique » (« État non islamique ») ou encore de les appeler par le nom de leur chef (les guerriers d'Al Baghdadi). Pourquoi laisser un groupe de terroristes définir les termes d'une religion qui compte plus d'un milliard et demi d'adeptes, et dont la majorité ne se reconnaît pas dans cette doctrine violente et *takfiriste* ? Devant de telles situations qui peuvent sembler nous dépasser, nous pouvons au moins agir sur le plan du langage qu'on utilise. Dénoncer et condamner, tout en refusant de laisser ce type de groupes dénaturer le sens de certains termes.

* * *

Que ce soit pour les *kharijites* du 7ᵉ siècle ou les groupes terroristes d'aujourd'hui, les contradictions de leurs pratiques avec les principes de l'islam sont multiples et confirment autant leur obsession du pouvoir et l'instrumentalisation de la religion pour arriver à leurs fins politiques, que le caractère complètement irrationnel de leur doctrine. Nombreuses sont les histoires où le Prophète reconnaissait non seulement le droit à d'autres musulmans d'avoir une opinion différente de la sienne sur les questions politiques, mais protégeait même le droit des non-musulmans de pratiquer leur religion, en précisant, par exemple, dans la Constitution de Médine[125] :

> Tous les juifs qui choisissent de se joindre à nous devront bénéficier de toute la protection à laquelle les musulmans ont droit. Ils ne seront pas opprimés et il ne pourra y avoir d'agitation communautaire contre eux. Aux juifs leur religion, aux musulmans leur religion[126].

Ces propos confirment d'ailleurs trois versets très explicites dans le Coran, et qui peuvent être traduits par : « Nulle contrainte en religion[127] », « Quiconque le veut qu'il croie, quiconque le veut qu'il mécroie[128] », et « À vous votre religion, et à moi ma religion[129] ».

De plus, le prophète Muhammad s'abstenait même de dénoncer ceux qui feignaient être musulmans mais qui conspiraient pourtant contre lui. Enfin, en matière religieuse, il reprochait à certains compagnons de manquer de compassion envers celles et ceux qui avaient pourtant commis ce qu'il considérait comme un péché en islam.

* * *

En ce qui concerne le lien entre le Coran et la violence, il est important de comprendre que si le Livre sacré comprend des versets qui parlent de guerre, ou qui semblent appeler au combat, ces derniers ne peuvent absolument pas être pris hors du contexte de l'époque où ils ont été révélés, car cela contredirait l'objectif général même du message coranique, par ailleurs exprimé dans d'autres versets ou comportements du Prophète. La Révélation coranique s'est faite progressivement au 7e siècle pour appeler les gens premièrement à se libérer du culte des idoles et à croire en un Dieu unique, mais aussi pour réformer la société où régnaient déjà beaucoup d'injustice et de guerres tribales. Comme le rappelle Asma Lamrabet dans son livre *Femmes et hommes dans le Coran : quelle égalité ?*, l'étude approfondie et globale du Texte sacré, en tenant compte du contexte historique, politique et social dans lequel il a été révélé, démontre

---

125. Ville située sur le territoire de l'actuelle Arabie saoudite.
126. Ibn hicham, *As-sira*, p. 233.
127. Coran, 2 : 256.
128. Coran, 18 : 29.
129. Coran, 109 : 6.

que l'objectif de celui-ci était de promouvoir trois valeurs fondamentales dans la société, soit la liberté, la justice et l'égalité, notamment en incitant les personnes à libérer les esclaves, à se débarrasser du culte des divinités cachées de la vie (pouvoir, argent, statut social, etc.), et à protéger et à bien traiter les personnes les plus vulnérables de la société[130].

Bien que son message se voulût universel, le Coran compte plusieurs versets, dont ceux parlant de la guerre, qui venaient répondre principalement à des situations particulières vécues dans le contexte de l'Arabie du 7e siècle. D'autres visaient à faire connaître l'histoire des peuples disparus, quelques faits concernant la nature et l'univers en général afin de pousser les gens à méditer sur le sujet, ou encore des règles d'éthique que les croyants-es devaient observer pour avoir une vie saine, selon la perspective islamique. C'est dire que le Coran est tout sauf un livre de lois à lire de façon atemporelle et littérale. Cependant, ironiquement, ce qu'on observe aujourd'hui, c'est qu'autant les courants littéralistes que les détracteurs-trices de l'islam s'acharnent à évacuer cet élément fondamental de contextualisation de la lecture du Coran. Les premiers-ères refusent de reconnaître au Livre sacré les multiples rôles qu'il visait à remplir et d'adapter leur compréhension au contexte dans lequel ils vivent, alors que les seconds s'obstinent à lire les réalités du 7e siècle à travers leurs idéaux du 21e siècle.

De plus, la connaissance de la langue arabe classique et des circonstances de révélation des versets coraniques est non pas souhaitable, mais bien essentielle lorsque l'on veut réellement comprendre le Coran. Sinon, on se trouve à la merci de l'école de pensée du traducteur. Et c'est précisément ceci qui crée autant de problèmes avec les traductions de ce Livre largement répandues dans le monde. Si plusieurs publications liées à l'islam ou traductions du Coran sont émises en Arabie saoudite, il ne faut pas s'étonner que ce qu'on y lit en français soit en ligne avec le courant de pensée en vigueur dans ce pays. Or, en sachant que seulement le cinquième des musulmans-es dans le monde vit dans les pays arabes et que, parmi eux, plusieurs

---

130. Asma Lamrabet, *Femmes et hommes dans le Coran : quelle égalité ?*, Paris, La Croisée des chemins / Albouraq, 2012, p. 21-27.

ont un niveau de connaissance très limité de l'arabe classique[131], on comprend mieux à quel point la religion musulmane a pu être manipulée facilement — et continue de l'être aujourd'hui — par ceux qui prétendent en détenir la clé, notamment les courants provenant des pays du Golfe ou d'Égypte.

Aussi, si le Coran s'évertue à interpeler à plusieurs reprises (plus d'une quinzaine de fois) les gens par l'expression « ceux doués d'intelligence », c'est justement pour les pousser à user de leur raison et de leur sens critique et à rechercher le savoir nécessaire pour comprendre le sens du Texte au-delà de sa lettre. Malheureusement, cela fait des siècles qu'une réelle carence est notée à ce registre, prenant l'islam en otage et perpétuant deux problèmes majeurs dans les contextes musulmans : le terrorisme et la discrimination envers les femmes.

* * *

Bien qu'il nous semble que ce phénomène des groupes « religieux » violents soit en croissance, je crois qu'il est important de considérer quelques facteurs susceptibles de contribuer à cette réalité. Outre le simple fait que les développements technologiques nous permettent aujourd'hui de « voir » beaucoup plus rapidement ce qui arrive ailleurs dans le monde — sans que cela signifie que nous puissions comprendre cela en profondeur ! —, il est certain que l'accroissement général de la population mondiale participe à l'augmentation du nombre, donc en termes absolus, d'individus aux visions radicales guerrières.

Ensuite, on peut mentionner le phénomène mondial du retour vers le « religieux », que ce soit dans le cadre des religions monothéistes, du bouddhisme ou d'autres formes de spiritualité. Dans le cas de l'islam, ce retour s'est opéré chez certains-es à travers une radicalisation, pour des raisons différentes selon que le contexte soit dans un pays occidental ou pas. L'histoire coloniale, les interventions militaires des États-Unis et de l'OTAN, la dictature, l'analphabétisme, la pauvreté, le manque de connaissances flagrant de

---

131. L'arabe classique, ou arabe littéraire, n'est pas la langue utilisée « dans la rue » des pays arabes. Elle représente néanmoins la langue officielle et partagée par tous ces derniers dans leurs communications. Chacun de ces pays possède toutefois de nombreux dialectes connus par les populations selon leur région.

la religion, un discours faisant l'apologie de la guerre dans certains écrits religieux classiques, l'injustice socio-économique, le racisme et la stigmatisation ont tous contribué, à différents niveaux, à la construction de la haine et de la violence chez une catégorie de musulmans-es.

Un autre facteur est relié à la géopolitique internationale. À la fois les puissances pétrolières et leurs alliés occidentaux indéfectibles (États-Unis, Canada, France et Angleterre) financent des groupes radicaux armés à des fins purement politiques et économiques, se retrouvent ensuite menacés par ces derniers, et reproduisent donc l'histoire avec d'autres groupes pour soi-disant combattre les premiers, jusqu'à ce que le chaos s'installe dans toute une région du monde (l'Irak et la Syrie sont une triste illustration de cette stratégie). En 2012, lors de mon passage au Qatar, pays qui accueille une base militaire étatsunienne, je pouvais entendre chaque jour le bruit assourdissant des chasseurs F-16 étatsuniens traversant le ciel qatari. Durant cette même période, l'actualité rapportait les attaques de l'armée étatsunienne contre certaines régions du sud du Yémen dans le cadre de sa «lutte contre le terrorisme». Des opérations militaires de la sorte sont ainsi menées au nom de la Démocratie, tuant des civils dans plusieurs pays à majorité musulmane, où tout à coup des groupes violents et organisés «apparaissent» et proclament vouloir gouverner «au nom de Dieu». La question à se poser reste tout de même: comment se fait-il que les groupes terroristes se manifestent le plus souvent dans les pays possédant d'importantes réserves de pétrole, de gaz ou encore d'uranium? Quel rôle le gazoduc afghan, par exemple, a-t-il joué dans l'intervention militaire des États-Unis et de l'OTAN en Afghanistan[132]?

* * *

Au-delà de toutes ces considérations géopolitiques, j'aimerais citer ce passage d'un article où j'ai tenté de résumer la réalité de la diversité des musulmans-es autant dans le champ religieux que politique:

> Oui, parmi tous ces musulmans-es dans le monde, il y en a qui veulent des États gouvernés par l'islam, ou plutôt leur lecture de l'islam.

---

132. Pierre Abramovici, «L'histoire secrète des négociations entre Washington et les talibans», *Le Monde diplomatique*, janvier 2002.

D'autres qui ne veulent rien savoir de la pratique religieuse. Et d'autres encore dont le seul souci est de vivre dans une société juste et démocratique en pratiquant librement leur foi. Parmi les premiers-ères, on trouverait des non-militants-es qui ne font que rêver d'une islamisation de l'État, et d'autres qui sont partisans-es actifs-ves de cette vision. Et parmi ces derniers-ères, il y en aurait qui promeuvent cette vision par des stratégies politiques, comme des partis politiques; et d'autres, très minoritaires, qui la traduisent malheureusement par la violence. Pour compliquer les choses un peu plus, on peut même trouver des musulmans-es non pratiquants-es qui ont des pensées violentes, ou qui peuvent aller jusqu'à poser des gestes violents, contre «l'Occident» ou ce qui peut le représenter pour soi-disant défendre l'identité musulmane. [...] C'est complexe tout ça. Oui. L'être humain l'est tout autant. Vouloir tout simplifier en créant deux catégories: «musulmans-es modérés-es» et «islamistes violents-es» serait aussi injuste que prétentieux et démagogique. On n'essentialise pas des millions d'humains selon une supposée posture «éclairée» et «neutre» qui permettrait de juger qui est le bon et qui est le méchant[133].

Durant l'automne 2014, un débat important a ressurgi sur Internet, particulièrement dans les réseaux sociaux, à la suite d'une campagne lancée par des jeunes musulmans-es au Royaume-Uni, *Not in My Name*[134], condamnant les actes terroristes du groupe d'Al-Baghdadi (chef du prétendu État islamique). La divergence était non pas à propos du caractère odieux des crimes commis par celui-ci, mais portait plutôt sur la question de la «responsabilité collective» dont j'ai parlé plus haut. En d'autres termes, certains-es refusaient encore une fois que tous les musulmans-es soient sommés-es de s'excuser de ce qu'ils n'ont pas fait, et affirmaient qu'en les appelant à condamner plus fortement que les autres, on présupposait qu'ils «seraient, par défaut, solidaires des actes des terroristes[135]». Plusieurs commentaires et articles publiés par les tenants-es de cette position reflétaient clairement un ras-le-bol quant à l'acharnement sur le «silence des musulmans-es modérés-es» — souvent véhiculé par des islamophobes — et le deux poids, deux mesures entourant ces appels

---

133. *La chasse aux «fantômes»*, op. cit.
134. «British Muslims' Message to ISIL: Not In My Name!», *Euronews*, 25 septembre 2014.
135. «Les musulmans priés de condamner les terroristes: quelle folie!», *Rue89*, 25 septembre 2014.

de condamnation. Autrement, pourquoi les faiseurs d'opinions n'exigent-ils pas de

> tous les hommes de condamner publiquement chaque agression commise par un homme, au nom de son identité masculine, à l'égard d'une femme ou d'un enfant, ici et ailleurs? Car le principe derrière tous les appels aux « musulmans modérés » lancés dans les médias semble bien être que chaque personne dans le monde doit condamner *publiquement* tout acte qu'une autre personne (ou groupe) commet *au nom de la caractéristique identitaire commune*[136].

De plus, les appels à condamnation, bien qu'émanant souvent des militants-es pour la laïcité restrictive — et donc s'opposant au communautarisme —, ne cherchent pas nécessairement à ce que les musulmans-es dénoncent le terrorisme en se joignant à des démarches citoyennes existantes, mais exigent plutôt qu'ils ou elles le fassent en tant que « communauté religieuse ». Cette attitude paradoxale tend aussi à définir pour les musulmans-es les termes de leurs discours publics, qu'on ne voudrait finalement entendre que lorsqu'ils ou elles condamnent des actes associés à l'islam. Enfin, il faut reconnaître que la fibre « militante » n'est pas majoritaire, même dans la population générale. Comme je le mentionnais dans l'article « Condamner ou ne pas condamner l'État islamique ? »,

> [E]n sommant « Les » musulmans de condamner publiquement les terroristes, on semble presque oublier que de façon générale, le fait de manifester et de dénoncer publiquement implique d'avoir une certaine conscience sociale et un sens de l'engagement. Or, même dans la population générale des pays occidentaux, ces deux caractéristiques ne se trouvent pas nécessairement chez la majorité des citoyens. Tout le monde n'a pas « l'habitude » ou l'intérêt de sortir dans la rue dénoncer les injustices sociales ou politiques (aussi inacceptables qu'elles puissent être) qui sévissent dans leur pays ou ailleurs. Il serait souhaitable qu'il en soit le contraire, mais la réalité est malheureusement tout autre.

Par ailleurs, cinq autres éléments me semblent tout de même importants à considérer dans ce débat, pour appuyer la posture de celles et ceux qui voudraient condamner publiquement le terrorisme — quels qu'en soient ses commanditaires — malgré les points cités

---

136. Asmaa Ibnouzahir, « Condamner ou ne pas condamner l'État islamique ? », *Huffington Post*, 27 septembre 2014.

ci-haut. Tout d'abord, il faut distinguer clairement entre le fait de dénoncer ou de condamner, et celui de s'excuser ou de se justifier. La première posture n'implique aucunement la reconnaissance d'une part de responsabilité dans des actes qu'on n'a pas commis. Ensuite, la différence entre le groupe guerrier d'Al-Baghdadi et les autres groupes terroristes musulmans est que celui-ci appelle « directement tous les musulmans du monde à "tuer les infidèles", en plus d'avoir la prétention de vouloir instaurer un califat auquel tous les musulmans "devront" prêter allégeance[137] ». À ceci, on peut donc comprendre pourquoi certains-es musulmans-es veulent répondre « Non merci ! » ou « Pas en mon nom ! ». De plus, en raison du chaos dans lequel il a plongé certaines régions du Moyen-Orient, ce groupe terroriste offre un contexte idéal de « défoulement » pour plusieurs jeunes, religieux et non religieux, aux tendances agressives. Pour certains de ces derniers, il s'agit malheureusement de l'occasion rêvée pour passer du jeu vidéo à la réalité[138]. En ce sens, il était intéressant pour d'autres jeunes musulmans-es d'exprimer leur refus de cette idéologie violente. Le quatrième point concerne le piège dans lequel risquent de tomber certains-es musulmans-es qui détermineraient donc leurs actions non pas par une approche constante, cohérente et affirmative, mais se placeraient plutôt dans une posture réactive. En d'autres mots, alors que plusieurs citoyens-nes s'expriment au sujet du terrorisme et le dénoncent, les musulmans-es risquent d'être celles et ceux qui se distinguent par leur refus de condamner, simplement parce qu'ils ou elles rejettent toute association entre l'islam et les actes barbares terroristes. Cette logique de contradiction met paradoxalement les musulmans-es dans une posture où leurs actions finissent tout de même par être définies par les islamophobes. Enfin, il faut souligner que, lors des crimes de guerre commis par Israël contre la Palestine, les musulmans-es, entre autres, sont souvent très soulagés-es et contents-es d'entendre des juifs condamner publiquement ces agressions ainsi que la colonisation. On ne peut donc être surpris que des non-musulmans-es — principalement les

---

137. « Condamner ou ne pas condamner l'État islamique ? », *op. cit.*
138. Comme en témoignait un jeune à Lise Ravary à propos de deux de ses amis non pratiquants, mais violents. Voir l'article « Les musulmans doivent-ils dénoncer les djihadistes ? », *Journal de Montréal*, 26 septembre 2014.

non-islamophobes — souhaitent que des musulmans-es *aussi* expriment leur indignation face aux massacres commis par des terroristes se proclamant musulmans.

Cela dit, une condamnation de l'injustice doit nécessairement s'inscrire dans une approche constante et informée. On ne peut condamner les symptômes et négliger les causes profondes, ou encore élever la voix seulement lorsque l'identité partagée avec les criminels est celle de la religion. On se doit également, au nom de l'islam, de l'humanité et de la citoyenneté, de dénoncer les opérations militaires impérialistes de certains pays occidentaux, qui comptent justement parmi les causes profondes de la multiplication des groupes terroristes. On doit condamner tout aussi fermement les alliances stratégiques de nos gouvernements avec ceux-là mêmes qui répandent des idéologies religieuses radicales à coup de financement important — Arabie saoudite, Qatar, et autres. Enfin, il demeure impératif d'interpeler les institutions religieuses musulmanes dans différents pays pour réformer de façon importante la transmission du savoir religieux, et en finir aussi avec le ton guerrier qui peut se trouver dans certains travaux classiques écrits par des érudits importants ayant été grandement influencés par tous les conflits qui les entouraient.

* * *

Pour revenir à la condamnation des terroristes par les musulmans-es, les réseaux sociaux jouent aujourd'hui un grand rôle dans la transmission d'informations reliées aux diverses initiatives qui se tiennent un peu partout dans le monde, et qui ne sont pas toujours captées par les radars de nos médias, comme en témoigne la vidéo réalisée par des imams au Royaume-Uni pour dénoncer l'illégitimité politique et religieuse du prétendu calife Al-Baghdadi, en Syrie et en Irak[139]. Au Canada, un tour sur le site Internet du Conseil canadien des imams nous permettrait de lire les communiqués de presse que celui-ci a publiés en lien avec ce sujet, dont celui où il condamne la radicalisation des jeunes musulmans qui pensent voyager au Moyen-Orient pour y rejoindre des troupes terroristes[140]. Un autre imam à

---

139. « UK Imams Condemn ISIS in Online Video », *BBC News UK*, 11 juillet 2014.

140. Canadian council of imams, « Press Release on Radicalization of Muslim Youths in Canada », 22 juin 2014 ; « Canadian Council of Imams Warns Canadian

Calgary a entamé une grève de la faim pour exprimer également son opposition au groupe d'Al-Baghdadi[141]. Enfin, au Québec, outre les réseaux sociaux, le Conseil des imams du Québec (regroupant plusieurs mosquées québécoises) a également émis un communiqué allant dans le même sens que celui de son équivalent canadien. De plus, loin des caméras, des imams ont consacré plusieurs *khutbas* (discours prononcés avant la grande prière de la mi-journée du vendredi) au sujet de l'idéologie guerrière du groupe d'Al-Baghdadi, en la déconstruisant complètement, textes religieux à l'appui. Cette action est certes moins spectaculaire qu'une grande manifestation au centre-ville de Montréal, mais elle vise néanmoins plus précisément une éducation et une prévention plus adaptées au «langage» compris par certains-es croyants-es.

La menace de «l'islamisation» du Québec

Avec cette actualité internationale, certains-es citoyens-nes ressentent de l'inquiétude quant à la menace que cela représenterait pour le Québec. Certes, il existe des courants musulmans littéralistes dans notre société, et certaines mosquées en sont la preuve. On pourrait même affirmer qu'il existe des individus à l'idéologie *takfiriste*[142]. Par contre, pour ce qui est des groupuscules violents ou potentiellement terroristes, j'espère, comme le reste de mes concitoyens-nes, que ce phénomène ne verra jamais le jour dans notre société.

Or, le problème est que, lorsque certains courants antireligieux ou véritablement islamophobes parlent de «l'islamisation du Québec», ils tendent à tracer de façon démagogique un lien entre des groupes violents internationaux et des citoyens-nes ordinaires tout à fait pacifistes qui pratiquent leur religion dans le cadre permis par les chartes de droits autant provinciale que fédérale et même internationale. Et c'est là le début d'un dérapage menaçant pour notre paix sociale.

Muslims About Isis and its "Deviant" Nature», 22 août 2014. En ligne : www.canadiancouncilofimams.com.

141. «ISIS "Betraying" Muslims, Says Calgary Imam Before Hunger Strike», *CBC News*, 22 août 2014.

142. Comme l'imam dont j'ai parlé dans le chapitre «Présence musulmane Montréal» et qui traitait Tariq Ramadan d'hérétique.

IDENTITÉS (ANALYSE) 317

* * *

J'ai déjà expliqué plus haut le caractère très hétérogène et dispersé des musulmans-es québécois-es, ainsi que la grande différence entre l'islam et le catholicisme en ce qui a trait à l'absence de structure hiérarchique. Ce dernier point est d'une importance capitale, et j'aimerais ajouter quelques mots sur le sujet.

En 2013, lors d'une journée de réflexion sur l'islamophobie organisée par le centre Justice et foi, un individu, portant une croix assez visible au cou, s'est présenté au micro pour crier, en regardant Leila Bdeir et moi-même (qui étions dans la salle) que «les musulmans se font diriger par leurs imams». Cette affirmation exprime ce que plusieurs concitoyens-nes semblent croire. Mais qu'en est-il vraiment du pouvoir des imams au Québec?

Avant tout, rappelons brièvement que lorsque l'on parle d'un imam de mosquée, on fait habituellement référence à une personne dont la fonction principale est de guider la prière collective des fidèles dans ce lieu de culte. L'imam est généralement censé être capable de connaître assez de versets du Coran (ainsi que les règles de lecture du Coran) pour pouvoir en réciter pendant la prière. Par contre, la nuance de taille à souligner ici est que le fait de pouvoir réciter le Coran ne garantit aucunement la maîtrise profonde de son sens, ni la connaissance de la jurisprudence musulmane, ni encore moins le pouvoir d'émettre des *fatwas*. Et ceci semble être ignoré même par plusieurs musulmans-es qui confondent eux aussi un imam de mosquée et un érudit (*alim*) en sciences islamiques. On peut évidemment trouver des imams qui ont également des diplômes dans ce domaine, mais ceux ayant l'équivalent de doctorats — et donc des connaissances profondes en exégèse et en jurisprudence musulmane, entre autres — sont plutôt rares, surtout en Occident. Des imams, censés posséder les compétences nécessaires, peuvent aussi prononcer la *khutba* du vendredi, et parfois même agir en tant que conseillers pour répondre aux questions religieuses que les croyants-es peuvent leur poser à titre volontaire[143].

---

143. Pour avoir une idée générale des différents types d'imams (qui dépassent le simple imam de mosquée), voir l'article rédigé par Ali Daher, «Les imams du Québec», *Les classiques des sciences sociales*, 2011.

Par ailleurs, alors que dans les pays à majorité musulmane plusieurs mosquées sont contrôlées par l'État ou les pouvoirs locaux qui recrutent eux-mêmes les imams, au Québec, comme dans le reste du Canada, la laïcité, soit la séparation des pouvoirs politiques et religieux, est censée assurer la liberté de conscience, de croyances et de culte. En conséquence, l'État ne doit pas s'ingérer dans la gouvernance des institutions religieuses et encore moins dans la définition des différentes croyances et pratiques. Cette liberté de religion se traduit, sur le terrain, par le fait que tout individu ou groupe de citoyens-nes qui désire ouvrir un lieu de culte peut le faire s'il obtient de la municipalité concernée les autorisations nécessaires (comme c'est le cas pour tout autre organisme ou commerce). L'association cultuelle en cause forme normalement un conseil d'administration qui dirige les affaires de la mosquée et recrute l'imam (à moins que celui-ci ne soit lui-même membre de l'association). Dans cette organisation, ce dernier devient alors l'employé de la mosquée et pas nécessairement son dirigeant ou son propriétaire. Contrairement au curé de paroisse catholique, l'imam peut même jouer un rôle très secondaire dans la direction d'une mosquée. En gardant à l'esprit ce qui a été dit sur l'absence d'un équivalent de « clergé » en islam sunnite, les imams n'ont normalement de compte à rendre qu'à leurs employeurs au Québec. Ainsi, comme cela s'est déjà produit dans certaines mosquées, lorsque ces guides religieux adoptent un discours ou une attitude qui ne convient pas aux administrateurs, ils sont tout simplement remerciés de leurs services et remplacés.

En plus de cette réalité bien connue des musulmans-es qui fréquentent régulièrement les mosquées et qui sont impliqués-es dans les associations musulmanes, dire que les imams « contrôlent les fidèles » revient à affirmer que ces derniers-ères, donc des milliers de Québécois-es avec des profils socioprofessionnels très variés, sont toutes et tous pris-es en otage par des individus qui n'ont ni pouvoir coercitif sur eux, ni la capacité de les déclarer « officiellement » non musulmans-es en cas de désobéissance ou de « déviance » vis-à-vis de leur école de pensée. Tout en étant complètement irréaliste, cette situation est même insultante pour l'intelligence et l'autonomie de ces citoyens-nes. Chacun-e de ces derniers-ères a le choix de changer de mosquée dès lors que le discours dans celle-ci ne lui convient plus. Les mosquées sont des organismes religieux et non pas des courants ou des confessions, comme ce qu'on peut entendre par le terme «Église» dans l'expression «l'Église orthodoxe», par exemple. Certes, souvent les administrateurs d'une même mosquée tendent à s'inscrire dans le même courant religieux, mais ceci ne signifie guère que tous les fidèles qui fréquentent ce lieu de culte adhèrent parfaitement ou totalement à ce courant. Ainsi, j'ai pu à travers les années, fréquenter diverses mosquées et écouter des discours qui reflétaient des écoles de pensée variées, avant de décider de fréquenter plus régulièrement et principalement une mosquée où le discours de l'imam est davantage spirituel et porte surtout sur l'amélioration du comportement général (*akhlaq*; l'accent est mis sur l'importance d'éviter la médisance, la diffamation, le jugement, le mépris, et tout ce qui peut nuire à autrui, verbalement ou physiquement) et sur le travail sur sa *nafs*. Je ne partage probablement pas toutes les opinions de cet imam, mais j'ai tout de même perçu dans son discours une grande ouverture au dialogue et un respect important de la divergence d'opinions.

* * *

Outre la question des imams et des mosquées, certains-es associent la menace de «l'islamisation» du Québec à la plus grande «visibilité» des musulmans-es. À ce chapitre, rappelons que ce mythe est aussi très populaire en Europe, où le nombre (mais pas nécessairement la proportion) de musulmans-es est certes plus élevé que celui au Québec. Or, après plusieurs recherches et enquêtes sur le terrain, Raphaël Liogier, sociologue français et directeur de l'Observatoire religieux, conclut dans son livre *Le mythe de l'islamisation*[144] que l'Europe est loin d'être victime d'une «islamisation» croissante, comme le prétendent certains-es. Dans son ouvrage, le chercheur parle notamment de la paranoïa qui s'est installée chez plusieurs Européens-nes, et qui les pousse à interpréter tout fait relié à l'islam ou aux musulmans-es comme une confirmation de cette «intention cachée» qu'aurait cette population d'occuper l'Europe. Dans cette optique, même les gouvernements occidentaux se retrouvent accusés de passivité devant la prétendue «menace», et c'est d'ailleurs ce qui

---

144. Raphaël Lioger, *Le mythe de l'islamisation : essai sur une obsession collective*, Paris, Seuil, 2012. La présentation du livre peut être visionnée sur YouTube.

avait poussé Anders Breivick, en Norvège, à poser des actes terroristes tuant 77 personnes considérées comme associées au parti au pouvoir.

Cela dit, comme le rappelle Raphaël Liogier, « le mythe de l'islamisation de l'Europe » remonte à loin :

> À l'automne 1956, la France et le Royaume-Uni, alliés d'Israël, occupent pendant quelques jours le canal de Suez, récemment nationalisé par le président égyptien Gamal Abdel Nasser. Mais, sous la pression soviétique et américaine, ils sont contraints de se retirer. En réaction à cette attaque, Nasser décide d'expulser des milliers de Juifs d'Égypte. Parmi eux se trouve une jeune femme dont le regard sur le monde sera surdéterminé par le traumatisme de l'expatriation : Gisèle Orebi, devenue plus tard célèbre sous le nom de plume de Bat Ye'or (« fille du Nil » en hébreu), mettra au point la version la plus radicale du complot musulman contre l'Occident. […] Cette prédiction apocalyptique constitue la trame du best-seller qu'elle publia aux États-Unis en 2005, après plusieurs décennies de maturation : *Eurabia* […] D'après Bat Ye'or, citée en référence dans le manifeste du tueur norvégien d'extrême droite Anders Behring Breivik, un monde arabo-musulman conquérant serait en passe de submerger une Europe décadente et cynique[145].

Au Québec, le mythe de l'islamisation de l'Occident gagne également en popularité, même au sein de la classe politique. Comme il a été expliqué à travers diverses dimensions dans les pages précédentes, établir une relation directe et systématique entre une pratique relativement assidue de l'islam (la prière, la fréquentation régulière de la mosquée, l'habillement, ou encore la consommation de nourriture halal) et une « menace islamiste » révèle une très grande méconnaissance de la réalité du terrain. Cela dit, refuser de donner de la crédibilité au mythe du « péril islamiste » n'exclut évidemment pas que l'on puisse reconnaître l'existence d'individus plus vulnérables et plus facilement influençables par des discours, entendus dans certaines mosquées ou sur Internet, et qui sont davantage inscrits dans une vision littéraliste.

---

145. Raphaël Liogier, « Le mythe de l'invasion arabo-musulmane », *Le Monde diplomatique*, mai 2014.

Rétablir le lien de confiance

Après avoir constaté ce risque de radicalisation existant dans notre société, nous devons tenter de répondre sereinement à la question : comment un État de droit peut-il assurer un équilibre entre des libertés fondamentales — notamment, la liberté d'expression, de religion, de mouvement, et le droit à la vie privée — et la protection de la sécurité nationale face à d'éventuelles menaces ? La complexité de ce défi exige justement qu'il fasse l'objet d'une réflexion concertée entre plusieurs acteurs sociaux et politiques (organismes musulmans, organismes de défense des droits de la personne, chercheurs, gouvernement, etc.). Malheureusement, le passé nous a plutôt révélé que les agences gouvernementales responsables de la sécurité nationale, en l'occurrence la Gendarmerie royale du Canada (GRC) et les Services canadiens du renseignement de sécurité (SCRS), ont plutôt privilégié des méthodes qui sont loin d'être respectueuses des autres acteurs sociaux et d'être dignes d'un État de droit.

* * *

Le 22 avril 2013, ces deux agences affirmaient avoir arrêté deux individus (l'un à Montréal et l'autre à Toronto) qui seraient liés à Al-Qaïda en Iran, et qui complotaient de commettre un attentat terroriste en faisant dévier un train de Via Rail. Il faut rappeler que l'arrestation a été possible notamment par l'entremise d'une collaboration avec l'imam d'une mosquée qui a alerté les autorités du comportement étrange de l'accusé montréalais.

La GRC se félicitait d'avoir pu compter sur cette collaboration. Toutefois, cette agence ainsi que les SCRS sont loin d'avoir la confiance de tous les Canadiens-nes musulmans-es. Maher Arar, Abdullah Almalki et d'autres ont durement goûté aux abus de ces agences gouvernementales, ce qui a contribué à briser le lien de confiance entre elles et une partie de la population canadienne. En 2006, une des conférences qui m'a le plus marquée, et du même coup désillusionnée à propos de notre « démocratie » canadienne, était titrée « Les autres Maher Arar ». Abdullah Almalki y racontait son expérience avec les agences de sécurité canadienne. Tout comme Arar, cet autre Canadien d'origine syrienne a été soudainement accusé d'être un potentiel terroriste, et a été détenu et torturé en

Syrie pendant deux ans, à la demande de nos agences gouvernementales, alors qu'il s'y rendait pour visiter sa grand-mère malade. Dans nos pays occidentaux « démocratiques », on ne torture pas. On garde ses mains propres en sous-traitant la torture dans ces pays qu'on aime bien désigner par la suite comme étant rétrogrades, violents et dictatoriaux. Arar et Almalki ont tous deux été complètement blanchis des accusations et le gouvernement canadien a dû reconnaître son erreur et présenter des excuses.

Les certificats de sécurité représentent un autre abus des mesures devant assurer la « sécurité nationale ». Ils consistent en une procédure qui permet au Canada « d'expulser ou d'emprisonner un non-citoyen canadien s'il représente une menace pour la sécurité nationale, la sécurité d'autrui, en cas d'atteinte aux droits de la personne ou aux droits internationaux, de crime grave ou de crime organisé[146] ». Cependant, la controverse liée à cette procédure est attribuable, entre autres, au fait qu'elle remet en question les droits essentiels des accusés. En effet, comme le rappelle la Ligue des droits et libertés à ce sujet :

> Les renseignements et autres éléments de preuves justifiant le certificat sont déposés devant le juge de la Cour fédérale **à huis clos, sans la présence de la personne visée** par le certificat ou de son avocat. La personne reçoit un résumé de la preuve qui ne comporte aucun élément dont la divulgation porterait atteinte, **selon le ministre**, à la sécurité nationale ou à la sécurité d'autrui[147].

En d'autres termes, des personnes peuvent être arrêtées, accusées de représenter une menace à la sécurité nationale, mais sans pouvoir accéder à toute la preuve déposée contre elles, ni pouvoir bénéficier d'un procès juste et équitable. Le document produit par la Ligue des droits et libertés explique également de manière détaillée les restrictions imposées aux personnes visées même en cas de leur libération (couvre-feu, bracelets électroniques dotés de GPS et portés en permanence à la cheville, interdiction de sortir seul ou d'utiliser un téléphone cellulaire, et bien d'autres). Les certificats de sécurité ont

---

146. Amnistie internationale, *Certificats de sécurité : qu'est-ce qu'un certificat de sécurité ?*, automne 2011

147. Le caractère gras a été utilisé par l'auteur du document : Ligue des droits et libertés, *Certificats de sécurité*, janvier 2008.

été condamnés par les principales instances de protection des droits de la personne au Québec, au Canada, et par l'ONU. Le cas le plus connu chez nous était celui d'Adil Charkaoui, qui a finalement été libéré du certificat qui pesait contre lui et qui a même gagné le droit d'accéder aux preuves que la GRC disait détenir contre lui. Hélas, que ce soit pour les arrestations et la torture par sous-traitance ou pour les certificats de sécurité, une tache indélébile marque ensuite la réputation des citoyens ciblés. Ainsi, jusqu'à aujourd'hui, plusieurs continuent à «rappeler» que Charkaoui, par exemple, était accusé d'entretenir des liens avec des groupes terroristes, tout en «oubliant» de préciser que sa culpabilité n'a jamais été prouvée par un procès transparent, juste et équitable. Faut-il ajouter qu'on n'est pas obligé d'approuver le courant idéologique d'une personne pour défendre son droit à la même justice que celle dont jouissent ses concitoyens-nes? C'est tout simplement une question de principe. Et une atteinte à ce principe devient un précédent qui menace chaque citoyen-ne, peu importe son idéologie.

Un autre élément, beaucoup moins médiatisé, mais qui contribue néanmoins à fragiliser la confiance des musulmans-es à l'égard de la GRC et du SCRS est lié aux histoires d'infiltration et d'agents doubles. J'ai abordé précédemment celle de Mubin Shaikh[148], cet agent du SCRS qui s'était fait connaître publiquement pour ses déclarations en faveur des «tribunaux islamiques». Dans les médias, on apprend également qu'en 2006, Shaikh a infiltré, pour le compte du SCRC, un groupe de jeunes qui ont ensuite été arrêtés pour complot terroriste à Toronto (le Toronto 18). Mais en 2011, CBC rapportait que, après avoir fièrement accompli sa mission, l'agent double a eu la désagréable surprise d'apprendre que ses anciens employeurs (le SCRS) avaient soumis son nom aux autorités étatsuniennes comme ayant été impliqué dans le complot du Toronto 18! Son nom est désormais sur au moins trois listes d'antiterrorisme aux États-Unis, ce qui rend son avenir et celui de sa famille très précaire[149].

---

148. Voir le chapitre «La crise des médias et des accommodements raisonnables».
149. Neil Macdonald, «Key CSIS, RCMP Operative Denounced to U.S.: WikiLeaks», *CBC News*, 19 mai 2011.

Ce dossier n'est cependant pas le premier. Déjà en 1991, un dénommé Youssef Mouammar collaborait avec le SCRS. Puis, en 1997, il propageait en France, durant les évènements violents en Algérie, « de nombreux documents qui prônent le recours à la violence et au terrorisme, des incitations au crime et à la haine raciale[150] ».

À la fois Mubin Shaikh et Youssef Mouammar ont été très médiatisés, et se présentaient comme étant des « leaders musulmans » tout en tenant des discours radicaux et incitant à la haine et à la violence. Ceci ne faisait alors que cristalliser la peur du public à l'égard de l'islam et de leurs concitoyens-nes musulmans-es, et ce, avec l'aval des agences pourtant responsables de la sécurité nationale. Quel intérêt ces dernières ont-elles à promouvoir publiquement, par le biais de leurs agents, l'image d'un islam violent qui tend davantage à construire un ennemi interne dans notre société ?

Les questions d'infiltration dépassent largement ces cas médiatisés. Des témoignages circulent dans les milieux musulmans qui relatent la pression exercée par le SCRS sur certains Québécois-es musulmans-es afin de les convaincre de devenir leurs agents-es. Une pression accompagnée de menaces qui troublent grandement la qualité de vie de ces citoyens-nes, et créent immanquablement une pression psychologique, de la discrimination et un profilage racial. Toutefois, certains finissent par céder à cette pression, et c'est ainsi qu'on apprend, par exemple, que les mosquées du Québec sont infiltrées et les discours des imams scrutés.

Puisque le Canada a des liens très étroits avec les États-Unis et déploie des stratégies similaires pour ce qui est des questions de sécurité nationale, peut-on se demander s'il use de la même approche pour créer également des terroristes ? En juillet 2014, un rapport de Human Rights Watch dénonçait, entre autres, le fait que le FBI approchait, par l'intermédiaire d'agents doubles, des Américains musulmans aux prises avec des problèmes mentaux (schizophrénie,

---

150. « Une enquête sur l'islamiste intégriste Youssef Mouammar », *ICI Radio-Canada*, 5 octobre 2001.

dépression, etc.) afin de les encourager à commettre des actes terroristes en échange d'importantes compensations financières[151].

* * *

Les histoires d'infiltration au Québec, notamment dans les mosquées, pourraient être perçues par certains-es comme étant une mesure de protection nécessaire. Mais, on ne construit pas un rapport de confiance sans transparence; et cette stratégie risque au contraire, à long terme, de faire augmenter la suspicion parmi les Québécois-es musulmans-es et même d'instaurer un climat de paranoïa dans ce groupe de population.

Le défi que représente la protection de la sécurité nationale à notre époque ne peut justifier de tels abus. Il est primordial que les stratégies à privilégier passent par le filtre du droit de la personne. Mais il s'agit aussi de voir comment les lois existantes, ou éventuelles, dans notre société peuvent avoir un impact positif ou négatif sur la sécurité nationale.

Je crois que notre système législatif possède déjà quelques dispositions qui pourraient contribuer, partiellement mais tout de même de façon intéressante, à traiter cette question. Des campagnes de sensibilisation pourraient être conduites sur les questions d'incitation à la haine et à la violence: aucun discours promouvant — ou pouvant provoquer — la haine ou la violence envers un groupe de population (ce qui inclurait même la violence conjugale) ne peut être toléré ni justifié par la liberté de religion ou d'expression. Les citoyens-nes, de tous les milieux, devraient être aptes à détecter plus facilement ce type de propos, et à savoir comment les rapporter à des instances compétentes. Cela dit, une telle mesure devrait *impérativement* viser les sphères laïques tout autant que les sphères religieuses — les débats sur les accommodements raisonnables et sur la charte nous ont démontré que l'incitation à la haine et à la violence n'est pas l'apanage des groupes religieux radicaux.

D'aucuns pourraient penser que ce type de disposition générale n'encouragerait pas plus les musulmans-es à dénoncer des propos problématiques qu'ils ou elles entendraient. Deux éléments sont alors

---

151. Human Rights Watch, *Illusion of Justice: Human Rights Abuses in US Terrorism Prosecutions*, Columbia Law School, 2014.

à considérer. D'abord, des campagnes de sensibilisation générales et intelligentes pourraient déjà avoir un effet dissuasif; c'est-à-dire qu'autant les militants-es antireligieux-ses ou islamophobes que les imams ou autres musulmans-es qui autrement auraient osé tenir des discours haineux ou violents envers certains groupes comprendront qu'il s'agit là d'une infraction criminelle. Évidemment, ces individus sont probablement déjà au courant de l'existence d'une telle disposition dans le Code criminel. Mais, le but de telles campagnes, loin de vouloir promouvoir la judiciarisation des relations entre les citoyens-nes, est plutôt de mettre l'accent sur quelques formes «subtiles» et «inhabituelles» que peut prendre l'incitation à la haine et à la violence, et d'ainsi en projeter publiquement les images.

Ensuite, si les agences du SCRS et de la GRC veulent réellement pouvoir compter sur la collaboration de *tous* les citoyens-nes, peu importe leurs croyances, il est essentiel qu'elles s'excusent d'abord pour tous les abus qu'elles ont commis par le passé et qui ont eu des impacts négatifs importants sur les citoyens-nes musulmans-es et l'ensemble de la société. L'amélioration du rapport entre les agences gouvernementales et les citoyens-nes est même une condition *sine qua non* au rétablissement du lien de confiance entre tous les citoyens-nes.

* * *

D'un autre côté, il est clair que les populations musulmanes au Québec — par le biais des organismes communautaires et des mosquées — peuvent également jouer un rôle important, notamment en matière de prévention de la radicalisation des jeunes Québécois-es musulmans-es. Ceci peut être traité sous différents angles, mais un des défis importants en lien avec cette question est bien celui de la formation d'imams québécois-es. En d'autres termes, il s'agit, pour les musulmans-es, de prendre les moyens nécessaires pour que, à long terme, tous les imams soient des Québécois-es qui possèdent une très bonne connaissance de la culture locale et une sensibilité quant aux enjeux de notre société, tout en ayant les compétences religieuses nécessaires pour occuper leurs fonctions. Il nous faut, en tant que musulmans-es, éviter le plus possible de faire appel à des imams parachutés à partir d'autres pays arabes ou musulmans, et accédant à leurs postes dans les mosquées ici par le biais de visas de travail.

Peut-être cela pourrait-il prendre la forme d'une école de formation pour les imams au Québec, comme il en existe déjà en France[152]? Cependant, à mon avis, cette initiative réussirait seulement si un tel programme formait des imams conscients et respectueux des divers courants musulmans présents dans notre société.

Aussi, devant des imams qui auraient des discours déconnectés de notre réalité sociale ou d'une vision positive du vivre-ensemble, les fidèles des mosquées devraient avoir l'audace de les confronter, plutôt que de taire leur désaccord en se contentant de ne voir en les mosquées que des lieux leur permettant d'accomplir leur devoir religieux de prière. Certains-es osent déjà, et c'est tant mieux. De la même façon, les organisations et les leaders musulmans-es (intellectuels-les, journalistes, etc.) doivent être encore plus nombreux-ses à briser le silence, de manière *proactive*, sur des questions telles que l'endoctrinement vers une vision *takfiriste* (violente ou pas) qui peut avoir lieu dans certains milieux. Ce n'est pas nécessairement au nom de l'appel aux «modérés-es» que ceci doit être fait, mais c'est en réponse même à une exigence de notre foi, comme en témoigne un verset du Coran, dont le sens est:

> Ô vous qui croyez! Observez strictement la justice et soyez des témoins (véridiques) comme Dieu l'ordonne, fût-ce contre vous-mêmes, contre vos père et mère ou proches parents. Qu'il s'agisse d'un riche ou d'un pauvre, Dieu a priorité sur eux deux (et Il est plus connaisseur de leur intérêt que vous). Ne suivez donc pas les convoitises, afin de ne pas dévier de la justice. Si vous portez un faux témoignage ou si vous le refusez, [sachez que] Dieu est Parfaitement Connaisseur de ce que vous faites[153].

Enfin, rappelons que si le pays bascule dans l'insécurité, les musulmans-es ne sont pas «immunisés-es» contre d'éventuels incidents. Tout comme leurs concitoyens-nes, ces populations n'espèrent qu'élever leurs enfants dans un environnement sécuritaire et leur

---

152. En Allemagne, un programme de formation des imams est dorénavant offert par l'université d'Osnabrück; mais il reste important de voir comment le programme est défini et jusqu'à quel point l'État intervient dans sa définition, ce qui contredirait le principe de laïcité. Voir l'article qui parle de cette nouvelle: Yannick Pasquet, «Les universités allemandes formeront des imams», *La Presse*, 29 février 2012.

153. Coran, 4:135.

assurer un avenir stable. Cela dit, pour se soucier sincèrement de la terre où l'on vit, on a besoin de s'y sentir chez soi, d'y être respecté-e et valorisé-e. Et pour ce faire, il est nécessaire de pouvoir y trouver certains repères identitaires qui, plutôt que de participer à l'isolement et au communautarisme, constituent autant de richesses que l'on aurait envie de partager avec le reste de la population.

Le *djihad* féministe islamique

Les femmes musulmanes semblent intéresser depuis longtemps autant les pays occidentaux que ceux à majorité musulmane. Comment doivent-elles se comporter? Comment peuvent-elles être de bonnes musulmanes? ou encore de bonnes femmes modernes? ou peut-être les deux? Est-ce possible? Les uns-es répondent: «Non». Les autres répliquent: «Non plus». Et certains-es disent: «Que veut-on dire par "bonne musulmane", "moderne"?» Et puis après, peut-être dira-t-on: «Pourquoi pas?»

Lorsque j'observe les pays à majorité musulmane, je pense à cette citation de Joséphine Marchand: «Le genre humain est volontairement hémiplégique, ne travaillant qu'avec la moitié de son cerveau.» Dans ces pays, on ne peut plus nier le réel déficit en termes de droits des femmes qu'il faut dénoncer et contre lequel il faut agir sur tous les fronts. Mais dire cela ne signifie aucunement que ces sociétés détiennent le monopole du sexisme. Ce phénomène est presque universel, bien que son expression se traduise différemment d'une culture à l'autre, et même si on a souvent tendance, à partir de notre perspective culturelle, à juger nos propres pratiques sexistes — si tant est que nous puissions les reconnaître comme telles — comme étant beaucoup moins graves que celles des autres cultures... une sorte de hiérarchisation des patriarcats.

Cependant, il serait faux de croire que les femmes musulmanes ont toujours accepté avec passivité les injustices à leur égard. Comme ailleurs dans le monde, il y a eu à travers l'histoire des musulmanes qui, sans renier leur foi, ont osé remettre en question, dénoncer et confronter les différentes autorités. Si leur voix et leurs écrits peuvent nous sembler si inaudibles ou invisibles aujourd'hui, c'est qu'autant le patriarcat que la colonisation ont cherché à les réduire au silence.

Or, avec le développement des nouvelles technologies, d'autres voix féminines traversent plus facilement les frontières pour exprimer comment elles définissent elles-mêmes les moyens de leur émancipation et pour réclamer une participation égalitaire et reconnue dans le développement de leur société.

Une histoire difficile

Dans l'histoire des différentes civilisations, le sort des femmes n'était pas des plus reluisants. Depuis que les hommes ont pris conscience de leur force physique et ont jugé cette Autre comme étant « un homme défectueux », comme disait Aristote, ils ont entrepris de « s'occuper » du monde et d'utiliser, entre autres ressources, les femmes pour répondre à leurs besoins. L'histoire de la civilisation arabe n'y a pas échappé. Aux premiers siècles après J.-C., dans la péninsule arabique, les femmes n'étaient généralement pas reconnues en tant que personnes. Elles pouvaient être léguées en héritage, utilisées et jetées; elles n'avaient pas le droit à l'héritage ni au divorce; et les hommes pouvaient en épouser autant qu'ils le souhaitaient. Aussi, la multiplication des conflits et des tensions tribales, ainsi que les pratiques d'esclavage largement répandues, contribuaient grandement à la dévalorisation de la vie humaine, et les hommes détenaient ainsi le droit de vie et de mort sur les femmes. Bien que les femmes libres et appartenant à des clans plus puissants aient pu jouir d'un statut plus honorable leur assurant une protection contre d'éventuelles agressions étrangères, elles restaient quand même subordonnées aux hommes dans plusieurs régions.

C'est dans ce contexte politique et social très difficile et excessivement misogyne que, selon la religion musulmane, Muhammad Ibn Abdillah a reçu la révélation du Coran, environ entre l'an 610 et 632 après J.-C. À travers son comportement censé personnifier le message de ce Livre[154], il établissait le modèle que les musulmans-es devaient suivre pour toutes les générations à venir; il demeure donc un exemple inspirant et auquel plusieurs musulmans-es se réfèrent jusqu'à aujourd'hui dans leurs discours. À une époque où le « vrai »

---

154. Selon les dires de son épouse Aïcha, relatés dans: al-imam Ahmed, *Mousnad*, p. 91.

homme était celui qui refoulait toute émotion pouvant l'associer au « sexe faible » et qui était prêt à se battre pour une brise qui effleurerait son honneur, le prophète Muhammad parlait d'amour, récitait les versets coraniques qui disaient qu'il n'avait été envoyé qu'en tant que « miséricorde pour les mondes[155] » et pleurait lorsque les hommes manquaient cruellement d'humanité et de bonté. Les exemples en sont nombreux, comme cette histoire rapportée dans la *sunna* selon laquelle une femme, le visage couvert, pleurait en demandant à Abu Huraira[156], l'un des compagnons très connus du Prophète, si Dieu lui pardonnerait, parce qu'elle avait commis l'adultère et enterré son enfant pour cacher son déshonneur. Le compagnon lui répondit alors qu'elle ne pouvait plus espérer de pardon divin. Lorsqu'il rapporta l'histoire au Prophète, ce dernier en eut les larmes aux yeux, et récita à Abu Huraira un verset coranique qui rappelait que quiconque commettait un péché, se repentait et accomplissait des bonnes œuvres, Dieu lui échangerait ses péchés en *hassannates*[157] dont il tiendrait compte au jour du jugement[158]. Le Prophète a ensuite demandé au compagnon de retourner rassurer la femme en question sans chercher à connaître son identité afin de la protéger[159]. Il s'agit là de l'antithèse de ce que font certains criminels assoiffés de sang, et qui sont si fiers d'être ceux ayant la « responsabilité » de fouetter ou de lapider des femmes et des hommes qui auraient commis l'adultère ou auraient eu des relations sexuelles hors mariage.

Lors de la période de la révélation coranique, les hommes ont vu plusieurs de leurs privilèges se perdre. Outre la condamnation de l'enterrement des fillettes vivantes, les femmes étaient reconnues dans leur humanité et leur origine spirituelle commune avec celle des hommes, et donc n'étaient plus des propriétés qu'on pouvait hériter[160]. Elles devaient accorder leur consentement avant de se marier, pouvaient demander le divorce, participaient aux assemblées

---

155. Coran, 21 : 107.
156. Abu Huraira a aussi rapporté plusieurs *hadiths* du Prophète cités dans les grands recueils classiques reconnus.
157. Le terme *hassanates* a deux sens. Il peut signifier soit des bonnes actions, soit des « points » positifs auprès de Dieu. Pour les musulmans-es, toute bonne action contribue à peser dans la balance du Bien auprès de Dieu.
158. Coran, 25 : 68-70.
159. At-Tabari, *Tafsir At-Tabari*, vol. 17, p. 510.
160. Coran, 4 : 19.

politiques de la communauté des musulmans-es et priaient dans les mêmes espaces que les hommes sans aucune séparation physique. Tous ces changements constituaient des révolutions importantes survenues sur une courte durée (les 22 ou 23 ans qu'a duré la révélation coranique) dans la péninsule arabique de l'époque.

Après le décès du Prophète en l'an 632 et, donc, avec la fin de la Révélation, les croyants-es avaient comme héritage le Coran et la *sunna* pour guider leurs actions dans la vie. Cependant, plus les années passaient, plus le message authentique de l'islam se diluait avec la disparition de celles et ceux qui avaient vécu lors de la période prophétique et avaient donc bénéficié directement des enseignements de Muhammad Ibn Abdillah. De plus, étant donné qu'il n'y avait pas de système de gouvernance héréditaire ou familial promu par le Coran, les musulmans-es étaient appelés à choisir leur propre dirigeant, ce qu'ils firent pour les quatre premiers califes. Or, une fois que les Bani-Oumayyah eurent renversé le pouvoir d'Ali (4e calife), les dynasties se sont succédé, étouffant ainsi les principes de la consultation populaire (*shûra*) et de libertés qui avaient eu tant de peine à s'installer quelques décennies plus tôt.

Cette débâcle sur le plan politique est allée de pair avec la régression au stade préislamique de plusieurs aspects de la situation des femmes. Alors qu'Aïcha, l'épouse du Prophète, enseignait aux compagnons de celui-ci — elle figure parmi les personnes qui ont transmis le plus de *hadiths* cités dans les grands recueils classiques —, l'éducation des filles ne constituait plus une priorité et, dans bien des cas, n'était pas même reconnue comme un droit. Aujourd'hui, on peine à trouver dans les livres classiques de jurisprudence ou autres, des noms de femmes ayant eu des contributions dans le domaine du savoir religieux. C'est d'ailleurs ceci qui a poussé Mohammad Akram Nadwi, de l'Université d'Oxford, à effectuer une recherche où il espérait pouvoir trouver quelques femmes érudites. Il a finalement pu répertorier plus de 8 000 noms de femmes ayant eu un apport important lors des premiers siècles de l'islam, mais qui ont été enterrés sous la multitude de noms masculins qui meublent les discours religieux contemporains[161]. Ces érudites (dont Oummou

---

161. Ces noms ont été répertoriés dans plus de 40 volumes, mais l'auteur a écrit un livre en guise d'introduction à ce travail colossal, *Al-Muhaddithat: The Women Scholars in Islam*, Interface Publications, 2007.

Darda', Fatima Bint Ibrahim al-Mahmoud al-Bata'ihiya, Aisha Bint Abdilhadi, par exemple) enseignaient aux hommes dans les grandes mosquées à La Mecque, à Damas et à Jérusalem, émettaient des *fatwas* à Médine (comme Amara Bint Abdirrahman) ou encore écrivaient plusieurs livres sur les *hadiths* (comme Zainab Bint al-Kamal). Il est également intéressant de noter que certains savants fondateurs des principales écoles de jurisprudence islamique avaient eux-mêmes eu des femmes comme enseignantes. C'était le cas de l'imam Shafi'i, le fondateur éponyme de l'école *shafi'ite*[162], qui a étudié chez Nafissa Bint Hassan, une érudite vivant en Égypte aux 8e *et* 9e siècles, et versée autant en sciences des hadiths qu'en exégèse du Coran.

La privation de l'éducation s'est également accompagnée d'une conception traditionnelle du « rôle de la femme ». Celle-ci était considérée essentiellement à travers sa fonction conjugale, reproductive et maternelle, limitant ainsi son accès à un champ d'opportunités à travers lesquelles elle aurait pu contribuer à écrire l'Histoire. Pourtant, outre l'absence de versets coraniques ou de *hadiths* qui définiraient, et surtout qui restreindraient, l'action des femmes à la sphère domestique, les exemples sont nombreux qui nous proviennent autant de la vie du Prophète que du califat de quelques-uns de ses compagnons, et qui contredisent cette vision. Lui-même avait épousé une grande commerçante très respectée à La Mecque, Khadija Bint Khouaylid. De plus, à l'époque, les familles avaient l'habitude de recevoir à des aides domestiques, ou encore d'envoyer leurs nouveau-nés à des nourrices pour l'allaitement et les soins. Comment alors le discours religieux officiel ose-t-il aujourd'hui affirmer que les femmes doivent être les « principales » responsables des soins de leur maison et de leurs enfants, ou encore que la place de celles-ci est nulle part ailleurs que chez elle, selon d'autres voix encore plus radicales ? De telles affirmations ne cherchent qu'à inférioriser davantage les femmes en leur assignant des tâches perçues comme « naturellement » féminines, ou encore insignifiantes et loin d'être honorifiques. Pourtant, les travaux classiques des spécialistes de la *sunna* rapportent que le Prophète se réservait toujours un temps dans la journée pour

---

162. Les quatre écoles de pensée importantes en jurisprudence musulmane, chez les sunnites, sont les écoles *hanafite*, *malikite*, *shafi'ite* et *hanbalite*, du nom de leurs fondateurs : Abu Hanifa, Malik, As-Shafi'i et Ibn Hanbal.

accomplir lui-même des tâches ménagères, comme le nettoyage du sol, ou encore la réparation de ses vêtements[163]. L'obscurantisme a même poussé quelques hommes à inventer des *hadiths,* ou encore à confondre des proverbes sexistes avec ces derniers. C'est ainsi qu'un proverbe n'ayant *aucun* fondement religieux et ne se trouvant dans aucun recueil reconnu — « la femme ne sort que deux fois dans sa vie ; une fois de la maison de son père vers celle de son mari, et une autre de la maison de son mari vers sa tombe » — a pu, par sa répétition dans certaines cultures, créer de la confusion quant à son origine et à sa validité.

Dans le domaine du travail, la contribution et les compétences des femmes étaient aussi grandement reconnues à l'époque du Prophète et à celle de ses successeurs. Lors du califat de Omar Ibn al-Khattab (entre 634 et 644 après J.-C.), celui-ci, s'étant aperçu que des commerçants-es trichaient dans la qualité ou les prix des marchandises, avait désigné une femme, Shifa Bint Abdillah, déjà connue pour ses compétences médicales, pour s'assurer le contrôle de la qualité et des prix au marché de Médine. Ce statut lui conférait alors invariablement un pouvoir, et les commerçants, hommes et femmes, n'avaient d'autre choix que de se conformer à ses règles. Les exemples sont nombreux où l'on rapporte des cas de femmes qui ont participé à la vie sociale, politique, économique ou académique des premières générations de l'islam. Mais qu'en reste-t-il aujourd'hui ?

* * *

Une des plus grandes crises de l'islam depuis environ les dix derniers siècles est liée à la sacralisation des paroles d'exégètes et de juristes ayant vécu durant les premiers siècles de cette religion. Pourtant, ces experts religieux interprétaient le Coran et émettaient des avis juridiques selon les circonstances (sociales, politiques et même géographiques) dans lesquelles ils vivaient, mais sans leur donner de portée universelle ni éternelle. Or, de nos jours, plutôt que d'étudier leurs publications dans le cadre de cours d'histoire du Coran ou de jurisprudence islamique, ou encore dans la perspective de s'inspirer de leur dynamisme intellectuel, on applique leur contenu, parfois même de façon complètement déconnectée de leur logique. Une

---

163. Al-Bukhari, *Al-adab al-moufrad* (1/190).

paresse intellectuelle et une peur irrationnelle de la discorde ont donc poussé plusieurs à n'écrire de nouveaux livres, pendant ces derniers siècles, que pour répéter en d'autres mots ou pour résumer ce que d'autres avaient dit avant eux, dans d'autres lieux, à d'autres époques. Plusieurs personnes sunnites déclarent suivre l'une des écoles de jurisprudence islamique, *malikite, shafi'ite, hanbalite,* ou encore *hanafite*, sans jamais avoir étudié les œuvres de ces juristes – mais simplement parce qu'elles vivent dans un pays qui s'y identifie – ni considéré le fait que leur réalité pouvait ne pas correspondre à celle où vivait l'imam de leur école de jurisprudence.

Alors que le message du Prophète visait à lutter contre l'esprit de clanisme et de sectarisme, certains spécialistes des sciences islamiques ont construit d'autres types de clans : des clans intellectuels qui s'enferment dans une pensée fixe et unique. Il est important de préciser que ce qui nuit à l'islam actuellement est non pas l'existence de plusieurs écoles de pensée, mais bien l'exclusivisme que certaines personnes réclament quant à leur courant et le discrédit jeté sur toute pensée qui diffère de la leur, même si celle-ci s'appuie sur des sources scripturaires. On semble alors complètement dénaturer l'esprit qui animait les premiers juristes qui eux se respectaient dans leurs différences, débattaient en toute ouverture, et demandaient même dans certains cas à leurs propres élèves d'agir selon les principes de l'autre école de pensée lorsque ces derniers étaient en présence de l'autre maître[164].

L'attachement à ces écoles plutôt qu'à l'esprit de leur adaptation à leur contexte est devenu quasi dogmatique et reflète, comme je l'ai souligné auparavant, le niveau très faible de connaissances que la majorité des musulmans-es ont de l'islam (surtout sur des sujets autres que les cinq piliers), qu'ils ou elles reçoivent souvent comme un « héritage familial ». Il demeure néanmoins que malgré cette lacune, ces populations accordent une grande importance à leur identité religieuse qui, détournée par certains courants mal

---

164. C'était le cas, par exemple, des imams Shafi'i et Mohammad Ibn al-Hassan Shaybanî. Alors qu'ils prévoyaient une rencontre entre les élèves de leurs écoles, chacun d'eux avait demandé discrètement aux siens de prier selon les règles de l'autre école par respect pour l'autre imam.

intentionnés, peut facilement devenir une source de tensions et de conflits.

Le vent nécessaire du renouveau

Ayant constaté d'un côté la quasi-mort du *ijtihad* et la paralysie intellectuelle qui avait frappé la réflexion religieuse, et de l'autre côté la décadence des sociétés musulmanes du point de vue académique, scientifique et culturel qui a accompagné le déclin de l'Empire ottoman, des penseurs musulmans ont entrepris, surtout à partir du 19ᵉ siècle, de relancer le dynamisme intellectuel et l'esprit critique et de redonner aux diverses sciences et à la philosophie la place qu'elles avaient durant l'âge d'or de la civilisation musulmane[165], ou ce qu'on peut même nommer selon une vision décoloniale non eurocentrique les siècles des Lumières musulmanes. Ces penseurs sont les principales figures du mouvement réformiste contemporain.

Un autre facteur ayant contribué au dynamisme de ces derniers fut leur profond désir de lutter contre l'occupation occidentale dont leur pays souffrait. Que ce soit en Égypte (Jamal ad-Dîn al-Afghanî, Muhammad Abduh, Rashid Ridâ, Hassan al-Banna[166]), en Turquie

---

165. Époque allant du 7ᵉ au 12ᵉ siècle environ, et durant laquelle les réalisations intellectuelles, culturelles, économiques et politiques, ainsi que les multiples découvertes scientifiques accomplies par les musulmans-nes avaient rayonné dans le reste du monde, notamment en Occident.

166. Hassan al-Banna était le fondateur des Frères musulmans. Si l'on veut analyser cette confrérie en profondeur et avec rigueur (sans que cela ne signifie que l'on approuve nécessairement l'intégralité de son idéologie), il importe d'éviter le simplisme et l'anachronisme qui tendent à la juger de façon généralisée et amalgamée selon les actes commis par différents groupes qui s'en réclament en 2015. Comme tout mouvement social ou politique, cette confrérie a évolué en empruntant diverses directions selon les leaders qui s'y démarquaient, et comportait en son sein même des divergences d'opinions importantes. On peut citer, par exemple, les grandes différences qui caractérisaient la pensée d'al-Banna par rapport à celle de Sayyid Qutb, entre autres sur les questions de la relation avec l'Occident ou avec le reste de la société égyptienne, et la violence. Contrairement à celle d'al-Banna, la vision de Qutb s'est radicalisée de façon marquée lorsqu'il a été détenu et torturé en prison sous le régime de Nasser ; ce qui constitue un autre exemple de l'importance de considérer le parcours personnel et psychologique des individus pour tenter de comprendre – sans justifier – l'origine de leur radicalisation. Par ailleurs, il est évident que ce n'est pas parce qu'un groupe, quelque part dans le monde, se réclame des Frères musulmans, qu'il suit forcément et fidèlement les enseignements du fondateur de la Confrérie (on peut comparer cela aux différents groupes ou partis politiques qui

(Saïd Nursî), en Inde (Muhammad Iqbal) ou en Algérie (Ibn-Bâdis), ces réformistes ont tenté, chacun à son époque, de miser sur l'instruction générale des populations et sur leur responsabilisation quant à l'avenir social et politique de leur société ; et ce, tout en respectant le référentiel musulman[167]. Il s'agissait donc d'élever, par l'action sociale (écoles, journaux, associations), le niveau intellectuel et l'esprit critique des populations musulmanes, afin qu'elles puissent participer de façon informée aux choix politiques de leur société, et s'affranchir autant des pouvoirs coloniaux présents que du *taqlid* (imitation littérale des anciens) répandu dans les milieux religieux. En raison du contexte colonial, ces réformistes ont également été actifs, à divers degrés, sur le plan politique, toujours par la sensibilisation et la réflexion quant aux modèles alternatifs pour leur futur État indépendant. Certains d'entre eux privilégiaient le modèle d'un État islamique fédéral (un califat) qui rejetterait les nationalismes locaux, perçus comme de potentielles sources de dissensions et de divisions, et unirait les populations musulmanes — tout en respectant la diversité des appartenances ethniques et doctrinales en son sein (que ce soit pour les chi'ites ou pour le respect de la liberté religieuse des non-musulmans). D'autres défendaient plutôt l'autonomie des divers États musulmans, tout en promouvant une coopération étroite entre ces derniers.

Sur le plan de la pensée religieuse, ces réformistes étaient intransigeants quant à la nécessité de transformer l'enseignement religieux dispensé dans les écoles pour le libérer du traditionalisme qui abrutissait les populations. Ils étaient alors très critiques envers la majorité des *ulémas* qui, par leur passivité intellectuelle, contribuaient à maintenir les populations dans un état d'ignorance qui les rendait ainsi facilement manipulables — socialement et politiquement — et colonisables. Toutefois, ils étaient également opposés au réformisme « libéral » qui s'affirmait loin des valeurs religieuses et cherchait plu-

---

se définissent comme marxistes ; ou encore au Parti québécois d'aujourd'hui, dont les politiques peuvent être très différentes de ce qu'aurait souhaité René Lévesque).

167. L'action de ces penseurs et d'autres est détaillée dans le livre de Tariq Ramadan cité auparavant : *Aux sources du renouveau musulman : d'al-Afghani à Hassan al-Banna, un siècle de réformisme islamique*. On y trouve également l'histoire et l'évolution du mouvement des Frères musulmans, avec toutes les divergences qui s'y sont exprimées.

tôt à imiter les pays occidentaux à qui il attribuait une « supériorité » civilisationnelle.

La réforme proposée par les penseurs tels qu'Abduh était ce que Tariq Ramadan a appelé plus tard une « réforme de la transformation », différente d'une « réforme de l'adaptation » :

> Il importe de distinguer la « réforme de l'adaptation », qui impose à la pensée religieuse, philosophique et légale de s'adapter aux évolutions des sociétés, des sciences et du monde, de la « réforme de la transformation » qui se donne les moyens spirituels, intellectuels et scientifiques d'agir sur le réel, de maîtriser les savoirs et d'appréhender par anticipation la complexité des défis sociaux, politiques, philosophiques et éthiques[168].

La réforme de l'adaptation serait alors une sorte d'attitude fataliste qui tente de « suivre » les changements qui s'imposent dans le monde et de voir comment s'y adapter. La réforme de la transformation, quant à elle, appelle à :

> s'appliquer à changer l'ordre des choses au nom même de l'éthique à laquelle on essaie de rester fidèle, en d'autres termes d'ajouter une étape qui va des Textes au contexte afin d'agir sur ce dernier pour le rendre meilleur et de ne jamais accepter ses défaillances et ses injustices comme autant de fatalités[169].

Ce type de réforme cherche à faire des musulmans-es des acteurs et actrices dynamiques dans divers domaines, pour ainsi contribuer à trouver des solutions éthiques et innovatrices aux questions et aux problèmes avec lesquels est aux prises leur société.

Cette idée de repenser l'islam selon l'ère dans laquelle il est vécu n'est contraire ni à l'esprit de cette religion ni aux enseignements du Prophète, puisque celui-ci a lui-même dit : « Dieu enverra chaque cent ans à cette communauté [musulmane] quelqu'un (ou un groupe) qui lui renouvellera sa religion[170]. » Ramadan précise également que ce renouvellement concerne un changement qui se situe davantage dans « la compréhension de la religion et dans la façon de l'appliquer

---

168. Tariq Ramadan, *Islam : la réforme radicale, éthique et libération*, Paris, Presses du Châtelet, 2008, p. 10.
169. *Ibid.*, p. 49.
170. Abu Dawûd, *Sunan Abi Dawûd*, p. 469 (Hadith n°4291).

et de la vivre selon les différentes époques ou les divers lieux[171] » que dans les questions du *credo* qui constituent l'essence de l'islam, et qui sont liées à l'unicité de Dieu et à la reconnaissance que Muhammad Ibn Abdillah est le dernier prophète.

Un féminisme islamique réformiste

La question des femmes s'avère sans aucun doute un des sujets qui ont le plus besoin d'être revisités et réformés. Autant les exégèses du Coran que les avis des premiers juristes étaient basés sur une conception de la supériorité masculine, prétendument octroyée et reconnue par Dieu. Parfois, les mêmes mots cités dans le Coran se voyaient attribuer deux sens différents selon le sexe des personnes dont on parlait. C'est le cas, par exemple, du concept du *qounout* qui, lorsqu'il est mentionné pour les hommes, est interprété (et donc, traduit en français) comme « obéissance à Dieu[172] », et quand il est utilisé pour les femmes, on lui attribue le sens de « obéissance au mari[173] ».

Les penseurs réformistes contemporains cités ci-dessus avaient également abordé les problèmes liés au statut des femmes et avaient, entre autres, lutté contre le confinement de celles-ci à la sphère domestique, tout en émettant des avis « controversés » (compte tenu de leur époque et de la pensée religieuse prédominante) demandant l'interdiction de la polygamie ou encore insistant sur le droit des femmes au divorce[174].

* * *

Cette pensée réformiste et critique a donc encouragé et inspiré des femmes qui, tout en assumant leur foi, rejettent le postulat selon lequel les inégalités entre les sexes seraient une « volonté divine[175] ». Le leitmotiv de ces croyants : si Dieu incarne la perfection, il incarne

---

171. *Islam : la réforme radicale, éthique et libération, op. cit.*, p. 22.
172. Coran, 2 : 116 ; 3 : 17.
173. Coran, 4 : 34.
174. *Aux sources du renouveau musulman, op. cit.*, p. 124-125.
175. Bien que je traite principalement plus bas des travaux et des actions accomplis par des femmes musulmanes (chercheuses ou militantes) dans le champ du féminisme islamique, ceci ne vise aucunement à diminuer l'importance de la réflexion qu'ont menée certains hommes intellectuels musulmans au sujet de la

la Justice. Sa Parole ne peut donc pas être appliquée de façon à provoquer une injustice ou une oppression. Si des femmes musulmanes se disent opprimées par un principe défini comme religieux, il devient alors impératif d'y porter attention afin d'analyser celui-ci et de pouvoir déceler toute influence culturelle qui aurait dénaturé la finalité qu'il était censé servir à l'origine. On ne peut simplement balayer les revendications des femmes du revers de la main en se cachant derrière une fatalité qui exprimerait que telles sont la volonté et la parole de Dieu. Profondément attachées à leur foi, ces femmes réclament donc une réappropriation de l'islam et de son interprétation, tout en essayant de souligner l'apport que d'autres musulmanes avant elles ont eu dans divers domaines.

Le désir de provoquer des changements profonds quant au statut des femmes dans leur société ou leur milieu, au nom même de l'islam, tient également compte de la réalité des populations musulmanes très attachées à leur identité religieuse. C'est un des moyens les plus adaptés pour inscrire des changements à long terme. Dans ces contextes, il est illusoire de croire que le langage des pétitions ou des déclarations internationales ait un impact profond sur les courants traditionalistes qui, de toute façon, ont tendance à percevoir les sociétés occidentales comme ayant dénigré les femmes par la marchandisation de leur corps et l'hypersexualisation, entre autres. Face aux arguments religieux présentés par des spécialistes de la jurisprudence musulmane pour justifier les discriminations à l'égard des femmes, il importe donc d'utiliser le même langage afin d'asseoir sa légitimité, surtout auprès des populations. Chaque société a le droit de choisir son référentiel (qu'il soit religieux ou laïque), et le rôle des réformistes est justement de s'assurer que celui-ci promeuve l'émancipation de toutes les parties de la société ainsi que le progrès éthique de cette dernière.

Par ailleurs, bien que ce mouvement ait été nommé « féminisme islamique » depuis les deux dernières décennies environ, cela ne signifie guère que son esprit soit aussi récent, tout comme il y avait des femmes occidentales blanches qui revendiquaient leurs droits avant même l'apparition du terme « féminisme » en France dans

---

nécessité de libérer les femmes musulmanes des discriminations causées par les lectures traditionalistes patriarcales du Coran et de la *sunna*.

les années 1880. En effet, il a existé, même du temps du prophète Muhammad, des femmes qui réclamaient leurs droits devant les injustices sexistes qu'elles subissaient[176]. Une solidarité entre elles porte à croire qu'elles étaient bien décidées à faire en sorte que la réforme promue par le message du Coran mène à des changements concrets dans leur situation. Cette solidarité a été exprimée, par exemple, dans l'histoire de Kubaycha Bint Ma'n Bin Asim. Après le décès de son époux, Kubaycha avait été « forcée de demeurer sous la tutelle de son beau-fils qui ne lui permettait ni d'hériter de son défunt mari ni de se remarier[177] ». Avec d'autres femmes de Médine, elle avait porté plainte à ce sujet auprès du Prophète, et un verset coranique a été révélé afin d'interdire catégoriquement le fait d'obtenir les femmes en héritage ou de leur imposer des contraintes dans le but de leur extirper leurs biens[178].

Mais comme c'est le cas pour le réformisme en général, divers courants se sont distingués parmi celles et ceux qui ont revendiqué depuis le dernier siècle une amélioration de la situation des femmes (sans nécessairement que celle-ci n'ait été promue au nom du « féminisme »). Dans son ouvrage collectif *Féminismes islamiques*, la chercheuse Zahra Ali distingue trois postures[179] :

1. La posture réformiste **traditionnelle** est « la plus répandue dans les milieux islamisés et elle est majoritaire parmi les *ulémas* musulmans, aux vues les plus égalitaristes ». Ceux-ci parlent d'égalité spirituelle entre les hommes et les femmes, mais affirment également que des différences biologiques entraînent des rôles, « des *droits* et des *devoirs* non pas égaux, mais équivalents ». L'œuvre relativement récente la plus importante à cet égard est une encyclopédie écrite dans les années 1990 sous le titre *La libération de la femme au temps*

---

176. À ce sujet, voir le livre intéressant d'Asma Lamrabet sur Aïcha, épouse du prophète, qui avait un caractère revendicateur : *Aïsha, épouse du Prophète ou l'Islam au féminin*, Lyon, Tawhid, 2003.
177. *Femmes et hommes dans le Coran : quelle égalité ?*, op. cit., p. 79.
178. Coran, 4 : 19-21.
179. Zahra Ali, *Féminismes islamiques*, Paris, La Fabrique, 2012. p. 28-30. Ce livre est un recueil de textes intéressants qui permettent de bien comprendre les origines, l'évolution et les différents courants qui caractérisent le mouvement des islamiques musulmanes.

de la révélation. Ce courant reconnaît le droit des femmes à l'éducation et à la participation à la vie sociale et politique dans des environnements mixtes, mais tend souvent à les essentialiser et à les décrire comme étant des êtres délicats dont la fonction primordiale reste tout de même leur rôle dans la famille.

2. La posture réformiste **radicale** est tout autant attachée au Coran et aux *hadiths*, mais va jusqu'à remettre en question les fondements de la jurisprudence, c'est-à-dire les règles et les principes sur lesquels se basent les juristes pour établir des avis religieux[180]. Zahra Ali ajoute que cette posture « se considère comme héritière de la pensée *réformiste* » ; et je préciserais que ce courant correspondrait plutôt à celui de la *réforme de la transformation* dont parle Ramadan. Cette posture considère que les femmes et les hommes sont des êtres et des sujets « fondamentalement égaux au-delà des contextes culturels et sociaux », et formule la « remise en question de l'imprégnation patriarcale et sexiste de la constitution même de la jurisprudence musulmane ». On retrouvera dans ce courant, par exemple, des groupes comme celui de Sisters in Islam en Malaisie et plusieurs chercheuses dont il sera question plus bas.

3. Enfin, la posture réformiste **libérale** se retrouve chez « des féministes de culture musulmane, c'est-à-dire des femmes musulmanes féministes socialisées dans un cadre religieux sans en revendiquer nécessairement une pratique telle que définie par l'orthodoxie, mais se considérant de culture et/ou de religion musulmane ». Là également, on dénonce la hiérarchisation des rapports entre les sexes promue par les discours religieux, mais la réflexion ne se fait pas nécessairement à partir des Textes religieux, bien que certaines fassent quand même un travail sur le texte du Coran. Le courant féministe qui a traversé l'Égypte au début des années 1900, dont la figure

---

[180]. Le terme « radical » ici a une acception très différente de celle utilisée pour les groupes religieux ayant une approche littéraliste et puritaine vis-à-vis des Textes sacrés, et qui peuvent, dans certains cas, adopter des moyens violents pour imposer leur vision.

de proue était Huda Sha'rawi, s'inscrit davantage dans cette tendance. Cette pionnière avait fondé en 1923 l'Union féministe égyptienne et en demeura la porte-parole jusqu'à son décès en 1947[181]. Nawal El Saadawi, célèbre auteure et activiste d'origine égyptienne, peut aussi être considérée comme s'inscrivant dans une posture libérale.

À ce stade-ci, je trouve important de souligner un débat sémantique qui existe dans les milieux de la recherche et de l'activisme quant aux différentes tendances féministes présentes dans les contextes musulmans en Occident ou ailleurs. Il s'agit de la distinction que certains-es font entre l'expression « féminisme musulman » et celle de « féminisme islamique ». Pour les uns-es, le premier décrirait davantage ce qui équivaudrait à la posture « libérale » identifiée par Zahra Ali, alors que le second s'appliquerait à la posture « radicale ». D'autres chercheuses et intellectuelles rejettent cette distinction, utilisent les deux adjectifs de façon interchangeable et préfèrent plutôt parler de divergence de courants, tout comme l'a exprimé Zahra Ali dans son livre en le titrant *Féminismes islamiques* au pluriel[182]. Toutefois, afin de mieux cerner la question, je crois qu'il est essentiel de considérer autant l'historique de l'expression « féminisme islamique » que le sens donné à l'adjectif « islamique » dans les milieux musulmans. Selon Margot Badran, chercheuse et spécialiste en *Gender Studies* à l'Université de Georgetown, l'expression « féminisme islamique » a été utilisée pour la première fois dans les années 1990, dans un magazine iranien nommé *Zanan* (femmes, en perse) ; ensuite, elle a été reprise par une universitaire saoudienne et des chercheuses turques, avant de se répandre dans d'autres milieux musulmans[183]. De plus, contrairement à l'adjectif « musulman » qui décrit de façon générale tout ce qui a un lien avec l'islam (personnes, principes, pratiques, etc.), l'épithète « islamique » semble être plutôt

---

181. Leila Ahmed, *A Quiet Revolution : The Veil's Resurgence, from the Middle East to America*, New Haven, Yale University Press, 2011, p. 35.
182. Dans ma contribution à l'ouvrage collectif cité auparavant, Femmes, islam et laïcité *in Religions et laïcité : pour un nécessaire dialogue*, j'avais moi-même utilisé à quelques reprises « féminisme musulman » et « féminisme islamique » de façon interchangeable parce que le contexte du texte ne se prêtait pas à une analyse détaillée de la terminologie.
183. Margot Badran, *Feminism in Islam : Secular and Religious Convergences*, Oxford, Oneworld, 2009, p. 243.

utilisée dans les milieux musulmans pour faire référence à ce qui est perçu comme étant basé sur les Textes de l'islam, ou du moins, à ce qui ne s'y oppose pas; cela signifie que tout ce qui est islamique serait musulman, mais le contraire n'est pas nécessairement vrai (puisqu'on peut avoir, par exemple, un groupe qui se dit musulman, par identité, sans pour autant respecter les principes de l'islam).

À partir de ces deux réalités, je propose, pour ma part, que l'on parle de « féminismes musulmans », au pluriel, ce qui inclurait tous les types de féminismes qui peuvent exister au sein des contextes musulmans, tout en maintenant l'expression « féminisme islamique » pour l'approche réformiste radicale. La première raison en est que, contrairement au courant libéral, cette posture base sa réflexion et son action sur le Coran et la *sunna*; et deuxièmement, l'historique de l'expression « féminisme islamique » met l'accent sur une approche féministe qui s'accorde davantage avec celle de la posture radicale.

Or, deux autres éléments restent toutefois importants à souligner. D'abord, au sein des mêmes courants (ou postures), une diversité d'opinions existe tout de même entre les différentes chercheuses et intellectuelles selon les sujets en question (mariage mixte, port du foulard, et autres), ce qui nous rappelle ce qui se passe dans les autres milieux de recherche en Occident ou ailleurs. Ensuite, les trois postures identifiées ci-dessus par Zahra Ali sont le fruit de sa réflexion et de sa recherche, ce qui ne signifie aucunement que toutes les activistes et intellectuelles musulmanes qui travaillent sur le sujet les reconnaissent ou acceptent d'être classifiées selon ces termes. Cette classification (par idéal-type) est simplement une tentative de rendre accessibles et compréhensibles les différentes tendances, mais la réalité demeure plus complexe, et ces dernières s'imbriquent les unes aux autres[184].

Un féminisme islamique postcolonial

Au-delà de l'approche réformiste qui caractérise les travaux du mouvement féministe islamique, on peut parler également de la perspective postcoloniale dans laquelle ceux-ci s'inscrivent. La pen-

---

184. Pour le reste du texte, j'utiliserai l'expression « féminisme islamique » selon le sens que je lui ai accordé dans cette analyse.

sée féministe postcoloniale imbrique autant la dimension du sexe que celles de la classe et de la race, et « s'est vigoureusement attaquée à la prétention du féminisme colonial à déterminer pour les femmes du Sud les modalités de leur émancipation[185] ». Cette pensée critique dénonce ainsi l'idée qu'il y aurait *un* seul féminisme prédominant et imposant un ensemble de revendications à toutes les femmes, peu importe leur origine ethnique ou culturelle, leur statut social, leur couleur ou leur religion. Les mouvements féministes qui s'inscrivent également dans la perspective postcoloniale comptent le féminisme noir, le féminisme *chicana*, ou encore le féminisme autochtone[186].

L'histoire du féminisme ne peut se raconter sans que sa relation au colonialisme ne soit abordée. En effet, durant la période coloniale autant anglaise que française dans les pays à majorité musulmane, le féminisme était grandement instrumentalisé afin de créer de la dissension dans les populations indigènes et ainsi nuire au potentiel de résistance à la colonisation. Frantz Fanon, psychiatre et philosophe martiniquais ayant vécu en Algérie durant cette époque, a rappelé la stratégie utilisée par les responsables de l'administration française pour cibler autant que possible le voile des Algériennes, allant jusqu'à l'organisation d'une séance de « dévoilement public », le 16 mai 1958, où des musulmanes étaient montées sur un podium pour brûler leur voile en signe de « libération », selon les termes français[187]. Faut-il rappeler que les mêmes acteurs qui prétendaient autant se soucier de « l'émancipation » des indigènes étaient loin d'en faire autant pour les femmes blanches dans leur propre pays ? C'était le cas, par exemple, du Lord Cromer qui, tout en présidant la « Ligue masculine » qui s'opposait au suffrage féminin au Royaume-Uni, jouait la carte féministe quand il s'agissait de « libérer les Égyptiennes de leur voile ».

* * *

---

185. *Féminismes islamiques, op. cit.*, p. 31.
186. Laetitia Dechaufour, « Introduction au féminisme postcolonial et genèse de ce courant », *Resisting Women — Femmes en résistance*, 20 juillet 2007, 11 pages. En ligne : http://mauvaiseherbe.wordpress.com/2008/07/24/introduction-au-feminisme-postcolonial-et-genese-de-ce-courant.
187. Frantz Fanon, « L'Algérie se dévoile », *in L'an V de la révolution algérienne*, Paris, La Découverte, 2001.

Cette instrumentalisation du féminisme par certains pouvoirs occidentaux aux visions coloniales tout autant que la vision hégémonique d'un certain féminisme « universel » sont des facteurs qui contribuent au rejet de ce terme par plusieurs personnes issues des populations anciennement colonisées. Le terme « féminisme » peut sembler à celles-ci comme porteur d'un lourd bagage d'oppression et de racisme. Cette réticence est exprimée même parmi des chercheuses ou des militantes qui revendiquent pourtant fermement les droits des femmes et l'égalité des sexes. Asma Barlas, chercheuse pakistano-américaine à New York, compte justement parmi celles-ci, et soutient que les rapports inégalitaires à l'intérieur des mouvements féministes peuvent justifier le rejet par certaines femmes de s'auto-identifier par le même terme qu'utilisent celles qui cherchent à les opprimer. Elle ajoute également que ses revendications pour les droits des femmes ne sont pas justifiées par une référence féministe, mais plutôt par une recherche de justice inhérente à l'islam[188], une posture que l'on retrouve également chez Amina Wadud[189]. Enfin, une autre raison pour laquelle le terme « féminisme » n'est pas facilement accepté dans certains milieux musulmans, est tout simplement le déni de l'existence même des problèmes de discrimination à l'égard des femmes dans les sociétés à majorité musulmane. Le « féminisme » serait donc pour « l'Occident » ; et tout ce qui peut être perçu comme provenant de là serait « immoral » et contraire aux « valeurs islamiques », selon certains courants.

Ces facteurs justifient à divers degrés l'utilisation par certains groupes de femmes du terme « féminin » plutôt que « féministe » pour faire référence à ce qui constitue un espace ou une action par ou pour les femmes. Mais, pour certains-es Québécois-es, le concept d'« associations féminines » peut certes rappeler une réalité du début du 20ᵉ siècle où, en résistance au mouvement suffragiste, l'État et l'Église avaient créé diverses associations féminines, dont

---

188. Asma Barlas, « Engaging Islamic Feminism: Provincializing Feminism as a Master Narrative », *in* Anitta Kynsilehto, *Islamic Feminism: Current Perspectives*, Tampere, Tampere Peace Research Institute, Occasional Paper nº 96, 2008.

189. Cette chercheuse américaine a été très médiatisée après avoir dirigé la prière mixte en 2005 à New York, allant ainsi à l'encontre du « consensus » des juristes religieux musulmans qui limitaient cette fonction aux hommes.

la Ligue féminine catholique en 1929[190]. Or, encore une fois, bien qu'il soit souvent important de visiter notre passé pour comprendre les dynamiques du présent, il est également tout aussi nécessaire d'éviter de lire la réalité de l'Autre selon notre propre cadre de référence culturel ou religieux. Il s'agit donc d'écouter et de tenter de comprendre l'usage que fait cette Autre des mêmes termes, selon sa propre histoire, son référentiel et son contexte.

Je dois avouer que, bien que je l'utilise pour me définir depuis les dernières années, je demeure moi aussi en réflexion quant à l'utilisation de l'étiquette « féministe ». Je l'ai souvent utilisée parce que selon ma perspective, être féministe, c'est être particulièrement sensible à la cause des droits des femmes, refuser les multiples discriminations que celles-ci subissent et s'engager à les éliminer dans un esprit de solidarité, d'égalité et de compassion. Cela dit, je suis également attentive aux arguments avancés par Asma Barlas, et je les trouve importants à considérer. Au Québec, par exemple, un des problèmes dans le mouvement féministe actuellement demeure le manque de respect et d'écoute, ainsi que la diffamation et la propagande lancées par certains groupes ou individues se définissant comme féministes, à l'égard d'autres femmes, féministes musulmanes, ne partageant pas leur lecture des réalités[191]. Il est donc vrai que ce n'est pas anodin de se définir par les mêmes termes qu'une partie de ses oppresseurs-ses. D'un autre côté, avec la multiplicité des mouvements féministes postcoloniaux dans le monde, le concept du « féminisme » semble être moins un référentiel qui serait défini uniquement par l'histoire occidental, qu'une catégorie de luttes s'inscrivant, pour les musulmanes, sous le principe général de défense de la justice promue par l'islam.

* * *

Après cette présentation, la question qui se pose est sans aucun doute : que revendique exactement le mouvement féministe islamique ? et par quels moyens ? Le *djihad* (lutte) dans lequel s'est lancé ce mouvement s'articule autant autour de la réflexion que de l'action.

---

190. Micheline Dumont, *Le féminisme québécois raconté à Camille*, Montréal, Éditions du Remue-Ménage, 2010, p. 68.
191. Voir le chapitre « Du mythe de l'infiltration ».

Dans les paragraphes qui suivent, je vais tenter de résumer les principales questions sur lesquelles se prononce ce mouvement, qui œuvre généralement de façon soit individuelle ou collective, sur quatre champs : la blogosphère, la recherche, le plaidoyer et l'éducation.

Le féminisme islamique en réflexion

La tâche du mouvement féministe islamique n'est pas facile. D'abord, il faut considérer le discrédit, le rejet et la diffamation dont font l'objet les femmes de cette tendance autant de la part de celles et ceux qui considèrent que tout ce qui devait être dit sur l'islam a déjà été écrit et que tout appel au changement constitue une innovation condamnable, que de la part des autres obnubilés-es par une « modernité occidentale libératrice » et qui affirment que toute autre voie, religieuse de surcroît, est rétrograde et essentiellement antiféministe. À ce double rejet s'ajoute un défi académique de taille relié à la complexité des recherches à effectuer dans les multiples sciences islamiques, afin de pouvoir relire le Coran et les *hadiths* selon les circonstances et l'époque générale de leur révélation ou de leur émission. Cela dit, il demeure essentiel de reconnaître que la remise en question des idées enracinées dans l'imaginaire collectif n'est pas une chose aisée. Elle demande certes une pédagogie et une approche progressive, mais elle ne peut se faire sans que plus de spécialistes n'acceptent de se sacrifier (puisque cela attire souvent beaucoup de critiques) en se jetant dans l'arène du réformisme.

* * *

Évidemment, la désacralisation des travaux des premiers exégètes ou juristes au sujet des femmes ne signifie guère leur rejet complet et absolu. Encore une fois, rappelons-nous que, durant ces mêmes siècles et jusqu'à notre époque, en Occident, les discours sur les femmes n'ont pas brillé par leur message égalitariste. Jean-Jacques Rousseau, le philosophe dont on célèbre encore les contributions ayant inspiré la « Déclaration des droits de l'Homme » telle qu'on la nommait, n'avait-il pas dit :

> Ainsi toute l'éducation des femmes doit être relative aux hommes. Leur plaire, leur être utiles, se faire aimer et honorer d'eux, les élever jeunes, les soigner grands, les conseiller, les consoler, leur rendre la vie agréable

et douce : voilà les devoirs des femmes dans tous les temps, et ce qu'on doit leur apprendre dès leur enfance[192].

L'histoire est pleine de citations tout aussi misogynes et méprisantes, émises par des grandes personnalités masculines blanches dont les œuvres, sur d'autres thèmes, sont pourtant toujours étudiées dans nos écoles, et dont les noms constituent encore une partie de notre toponymie.

Les contributions intellectuelles des premiers exégètes ou juristes sont donc importantes à étudier en général afin d'en comprendre la logique et d'en tirer des outils pouvant aider à l'avancement de la recherche sur les Textes religieux. L'avis de chaque expert ayant fourni un effort intellectuel sincère, un *ijtihad*, pour trouver une réponse à une question donnée peut être respecté, sans toutefois être imposé.

* * *

Les femmes qui s'inscrivent dans l'approche féministe islamique, qu'elles s'identifient elles-mêmes ou non par cette terminologie, sont actives sur plusieurs fronts et de façon autant collective qu'individuelle. Il y a d'abord la blogosphère, où l'on retrouve plusieurs d'entre elles partageant leurs analyses quant à diverses questions reliées au genre, à la religion et à la sexualité. Krista Riley expliquait justement, lors de sa présentation dans le cadre des États généraux de l'action et de l'analyse féministes, comment les blogues offrent à des femmes musulmanes d'origines ethniques diversifiées mais vivant en Amérique du Nord des espaces où leurs paroles et leur style défient les représentations dominantes qu'on fait d'elles dans les médias[193]. Les blogueuses présentées par Riley (dont Wood Turtle, The Fatal Feminist, ou Orbala) ne sont pas nécessairement organisées en structures officielles, mais tiennent plutôt à s'exprimer de façon indépendante et intime. Certaines partagent leur propre analyse des Textes religieux, d'autres encore dénoncent plutôt certaines pratiques existantes dans les sociétés ou les milieux musulmans,

---

192. Jean-Jacques Rousseau, *Émile ou de l'Éducation : livre V*, Paris, Garnier, [1762] 1961, p. 20.

193. Krista Riley est doctorante en communication et membre de la Collective des féministes musulmanes du Québec.

comme la place physique et institutionnelle des femmes dans les mosquées.

Du côté des instances structurées, on retrouve Musawah[194], un réseau international d'envergure, lancé en 2009, œuvrant dans les trois champs cités auparavant (recherche, plaidoyer et éducation) et regroupant plusieurs organismes de femmes musulmanes, militantes et chercheuses à travers le monde. Il conduit depuis 2010 un projet de recherche important sur des concepts coraniques souvent interprétés comme justifiant la domination et l'autorité masculine, soit les concepts de *qiwamah* et *wilayah*. Il n'est pas aisé de traduire ces deux termes ici, car cela reviendrait forcément à les interpréter selon un sens ou un autre puisque, en arabe, comme dans d'autres langues, plusieurs mots sont polysémiques. Ces concepts peuvent renvoyer autant à la notion de responsabilité qu'à celle d'autorité, ou même à l'alliance et à l'amitié, selon le contexte textuel dans lequel ils sont cités. Afin d'approfondir sa compréhension de ces deux concepts, Musawah a donc tenu des rencontres annuelles entre chercheuses musulmanes en Égypte, en Indonésie, en Jordanie et en Malaisie. Au cours d'un congrès au Maroc en novembre 2013, des professeurs d'universités égyptiennes, marocaines et pakistanaises étaient également invités afin d'échanger sur le sujet et d'en apprendre davantage sur les recherches effectuées par les membres du réseau durant les trois dernières années.

* * *

Les concepts de *qiwamah/wilayah*, souvent associés au contexte familial, ont été jugés par Musawah comme étant la pierre angulaire du changement de la situation des femmes, d'autant plus que le réseau vise principalement l'égalité dans les familles musulmanes. À cet effet, il fallait donc entreprendre un travail de fond pour comprendre ces concepts, en explorant leurs différents sens dans la langue arabe et en se référant notamment à d'autres passages du Coran lui-même, aux *hadiths*, ou encore aux circonstances de révélation des versets concernés. Les langues, aussi riches soient-elles,

---

194. Égalité en arabe. Le site du réseau comporte plusieurs ressources intéressantes sur les questions reliées à l'égalité entre les femmes et les hommes dans les Textes et dans les sociétés musulmanes : www.musawah.org

ont leurs limites et peuvent devenir des pièges qui dénaturent le sens de certains concepts abstraits ou complexes. Comme le rappelle Amina Wadud, le Coran, devant être exprimé dans un langage humain, a été révélé en arabe — non pas pour faire de l'arabe une langue sacrée, mais pour qu'il soit compréhensible au peuple du prophète Muhammad — qui, comme d'autres langues, est une langue genrée[195]. Il s'agit alors de parvenir à reconnaître cette limite et à puiser dans le message global du Livre saint ce qui orienterait notre réflexion à propos de certains passages.

Ce qui est également essentiel à considérer dans cette démarche est le contexte social, culturel et politique de l'époque de la Révélation. En d'autres termes, selon la tradition musulmane, le Coran a été révélé à une époque où tout changement à la situation des femmes, bien qu'il puisse nous paraître aujourd'hui comme étant encore discriminatoire, était déjà une petite révolution. Une lueur de «justice» dans des ténèbres d'oppression généralisée. En étudiant les civilisations, on constate bien que les changements durables s'inscrivent dans le temps. Il est donc nécessaire, comme le souligne encore une fois Amina Wadud, de constamment interpréter les versets coraniques en tenant compte du *Weltanschauung*, ou de la vision du monde, du Livre saint[196] — l'objectif ultime de celui-ci étant non pas d'établir des règles atemporelles et universelles à travers tous ses versets, mais plutôt de lancer les jalons d'une réforme qui devrait toujours répondre aux principes de justice, de dignité humaine, de responsabilité et d'égalité qu'il promeut par ailleurs. Omaima Abu Bakr, professeure à l'Université du Caire, ajoute pour sa part l'importance de tenir compte de l'intertextualité, qui est l'étude des concepts ou des images «de genre/femme qui apparaissent dans ces écrits en réaction ou en réponse les uns aux autres, considérant ainsi des groupes de textes comme existant de façon dialogique[197]». Il s'agit donc de voir comment les différents textes de la même époque dialoguaient entre eux au sujet des femmes, pour ainsi mieux comprendre les dynamiques sociales.

---

195. Amina Wadud, *Qur'an and Woman: Rereading the Sacred Text from a Woman's Perspective*, New York, Oxford University Press, 1999, p. 5.
196. *Ibid.*, p. 3.
197. Omaima Abu Bakr, «Le féminisme islamique et la production de la connaissance», *in* Zahra Ali, *Féminismes islamiques*, Paris, La fabrique, 2012.

En empruntant un cadre d'analyse qui intègre toutes ces considérations, des femmes et des hommes sont parvenus à déconstruire plusieurs interprétations sexistes de versets coraniques ou de *hadiths*, pour conclure à la nécessaire égalité entre les femmes et les hommes en islam. Il faut noter que, parfois, la réinterprétation n'était même pas nécessaire ; il suffisait de rappeler certains *hadiths* qui étaient tout simplement « oubliés ». C'est le cas, par exemple, de la question du traitement différentiel entre les filles et les garçons dans la même famille, ou encore de celle du mariage forcé. Deux histoires peuvent être citées pour illustrer la contradiction entre les enseignements du Prophète et la pratique encore en vigueur dans certains milieux ou pays à majorité musulmane. Un jour, alors qu'il était assis avec un de ses compagnons, le Prophète remarqua que celui-ci traitait son garçon différemment de sa fille (il embrassa le premier et le fit asseoir sur ses genoux, et laissa la deuxième sur le sol). Le Prophète lui dit alors : « Ne peux-tu donc pas les traiter de façon égale[198] ? » En arabe, cette formule reflète implicitement un ordre, considéré comme étant législatif en islam, puisqu'il provenait du Prophète. Ceci rappelle d'ailleurs d'autres *hadiths* où ce dernier a explicitement affirmé l'importance de la bienfaisance envers les filles, et la récompense que cela mérite auprès de Dieu[199]. Concernant la question du mariage forcé, on peut citer l'histoire où le Prophète a lui-même annulé le mariage d'une femme, Khansaa bint Khidam, qui s'était plainte auprès de lui parce que son père l'avait mariée à un homme sans son consentement[200]. Ces histoires sont des exemples parmi tant d'autres où le Prophète a tenté de mettre fin à certaines pratiques misogynes qui perduraient depuis la période préislamique.

Outre les *hadiths*, ce sont souvent quelques versets très précis qui sont mentionnés dans les débats comme étant « clairement » misogynes puisqu'ils autoriseraient, selon certains-es, le mari à battre sa femme ou à épouser jusqu'à quatre femmes, qu'ils octroieraient aux hommes deux fois la part des femmes dans l'héritage ou encore que le témoignage d'un homme vaudrait deux fois celui d'une femme. On peut certainement se douter que ces quatre questions en

---

198. Al-Bayhaqî, *Shou'ab al-imane*, partie 13, p. 383.
199. Bukhari, *al-adab al-moufrad*, vol. 1 (n° 41), p. 44.
200. At-tabarani, *el-Kabir*, vol. 24, p. 251.

particulier (violence conjugale, polygamie, héritage et témoignage) ont fait couler beaucoup d'encre dans les milieux réformistes. Mais il est important de souligner que si certains-es tendent encore à interpréter les versets concernés sous un angle sexiste, c'est particulièrement en raison de leur conception des principes de *qiwamah/ wilayah*, d'où la centralité accordée à ces deux concepts dans la recherche féministe islamique. En d'autres termes, si un exégète interprète le terme *qiwamah* par « autorité », il en découle forcément un angle de lecture qui cautionne plusieurs attitudes et comportements discriminatoires.

C'est dans la *sourate* « Les femmes » où l'on retrouve les versets qui traitent des trois premières questions controversées citées ci-dessus (verset 3 pour la polygamie, versets 11 et 12 pour l'héritage, et verset 34 où l'on retrouve le terme *idhribouhounna*, souvent interprété et traduit en français comme signifiant « frappez-les ») et dans la *sourate* « La vache » où il est question de témoignage (verset 282). Les principaux penseurs-ses et chercheurs-ses féministes contemporains-es ont toutes et tous entrepris de réinterpréter ces versets en considérant autant l'aspect sémantique que la chronologie de la Révélation coranique, le contexte social de l'époque, et le contexte textuel dans lesquels ils ont été énoncés. Sans pouvoir étaler ici toutes leurs analyses, il importe tout de même de mentionner que leurs conclusions vont toutes dans le sens d'une lecture égalitariste bien documentée. Il ne s'agit donc pas de « faire dire aux textes ce qu'on veut entendre », mais bien d'approcher ceux-ci sans l'influence culturelle patriarcale, et en gardant à l'esprit la finalité de tout le message coranique pour l'époque lors de laquelle il a été révélé.

Ces relectures réformistes nous apprennent alors que le terme *idhribouhounna* (de la racine du mot *dharaba*) revêt plusieurs sens en arabe, dont celui de « quitter[201] », et que c'est particulièrement ce dernier qui concorde de façon beaucoup plus logique avec le

---

201. Il ne s'agit pas de « quitter » sa femme définitivement en cas de mésentente ; le verset mentionne plutôt quelques étapes pour la gestion des situations particulières où la femme affiche un comportement inadéquat, religieusement parlant (arrogance, mépris, etc.). L'étape avant la médiation serait donc de prendre un temps loin du domicile conjugal pour réfléchir à la situation. Notons qu'un autre verset (4 : 128) aborde également la situation inverse, en l'occurrence lorsque l'homme adopte un comportement problématique.

comportement du Prophète, qui n'avait jamais frappé une femme — comme en témoignent tous les recueils de sa biographie. Bien au contraire, plusieurs *hadiths* rapportent qu'il avertissait les hommes contre le fait de frapper leur femme[202].

Au sujet de la polygamie, diverses recherches ont conclu que la formulation d'un deuxième verset coranique (4 : 129) — la traduction du sens du verset serait : « Vous ne pourrez jamais être équitables entre vos femmes, même si vous en êtes soucieux » — stipule clairement que l'islam prône la monogamie par crainte d'iniquité entre les co-épouses et donc d'injustice envers certaines d'entre elles[203].

En ce qui concerne la question de l'héritage, les réformistes soutiennent que le verset en question est loin de déterminer une règle absolue selon laquelle « les hommes », en général, hériteraient du double de la part des « femmes », et c'est ce qui se reflète d'ailleurs même en lisant le passage coranique concerné. À vrai dire, cela n'a même pas besoin d'une lecture « réformiste » à proprement parler, mais simplement d'une explication plus détaillée et approfondie de la question de l'héritage dans la jurisprudence islamique. Malheureusement, l'idée très répandue, autant dans les milieux musulmans (non connaisseurs de la jurisprudence) que non musulmans, au sujet d'une inégalité dans l'héritage qui favoriserait les hommes est axée autour d'un cas très particulier figurant dans ce verset et affirmant que la part de la fille équivaut à la moitié de celle de son frère. Toutefois, Salah Sultan, cité dans le livre d'Asma Lamrabet (mentionné ci-dessus), a conclu après une recherche détaillée qu'il y a plus de 30 cas dans lesquels une femme hérite d'une part égale ou supérieure à celle d'un homme, ou hérite sans que son « homologue » masculin (mère versus père ; sœur versus frère ; fille versus fils) n'ait de part dans tout l'héritage ; et seulement quatre cas dans lesquels une femme hérite d'une part inférieure à celle d'un

---

202. Certains pourraient avancer que dans le discours de son dernier pèlerinage, le Prophète aurait dit que les hommes pouvaient frapper leurs femmes tant que cela ne cause aucune douleur. Cependant, alors qu'il y a divergence à propos de l'authenticité de cette partie du discours, les autres *hadiths* allant à l'encontre d'une quelconque permission pour la violence conjugale sont tous reconnus comme étant authentiques.

203. Voir à ce sujet, entre autres, *Qur'an and Woman.*, *op. cit.*, p. 83 ; *Femmes et hommes dans le Coran*, *op. cit.*, p. 34. Écouter également les conférences de Khaled Abou el Fadl sur le site www.scholarofthehouse.org

homme[204]. Les raisons de telles différences sont multiples, complexes et nécessitent une analyse attentive des diverses configurations familiales. Certains-es attribuent les différences qui privilégient les hommes au fait que ceux-ci, selon la jurisprudence islamique classique, sont censés assurer la responsabilité financière, la sécurité et le soutien psychologique des femmes de leur famille (épouse, fille, sœur, etc.). Cela dit, cette règle, bien que pouvant être perçue comme avantageuse pour les femmes d'un côté, reste tout de même basée sur une vision selon laquelle celles-ci se trouvent par essence constamment en situation de vulnérabilité. Lorsqu'on étudie la situation des femmes du 7ᵉ siècle, ou celle que vivent encore plusieurs femmes dans certaines régions du monde, on peut comprendre cette responsabilité imposée aux hommes. Cependant, à notre époque, ou dans plusieurs autres contextes musulmans aujourd'hui, on ne peut plus en faire une règle systématique. L'éducation et le travail des femmes ont fait en sorte que celles-ci sont maintenant capables d'assumer une coresponsabilité financière (selon les moyens de chacune des parties dans le couple) et une gestion équitable des affaires familiales. Lorsque des circonstances particulières placent les femmes dans des situations de vulnérabilité ou de précarité financière (maladie, grossesse, allaitement, perte d'emploi, etc.), la règle de la responsabilité des hommes pourrait alors s'appliquer. Autrement dit, il s'agit de comprendre le contexte social dans lequel une règle a été stipulée et de voir comment celle-ci s'applique ou non dans les différentes situations contemporaines.

Enfin, à propos du témoignage, le verset concerné parle du cas particulier de la gestion des transactions financières entre les personnes. Les chercheurs-ses réformistes proposent alors diverses explications. L'une d'elles est que les femmes de cette période étaient moins familières avec les affaires financières. Amina Wadud avance également que, en raison du statut inférieur des femmes à l'époque, il était plus judicieux que deux femmes puissent témoigner afin qu'elles se soutiennent l'une l'autre en cas d'intimidation et de pression. Pour ma part, un fait historique confirme selon moi de façon catégorique

---

204. Conférence présentée en arabe par Salah Sultan : *Le privilège des femmes par rapport aux hommes en matière d'héritage et de pension financière*. En ligne : www.youtube.com/watch?v=1zIW7a2NdQs

le fait que le témoignage d'une femme est égal à celui d'un homme. Lors d'une des étapes de compilation du Coran, après le décès du prophète Muhammad, il était question d'authentifier chaque verset par le témoignage de deux personnes. Et à cette étape cruciale du livre le plus sacré de l'islam, considéré par les musulmans-es comme un guide divin, le témoignage d'une femme équivalait à celui d'un homme ! À partir de cela, il paraît évident que le verset concernant les transactions financières en est un circonstanciel et non général.

Que ce soit pour la question des conflits conjugaux, de la polygamie, de l'héritage ou du témoignage, on ne peut faire l'économie, encore une fois, de comparer ce que le Coran établissait comme principe à ce qui était déjà en vigueur à l'époque. Tout comme c'est encore le cas de nos jours, des femmes étaient tuées par leur mari pour des questions de « jalousie », de « déshonneur » ou de « désobéissance » ; les hommes pouvaient épouser autant de femmes qu'ils le souhaitaient sans aucunement se soucier d'équité ou de justice envers elles ; et ils croyaient enfin que seuls ceux qui participaient aux combats (donc, les hommes) avaient droit à l'héritage. Le Coran venait ainsi réformer, de façon pédagogique et progressive, une société qui baignait dans autant d'injustices misogynes. Et c'est particulièrement cet esprit de réforme et de recherche de justice, entre autres, qu'il faut retenir de son message.

* * *

Le travail de recherche sur les Textes religieux est effectué également par d'autres réseaux nationaux ou transnationaux, ou encore simplement par des chercheuses universitaires. En 2013, un groupe de recherche, la Commission d'études et de recherche sur la question de la femme, faisant partie du Forum européen des femmes musulmanes, a publié le livre intitulé *Faux hadiths au sujet de la femme ou Comment faire dire à l'islam ce que les textes ne disent pas*, retraçant les citations faussement attribuées au prophète Muhammad pour légitimer la discrimination à l'égard des femmes (sur la question de la violence conjugale, entre autres)[205].

---

[205]. Maryam Atiya, *Faux hadiths au sujet de la femme ou Comment faire dire à l'islam ce que les textes ne disent pas*, Lyon, Tawhid, 2013.

Le GIERFI, dont j'étais membre, était un autre réseau international lancé en 2007 dans le but de regrouper des féministes musulmanes intéressées à faire un travail de relecture sur les sources scripturaires. Trois ans plus tard, Asma Lamrabet, alors présidente du groupe, a fondé avec la Rabita Muhammadia des Ulémas du Maroc (conseil des *ulémas*) le Centre d'études et de recherche sur les questions relatives aux femmes dans l'islam (CERFI), dont elle est devenue directrice. Ce centre regroupe principalement des docteures en sciences islamiques qui travaillent sur la relecture des concepts touchant les femmes dans le Coran. D'ailleurs, le CERFI était partenaire avec Musawah lors du congrès sur la *qiwamah/wilayah* tenu au Maroc en 2013.

Du côté des groupes nationaux œuvrant également dans les champs de recherche, d'éducation et de plaidoyer, on retrouve aussi The Women and Memory Forum (WMF) en Égypte. Fondé en 1995 par Omaima Abu Bakr, ce réseau de chercheuses et d'activistes, préoccupées par la perception et la représentation négatives au sujet des femmes arabes dans la sphère culturelle, vise à contribuer efficacement à la production et à la dissémination des connaissances alternatives concernant les femmes dans la région arabe[206]. En plaidant l'intégration du genre comme catégorie d'analyse dans l'étude et l'interprétation de l'histoire arabe et des sciences sociales en général, le WMF tente de produire des connaissances pouvant contribuer à sensibiliser et à renforcer les capacités des femmes arabes. Il inscrit également sa démarche, comme on peut le noter par certains de ses évènements, dans un cadre de référence féministe islamique.

* * *

Malgré les divergences d'opinions qui peuvent prévaloir à l'intérieur du mouvement féministe islamique, il n'en demeure pas moins qu'il y a des questions sur lesquelles un consensus non négociable est largement atteint, notamment sur celles qui touchent aux pratiques portant clairement atteinte à la dignité et à l'intégrité physique et morale des filles et des femmes, comme l'excision, les mariages forcés, la violence conjugale ou encore les mariages des mineures. Preuves religieuses à l'appui, les militantes et chercheuses en

---

206. The Women and Memory Forum : www.wmf.org.eg

féminisme islamique réussissent à rejeter et à démentir tout autre avis religieux traditionnel qui voudrait défendre ces pratiques au nom de l'islam.

Le féminisme islamique en action

Les travaux des chercheuses du féminisme islamique et d'autres penseurs musulmans sont souvent utilisés pour appuyer les campagnes de plaidoyer menées par plusieurs groupes féministes à travers le monde. Celles-ci visent à dénoncer autant l'oppression des musulmanes par le système patriarcal présent dans leurs milieux que celle perpétrée par des idéologies islamophobes ou néocoloniales en Occident. Ci-dessous, je présente quelques exemples seulement d'organismes qui reflètent cette démarche.

* * *

Parmi les groupes très actifs, on retrouve Sisters in Islam, fondé en 1987 en Malaisie. Dans ce pays pourtant très pacifique, des partis politiques se sont lancés, comme le rappelle Zainah Anwar (fondatrice du groupe), dans une :

> lutte à « qui-sera-le-plus-saint » […] qui a conduit à cette intensification des amendements discriminatoires envers les femmes musulmanes, à l'imposition d'un ordre moral, et à des sanctions sévères, tout cela pour prétendre être « authentiquement » musulman[207].

Sisters in Islam dénonce les lois discriminatoires touchant la sphère familiale, comme cela a été le cas dans les années 1990 où la loi sur la famille avait été amendée pour réduire les responsabilités des hommes en cas de divorce ou de polygamie. Des groupes de femmes se sont alors fortement opposés à cette loi et le gouvernement a fini par la suspendre. Par le biais de campagnes de sensibilisation et d'actions politiques, l'organisme féministe malaisien se positionne aussi contre le mariage des mineures[208], la violence

---

[207]. Zainah Anwar, « Négocier les droits des femmes en Malaisie », *in* Zahra Ali, *Féminismes islamiques*, La fabrique, 2012, p. 150.
[208]. Au sujet du mariage des mineures, les chercheurs-ses sont de plus en plus nombreux-ses à faire ressortir des preuves que le Prophète n'avait pas épousé Aïcha lorsqu'elle avait 7 ou 9 ans, tel qu'on l'entend dans certains milieux. Des faits historiques, rapportés par les grands érudits musulmans des premières générations

conjugale, les mutilations génitales, les châtiments corporels, et bien d'autres sujets qui nuisent autant aux femmes qu'aux minorités religieuses dans leur société.

Au Canada, le Conseil canadien des femmes musulmanes (CCFM), dont j'ai parlé plus haut, est un organisme présent dans plusieurs villes du pays, dont Montréal, et qui est établi officiellement depuis 1982. Également membre du réseau Musawah et s'inscrivant clairement dans une approche réformiste, le CCFM dénonce depuis des années toutes les pratiques sexistes présentes dans certains milieux musulmans tout autant que le racisme et l'islamophobie que subissent les femmes musulmanes dans la société en général. L'organisme a été plus audible en 2005 en s'opposant publiquement à l'idée d'établir des « tribunaux religieux » au Québec. D'ailleurs, à partir des débats entourant cette question, le CCFM a récemment produit une trousse d'outils sur le contrat de mariage musulman. Tout en intégrant les droits octroyés aux femmes dans les lois canadiennes, cette trousse prend racine dans le droit musulman traditionnel, mais « suggère aussi des moyens de renforcer l'égalité entre la femme et le mari en cas de divorce [209] ». Elle s'oppose clairement aux questions d'obéissance au mari et de violence conjugale, et souligne le droit de la femme d'exiger la monogamie et la responsabilité partagée quant aux travaux ménagers, par exemple. Chacune des positions ci-dessus est soutenue dans la trousse par des preuves tirées du Coran ou des *hadiths* afin de répondre aux besoins des femmes qui tiennent à agir dans le respect de leurs références religieuses. A l'automne 2013, le CCFM a aussi publié une étude sur la violence à l'égard des femmes, où l'auteure traite des mariages forcés, des fémicides, des mutilations génitales et de la violence conjugale. D'ailleurs, cette publication s'inscrivait comme première étape d'un projet de deux ans que mène cet organisme sur la violence à l'égard des femmes, et comprenant le développement d'outils de formation et d'ateliers communautaires adressés autant aux musulmans-es qu'aux non-musulmans-es. Toujours en 2013, c'est sur le *niqab* au

---

(comme Ibn Abbas et autres) mènent tous à la conclusion que celle-ci avait entre 18 et 20 ans lorsque le Prophète l'a épousée.
209. CCFM, *Le contrat de mariage : trousse d'informations*, 2014.

Canada que le CCFM produisait un rapport de recherche. Cette publication

> tente de jeter la lumière sur la situation actuelle des femmes musulmanes canadiennes qui portent le *niqab* et de leur donner un espace où s'exprimer. Elle n'a pas pour but de s'étendre sur les fondements religieux ou théologiques de la pratique du *niqab*, mais veut avant tout transmettre les expériences vécues par les participantes et les histoires qu'elles ont racontées[210].

L'importance de ce type de recherche est capitale lorsqu'on veut réellement adopter une démarche rigoureuse dans la compréhension de certains phénomènes sociaux, loin des idées générales préconçues ou de l'émotivité qui peuvent envahir nos débats. Évidemment, ceci ne signifie aucunement qu'il y ait une prise de position en faveur du *niqab* ni une promotion de cette pratique ; c'est simplement une approche sérieuse et scientifique qui permet de comprendre la réalité du terrain et d'ainsi pouvoir avoir une posture informée et éclairée concernant cette question.

Au Québec, la Collective des féministes musulmanes du Québec, que j'ai présentée dans les chapitres précédents et dont je suis aussi membre, a vu le jour en 2013. Sans rediscuter des activités qu'elle a menées, surtout dans le contexte de la charte des valeurs, j'ajouterais simplement que ce qu'il est intéressant de noter à propos de cet organisme, c'est la variété de ses membres qui, bien qu'elles soient toutes des féministes musulmanes, ne s'inscrivent pas toutes dans la démarche féministe islamique. En d'autres termes, le rapport aux Textes religieux est très variable parmi ses membres, et les revendications, bien que communes, n'émergent donc pas toutes des mêmes sources — les unes s'appuyant davantage sur une base strictement de droits de la personne, les autres, sur une base religieuse tout aussi compatible avec la première.

* * *

Enfin, les recherches effectuées dans le milieu féministe islamique sont transmises par le biais de projets d'éducation tenus, entre

---

210. Lynda Clarke, *Paroles de femmes qui portent le niqab : étude sur le niqab au Canada*, CCFM, 2013.

autres, par différents groupes de femmes depuis des années déjà ; et ceci ne peut qu'en encourager d'autres à leur emboîter le pas.

Aux États-Unis, l'organisme Karamah[211], fondé en 1993 par Azizah al-Hibri, professeure de droit et spécialiste des sciences islamiques à l'Université de Richmond, regroupe des femmes musulmanes avocates pour les droits de la personne. Il tient des programmes de formation lors desquels des spécialistes de divers domaines abordent les questions de jurisprudence religieuse, d'exégèse et de droit (surtout propres aux codes des États-Unis) autant que celles qui sont liées au développement personnel (leadership, communication, résolution de conflits, etc.). Des femmes y convergent alors des quatre coins du monde pour une semaine ou deux, afin de recevoir des outils qui leur permettraient de mieux comprendre l'approche féministe islamique, et d'ainsi mieux faire face, en tant que leaders, aux multiples défis sociaux et politiques dans leurs sociétés.

Rabata est également un groupe fondé aux États-Unis par une Américaine musulmane, dont le but est de construire des liens spirituels entre les femmes musulmanes et d'offrir des espaces d'échanges (autant virtuels que physiques) et de formation par les femmes pour les femmes afin de leur donner une voix informée dans le champ du savoir religieux, à partir d'une perspective non traditionaliste.

L'existence de ces groupes est certes encourageante, mais nous avons besoin de multiplier autant que faire se peut les initiatives locales et les espaces de formation alternatifs afin de promouvoir une lecture critique de la jurisprudence ainsi qu'une réflexion contextualisée sur le Coran et les *hadiths*. Cela dit, des prémisses sont tout de même fondamentales. Pour déconstruire un discours, nous devrions d'abord bien l'étudier et le connaître. Par conséquent, il est important pour celles et ceux qui veulent s'engager dans le mouvement réformiste féministe de connaître les écrits classiques, les méthodologies de recherche en sciences islamiques et tout ce qui peut constituer la base de l'argumentaire des groupes traditionalistes. Il y a quelques années encore, ceci était relativement plus accessible. Aujourd'hui, hélas, avec l'instabilité politique qui secoue les sociétés majoritairement musulmanes, il est devenu difficile d'accéder à tout ce savoir au niveau institutionnel. La Syrie, jadis considérée comme

---

211. *Karamah* : dignité, en arabe. En ligne : http://karamah.org.

une destination de choix pour la recherche et l'étude des sciences islamiques, se fait déchirer par de multiples factions violentes. Ces instabilités forceront-elles les musulmans-es à décentraliser davantage le savoir religieux ?

Cette contrainte d'accessibilité est d'autant plus importante pour les femmes. Au cours de l'histoire, comme c'est encore le cas dans certaines régions du monde, des centres académiques ont été réservés exclusivement aux hommes. En plus de cette exclusion directe et systémique, il y avait aussi la question de l'insécurité à laquelle faisaient face les femmes qui auraient voulu entreprendre des études à l'extérieur de leur terre de résidence. Bien que nous soyons aujourd'hui loin des réalités des coupeurs de route de la péninsule arabique d'antan, il n'en demeure pas moins difficile pour les femmes d'assurer leur sécurité dans certains contextes sociaux.

Aux défis herméneutiques et sociaux que rencontre le féminisme islamique s'ajoutent donc ceux d'ordre politique et économique. En effet, les ressources financières dont disposent les courants littéralistes, leur permettant de répandre leur idéologie à travers le globe (soutenus, entre autres, par les pétromonarchies), surpassent amplement celles des individus ou des groupes réformistes. C'est l'histoire de David contre Goliath.

Un *djihad* féministe lucide, spirituel et solidaire

Face à tous ces défis, l'approche féministe islamique exige patience, résistance, persévérance, et pédagogie. Elle requiert également une rigueur intellectuelle pour baser sa réflexion sur une démarche scientifique et garder un esprit critique vis-à-vis ses propres lacunes potentielles. Tout ceci s'inscrit pleinement dans la vision d'une spiritualité engagée qui accompagne la réflexion et l'action afin que l'acquisition du savoir mène davantage à l'humilité et à la compassion qu'au jugement et à la stigmatisation. Sur la voie difficile qu'a empruntée le *djihad* féministe islamique, une spiritualité profonde et constante peut donc être le bâton sur lequel s'appuient les activistes et les intellectuelles de ce mouvement pour leur longue marche vers l'émancipation des femmes.

Finalement, outre la nécessité de voir des initiatives éducatives émerger partout où le contexte le permet, il est aussi nécessaire que des partenariats durables et égalitaires soient établis entre ces dynamiques, ainsi qu'avec des mouvements de femmes non musulmanes, mais reconnaissant l'importance de la perspective décoloniale. Loin d'un esprit de «charité», la solidarité internationale à l'égard des femmes musulmanes doit émaner d'une démarche informée, réfléchie et, surtout, stratégique.

REFUSER LA PASSIVITÉ

Ce livre a été imaginé depuis longtemps, mais le besoin de lui donner corps s'est manifesté de façon de plus en plus marquée depuis les dernières années. Si j'ai choisi de l'écrire à partir d'un récit autobiographique, ce n'est pas parce que je crois que ma vie est si intéressante à faire connaître. Il se veut tout simplement un témoignage à ajouter aux voix qui s'expriment dans nos débats touchant autant la société dans son ensemble que les milieux musulmans ici ou ailleurs. À travers ma plume, j'espère contribuer à dessiner la mosaïque très diverse — et complexe — que représentent les réalités de l'immigration, de l'islam, et des femmes musulmanes, en particulier. Ces passages de ma vie présentement aussi comme des codes qui permettent de déchiffrer ma pensée actuelle. Et c'est ce qui m'a poussée à écrire cinq parties autobiographiques avant d'exposer plus en détail ma réflexion dans une dernière partie principalement analytique.

Après de nombreuses années de militantisme et de partage de mes idées dans des espaces informels ou des sphères publiques limitées, je désirais, en écrivant, m'inviter dans votre salon. Évidemment, une tournée physique à travers tout le Québec pour échanger, expliquer, remettre en question et comprendre certaines réalités aurait fait mon bonheur. Mais faute d'en avoir les moyens, j'envoie ces pages comme une invitation à ouvrir un dialogue serein, généreux et empathique, avec toutes celles et tous ceux qui sont réellement soucieux-ses de la justice et de la paix sociales.

Bien que j'aie cité quelques noms de personnalités publiques dans les pages précédentes, dont certaines sont associées à des discours antireligieux, ou plus particulièrement islamophobes, je ne tiens rancune à aucune d'elles. Au contraire, je souhaite sincèrement que mon témoignage puisse les encourager à se joindre à des initiatives de dialogue constructif, à reconnaître les nuances qui caractérisent les réalités dont elles parlent et à convenir que le parcours des autres a autant de légitimité que le leur dans l'échiquier social.

* * *

Chaque jour, l'actualité nous rapporte des expressions violentes de haine, de peur et d'arrogance, camouflées sous les noms de Dieu ou de la Démocratie. Au-delà de toutes croyances, notre monde souffre cruellement de carence spirituelle; une spiritualité qui place l'humain non pas «au-dessus» de l'univers, mais comme faisant partie d'un système cosmique interdépendant. Croyante ou pas, toute personne pourrait alors mettre en perspective l'espace qu'elle occupe dans celui-ci, comprendre la fragilité de l'humain et éprouver davantage de compassion envers soi et envers l'Autre. Ainsi saurait-elle reconnaître et promouvoir les discours et les initiatives qui tentent *réellement* de la rapprocher de cet-te Autre, de souligner la différence de celui-ci ou de celle-ci comme une opportunité et non une menace, et de créer des espaces rassemblant divers-es citoyens-nes autour de projets justes et équitables.

Cet appel est encore plus pertinent dans les milieux musulmans au Québec et ailleurs, où une participation citoyenne effective et constante ne doit pas se faire aux dépens de l'éthique et de la justice sociale. Il faut aussi reconnaître l'importance d'unir et non d'uniformiser, car l'uniformité tue la créativité, et sans créativité, on ne peut espérer le progrès. À travers les siècles, c'est justement le rejet obsessionnel de la divergence, exprimé par certains courants religieux, qui a enterré le *ijtihad* et a plongé la pensée musulmane dans un cycle interminable d'imitation. Mais aujourd'hui, si l'on veut mettre un frein aux mouvements puritains qui exploitent la pauvreté, l'analphabétisme et la vulnérabilité de certaines populations pour répandre leur idéologie obscurantiste, et parfois violente, il nous faut raviver la flamme réformiste. Celle-ci nous permettrait de nous réapproprier le message essentiel du Coran, soit celui de la défense de la justice et de la dignité humaine.

Ce réformisme est encore plus crucial au chapitre des femmes. Heureusement, nous assistons actuellement à une multiplication d'initiatives individuelles et collectives — se définissant ou non comme féministes islamiques — qui, au nom même de l'islam, déconstruisent plusieurs idées sexistes attribuées au Coran ou au Prophète.

* * *

À travers mon identité québécoise et musulmane, je me retrouve fortement interpelée par la multitude de défis que traversent autant le Québec que l'islam. Si seulement le temps et l'énergie me le permettaient, j'aimerais joindre mes pas à celles et ceux qui marchent contre les mesures d'austérité qui affectent principalement les personnes déjà vulnérables, contre les politiques laxistes en matière environnementale, contre l'exploitation des ressources dans les territoires autochtones, contre la passivité gouvernementale face à la disparition de centaines de femmes autochtones, et contre tant d'autres abus commis par ceux qui prétendent vouloir enseigner la Démocratie et le progrès au reste du monde.

Tout en restant très solidaire à ces luttes, je suis aussi profondément sensible aux multiples problèmes que connaissent les pays à majorité musulmane. S'il faut faire un choix, je désire donc que ma « légende personnelle » s'inscrive dans l'amélioration de la situation des femmes musulmanes un peu partout dans le monde et dans la promotion de leur leadership afin qu'elles puissent se réapproprier les espaces publics autant à l'intérieur des milieux musulmans que dans leur société en général. Ceci mettra ainsi fin à la quasi-hémiplégie que connaissent les sociétés musulmanes. Et les femmes deviendront la force qui changera le visage de l'islam dans le futur, promouvant la paix et la transformation éthique des sociétés. *Inch'Allah…*

Table des matières

Remerciements — 9
D'un océan à l'autre — 11

PREMIÈRE PARTIE
Depuis la terre de mémoire
(1980 – 1993)

Racines — 19
Le mirage canadien — 22
Un cocon aigre-doux — 24
L'aller simple — 27

DEUXIÈME PARTIE
Au-delà de l'accueil
(1994 – 2000)

Intégration à deux vitesses — 33
Choc culturel intrafamilial — 38
Montagnes russes — 46

TROISIÈME PARTIE
Nouveaux départs
(2001 – 2004)

Teranga — 54
L'autre voyage — 63
Entre recherche et action — 80

QUATRIÈME PARTIE
Désillusions
(2005 — 2008)

« On ne s'improvise pas humanitaire »	91
Présence musulmane Montréal	106
La crise des médias et des accommodements raisonnables	122

CINQUIÈME PARTIE
Résister
(2009 — ...)

Mariage	151
Ma foi, avec ou sans foulard	156
Fois diverses, réalités communes	161
Du mythe de l'infiltration	165
La Crise, prise II	193

SIXIÈME PARTIE
Identités (analyse)

Les musulmanes-alibis	213
Des accommodements à la Charte	224
Le foulard au cœur des débats	253
Ces crimes « d'Ailleurs »	270
Où (qui) sont les musulmans-es modérés-es ?	287
Le *djihad* féministe islamique	329
Refuser la passivité	365

L'intérieur de ce livre a été imprimé en septembre 2015
sur les presses de l'Imprimerie Gauvin.